"品牌系统性建设"系列丛书Ⅲ
中国传媒大学擎雅品牌研究院出品

正确的星巴克

从人本主义到关系法则

关键 著

企业管理出版社
ENTERPRISE MANAGEMENT PUBLISHING HOUSE

图书在版编目（CIP）数据

正确的星巴克：从人本主义到关系法则 / 关键著
.—北京：企业管理出版社，2024.4
ISBN 978-7-5164-2806-1

Ⅰ.①正… Ⅱ.①关… Ⅲ.①咖啡馆—连锁店—商业经营—经验—美国 Ⅳ.①F737.121.7

中国国家版本馆CIP数据核字（2024）第040909号

书　　名：	正确的星巴克：从人本主义到关系法则
书　　号：	ISBN 978-7-5164-2806-1
作　　者：	关　键
选题策划：	周灵均
责任编辑：	张　羿　周灵均
出版发行：	企业管理出版社
经　　销：	新华书店
地　　址：	北京市海淀区紫竹院南路17号　　邮　编：100048
网　　址：	http://www.emph.cn　　电子信箱：2508978735@qq.com
电　　话：	编辑部（010）68456991　　发行部：（010）68701816
印　　刷：	河北宝昌佳彩印刷有限公司
版　　次：	2024年4月第1版
印　　次：	2024年4月第1次印刷
开　　本：	710mm×1000mm　1/16
印　　张：	27.25
字　　数：	340千字
定　　价：	98.00元

版权所有　翻印必究·印装有误　负责调换

星巴克
不是完美的,
但无疑是正确的。

联合推荐

星巴克是一个"传奇"式的品牌。历经几十年的快速发展，成就了一个覆盖全球市场、具有世界影响力的品牌，其中深刻的内涵值得我们去探究和参鉴。关键先生的著作为我们全景式地展现了星巴克成功的底色，揭示了其成功的密码，特别值得身在快速迭代的商业环境和浮躁浮夸的市场氛围中的企业家研读和思考。

——沃顿商学院管理科学及应用经济学博士

美国明尼苏达大学卡尔森管理学院

市场营销系终身教授

美国经济学委员会成员

美国市场营销科学研究院会员

星巴克作为全球性品牌，特别是在中国市场的本土化落地方面，无论是在品牌立意、创意还是达意上，都值得我们学习和参鉴。

——上海马马也文化传播有限公司创始人/CEO

麦肯集团（中国）前董事长

星巴克作为全球最大的咖啡连锁运营商，在其品牌成长与壮大的过程中，的确有许多有价值的东西值得我们研析和学习，这对于中国连锁商业及品牌的发展与升级具有一定的启示与参鉴价值。

因此，我们可以通过关键先生的《正确的星巴克：从人本主义到关系法则》全面而深入地了解星巴克，洞察其成功的背后所蕴含的商业本质与市场规律，进而提高我们在连锁商业品牌系统性建设方面的认识和能力。

——王先庆 中国商业经济学会副会长
广东省商业经济学会会长
广东财经大学商贸流通研究院院长

中国广告主协会广告主研究院在长期针对企业和品牌所进行的战略性研究中发现，中国企业更为重视方法和工具的应用，而对企业及其品牌的底层逻辑和顶层设计的重视与探索不够。重术而忽略道，愿意与科学相伴，对哲学则敬而远之。

关键先生是国内少有的具有理论与实战双重修养的专家，他从《品牌系统性建设：沿循消费心理与行为的轨迹》到《品牌关键：探寻品牌的价值本原与规律》，再到《正确的星巴克：从人本主义到关系法则》，一直在探索和研究品牌的底层逻辑与顶层设计，这正是中国品牌行稳致远所亟须解决的问题。

这里论述的包括商业、市场、企业、品牌在内的人类事务的底层逻辑就是"人本"，而顶层设计就是"关系"，星巴克的成长史恰恰能够在这两个方面给予我们启示和参鉴，非常值得学习和研究。

—— 许正林 中国广告主协会副会长
中国广告主协会广告主研究院院长
上海大学教授、博士生导师

关键老师根植于对品牌管理理论的探索，笔耕不辍，躬身品牌管理实践，积累了丰富的案例，其理论和经验一直为业界共享，并奉献出一部部高价值的原创品牌管理文章。

《正确的星巴克：从人本主义到关系法则》的出版，为品牌管理理论和国际著名品牌案例库增添了新的研究要素，为企业学习借鉴世界著名品牌提供了一个新的视角。

搞理论原创不容易，平凡的文字中倾注了著者理性的智慧，品牌管理实践更是反映出"知行合一"的行为能力。乐在其中，这就是中国新时代的品牌管理学者和实践者的现实生活。

没有理性的民族容易盲从，没有理性的企业没有持续性，这正是著者代表的品牌业界从业者的责任和使命。

存在即合理。在中国品牌管理的不断进化过程中，学习世界品牌是必不可少的一门课程，我们要从这些品牌的"存在性"中探寻品牌的底层逻辑，从"合理性"中把握品牌的顶层逻辑。《正确的星巴克：从人本主义到关系法则》正是这两个逻辑的参考样本。

——刘瑛 中国管理科学研究院学部委员、品牌推进委员会副主任
中国企业评价协会学术委员会委员、常务理事
中国社会经济决策咨询中心副主任

星巴克作为一家具有世界影响力的品牌，其成功之路值得我们深入探究。关键先生的著作《正确的星巴克：从人本主义到关系法则》全面而深入地揭示了品牌的建设逻辑和成长路径，让我们深刻认识到品牌的本质是解决用户需求的创新方式。

对于品牌建设战略的顶层设计，本书提供了完整的品牌建设方法论，对于企业发展至关重要。

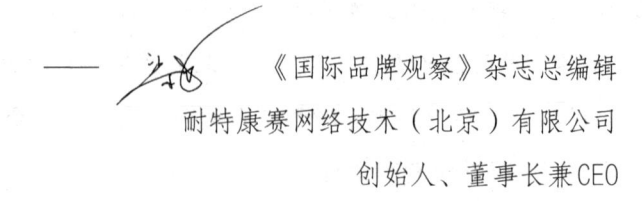

——　《国际品牌观察》杂志总编辑
耐特康赛网络技术（北京）有限公司
创始人、董事长兼CEO

数字化浪潮下，中国品牌迎来新一轮全球化的机遇。《正确的星巴克：从人本主义到关系法则》深入剖析星巴克发展的历程和底层逻辑，为读者揭示全球化品牌崛起的道路。借鉴星巴克的经验，我们可以更好地理解如何在全球化竞争中脱颖而出，实现品牌的长久发展。

——　明略科技集团副总裁
秒针营销科学院院长
BrandGrow 新锐品牌榜单主理人

星巴克可以说在一定程度上定义了中国人对咖啡的味觉概念，建立了商业咖啡馆的发展模式，奠定了咖啡馆文化基础。对于一个成功品牌全方位、多角度的拆解，有助于我们系统地了解它的精准市场定位与品牌营销全貌，这对于全球品牌的本土化营销和中国品牌的国际化营销都有着积极的借鉴意义。

——　陈欣　凤凰网品牌中心总经理

序一

一个女神与大叔的故事

西雅图位于美国的西北部太平洋沿岸，曾获得"全美最佳居住地"的称号，同时它也是一个极具浪漫色彩的城市。

在那里，有605英尺（1英尺≈0.3048米）高的太空针塔，如果你身处520英尺高的旋转餐厅，那么，无论是美丽的雷尼尔山和普吉特海湾，还是久负盛名的美国奥林匹克国家公园，都在你的俯视下尽收眼底。

如果你意犹未尽，还可以登上美国西海岸最大的观光摩天轮，即便风雨交加，它照样为你而转动，为你呈现一个更美的西雅图和一个更大的普吉特海湾。

在那里，有奥林波斯山脚下的美国奥林匹克国家公园，一个结合了海岸、群山及雨林三种截然不同的生态以及极端的地面景观的国家公园；还有历经百年的西雅图交响乐团，它是世界上出版唱片最多的交响乐团之一。

当然，还有华盛顿大学，那高大的图腾柱为这所学校打上了美国西北部原住民的特有印记，而一栋栋或哥特式或巴洛克风格的欧式建筑，又赋予这所学校美轮美奂的欧罗巴印象。

还有更令人瞩目的，就是这座城市还是亚马逊公司、微软公司、波音公司、诺德斯特姆公司等"巨无霸"公司的故乡。

对于大多数的中国人来说，初识西雅图是从那部电影《北京遇上西雅图》——一个"女神与大叔"的动人故事开始的。对于西雅图，同样有着一个在近半个世纪后的今天依然被人娓娓道来的"女神与大叔"的故事，只是故事的主角变成了"美人鱼"和霍华德·舒尔茨。

1971年，有3位合伙人和4家星巴克分店在西雅图的派克市场里烘制并售卖世界各地的全豆咖啡。在11年的时光里，星巴克始终默默无闻，直到一个人的出现——霍华德·舒尔茨，一个29岁的年轻人。

那是1982年，已经获得商学学士学位的霍华德·舒尔茨正在一家进口瑞典厨具的公司担任美国分部的副总裁。就在此时，命运的齿轮开始转动。在销售产品时，霍华德·舒尔茨发现位于西雅图的一家叫"星巴克"的小公司竟然向他们采购了很多台煮咖啡机。好奇之下，他要亲自到西雅图看个究竟，谁能料到，这一看便与其结下了"不解之缘"。

"我来到这里，首先闻到了咖啡的芬芳，完全是原汁原味的那种。我感觉它就像未成品的钻石，而我则有能力把它切磨成璀璨的珠宝。"难怪霍华德·舒尔茨在打给妻子的电话中"惊呼"："我在上帝的国度！"然后他兴奋地充满激情地说："我明白我应该在哪里生活了。"

正所谓，内心所向便是命运所指。

从那以后，霍华德·舒尔茨就与星巴克结下了不解之缘。从最初的加入到后来的辞职，再到后来的全盘接手，直至将星巴克打造成全球最大的咖啡王国，星巴克之于霍华德·舒尔茨就像他在《将心注入》一书中所言："这是我的麦加，我已抵达。"

从1987年霍华德·舒尔茨接手星巴克算起，至2022年，仅仅过了35年，星巴克就在全球的76个国家、82个区域市场拥有了3.2万多家门店、40多万名员工，成为世界上首屈一指的专业咖啡烘焙商和零售商。

如今，人们在全世界各大都市最繁华的街道上几乎都能看到Starbucks Coffee（星巴克咖啡）显著的"美人鱼"标志，甚至有人将星巴克的门店数量作为衡量一个地区商业与消费活跃程度的指标。作为一家餐饮企业，

序一
一个女神与大叔的故事

能够有如此庞大的零售网络和商业地位，着实令人惊叹。

黑格尔说，存在即合理。那么星巴克的存在又喻示着怎样的合理性呢？在这个传奇品牌成长的背后，又告诉了我们一种怎样的能够支撑企业行稳致远的底层逻辑，它又代表了怎样的关于品牌系统性建设的顶层设计呢？

于是，另一位"大叔"出现了，他就是一直致力于成为中国品牌的问道者、悟道者、循道者和布道者的关键先生。他用十几年的时间持续探究品牌的本质与客观规律，试图去接近乃至去揭示品牌存在、建设与成长的"道"之所在。

作为一名工作在企业品牌一线的实操者，他先是从方法论导入，梳理出以八大要素为核心的品牌系统性建设应用体系，串珠成链完成了《品牌系统性建设：沿循消费心理与行为的轨迹》。此后他继续钻研，逐渐上升到认识论高度，提炼出"一个核心、四个基本点"的品牌认识体系，积善成著又出版了《品牌关键：探寻品牌的价值本原与规律》。

在这个过程中，关键先生开始是抱着看个究竟的好奇心"走近"星巴克，再如探宝一般地"走进"星巴克：从一个"点"到一条"线"，再到一个"面"，直至一个"体"，一步一步地"探究"星巴克，一层一层地"打开"星巴克，直到完全破解星巴克的成功密码。

感佩于关键先生研究工作的认真与精细，从星巴克的员工、顾客到上下游的合作伙伴，甚至是品牌的逸闻趣事；从霍华德·舒尔茨的身世和家庭乃至他对体育的爱好……面面俱到却又细致入微，娓娓道来而又生动鲜活。无疑，关键先生是下了大力气和笨功夫的，不然也不会有如此洋洋洒洒的篇幅，更不会有如此鞭辟入里的解读。

从人类的角度来看，其底层代码主要体现在两个方面：一个是人的社会，另一个是社会的人。前者的底层逻辑是人本，后者的底层逻辑是关系。换言之，对于人类社会所有的事物，人本主义是底层逻辑，关系法则便是顶层设计。

通过对星巴克全面的了解以及愈加深入的体会，关键先生强烈而清晰地意识到，星巴克成功的密码恰恰就是源于人本主义和关系法则两大核心内涵，正如霍华德·舒尔茨所强调的两种观点："我们的价值观就是人的价值观。""创造持久的关系和建立亲密的个人关系，是星巴克品牌的本质所在。"前者是围绕满足人性需求、以价值—利益为圆点的人本主义；后者是以心智—关系为半径的关系法则。这与关键先生的"以满足人性需求为核心，以价值、利益、心智和关系为基本点"的品牌认识论体系同出一辙。这种高度的契合，表明了星巴克的成功首先是源于"道"的正确，以及对"道"的敬畏、遵循与恪守。

这正是关键先生撰写这本书的初衷之一，即以星巴克这样的世界级品牌的发展内涵和经历来与自己的研究成果互为观照和验证，进行更为全面、深入和明确的印证。令人欣慰的是，在两者之间的高度契合中，我们洞悉并坚信"道"的无形伟力。

曾经在"关键品牌讲习所"公众号上看到关键先生的一篇文章《这么快就让星巴克"紧张"，这么早就到了"下半场"？》。他在文章中指出，那些新生代咖啡品牌与星巴克的区别点不仅表现在那些表面的差异上，更为重要的，体现了人本主义与关系法则这些直击人的灵魂深处的巨大不同。

我们说，对于一个品牌，无论是在产品品质的打造上，还是在运营模式的打磨上——竞争力，无论是在消费者心智的影响上，还是在消费者关系的亲密与持续上——影响力，都不会是一朝一夕的速成，更不会是一蹴而就的逆袭。没有经过岁月的积累和时光的磨砺，就不可能成为一个可以为企业带来高附加值、可持续发展的品牌。

特别喜欢"关键品牌讲习所"的口号——与品牌相伴，做时间朋友。作为一个真正的品牌、一个优秀的品牌，乃至一个伟大的品牌，必须要历经时间的磨砺和考验，因为在价值创造和利益输送上都是"路遥知马力"，在心智影响与关系构建上都是"日久见人心"。

正如关键先生所强调的："中国咖啡品牌的成长之路注定还很漫长，最好先不要急于进入'下半场'，也不要急于让'星巴克'们这么早就'紧张'起来。"

对此，我深以为然。

最后，让我们一起为星巴克曾经的正确喝彩，也为中国的咖啡新品牌加油！

Visa（维萨公司）全球副总裁、大中华区市场部总经理

2023年12月

| 序二 |

星巴克研究，一个深度诠释品牌价值的关键样本

品牌价值是企业发展的核心目标和追求，现实中往往容易在商业纷争的表象下趋于泛化和模糊，尤其是针对一些知名品牌的研究，更容易陷入结论先行、筛选论据的局限，从而丧失其科学性和客观性，更难做到深入透彻。

然而，我们非常高兴地看到，关键老师关于星巴克品牌价值的深度解析显然不是一部简单的应俗之作。整书最大的特点是，跳出品牌观察的具象化视角，转而从宏观、本质的哲学层面，通过反思品牌与人之间的关系来揭示品牌的建设逻辑和成长路径，最终形成了对于星巴克品牌价值、核心内涵、建设体系等关键问题的深度洞察。

其中，作者基于哲学视角的思考，是一种关于品牌理念的本质化回归。任何品牌存在的价值都在于其是否创造性地解决了人们生活中的某类需求，所以企业不是在创造用户需求，而是在不断创新满足用户需求的方式。这一点，相信借助作者的分析和解读，读者能够有深刻理解。

细读此书，读者会有三个方面的思想收获。

其一，是关于"红海"市场中的品牌突围。本书开篇即谈到，星巴克通过"兜售简单而古老的商品"实现了"影响人们的日常生活以及世界文化"的效果。针对这一问题的研究，对于当今时代背景下各行业品牌的突围无疑具有深远的意义。

"红海"市场、消费习惯固化、工艺流程陈旧，这些都不是品牌发展的桎梏，上述因素导致的创新思维乏力才是造成品牌平庸化的根源。因此，中国品牌需要解决的，其实不是寻找"蓝海"市场的问题，而是要力争在"红海"市场中发掘"蓝海"领域。例如，转变咖啡的功能——从速溶到现磨，扩展咖啡的内涵——从提神到社交，从而赋予这种功能性饮料更大的文化空间价值。细思之下，各品类中能够实现"红海"突围的品牌莫不如是：抖音面对的是海量的视频化娱乐市场；微信面对的是已经被各种即时通信服务充分满足了的社交市场；生鲜电商出现的时候，人们遵循着习以为常的购买行为获取蔬果。

在这些貌似毫无空间的市场领域，却总有品牌可以另辟蹊径，实现价值突围和长足发展，个中缘由，关键老师的这部著作可以给读者提供一个很好的思考维度。

其二，是本书开拓了企业对于"产品"定义内涵和塑造方式的思考。星巴克把功能性饮料做成了服务和空间，对于咖啡这种单品而言，意味着实现了产品单一属性与多元化价值的紧密捆绑。

本书基于哲学视角对这种模式获得成功背后的原因进行了探讨，所形成的结论除了能够帮助消费者理解星巴克的品牌价值构建路径之外，也创造性地补充了经典营销学中对于产品作为营销要素的概念内涵。

在品牌实践中，提及产品，企业往往聚焦于提升工艺和质量，而忽略了产品是一个体系，服务、包装、形态、售卖方式等都是产品的组成因素，同时也是产品创新的主要来源。星巴克就是通过对咖啡豆形态、售卖方式和第三空间价值的塑造，不断实现产品价值体系的构建和创新。产品的价值判定标准来自消费者，这也体现出本书以"人本主义"和"关系法则"思想贯穿整个研究的重要意义。

其三，是本书给予读者操作性较强且可复制的品牌建设方法论。如果只是针对某成功品牌而著书立传，其实某种程度上只是一部商业传奇

序二
星巴克研究，一个深度诠释品牌价值的关键样本

而已，本书的研究当然不止于此。书中以星巴克为例，提出完整的品牌建设方法论，涉及规划体系、内涵体系、形象体系、传播及营销体系、支撑体系、资产体系六个方面，以提高读者在品牌建设战略中的顶层设计能力，值得细读深思。

综上，与其说关键老师的这部刚刚付梓的力作是深度解析星巴克的一次案例研究，倒不如说是关键老师借助这一研究契机，将其多年来在品牌建设理论和实践层面的系统性反思做的一次全面梳理，通过案例研究的方式讲述给读者，生动清晰、娓娓道来。从这一层面上而言，星巴克的存在只是本书的叙事载体，案例背后蕴含的理论和实践方法才是本书的核心和重点。

掩卷覃思，意犹未尽，是为序。

中国传媒大学广告学院博士生导师
国家广告研究院副院长
北京市社会科学基金首都传媒经济研究基地副主任
2023年12月于北京

前言

为什么要写星巴克？

越是在万变的时代，越是要探究那些不变的内在。

从本人撰写第一部品牌类专著《品牌系统性建设：沿循消费心理与行为的轨迹》开始，就对星巴克产生了极大的"好奇"。

好奇什么呢？就像星巴克前任市场主管恩格尔·赛斯所言："星巴克在环境氛围方面并无绝对专利，在体验方面也没有绝对专利，在咖啡豆或烘焙技术上更是毫无绝对专利可言，所有这些均可以复制。"

那么，星巴克是如何像那一期《财富》杂志封面（刊有星巴克前CEO＜首席执行官＞霍华德·舒尔茨的照片）上所评价的那样"从咖啡豆里磨出了金子"呢？

这么一家产品附加值不高、市场竞争难筑壁垒的企业，又是如何在短短几十年内风靡全球，成为几亿人心中的世界品牌的呢？那位叫霍华德·舒尔茨的美国人究竟是给那些普普通通的咖啡豆施加了什么样的"魔法"，从而成就了这样的传奇呢？

泰勒·克拉克在他所著的《星巴克：关于咖啡、商业和文化的传奇》一书中开门见山地表明其撰写该书的目的，即探讨一家大企业是如何通过兜售简单而古老的商品来影响人们的日常生活及世界文化的。

从好奇到疑问，从了解到探究。品牌成就的背后到底蕴含着怎样的本质与规律，彰显了怎样的逻辑与关联，深藏着怎样的真谛与奥妙？在我们看来，这种探索无疑是值得的，因为迄今为止，星巴克无疑是成功的。

从1987年霍华德·舒尔茨接手星巴克算起，至2022年，仅仅过了35年，星巴克就在全球的76个国家、82个区域市场拥有了3.2万多家门店及40多万名员工，成为世界上首屈一指的专业咖啡烘焙商和零售商。作为一家餐饮企业，能够有如此庞大的零售网络和商业地位，着实令人惊叹。

难怪有人调侃，在关于咖啡的故事中，美国人只干了两件事情：把英国茶叶倒进海里，把星巴克开遍全世界。

德国著名哲学家黑格尔在其著作《法哲学原理》中提出"存在即合理"的哲学观，即凡是现实的东西都是合乎理性的，凡是合乎理性的东西都是现实的。也就是说，只有合乎理性的东西才能称之为现实，因而一切客观存在的东西都是合理的。

那么，星巴克几十年来所经历的一切，所取得的一切，所呈现的一切，所代表的一切，其合理性又体现在哪里呢？

在本人的第一部品牌类著作提出的以"八大要素"为中心的品牌系统性建设方法论体系的基础上，在第二部品牌类著作《品牌关键：探寻品牌的价值本原与规律》中又勾画出"一个核心、四个基本点"的品牌认识论体系，即品牌要以不断满足人性需求为核心，要以"价值、利益、心智和关系"为基本点。

藉此，就找到了从认识论到方法论双重维度去解读和剖析星巴克的正确性与合理性的路径及模式。依此路径及模式可以梳理出从人本主义到关系法则的成长脉络和要核所在，解构出星巴克从规划到内涵、从形象到传播、从营销到管理、从支撑到资产的品牌系统性建设的成功之道。

在本书中，我们就是以上述观点来对照星巴克的。

首先，星巴克的成功是客观存在的。在全世界各大都市最繁华的街道几乎都能看到Starbucks Coffee（星巴克咖啡）显著的"美人鱼"标志，

前言
为什么要写星巴克？

甚至有人将星巴克的门店数量作为衡量一个地区商业与消费活跃程度的指标。无疑，这些都是现实的存在；同时，也就喻示着星巴克的成功毋庸置疑的合理性。

在我们看来，星巴克成功的合理性主要体现在两个方面：一是以满足人性需求为核心的人本主义，二是以人为本的关系法则。前者是星巴克品牌价值导向的认识论，后者是星巴克品牌路径依赖的方法论。

人本主义是星巴克从一开始就极力倡导，直至今天依然坚守的价值导向，其内涵是不断且更好地满足人性需求。以马斯洛"人类基本需求层次理论"为参照，我们会看到，无论是人们对咖啡的生理及安全需求还是对"第三空间"的社交需求，无论是对意志与意愿的尊重需求还是对成长与价值的自我实现需求，星巴克都始终坚定不移地力争做到最大化地满足。

关系法则的本质是星巴克沿循从满意到喜欢、从信任到信赖、从忠诚到信仰的路径依赖，在星巴克与消费者、投资者、合作者，乃至员工甚至整个社会之间，构建起信任共同体、价值共同体、利益共同体，直至命运共同体的亲密关系。

霍华德·舒尔茨在接受《新知》杂志采访时强调："我们是以人为本的服务公司，只不过刚好为人们供应咖啡。我们发现，人们对人性接触和归属感有着相当大的需要与渴望。因此，扎根于社区里的人性和亲密感是星巴克品牌的核心。"重视人性及人性的接触是星巴克人本主义的起点，满足归属感、带来亲密感则是星巴克关系法则的终点。

从品牌的自身逻辑上看，星巴克的价值——高品质的浓缩咖啡及其衍生产品以及基于"第三空间"的优质服务；利益——富有激情和浪漫气息与氛围的咖啡体验、社交体验；心智——以品牌体验为导向，以伙伴服务为路径，以口碑推荐为驱动，不断强化和优化消费者的认识与认知、认同与认定；关系——通过不断提升美誉度和忠诚度来促进顾客关系向着长期购买和超常购买转变,最终为星巴克实现高附加值、可持续的长远发展。

这就是星巴克步步为营、稳健发展的"道"之所在。

在解析星巴克品牌的认识论之后,再来看看星巴克品牌建设的方法论。当我们以品牌的"八大体系"来对照星巴克的发展历程,就不难解读星巴克品牌系统性建设的成长轨迹。

在规划体系方面,以人们针对咖啡和社交方面的问题与需求作为战略机会的判定点和市场空间的界定点,以提供高品质咖啡产品和高品位的社交体验为共鸣点;在内涵体系方面,以"将心注入"激发和孕育人文精神,以"为客人煮好每一杯咖啡"为品牌理念;在形象体系方面,整合咖啡、建筑、音乐、环境等元素,从视觉、嗅觉、听觉、味觉多个维度营造品牌的形象识别;在传播与营销两大体系方面,以高品质的咖啡体验和高品位的环境体验为核心,以伙伴们充满人文关怀的服务为媒介,以顾客口碑推荐实现品牌扩散,打造传播与营销一体化的整合营销传播体系;在支撑体系方面,星巴克从原料采购到产品研发,从现场制作到门店服务构建起一整套以伙伴、咖啡和顾客为核心,以关系法则为路径的品牌支撑体系;在品牌管理体系方面,星巴克以价值观为指引,以涉及方方面面的应用手册为指导,建立起专业化、规范化的品牌管理系统;在资产体系方面,坚持以高利润为经营导向,以不断提升品牌附加值为路径,通过强化顾客的消费习惯、心理依赖、生活方式和审美固化来增强品牌忠诚度,确保品牌溢价的实现。

从人本主义下的价值创造和利益输送到关系法则下的心智影响和关系建立,这就是品牌存在的最根本的合理性,也就是品牌亘古不变的本质与客观规律。所有这一切的意义在于,我们越是身处瞬息万变的世界里,越是要坚信,那些不变的东西才是应对万变的根本;越是身处大变革的时代中,越是要坚信,以不变应万变才是我们能够行稳致远的发展

前言
为什么要写星巴克？

之道。

星巴克成功的合理性既体现在对人性特征的洞察上，也体现在对品牌规律的把握上，同时也体现在对关系连接的贯通上，"做正确的事，正确地去做事"——星巴克是一个值得我们参鉴和学习的品牌范本。

特别是在这个科技快速迭代、方法和手段日新月异的时代，特别是在增量市场已经转变为存量市场、企业的机会化生存已经转变为专业化生存的今天，我们更不能陷入以"变"应变的发展模式之中。

星巴克的"正确"告诉我们，不是因为是大企业，其价值观才有价值，而是只有坚持了正确的价值观，企业才能做大，直至做强。只是在这一过程中，在人性与人性的博弈中要做到"平则匡正"，在生态与生态的共生中要做到"衡乃至恒"。

我们看到，一路风雨兼程的星巴克，在秉持以人文本的价值观上从来没有动摇过，在坚守提供高品质浓缩咖啡的经营理念上从来没有动摇过，在弘扬、激发、孕育人文精神的"伙伴文化"上从来没有动摇过，在坚持顾客至上、不断创新的发展路径上从来没有动摇过。

在我们看来，坚守人本主义的星巴克是在做"正确的事"，而践行关系法则的星巴克是在"正确地做事"。所有这一切，都是为了讲述一个"以不同方式来建立一个公司的故事"，而这个故事向人们证明了"一个以心灵为导向、以自然为灵魂的公司仍然可以赚钱，一个不以牺牲尊重员工这一核心价值观为代价的企业可以不断壮大"。

这也是霍华德·舒尔茨之所以说"星巴克的历史并不仅仅是一个发展和获胜的历程"的原因所在。更为重要的是，星巴克的领导团队自始至终坚信这样做是正确的，相信这是运作一个企业的最佳方式。

这种"最佳方式"的核心便是星巴克最重要的成功准则。

——对我们的伙伴来说是正确的，而且让他们参与其中。

——对我们的顾客来说是正确的，而且满足了他们的要求。

——对我们的事业来说是正确的，而且激发了人文精神。

诚如约瑟夫·米歇利教授在《星巴克体验》一书中所认为的："他必定行进在正确的轨道上，因为世界上很多地方都欣然接受了他的理念。"

诚然，任何事物都不是完美的，但我们可以沿循正确的道路，坚定不移地走向完美。

就让我们以此祝愿星巴克。

关　键

2023 年 12 月

| 目录 |

第一篇　价值与利益：以人本主义为底层逻辑

第一章　品质：从四千公里外的一颗咖啡豆开始 // 005

第二章　社交：从"第三空间"到品牌场景的营造 // 025

第三章　尊重：不止于场面，而是抵达心灵 // 043

第四章　自我实现：让成长成为每个人心中的朝阳 // 063

第二篇　心智与关系：以关系法则为顶层设计

第五章　伙伴：所有人一起抵达终点 // 085

第六章　顾客：品牌价值的出发点和落脚点 // 107

第七章　利益相关者：共践使命，同创共赢 // 127

第八章　社会责任：因爱而共创，为美而同享 // 151

第三篇　品牌系统性建设：以品牌"八大要素"体系为路径

第九章　规划/内涵：将对咖啡的激情转化为事业 // 181

第十章　形象/传播：感性形象传递下的场景传播 // 199

第十一章　营销/资产："绿围裙"营造星巴克体验 // 223

第十二章　支撑/管理：全位、全程、全员、全心 // 251

第四篇　启迪与参鉴：星巴克告诉我们什么

第十三章　"倒行逆施"星巴克 // 281

第十四章　刚柔并济星巴克 // 299

第十五章　步步为"营"星巴克 // 323

第十六章　欲休还说星巴克 // 347

附录　趣闻逸事星巴克 // 385

后记 // 407

第一篇　价值与利益：以人本主义为底层逻辑

"天下熙熙，皆为利来；天下攘攘，皆为利往。"司马迁这句载入《史记》的千古名句意在何为？当然是——人。

世界是由人组成的，对于人，我们常形容其为"各色人等"。的确，"林子大了什么鸟都有"，在一个偌大的地球上，人和人又怎能整齐划一。

中国哲学鼻祖老子却又将世间的"生成"概括为："一生二，二生三，三生万物。"那么，对于人，那个"一"又是什么呢？

那个"一"就是人性。

人之本能形成人之本性，呈现出来便是人性。这就是人类事物整齐划一的"一"之所在。

由此，人性便成为"各色人等"的终极大同，人性便成为人类社会发展的永恒内驱。

无论你是平民百姓，为丰衣足食日出而作、日落而息，也无论你是社会精英，为功名利禄生命不息、奋斗不止；不管你是企业家，为心中的一份渴望和目标殚精竭虑，也不管你是卓越的领导者，为创建一个公平正义的大同社会而抛头颅、洒热血……

洞察人性都会让你建立对人类事物正确的认识论，把握人性都能让你掌握对人类事物高效的方法论。

如果再能够做到永远敬畏之、坚定遵循之、不懈满足之，便可助你从成功走向成功。正如冯友兰先生所言："知道人的本性，也就知道了天道。"

星巴克创始人霍华德·舒尔茨曾写下这样一段话："当我想到我们公司以及公司的伙伴时，有一个词在我的脑海中浮现，那就是'爱'。我爱星巴克，因为我们努力做到的一切都是基于人性的。"

藉此，我们可以得出这样的结论：以人为本乃世事之根本。

对此，信不信，不由你！

第一章

品质：从四千公里外的一颗咖啡豆开始

我们一直追求卓越品质，并将永远如此。我们致力于通过以"道德采购"的方式购买高品质的咖啡豆，精心烘焙。

——《星巴克使命宣言》

在人之本性与本能中，趋利避害可以说是"总纲"，被视为所有生物体赖以生存和发展的根本原则，正如东汉霍谞在《奏记大将军梁商》中所言："至于趋利避害，畏死乐生，亦复均也。"也就是说，在这个问题上，没有不一样的。所谓的"没有不一样的"，不仅是指所有的人都一样，也是指无论处于何时何地的人，都是一样的。

这个"利"便是利益。于是我们说，向消费者输送更多、更好的利益是品牌的出发点，也是品牌的落脚点。对于企业而言，打造更新、更优的价值来不断地满足消费者对利益的诉求与需求，则是品牌的着力点和支撑点。

一旦品牌的价值不能更高、更快、更强地转化成消费者的利益，品牌及其价值就如同水中花、镜中月一般，徒有虚名而已。

价值打造的水平往往取决于企业及其员工的力量，对于利益输送的评价则取决于消费者的感受和体验。因此，品牌竞争力的构建要从员工与消费者两个维度展开和推进，这恰恰是星巴克与众不同的成功之道。

从趋利避害的角度来看，作为消费者，我们乐于购买功效性和安全性俱佳的产品与服务，这既是消费者的首要需求，也是其根本性需求。产品与服务的功效性和安全性决定了其品质的高低；而品质是品牌本质的内涵要素和核心的价值体现，是所有品牌价值的前提和基础，是企业品牌战略的第一保障，是消费者认知品牌的第一印象、认同品牌的第一感受、认可品牌的第一评介、认定品牌的第一选择。

那么，从人本主义出发，为消费者提供高品质的产品就是企业的基本职责，也是企业的首要社会责任。

任正非先生曾说，做企业就是要安下心来，磨好豆腐给最亲的人吃，

第一章　　第一篇
品质：从四千公里外的一颗咖啡豆开始　　价值与利益

就是我要为人类创造价值！

众所周知，星巴克的品牌价值源于那一杯在霍华德·舒尔茨的眼里"超凡脱俗"的浓缩咖啡，充满着激情与浪漫。那么，就让我们来看一看星巴克是如何安下心来磨好咖啡给最亲的人喝的。

星巴克咖啡的品质之旅是从四千公里外的那颗咖啡豆开始的。

从原先那个星巴克的老板杰瑞的介绍中，霍华德·舒尔茨第一次听到了"阿拉比卡"这个词。原来，有一种生长在山上的咖啡树叫"阿拉比卡"，它结下的果实是一种具有优秀品质的咖啡豆；但在当时，精良的"阿拉比卡"咖啡豆只有极少数能够进入北美，大部分都进入了更讲究咖啡品位的欧洲。

为了获得优质的"阿拉比卡"咖啡豆，星巴克的采购人员需要常年巡游在印度尼西亚、东非和拉丁美洲一带，与苏门答腊、危地马拉、埃塞俄比亚、肯尼亚和巴布亚新几内亚等地的咖啡种植者和出口商交流、沟通，力争购买到世界上品质最好的咖啡豆，以保证让所有星巴克的咖啡具有最纯正的品质。

咖啡品类选好之后种植就成了关键。为有效提升优质咖啡豆种植水平，2001年，星巴克与环境保护国际组织共同拟定了对咖啡采购的指导原则，又称为PSP——优先供应商计划。2004年，星巴克与保护国际基金会（CI）及SCS科学认证系统（一家第三方评估和认证公司）共同开发出现在被称作"咖啡和种植者公平规范"的指导原则。

然而，所有的事情最终都要归结到人，咖啡豆的种植也是如此。为了支持各地的咖啡农落实好"咖啡和种植者公平规范"，星巴克在全球构建种植者支持中心，以溢价收购优质咖啡豆的方式支持咖啡农的可持续发展，帮助当地发展教育、改善医疗，使他们不会因生计问题而背井离乡。最终，在确保共同利益的基础上，本着对环境和社会负责任的宗旨确保高品质咖啡的持续产出，为咖啡农创造出一个更美好、更长远的未来。星巴克将这种机制称之为"道德采购"，于2006年开始实行。

星巴克对于一颗咖啡豆的敬畏与呵护是由内及外的，质量文化让所有的伙伴都成为这颗咖啡豆的守护者，公司每年都会带领伙伴踏上"咖啡原产地之旅"。

曾任星巴克合作伙伴资源和品牌领导部门高级副总裁的瓦莱利·奥尼尔介绍说："我们部门是第一个参加这个试点项目的，我们在美国包括美洲挑选了30多位伙伴去了哥斯达黎加，亚太地区的伙伴去了印度尼西亚，欧洲和中东地区的伙伴去了坦桑尼亚。"在为期一周的旅程中，他们亲眼见证了咖啡的种植、生产、加工、运输、烘焙的过程。

在整个过程中，员工亲身体验了种植活动，从育苗到保育，从采摘到挑选，直至对供应商劳动环境的要求以及对规范种植和环境保护的指导，让伙伴近距离地感受到，从一把咖啡原豆到一杯咖啡需要很多人的培育与呵护，加深了他们对产品的感情，对种植户和加工工人的生活也有了更深入的了解，从而更深刻地理解了星巴克所采取的"道德采购"对咖啡农、对企业的重要意义。

> 咖啡原产地之旅活动，我参加过，感觉非常震撼，现在每次看到咖啡的时候都倍感珍惜，一个咖啡豆要经过四千多公里才能到达我们的杯子里，所以，这是对咖啡的认知。这不仅仅是咖啡，它还有社会责任在里面。
>
> ——星巴克大中华区人力资源副总裁　余华

为了确保供应商能与星巴克共同遵循"道德采购"原则以及与星巴克一致的社会及环境理念，星巴克通过完整的评价系统和数据库精准地评估每家供应商的绩效以及在经济层面上的激励手段和优先购买权，并据此做出星巴克与供应商的采购决策，目的就是为确保优质咖啡豆原材料的采购再筑起一道"防火墙"。

星巴克于2004年年初在波多黎各建立星巴克如咖啡农艺公司，通过公司内的农学家小组、质量专家和持续性发展研究专家的共同努力，确保将来能够从美洲中部持续获得品质优良的咖啡。这是因为，星巴克非常清楚地看到了多年来低廉的价格对种植程序与管理所造成的破坏性影响，因此不经过出口商而与农民直接接触，就是为了避免出现在不久的将来会因没有足够的品质优良的咖啡而无法满足其既定的业务增长需求的困境。

此外，为确保质量，星巴克在购进咖啡豆时，每批货物都要经过三次严格检查：先是对样品进行查验，装货时再进行第二次核验。在货物装船之后，还要进行最后一次检验，如发现质量不符合标准，当即拒收，没有任何商量的余地。

在咖啡原料的运输环节，星巴克也做到了万无一失。随着星巴克的商业版图日益扩大，如何在几千公里的长途运输中确保咖啡原料的品质，成为业界质疑星巴克全美战略的焦点问题。就连被誉为浓缩咖啡鼻祖的阿尔弗雷德·毕特也预言，星巴克面向全美拓展之时，就是星巴克咖啡优秀品质的遭殃之日。

这种质疑不是没有道理的。从传统意义上来讲，出售整颗咖啡豆的企业一般都将市场放在本地，咖啡店必须邻近烘焙工厂，其目的就是最大限度地保持新鲜烘焙的咖啡豆固有的风味和新鲜口感。如何在穿过半个大陆运向外地的情况下使新鲜烘焙的咖啡豆"鲜美"如初，就成为星巴克既要毫无条件地保持最佳品质，也要完成全美战略而必须要面对并妥善解决的一大难题。

1989年，星巴克从20世纪80年代初只为大宗交易准备的一种装置中找到了解决问题的方法。这种方法是利用一次性阀门使二氧化碳气体逸出，同时不让有害气体和潮气进入，最终形成真空包装，以满足咖啡豆保鲜的需求。星巴克将刚烘焙出的咖啡豆分装成5磅一包，用箔纸裹封装进"风味锁定袋"中，以确保在7天的时间里咖啡豆的品质不会受到影响（如果在7天之内没有尽销，星巴克便会将剩余的部分捐给慈善机构）。

随后，这种"风味锁定袋"不仅被应用到长途货运中，就连星巴克在离烘焙工厂只有几分钟路程的西雅图本地咖啡店也通过这种方式来供应咖啡豆，以最大限度地保障咖啡豆的品质。由此可见，星巴克对产品品质的极致追求。

霍华德·舒尔茨在《将心注入》一书的第六章"铭记企业的价值"开篇便引用了马丁·路德·金的一句话："衡量一个人的最终尺度，不是看他顺顺当当的时候待在哪儿，而是看他在受到非难和争议的时候如何应对。"霍华德·舒尔茨之所以将这句话作为"铭记企业的价值"一章的题记，是因为在他的眼里，这句话同样适用于企业。

1994年6月，巴西遭遇霜害侵袭，由于灾情严重，全球咖啡生豆价格一路暴涨。星巴克向来不采购巴西咖啡豆，因为巴西咖啡豆风味较清淡，品质也不稳定，多作为罐装咖啡的主要原料；但是，由于巴西咖啡豆产量占全球咖啡豆总产量的四分之一以上，其产量的变化必将牵动整个咖啡市场，这也就对星巴克产生了不小的影响。当时咖啡豆现货市场报价已从每磅1.26美元跃升到1.8美元，要比星巴克当年年初80美分/磅的进价高出一倍以上。更为严峻的是，原料价格大涨使得星巴克股价应声下挫。

在1994年年初，星巴克门店数量已发展到350家，如果原料价格再暴涨两倍，对于星巴克来说，后果不堪设想。星巴克与咖啡商实行的是长期合约机制，一般会预订10个月内所需的咖啡生豆，这是因为星巴克坚持采用的极品咖啡豆产量稀少，货源匮乏。

与星巴克常规10个月的库存相比，控制着全美70%的咖啡市场的三大烘焙业巨头雀巢公司、宝洁公司和卡夫食品公司库存生豆不多，于是开始实施涨价策略，以应对生豆危机。在整个咖啡市场涨声一片时，星巴克决定暂时不涨价，继续观望生豆价格走向。

谁料，到了7月份，巴西再度遭遇霜害。这样一来，就导致咖啡生豆的价格在几天内就跳涨到每磅2.74美元，这比3个月前的报价高出2.3倍以上，甚至有专业分析师预测，咖啡生豆的价格可能会飙升到每磅4美元的高度。于是，三大烘焙企业又开始宣布调升售价。

伴随着股价跌到近3个月以来的新低，星巴克在万般无奈之下也宣布了涨价的决定。随即，下一个难题又摆在了星巴克决策者的面前，即是否应该加码买进生豆。现在买了，担心日后跌价；不买，又担心日后再涨价，损失会更大。经过董事会讨论，星巴克决定以极高的价格买进数千袋"哥伦比亚"咖啡豆，总价高达数百万美元，以确保星巴克始终能够以高端的咖啡豆来保障产品的品质。

随后，星巴克的担心真的变成了现实。7月过后，炒家退出市场，咖啡生豆价格应声回跌，几个月后回到每磅1.1美元的正常水平。这让星巴克蒙受了巨大的损失。由于高价买进大量咖啡生豆，星巴克1995年的产品售价普遍偏高，这对于星巴克的忠实消费者来说，无论怎样都是不公平的；但是，星巴克在这场疾风暴雨中一直坚持采用顶级咖啡豆的品质信念，又的确是难能可贵的。

经济上的损失肯定是令人痛惜的，但星巴克没有因此而改变自己的初心。即使是在1997年，咖啡豆的价格在一年之内几乎是翻了三番，但霍华德·舒尔茨依然强烈要求购买优质的咖啡豆，希望团队能用其他的方法来弥补损失。对此，星巴克管理高层"三驾马车"之一的霍华德·毕哈在他的《星巴克，一切与咖啡无关》一书中坚定地说道："这种想法无疑是正确的，而且我们也没有别的选择。"

其实，还是有其他选择的。在两次原材料价格危机中，星巴克完全可以采用其他公司压低成本的方式来度过危机，比如在高级咖啡豆中掺杂低价咖啡豆或购买低品质、低价格的"罗布斯塔"咖啡豆。然而，星巴克为了让消费者能一如既往地喝到顶级咖啡，继续享受到最佳的咖啡体验，不惜砸下重金，甘冒风险，以确保高端货源的供应，没有走上牺牲自己的咖啡质量来换取短期利润的道路，而是通过提高经营绩效、节约开支来完成当年的盈余目标。

毋庸置疑，"阿拉比卡"咖啡豆被星巴克人挚爱与坚守至今。一直以来，星巴克都是在以"阿拉比卡"的标准来采购咖啡豆，即使是在面临一次次的生存危机的时候，也从未放弃。正如霍华德·舒尔茨在《从头开始》一书中所断言的："在近40年的历史之中，星巴克从来没有在我们的产品中使用过一磅'罗布斯塔'咖啡豆！"

即使是星巴克始终坚持采购的"阿拉比卡"咖啡豆，全世界也只有区区3%属于最高品质的那部分。只有这一部分才有资格进入星巴克的采购系统。

由于果实一旦被手工采摘，果皮就有可能被剥除，残留在咖啡豆上的果肉也会随之发酵，因此在萃取咖啡豆之前，大量的果实会先被放在特制的天井中进行自然风干。然后，在装进袋子之前，还要安排咖啡专家来品尝或"评测"小批量的咖啡豆，以确保其风味符合星巴克的标准和要求。

有了新鲜优质的咖啡豆，后面的重要环节便是烘焙。说到烘焙，原先的星巴克就是以致力于经营顶级"重烘焙"咖啡豆为自身定位的，可以说，这是星巴克传承至今的基因与血统。

何为顶级？为什么要采用"重烘焙"的方法？霍华德·舒尔茨在没有加盟星巴克时就此询问过星巴克的创始人之一杰瑞。

原来，深度烘焙至黑色可以让咖啡的味道完全散发出来，特别是对于优质的"阿拉比卡"咖啡豆，被烘制得越黑，它的味道就越浓郁。在当时的北美地区，超市里廉价出售的却是"罗布斯塔"咖啡豆。问题是，这种品质相对低劣的咖啡豆是不能用重烘焙法加工的。因为在高温之下，它很快就会被烘焦，而优质的"阿拉比卡"咖啡豆是可以耐得住高温的。这也是星巴克几十年如一日坚持采购"阿拉比卡"咖啡豆的原因所在。

然而，重烘焙法与当时流行的烘焙方法是背道而驰的，当时的成品食品公司都会把咖啡豆烘焙得淡一些。为什么？因为把咖啡豆烘焙得淡一些可以获得更高的产出，可以有更可观的产出比，这对于以盈利为目的的企业来说，似乎"天经地义"。

当时的星巴克却"离经叛道"，坚持用重烘焙法加工咖啡豆，因为他们最为关注的是口味而非产量。这种"烘焙至黑的深度加工法"被星巴克的创始者称为"正规都市烘焙法"，也就是后来的"星巴克烘焙法"，这种方法一直被星巴克人沿用，与星巴克人最初的那份对品质的极致追求一起被坚守和传承至今。

对于当初与杰瑞交流的品质至上的"商业哲学"，霍华德·舒尔茨曾经坦言："最初我还没有足够的聪明才智去充分理解我在星巴克所发现的一切。我花了几年的时间才深入理解这些道理：对于星巴克的创办者来说，优质就是一切。他们将其视为立场和宗旨，始终决不妥协。"这让霍华德·舒尔茨第一次领教到星巴克的商业哲学，在后来的《将心注入》一书中他写出了他对此的感受。

每个公司必须代表某样东西。星巴克代表的不仅是优质咖啡，而且还有创办者们陶醉于其中的烘焙至黑的深度加工法。这就使产品超凡脱俗而且货真价实。

在霍华德·舒尔茨正式入主星巴克之后，星巴克便着手制定从采购、种植、烘焙直至前台的咖啡制作的行业标准。

首先，星巴克对于原材料和卫生都制定了很高的标准。无论是咖啡豆、供顾客使用的糖类调料，还是清洁用的消毒水，星巴克都设定了细致的保质期规范。每当开封使用一种原材料，无论时间长短，星巴克员工都会在包装上添加一张标签，写明开封时间、到期时间、材料名称、填写人姓名，并且在每天开铺、早晚班交接和打烊时都有值班经理进行检查。

汤姆·沃尔特斯是星巴克位于华盛顿州肯特市的焙制厂的一个协调员，从1982年起就在这个工厂工作。他说，从那时起，咖啡的保鲜度就是星巴克最注重的事情。他的工作就是每天将纸袋咖啡豆送到西雅图闹市区的咖啡店。在每次送货时，他都要仔细检查咖啡店中剩下的咖啡豆是否超过了保鲜期。

这是因为，在星巴克与咖啡店签订的合同中明确要求，任何超过7天的咖啡都必须由星巴克无偿收回。汤姆·沃尔特斯非常坚定地认为，如果没有对质量的执着以及对"细小事情"的关注，星巴克本来是永远走不出西雅图的。

其次，在前台制作环节，尽管星巴克咖啡品种繁多，但在制作上依然有着几乎苛刻的要求。例如，每杯浓缩咖啡要煮18~23秒，意式咖啡的牛奶至少要加热到华氏150度，但是绝不能超过170度，等等。星巴克的专业烘焙师不断地完善烘焙过程，不断调试机器，并开发出控制烘焙过程的专用软件。

不同种类的咖啡要求配有蒸煮不同时间的奶泡。五种中杯咖啡都要求分别过秤，以保证每一杯咖啡都在规定重量范围内；同时，在门店柜台的后面都会安装专门的水过滤装置，以避免不同地域的水质对咖啡口感产生影响，从而保证了咖啡品质的一致性。

正是因为这一系列的标准化流程，才最大限度地降低了星巴克咖啡因不同的地域而形成的口感上的差异，让消费者在世界上的任何一家星巴克门店喝同一款咖啡，都能品尝到一模一样的纯正味道。

我们常说，危难时刻方显英雄本色。如前所述，无论是发展的顺境之中，还是遇到挫折与危机之时，星巴克对品质的追求矢志不渝。

星巴克在二十年的高速发展中产生了许许多多的问题，而这一切终于在2008年爆发了。有一项数据可以说明当时的情况有多么糟糕：星巴克的可比店面销售额一直以来都是业界的标杆，曾经达到5%以上。然而，到了2007年的最后一个季度，这项数据已经降到了1%，成为1992年以来最差的业绩。

于是，霍华德·舒尔茨重新担任起公司CEO的职务，再次为星巴克把握航向。面对自身的发展问题、日益激烈的市场竞争以及近在咫尺的一场世界金融危机，霍华德·舒尔茨并没有改变初心，依然没有放弃高品质发展的道路之选。

在他与部分新老伙伴召开的一次集体研讨会的备忘录上，"成为无可争辩的咖啡权威"赫然纸上。为此，在随后两年的时间里，星巴克克服重重困难，一方面加大对全球咖啡种植园的支持，另一方面强化对咖啡调配师的培训，以确保产品的质量和服务的品质。

2008年2月26日，星巴克做出了一个非比寻常的决定，即美国的7100家直营门店同时歇业，为咖啡师提供3个小时的浓缩咖啡培训，目的就是让13.5万名咖啡师能够更好地调配意式浓缩咖啡和热牛奶。星巴克就是以这样的一种"刀刃向内"的方式一举提高了数百万份饮品的质量；同时，也向消费者传递出一个强烈的信号——星巴克是真心想要将咖啡做得更好，并具备确保顾客能够得到一杯完美咖啡的责任和能力。

对此，霍华德·舒尔茨说了这样一句掷地有声的话："证据在杯中"。

这是因为，在霍华德·舒尔茨的心目中，星巴克的意义从来不止咖啡，但是没有咖啡，星巴克就失去了存在的基础。因此，在后面几十年的发展历程中，为了保证咖啡品质，星巴克一直在坚守四大原则。

（1）拒绝加盟。不可将产品品质外放到自己的管控之外。

（2）拒绝贩售人工调味咖啡豆。不屑于以化学香精来污染顶级咖啡豆。

（3）拒绝进军超市。不忍将新鲜咖啡豆倒进超市塑胶容器内任其变质走味。

（4）选购最高等级咖啡豆。做完美烘焙的目标永远不变。

以上这些在霍华德·舒尔茨的心目中都是"关键性的决策"，体现了星巴克的品牌主张。

其中核心的就是第一条，正如霍华德·舒尔茨在《将心注入》一书中特别强调的："我们对产品质量的控制非常严格，以至于每一步都必须掌控在自己手里。"的确，星巴克从粗选的新鲜咖啡豆到一杯热气腾腾的咖啡，所有环节都是在星巴克自属的门店里完成的。按照霍华德·舒尔茨的话来说，就是将这种垂直管理做到了极致。

因为，在星巴克人眼里极为神圣的咖啡，从生产到销售之间的任何一个环节都可能毁了他们心中的那份完美，包括咖啡豆的产地对不对，质量如何，新鲜与否，烘焙是否到位（过度烘焙或水分太多都会导致咖啡味道的变化），甚至连锅具放置在烘焙炉上的时间这样的问题，都容不得半点儿疏忽和失控。

如此一来，星巴克一直排斥特许加盟的连锁经营模式，甚至可以说是"忌讳"。尽管他们经常会在一个月里接到上百个申请加盟的电话，即使有些是星巴克几年内都无法顾及的地方，加盟商可以帮助星巴克以更快的速度占有市场，但都被星巴克拒绝了。

有一件事情足以体现星巴克在这个方面的决心和定力。在星巴克的发展初期，有一位连锁经营的业界领军人物加盟了星巴克，担任负责企业发展的资深副总裁，他就是麦当劳领导雷蒙·克罗克家族的挚交、麦当劳早期连锁店的经营者——杰克·罗杰斯。他认为，星巴克开展加盟连锁经营模式是一种"顺理成章"的选择，可以帮助星巴克快速而可靠地筹集到更多的资金，有利于在竞争对手之前抢占先机，进入新的市场。

这一提议最终还是被霍华德·舒尔茨拒绝了。

与加盟连锁经营为企业所带来的种种好处相比，霍华德·舒尔茨更在乎的是星巴克会不会失去自己赖以发展壮大的文化凝聚力，星巴克对咖啡所心怀的那份宝贵激情还能不能得到很好的传达，星巴克的观念和价值体系还能不能被很好地理解和贯彻。更为重要的是，星巴克对品质的那份追求和坚守还能不能很好地体现在每一位在星巴克标志下工作的伙伴的知行之中。

除了在很长的一段时间里"拒绝"加盟商以外，在与其他渠道合作商进行合作时，星巴克也始终将品质保证放在合作条件的第一位。在与美国联合航空公司合作之前，星巴克就提出要确保飞机上的设备和操作能切实保证咖啡的最佳品质，并且要对他们的乘务员进行烹煮咖啡和咖啡保鲜的有关培训。

星巴克团队从配料单到研磨工序，再到水过滤系统等都进行了全面扎实的检查。当发现飞机上的不锈钢烹煮设备要被价格更低廉的塑料制品替代时，星巴克坚决予以制止。功夫不负有心人，1994年所做的一项调查表明，美国联合航空公司71%的乘客在对产品和服务的调查问卷中勾选了"出色"和"好"的选项。

在这里，要特别指出的是，与其他品牌追求高品质发展有所不同，星巴克人对咖啡的热爱已经内化为他们发自内心的一种激情，一种传教士般的热忱，乃至一种神圣的使命。这一切依然是源于霍华德·舒尔茨的那次米兰之行。正是在那一次米兰之行中，霍华德·舒尔茨第一次品尝到了一种叫"拿铁"的咖啡——一堆蓬松的奶白泡沫浮在浓香的咖啡之上。

在打给妻子雪莉的电话中，他按捺不住心中的澎湃："这里的人对于咖啡真是太有激情了。"正是从那一刻起，这种"将喝咖啡演绎成一曲咏叹调"的激情在霍华德·舒尔茨的心中陡然升腾，并在后来漫长的星巴克岁月里化作了永恒，也从此让咖啡与激情在星巴克人的心中合二为一，再也分不开。

今天，做最好的咖啡已经化作星巴克人心中的激情，为顾客煮好每一杯咖啡成为星巴克人不变的使命；而将这种激情和使命传递给更多的人已经成为星巴克人心中的一份热爱。为了这份激情与热爱，星巴克人"努力做到心中的最好"。

当每一次举起咖啡闻香并陶醉，
当每一次泡出美丽的咖啡拉花并获得称赞，
当每一次看到咖啡课堂上人们若有所得的表情，
当每一次和伙伴们一起服务更多人品尝到更美味的咖啡，
总是难掩自己"希望做到最好的愿望"。
"一杯咖啡，却能带给客人远超咖啡的很多东西"，
所以他努力做到最好，
在臻选的咖啡面前，
他的每一个动作似乎都变得神圣起来，
努力让每一滴咖啡都香浓可口。

正是出于这种深入骨髓的激情与热爱，霍华德·舒尔茨与他的星巴克在很长的一段时间里不仅坚决地反对加盟，也一样反对批发出售，只让顾客在自己的店里购买星巴克咖啡。用霍华德·舒尔茨的话来讲："我

们对此毫不让步。"

也正是因为这样的坚持，让星巴克在激烈的市场竞争中遇到了很大的困难，甚至处于竞争的劣势。毕竟，星巴克从事的还是一桩咖啡的生意而非一门咖啡的艺术。无论是作为一种咖啡情怀，还是一桩咖啡生意，让更多的人体验和分享到那份来自咖啡的美好与美妙都应该是一件正确的事情，都是一件并不违背星巴克人初心和使命的事情。

于是，星巴克开始发生转变。

例如，对于星巴克一直引以为傲并矢志不渝的重度烘焙的咖啡，有近40%的顾客表示不愿接受，他们反而更喜欢轻度烘焙的咖啡；但是，经过评估，后者又的确因带有青涩的酸味而不同程度地影响着咖啡的口感。于是，星巴克从零做起，历经80次的尝试，终于成功研发出黄金烘焙咖啡技术，很好地解决了这一难题，烘焙出了一种清甜适中同时带有麦片香味的、被更多顾客喜欢的咖啡。

该项目的主要负责人之一布拉德·安德森曾经介绍说："我们投入大量的时间进行研发，每次调制出来后，我们都问自己是否可以做得更好。团队的每个人都付出了巨大的努力。对于最终的产品，我心中充满了自豪感，也为团队的伙伴们感到自豪。"

因此我们说，品牌的价值一定要能够转化成消费者的利益，能够满足更多消费者的需求，不然这种价值就是不完美的，甚至是伪价值。简言之，消费者喜欢的"品质"才是真正的"品质"。对此，咖啡师伊莱莎感触颇深："我喜欢重度烘焙咖啡，但是我认为调制适合不同顾客的黄金烘焙咖啡也很了不起。因为，这不仅符合我们一贯坚持的提供高品质咖啡的承诺，还让我们可以和许多新顾客谈论咖啡，让他们和那些已经享受多年星巴克咖啡的人一样开启咖啡体验之旅。"

对于市场渠道，星巴克也开始谨慎地有针对性地做出局部调整。例如，在一些特殊区域（如机场、大学校园）和一些国外市场（如新加坡）

采取授权加盟方式。1991年，星巴克的第一个机场加盟店在西雅图机场开张了，直至在全美的机场也开设了门店。

在最初的一段时间里，霍华德·舒尔茨一直处在一种"战战兢兢"的状态中，他多次到西雅图机场店检查工作。果然，队伍排得很长，营业员对星巴克咖啡不甚了解，服务速度慢且缺乏热情。这让霍华德·舒尔茨大为不满。好在，在双方的共同努力下，情况逐渐好转，直至门店的服务达到了星巴克的标准，成为合作的成功样板。

对于星巴克来说，毕竟是以影响力而不是通过直接管控来维系自身的品牌还是一个新的命题，甚至是挑战，对此星巴克人一直在寻找能够让自己心安的答案——可以把底线放到什么程度而保证不丢失自己的灵魂？

在探索之中，星巴克一直紧紧地攥住手中的"缰绳"，几年来星巴克已经拒绝了数百家寻求合作的公司，并因此"让几百万美元溜走"（霍华德·舒尔茨语）。在最早的1000家星巴克门店中也只有75家属于连锁模式，星巴克将这一比例严格控制在10%以内。对此，霍华德·舒尔茨也坦承："如果我们不是那么痴迷于对产品的控制，我们的生意可能会做得更容易些，但是咖啡就不可能有那么好了。"

除了合作模式，在产品层面上星巴克也与许多当初被认为是教条的东西渐行渐远。例如，曾经在星巴克一提到无脂牛奶就意味着"背叛"。因为，在星巴克人的心目中，有脂牛奶与星巴克咖啡堪称绝配——牛奶味道更醇厚，会使咖啡的口味更刺激。即便如此，在顾客需求的驱动下，后来也变得不仅是无脂牛奶，就连香草和覆盆子果酱都可以加进星巴克的浓缩咖啡中。

在这种貌似妥协的变革中，星巴克每走一步都要经过长时间的精心准备。正如霍华德·毕哈所强调的："这意味着咖啡必须是最优的，从选料到烘焙，直到冲煮，都要如此。对我们所服务的所有人，必须让每一步都显得耳目一新而又富有内涵。"

藉此我们可以深刻地感受到，在星巴克人的心底，对品质的执着始终是高于一切的，是不可动摇的。他们永远不会以自己的核心价值作为妥协的条件。在《将心注入》一书中，霍华德·舒尔茨将讲述1994年那场风波的章节命名为"价格危机考验公司价值观"。

的确，除了在价格的顶端以高于常价三倍的费用购买了足够星巴克使用两年的优质咖啡豆这种"孤注一掷"的做法以外，还可以采取采购相对便宜的咖啡豆或是将高品质和低品质的咖啡豆相掺而用的方法，这样不仅可以为公司节省几百万美元的资金，而且完全不需要涨价。因为也只有10%的顾客能品出其中的差异，所以无论是对"内"还是对"外"，似乎大家都会感到"满意"。

对此，霍华德·舒尔茨也问过自己："如果能以90%的顾客根本意识不到的方式来应对危机，从而获得更高的利润，何乐而不为呢？"

"但是，我们自己明白其中的区别。"霍华德·舒尔茨对自己说："每个企业都有自己的记忆，为利润而牺牲品质只能让星巴克人一辈子都抬不起头来，这将是一种无法弥补的缺憾。"

这就是星巴克最后的底线与定力。

正如星巴克在其官网上对品质所做的承诺：不论是我们货架上的商品，还是门店里的设施，以及咖啡师腰间的围裙，我们的追求都是精益求精。对此，作为星巴克的领导，乃至灵魂，霍华德·舒尔茨时刻以一种特殊的方式来提醒自己、警示自己。

每当决策遇到难题，或公司官僚主义思想盛行时，我就会到派克市场的创始店走走。我的手抚过磨损的木质柜台，抓一把烘焙成黑色的咖啡豆，让它们轻柔地滑过手指，留下淡淡的油脂芳香。我一直提醒自己及周围的人，我们对于那些曾登门造访的人是有责任的。

在坚守咖啡根本的品质的同时，星巴克人也一直在思考这样一个问题：有着一千年历史的咖啡，它还能被重新改造吗？还能围绕着优质的咖啡来创新自身的价值，为消费者输出全新的利益吗？

对此，霍华德·舒尔茨给出的答案是肯定的，并且还加上了"必须"二字："任何一个以产品为重的公司都必须创新其核心产品，如果想要产品获得成功而不只是活下去，就只能这样做。"为此，星巴克在激活咖啡体验的各种因素上花费了很多的时间与精力去探讨和尝试，注入了许多新的创意。

最先的成功出现在1994年。在那一年，一种将冰和"卡布奇诺"咖啡融合在一起的乳制品饮品横空出世，这就是星冰乐。这款新产品一经问市便一炮打响，用霍华德·舒尔茨的话来说："击出一个漂亮的本垒打。"很快，许多老顾客开始竭力向自己的朋友推荐，女性顾客对它的低脂配方情有独钟，她们常常会在运动或下班之后喝上一杯。最终，星冰乐成为夏季——传统咖啡销售淡季中的畅销产品。

一年之后，星巴克又与可口可乐公司合作，经过几个月的反复试验，最终开发出可在常温状态下保存的星冰乐，使其成为一款味道非常好的瓶装饮料。星巴克对这款产品的品质非常有信心，就连常规的试销程序都免除了。果然，瓶装星冰乐面市才几个月就卖出了超出预期10倍的数额，超过70%的销售量是重复添货。

如此一来，超市总是出现断货的情况，顾客翘首以盼，甚至因此而产生报怨。为此，星巴克与可口可乐公司共同投资了几百万美元建立了三套灌装生产线，以解需求之急。

值得一提的是，2016年，星巴克在中国市场推出四款"中国味"瓶装星冰乐：咖啡味、摩卡味、香草味和焦糖味。这四款产品均采用了与星巴克门店手工调制咖啡相同的高品质"阿拉比卡"咖啡豆，以确保产品的品质与口味体验，同时满足顾客随时随地享用高品质咖啡的需求。

为了开发以咖啡精华为核心的新产品，星巴克投资几百万美元建立技术研究应用中心，聘用了30位科学家和技术人员；同时，投资400多万美元兴建了一个实验工厂，目的就是要研发出包括咖啡味啤酒、咖啡冰淇淋和即开即饮的瓶装咖啡饮料在内的更多的新颖产品。1995年，星巴克与西雅图红钩啤酒厂合作开发出加入星巴克咖啡精华的双倍浓度的浓烈黑啤，深受酒厂老客户的欢迎。

1996年4月，星巴克又一大新品精彩亮相，就是被霍华德·舒尔茨誉为"超级豪华冰淇淋"的星巴克咖啡冰淇淋——意大利烤咖啡、重烘焙浓缩咖啡旋筒、咖啡加杏仁、香草摩卡旋筒和低脂拿铁。到了7月，甚至在星巴克还未向全美一万家便利店铺货且几乎没有做广告的情况下，星巴克咖啡冰淇淋的销量就超出了哈根达斯冰淇淋的销量。

"顾客对咖啡冰淇淋和星冰乐都投了赞成票，"让霍华德·舒尔茨更为欣慰的是，"那些从来不进星巴克门店的人也尝到了我们的产品。"

有意思的是，推出星巴克咖啡冰淇淋一直是霍华德·毕哈的想法。后来，霍华德·舒尔茨特意对他说了一句话："你的心愿实现了。"一直在为推出星冰乐而不懈努力的星巴克的三位伙伴蒂娜、安妮和格瑞格也都获得了星巴克总裁的嘉奖，另一位参与其中的伙伴也被评为"年度最佳零售经理"。

必须指出的是，对于这些创新，星巴克是万变不离其宗，正如霍华德·舒尔茨所强调的。

我们可以创新，我们可以重新发掘企业的全部潜在价值，但星巴克的优质咖啡，以及其新鲜烘焙原粒咖啡豆的原则不变。这是我们的精神遗产。

在《将心注入》一书中，霍华德·舒尔茨引用过小托马斯·沃森的

《一个企业的信念》一书中的一句话："一个企业唯一神圣不可动摇的应该是它经营的基本宗旨。"对于星巴克而言，这个"宗"就是深度烘焙的、新鲜的、风味纯正的咖啡豆。

而这，被霍华德·舒尔茨视为决定星巴克生意成败的"试金石"，是星巴克人的精神财富，甚至是他们的"命根子"，被他们视为星巴克的精神遗产，并始终将这种精神充盈与传承在星巴克人的心中。

第二章

社交：从"第三空间"到品牌场景的营造

当我们的顾客感受到一种归属感时，我们的门店就成了他们的"港湾"，一个远离外界纷扰的空间，一个与朋友相聚的处所。

它使人们得以享受不同生活节奏带来的快乐——时而悠闲自得，时而步履匆匆，任何时候都充满了人文气息。

——《星巴克使命宣言》

当人们满足了生理需求之后，便开始出现社交的需求。在马斯洛的"人类基本需求层次理论"中，除了生理与安全这两项最基本的需求之外，在精神层面的需求中，社交需求被排在了第一位。这是因为，人归根结底还是群居动物。

中国有句古话，"有人的地方就有江湖"；而有江湖的地方也一样会有社交。从人性需求的角度来看，人们渴望一个自由的空间，或者是一个人静静地独处，但周围最好有一些人，这样不会觉得孤独；或者是与他人共处，彼此面对面、零距离，通过表情、手势和言语进行情感的沟通与信息交流。

如果我们从对人性需求的满足的角度来看品牌，那么，一个品牌的成长过程就是对人性需求的满足从塔基到塔尖的过程。当我们的产品只是一款好产品的时候，满足的是塔基的生理与安全的需求；当我们的产品成为好品牌的时候，满足的是塔尖的社交以及尊重和自我实现的精神需求。

西方的咖啡与东方的茶一样，都与社交有着天然的内在关联。它们都是能够令人神志清醒、思维情绪兴奋的社交饮品（"咖啡"一词源自希腊语"Kaweh"，意为"力量与热情"），是人类社交活动的最佳介质和载体。正是源于咖啡的这种特质，与人们既想独处又不想陷入孤独的社交氛围与调性不谋而合。咖啡既可以自己静静地品味，又能将许多人吸引和聚集在一起举杯共饮，但前提是需要具备一个惬意、舒适、愉悦的社交环境与场所——咖啡馆。

美国社会学家雷·奥登伯格在其著作《绝好的地方》中提出，人类的生活主要集中于三个空间：第一空间，是家庭居住的场所；第二空间，是工作学习的场所；第三空间，则是休闲娱乐的场所。

如今，"第三空间"已经成为一个城市最能体现其多样性和活力的地方。从霍华德·舒尔茨创办"天天咖啡"到接手星巴克咖啡，他一直在不遗余力地打造一个打上了星巴克烙印的、成为一种社交时尚的"第三空间"。这个空间能够完全体现出意大利浓缩咖啡的真正内涵，即团体聚会式的、艺术感很强的、连接顾客日常生活关系的社交场景与场所。最终，以最好的咖啡、最好的服务、最亲切的启发来赢得顾客。

藉此，星巴克对自己的"第三空间"做了如下诠释：一个可以振奋人心并重新思考的感性空间；一个让人感受到热忱及活力的随意性环境；独具设计感及优雅特质，并且相当友善和亲切；舒适、温馨和便利的感觉带来启发与惊喜。

价值源于设计。在西雅图，星巴克成立了独立的设计研究部门，来为全球店铺做店面设计，以期实现风味各异但风格统一的目的。1994年，霍华德·舒尔茨聘请世界著名设计师莱特·梅西对全球的连锁店进行重新设计，力图将星巴克做成美国版的意大利咖啡屋，致力于向顾客提供具有休闲性质文化的"星巴克体验"，并最终让这种文化与体验突破全球不同地域、不同种族、不同信仰的界限。

因此，从家具摆放的方式到咖啡器具的光泽，从墙面的图案与咖啡杯的暗合到光线的明暗程度，再到店内咖啡的煮沸温度和摆放时间，以及店里磨咖啡的声音，等等，都做了精心设计。20世纪90年代网络浪潮的涌起让许多"白领"在公司以外的场所办公成为可能，同时还可以成为小型会议的备选方案，于是，星巴克和惠普合作，在店内设置了无线上网的区域。

此外，还有亲切的问候，流畅的点单，产品推荐，复述客户的点单，在杯子上画上亲切的笑脸……总而言之，在星巴克的"第三空间"，每一个因素都不会被轻视,都要经过思索和设计。

其一,是嗅觉体验。人们走进全世界任何一家星巴克门店都能闻到熟悉的咖啡香气,马上会产生放松和愉悦的感觉,这种效果正是源于星巴克的特别设计。为了保有这份咖啡香气的魅力,霍华德·舒尔茨曾在其自传《一路向前》中喊出:"让三明治滚出星巴克。"与三明治一起被"嫌弃"的,还有香水、香烟,加入化学香精的调味咖啡豆以及其他食品和羹汤——这就是传说中的星巴克"四禁"。

其目的就是防止这些东西的气味影响到店内重烘焙极品咖啡豆所散发出来的浓郁的"星巴克味道",保证顾客在任何时候走进店内,闻到的只有咖啡的香味,以最大限度地强化其对星巴克咖啡的嗅觉记忆,久而久之,顾客的鼻子会"记住"星巴克。

霍华德·舒尔茨曾经一度取消了星巴克门店的早餐食品。在效益与产品品质以及顾客体验的博弈中,星巴克主动放弃了早餐销售的巨额收益,直至他们掌握了能够大大减轻门店内食物加热味道的新技术,确定所有加热食物的味道(烤面包或者奶酪的味道)不会掩盖咖啡的香气,才重新开放早餐业务。

其二,是听觉体验。这是星巴克打造"第三空间"的重要"法门"之一。星巴克利用音乐这一"最没有沟通障碍的世界文化"载体,又为顾客在"第三空间"中带来了独特而惬意的体验。

一开始,星巴克通过与AEI唱片公司节目网的合作,从其每月所提供的节目内容中筛选出风格相宜的内容在门店中播放,特别是那些"蓝调音乐"与星巴克有着相同的"酷"的调性,顾客对此赞赏不已。尤其是那些带着孩子的中年顾客,他们平日里几乎没有时间听音乐或是逛唱片店,而星巴克恰好给了他们一个在闲暇时间欣赏音乐的机会。

再后来,星巴克将音乐与咖啡紧密地结合在一起,为顾客带来了极其美妙的双重体验与享受。例如,推出"蓝调什锦"咖啡,并配以美妙的音乐，被顾客评价为"又顺滑又刺激"；在纽约格林威治村的阿斯特广场星巴克店开业时推出"蓝调集锦"，许多音乐界名人到场庆贺；在西雅图举办"热咖啡／冷爵士"专场活动，邀请当地高中爵士队前来演奏。

渐渐地，音乐已经成为星巴克"第三空间"体验中不可或缺和不可替代的组成部分，已经上升到了仅次于咖啡，或是与咖啡相得益彰的地位。虽然很多喜欢音乐的顾客未必能说得出乐曲的名字，但听起来依然会感觉很舒适。这是因为，星巴克已经建立了具有自主知识产权的音乐沟通体系，逐渐确定了介于"另类独立"和"主流"之间的星巴克音乐风格。

在曲目上更多是选用轻松的民谣、爵士乐、摇滚乐等古今中外各流派的音乐，而逐渐替换掉那些经典歌剧和古典音乐，特别是将重金属、金属、电音、嘻哈这样带有"侵略性"、会影响顾客舒适感的音乐坚决地排除在外。其目的就是让顾客获得品味稳重、韵味醇厚、舒适愉悦的音乐体验。

随后，星巴克在2004年3月推出了位于美国加利福尼亚州圣莫尼卡市的第一家"赏乐咖啡厅"。在这种特别的咖啡厅中，除了可以现场试听别处听不到的最新专辑以外，顾客还可以购买这些专辑，也可以付费在数码音乐库的20万首歌曲中自由挑选自己喜欢的音乐，并将其刻录在CD（小型镭射盘）上，做成自己独家出品的唱片专辑，因而大受年轻顾客的欢迎。

2005年，星巴克又在西雅图的10个咖啡厅中安装了可以制作个人CD的音乐欣赏台，藉此可以给顾客提供更为自由和快乐的音乐体验。对于星巴克，音乐已经成为其品牌美学中不可或缺的一部分。

当咖啡遇上音乐，便产生了非常奇妙的效果。对此，霍华德·舒尔茨给予高度的评价："更重要的是，它向顾客传递了这样的信息——我们将继续以独特的方式在咖啡豆里推出人们意想不到的产品，给他们以惊喜和快乐。"

　　出乎所有人意料的是，后来音乐竟然成为星巴克的一个"生意"，对此霍德华·舒尔茨在《将心注入》一书中也不禁发出疑问：咖啡公司如何做起了音乐生意？这到底是怎么一回事呢？

　　除了音乐当然还少不了书。霍华德·毕哈相信书会成为星巴克与顾客分享阅读、思想和灵感的桥梁，它能够将顾客与门店很好地联结在一起。于是，伊斯梅尔·比亚的《长路漫漫：一个童兵的回忆》一书首先被选入星巴克书目。它讲述了一个塞拉利昂的儿童兵最终在美国找到了自由的故事，使顾客产生一种既悲痛又激励人心的感受。这本书果然获得了各地门店顾客的喜爱，很快就成为全美书店最畅销的图书之一。

　　其三，是视觉体验。星巴克在门店的视觉设计上也是用尽"心机"，以至于有人直接调侃星巴克不适合卖咖啡，更适合做空间设计。室内以咖啡色、原木色、黑色为空间色彩基调，简约而不失格调。硬装材料多以亚光材质为主，通过诸如洞石、锈感金属、原木、水泥质料等光反射率低的材料，构建一个对比适度、视觉丰富，既富于炫酷感又高冷、亲和且精致社交空间。

　　同时，还将咖啡制作的四大阶段所衍生出的以绿色系为主的"栽种"，以深红和暗褐色系为主的"烘焙"，以蓝色为水、以褐色为咖啡的"滤泡"，以浅黄、白和绿色系诠释咖啡的"香气"，设计成店面的四种装饰风格。然后，依照店面的位置，结合天然的环保材质以及灯饰和饰品，打造风格独特的门店形象。

　　在光照方面，不同店面的灯光和采光途径也有所不同，有的是靠自然采光，有的是靠人为采光。例如：在风景区的门店主要是靠自然采光；在年轻人较多的区域，光线一般不会给得太充足；在金融区，到店顾客年龄会偏大些，光照会因此而增强，以适应他们对光的敏锐度下降的特点。

通常，在店内会更多地采用点光和暖色光，星星点点的射灯的位置都很有讲究，也都是可以360度旋转调整方向的；同时，每两盏灯之间的距离都经过精细的测算，以区分出阴影区和明亮区。无论你坐在哪一个位置，灯光都不会直射在你的脸上，以确保顾客不受眩光干扰，更不会觉得晃眼；但灯光大多会在需要强调的软装上形成聚焦，譬如墙体上的手绘、艺术画等，需要被长时间观看的招牌则采用不会刺眼的霓虹灯装饰。

与此同时，讲究的光照再搭配干净整洁的陈列，自内而外地散发着舒适美好的气息。在整体明亮的基调上又有适度的明暗反差，利用灯光明亮和阴影间隔制造天然区隔，以方便顾客出入。

曾有一位署名为"自由如风sfmphh"的专业人士，以一张就餐区的具体效果图对"灯光设计之星巴克"进行解读。

"浅色的地板砖、木色圆桌和四张环绕的沙发椅子，整齐地分布在空间中，左侧的老虎壁画，右侧的木色墙面，以及木色的天花板，同时按照基础照度、重点照度（桌面）和环境照明的专业配比，以15°、24°、36°、60°为主的光束角，搭配上暖色温低照度的照明基调，营造出一个温馨浪漫、轻松舒适的氛围环境。

在灯具的选择上，是以轨道灯为主要光源，灯带为辅助光源，层高在3米左右，需根据不同的场景，如圆桌、座椅或壁画来选用不同规格的轨道灯。例如，壁画选择的是大角度的轨道灯，可以均匀分布洗亮墙面，重点部位要用小角度灯具去打光。由此可见，在星巴克的就餐区一般会有三条灯轨，用轨道灯来解决空间的光环境需求。然后，通过吊顶上的隐藏式灯带来增加空间层次感，增强氛围。

真的是讲究到了极致！

其四，是触觉体验。无论是装饰还是家具，星巴克都尽量采用木质的材料，让顾客触摸其上有一种触摸大自然的感觉。在《星巴克的感性营销》的作者看来，为方便顾客而在高温度的咖啡杯外面加上的保护套，除了具有保温和护手的作用以外，也给予顾客一种极致的触摸体验——在感受到咖啡的温度的同时，还可以触摸到星巴克的温馨。

其实，还有一种特别的"触觉"就是"坐"，即人体与座位的接触感受。星巴克的座椅都是基于人体的最佳感受而设计的。首先，100多种样式的椅子，根据高度被分为4个档次和3种等级，从低到高依次为休闲用椅、固定式椅、咖啡馆式椅、吧台椅和长条凳。桌子的尺寸也分为3种，分别是30英寸（1英寸≈2.54厘米）、36英寸和42英寸。

同时，根据早、中、晚三个时段来的顾客对座位的不同要求而提供不同的座椅。在早晨，也许会有顾客在门店里开一个小型会议，那么，社区桌最为合适；在中午，也许有顾客想小憩一下，那么沙发椅更为舒适；在下午，也许有顾客想静静地读书，那么一张舒服的扶手椅会令人更惬意；在晚上，也许有顾客想跟咖啡师聊上一会儿，那么，吧台椅的高度正好可以让顾客与咖啡师面对面。

说到星巴克的门店桌椅，远不止上述所讲的那么简单。

例如，为什么要摆放一些圆桌？那位被霍华德·舒尔茨称为"一个务实的建筑师和开发商"的亚瑟·鲁宾菲尔德曾解释说，圆桌显得没那么正式，少了直角边缘，会让人感觉不那么孤单。圆形的桌面会无声地告诉新来的顾客：这里并无"空位"了，这样就保证了独饮咖啡或是临时歇脚的顾客不被打扰。《星巴克：关于咖啡、商业和文化的传奇》的作者泰勒·克拉克认为，这样能让顾客"保持自尊"。

为什么要有高高的吧凳？是为了将那些咖啡爱好者或独自一人但需要聊天的顾客安排在吧台出餐区附近的位置上，让他们不仅能看到整个吧台内的操作，近距离了解如何制作咖啡，还可以与吧台里的咖啡师聊聊天；也可以放置在窗户或者玻璃门旁边，方便顾客欣赏店外的景色。

小圆桌配两把扶手椅的座位特别适合时间在半个小时到一个小时之间的聊天谈话；对于那些既不想坐在门店前后的座位区又想体验门店"生活"的顾客，星巴克则为他们准备了长条凳；对于那些吸烟人群或热爱大自然的人，可以去外场的座位放飞自我。

最大的桌子适合8~10人的小型办公、会议和聚会。这种桌子一般都很大，大到坐对面的人完全不受影响，所以想要拼桌的时候也是不错的选择。对于需要安静地进行要务会谈的顾客，软沙发最为合适，因为这种沙发很舒服但又不拘谨，适合多人会谈，轻松又惬意。

正是源于这种对细节的极致追求，才让星巴克给顾客带来了极致的体验。正如亚瑟·鲁宾菲尔德所说："我坚信'平庸和卓越的差别就在于是否注意细节'。我们应该注意企业发展的每一方面的细节。关注细节会让我们的设计处于领先地位，为顾客提供最强大且独一无二的体验。"

值得一提的是，星巴克的门店设计并不是一成不变的，特别是在国际市场拓展的趋势愈演愈烈的情况下，自由独特的门店设计已经是星巴克赢得海外市场的一个重要策略。为此，星巴克精心制定了一种灵活的、可调整的概念门店创新设计理念，即继承传统、注重工艺、融入现代区域特色，以及更加个性化的门店设计方法。这种方法允许设计师在设计规范的基础上，根据消费者和一线伙伴的使用经验以及具有当地特色的艺术风格和所在社区的特性来调整家具、装饰和灯光，达到环境、氛围和顾客需求之间的最佳平衡。

为此，设计师需要了解门店的建筑风格、周围环境、顾客群、周围的竞争对手，以及原有建筑的历史特色，一些既有意义也有意思的内涵，从中发现哪些是可以利用的，哪些需要去掉；同时，要倾听并观察门店伙伴和顾客的需求，考虑到与周边环境和景观的协调性。

核心目标就是，在重点考虑当地文化影响的前提下，能够很好地融入当地文化，最大限度地提升员工的环境适应性，有利于他们与顾客建立起有效的联系；同时还能做到美观、抢眼，能够美化周围环境。"这样才有利于顾客和我们的品牌建立情感联结。"负责2012年英国伦敦奥运会举办前英国门店重建工作的设计总监汤姆·布雷斯林如是说。

虽然门店风格各异，但作为连锁门店，彼此之间还是有着一些共性的东西的。其中，安静是重中之重。首先，顾客的座位要与吧台形成有效的分隔，无论是从视觉上还是从听觉上，都避免使顾客产生纷乱和嘈杂的感受。同时，明亮的落地玻璃窗增加了门店的整体通透感，脱离了一般咖啡馆的神秘和暧昧的气氛。

针对顾客在门店里移动的调控，一个安享的环境也是至关重要的。对此，星巴克按照动线设计原理进行布置，目的就是让顾客在店内可以有序移动，彼此不会产生交叉碰撞，从而最大限度地减少顾客在店内受到的环境或人为干扰，以降低顾客的压迫感和受限制感。

- 从入门处开始，按照展示柜、点单区、操作台、取单区、自助区这样的排列顺序向店内延伸。
- 将纸巾、搅拌棒等自取物单独安置在顾客前往座位的必经之路上。
- 每个区域都不是封闭的，有多个进出路径，不同的区域主要通过桌椅的式样及高度进行虚拟区隔。

此外，在星巴克的空间认知中，吧台外面的空间是属于顾客的。在星巴克门店的人员设置中，是没有单独安排一个员工一直负责吧台以外的工作的，绝大多数时候都是当班经理自己出去收餐盘，为的就是尽量不打断店内的正常节奏，将店面空间尽量让给顾客。

值得一提的是，在10年前，星巴克曾经将自家门店的噪声控制在30分贝的范围内，而在今天的星巴克里，噪声已然失去可"控制"性。有趣的是，一家叫"联商网"的媒体曾经实地探访了杭州星巴克的8家门店，从不同区域测试门店分贝音量，其结果显示，63分贝已经是其中的最低值，最高的已经达到78分贝。

面对"失控"的噪声，乐观主义的星巴克"粉丝"却具有"化敌为友"的神奇本领。在他们的耳朵里，星巴克里的噪声就像屋顶的落雨声、山中的流水声、林中的鸟鸣声一样，他们将其归属为白噪声。这种"在一段声音中的频率分量的功率在整个可听范围内都是均匀的"噪声，反而具有让人们睡得更香甜、精神更集中、情绪更稳定的神奇功效。因此，在这些"粉丝"的认知里，噪声有一个好处——"它能淹没词语"（捷克小说家米兰·昆德拉语）。星巴克的噪声不仅能使常年受到环境噪声污染的他们恢复工作思路，还能让他们进入一种"能把一切声音都听进来，然后让心安静下来"的状态。

点一杯星冰乐，坐在角落沉思，感受周边如大海般潮起潮落的人声，而那根咬住的吸管，就是你头脑风暴的定海神针。然后，你就一直盯着电脑，皱着眉头，直到将吸管咬成蛤蟆皮……

顾客莱丝莉·阿尔特似乎也有同感："星巴克并不安静，这就是我来这里的原因。如果我想要安静，我会待在公寓里。我喜欢这里的音乐，我喜欢这里的喧闹声。一句话，我喜欢这里的氛围——人们的谈话声，机器的旋转声，还有他们播放的歌曲。"

在互联网时代，对网络环境与日俱增的需求成为顾客的共性所在。为此，星巴克从2001年开始为消费者提供Wi-Fi收费网络服务到改为免费提供网络服务，直至提供无须注册、无时长限制的免费Wi-Fi网络服务；从MobileStar（移动之星公司）到T-Mobile（一家跨国移动电话运营商，德国电信的子公司），再到AT&T（美国国际电话电报公司），不断在寻找更好的网络运营商进行合作，直到正式启动Starbucks Digital Network（星巴克数字网络）服务，使顾客在星巴克门店内可以通过免费的Wi-Fi网络，无偿获得许多付费内容。

2013年，星巴克通过更换服务商，使得门店网络速度提升了10倍。后来，又与Powermat公司（无线充电技术开发商）合作，在美国部分门店为顾客提供无线充电服务，顾客只需将手机连上星巴克提供的充电圆环，放在咖啡桌固定的感应区就可以为手机充电了。

霍华德·舒尔茨一直认为，在某个特定的场所，可以拉近人与人之间的距离。也必须有这样一个场所，在这里，人们会体验到单纯、随性、熟悉的舒适感和群体感。很多顾客来星巴克，未必是因为喜欢喝咖啡，更多的可能是喜欢这里的氛围，喜欢这里的价值理念，喜欢这里的团队文化。

那么，星巴克的咖啡吧能够为消费者带来哪些"利益"呢？

在霍华德·舒尔茨的眼里，其一，是品味浪漫。这是因为，无论是在一个偌大的城市中，还是在一个彼此熟悉的社区里，除了星巴克，还能在哪儿找到一进门就能闻到一股"苏门答腊"或是"哥斯达黎加"咖啡香味的地方？还能上哪儿去领略维罗纳和米兰风情？只要点上一杯咖啡，就能享受到异国情调，为平凡的生活增添几许浪漫。

星巴克还经常会接到一些夫妻的来信，述说他们曾在星巴克相亲或约会，在这里他们享受到了美好的浪漫情调，甚至有年轻的恋人选择在星巴克的门店里举行婚礼，这给他们带来了很"潮"、很"酷"的感觉。

其二，是负担得起的奢侈消费。在星巴克的门店里，你也许会看见警察或普通工人和富有的外科医生一起排队。"蓝领"工人也许买不起外科医生开来的"奔驰"汽车，但他可以花上2美元和那个外科医生一样叫上一杯"卡布奇诺"咖啡，他们两人同样享受着一种世界一流的产品和服务。因此，星巴克咖啡被称作"多数人承担得起的奢侈品"。

其三，是一片绿洲。霍华德·舒尔茨认为，在这个日益浮躁的世界上，星巴克的门店可以为很多人提供片刻的宁静，把他们的思绪引向自身，令其从百事缠身、精疲力竭的状态中暂时得以解脱，因为在这里，身边的人会对你微笑，会为你提供迅捷的服务，却不会来打扰你，为的就是让每一个走进星巴克的人都可以获得片刻的喘息，呼吸一下令人轻松而愉悦的新鲜空气。

其四，是悠闲的社交互动。一家广告公司曾在洛杉矶一处闹市区为星巴克做了一项民意调查。其众口称赞的一点是："星巴克是一个人际交流的好地方，我们去星巴克是出于交流感情的需要。"因此，在许多人的心目中，星巴克不仅仅是一家卖咖啡的企业，它还是一家为顾客营造一种"轻奢、时尚"的社交空间与氛围的企业；它不仅创立了一个伟大的企业组织，而且创造了一种非凡的咖啡文化和社交体验。

其实，星巴克为消费者带来的"利益"还有很多。

总之，星巴克以更加开放、不断创新的姿态为顾客创造出更加轻松、舒适、温暖同时又极具高品位和时尚感的店内体验，这与星巴克"为顾客带来最佳的咖啡体验"的初心一脉相承。只是在这个过程中，星巴克已不再将自己局限在"咖啡"这个维度上，"让顾客快乐"才是星巴克最终的目标所在，这从一个新的角度说明"星巴克在与顾客的和谐相处中渐趋成熟"（霍华德·舒尔茨语）。

值得一提的是，星巴克在不属于顾客的地方给了他们一块"栖息地"。星巴克没有把咖啡馆开在星级酒店里，反而将其开在机场、商务中心和飞机上。为什么会选择这些地方？因为这些地方都没有顾客自己的空间。星巴克就是要让人们在没有自己空间的地方突然感受到原来有一个能够栖息的空间。

大部分时间，这里是嘈杂的，会见客户，洽谈合作，约见朋友，学习，环境虽然吵闹些，但是装修够档次，且经济实惠，既不落俗套又对得起钱包，实属最佳之选。

每组人或热情洋溢，或群情激昂，或激烈争辩，或据理力争。他们压制着叫嚷的冲动，谨记优雅的限度，偶尔爆发出银铃般的笑声。

星巴克给了顾客一个介于公司和家庭之间的特殊空间。与客户谈事情，去公司太严肃了，那就去星巴克吧；想和女孩约会，约到家里太直接了，那就去星巴克吧；不愿意在家里"宅"着了，想一个人不受任何干扰地看看书或是发发呆，那就去星巴克吧……

在星巴克，见到点了一杯东西，最后一口不喝聊完就走掉的人，不要觉得奇怪。他们来这里，就不是为了喝咖啡来的，是为了享用这个空间而来的。

如今，星巴克已经在全球的76个国家、82个区域市场拥有3.2万多家门店，在全世界各大都市最繁华的街道上几乎都能看到星巴克咖啡显著的"美人鱼"标志。难怪有人调侃，在关于咖啡的故事里，美国人只干了两件事情——把英国茶叶倒进海里，把星巴克开遍全世界。

其中，当然也包括那个曾经给霍华德·舒尔茨以触动、灵感和激情的米兰，这也许是当年徘徊于米兰街头的霍华德·舒尔茨不曾想到的。

2018年9月7日，星巴克在意大利开了第一家精品烘焙店，在米兰科尔杜西奥广场的邮政大楼开张纳客。霍华德·舒尔茨亲临开业仪式现场，来迎接和庆祝这个值得星巴克铭记的重要的历史时刻。正所谓"不鸣则已，一鸣惊人"，星巴克将米兰分店打造成星巴克的精品门店，一个超大型的烘焙工坊。

在全世界享受到如此殊荣的只有三个城市：一是星巴克的发祥

地——西雅图，二是中国最大的城市——上海，三是星巴克"梦启"的地方——米兰。

这家超大型烘焙工坊给人的最初印象就是一个字——大。这家超级店占地2.55万平方英尺（约2370平方米），可以同时容纳1200名客人，称得上是全欧洲最大的星巴克门店。店内有一个6.5米高的黄铜容器，所有咖啡都在其中进行烘焙；店里的甜点种类也比普通的门店要丰富许多，就连磨豆机都比一般店面里的要大出许多。

此外，为了满足意大利人对于咖啡的严苛要求，店里准备了从世界各地找到的顶级咖啡豆，这里的每一杯咖啡似乎都要比一般的星巴克门店要精致和细腻很多……

顾客还惊喜地发现，相比于西雅图那一家举世闻名的精品店里有图书馆、冰淇淋店、礼品店和体验区，米兰这间店里甚至还有一个鸡尾酒吧！

在众多媒体看来，不单单是店面的豪华装修及精美食品，更深层的意义是，这家开在米兰的门店对于星巴克来说是了却了一个深藏在心底的夙愿——挺进浓缩咖啡的圣地，谱写一个具有历史性意义的新篇章。

更有意思的是，这家米兰店还打破了一个曾经非常流行的"梗"——意大利人就算渴死也不会喝星巴克咖啡的！这缘于意大利人对于食物有着偏执的追求和极高的要求；但是，还是有人担心星巴克在意大利会遇到口味和文化方面的冲突。祖祖辈辈都喝咖啡的人怎么会接受外来口味？知乎上一位用户对此的形容很是形象："在意大利开星巴克，基本上等同于一个美国人在成都开一家川菜连锁快餐店，还是用微波炉加热的。"此外，价格还要是原先的三倍！

特别是"抱着电脑一泡半天"是美式咖啡文化，这可能根本无法成为意大利人的习惯，就像打拼了八年的澳大利亚星巴克，最终还是以撤资而告终。

无论怎样，作为企业的核心价值与利益输送，星巴克在"第三空间"的道路上依然在坚持。除了在规模和品质上的升级，还在创意与连接上实现了创新。

作为天津人，有一件事不得不提，那就是在2019年8月30日，一座融汇古今的殿堂级创新力作——星巴克臻选天津恒隆广场旗舰店在作为文物保护建筑的浙江兴业银行大楼开业。这家店被媒体称之为"一座不可复制、充满惊喜的咖啡殿堂"，为顾客开启了一场充满人文情怀和历史积淀的奇幻之旅。

这标志着星巴克始终秉持人文关怀和创新精神，体现了星巴克不断对"第三空间"进行创新设想和升级突破的行动，也传递了星巴克希望在更多社区与更多顾客建立更紧密的情感连接的愿望。位于天津近代商业的发祥地滨江道上的具有百年历史的浙江兴业银行大楼，见证了天津的百年兴衰，浸润了天津人无限的记忆与情愫。

星巴克通过3年的努力，让历史风貌与咖啡文化在历史的时空中实现了完美的交融与辉映，也让星巴克的"第三空间"实现了与音乐、图书、电影乃至建筑等多种艺术形式的独一无二的完美结合。

怀着对历史与文物的无限敬意，星巴克不惜投入大量时间与精力，以现代的匠心与巧思，很好地解决了文物保护与创新改造的两难挑战，为历史文物的价值转化与创新利用探索出一条非常值得参鉴的成功模式，为广大消费者创造了更为醇厚、更具人文情怀、全方位展现艺术气息的"第三空间"的体验。

整个空间如同一座充满仪式感的咖啡殿堂，以咖啡树图案描绘的巨型圆形穹顶画，古老的石柱和精美的石雕环抱着手工敲击而成的纯铜臻选咖啡吧台……无论是一楼的廊柱、吧台，还是二楼的露台，每一处角落、每一个细节，都能感受到穿越历史的意外惊喜。

在位于一层大厅正中央的船形臻选咖啡吧台上，虹吸壶、经典手冲、雅致手冲、黑鹰半自动浓缩咖啡机等各种咖啡煮制器具在众多专业咖啡师手中演绎出不可多得的臻选风味。无论是咸甜风味的烟熏司考奇拿铁，还是融入橘皮糖浆的绵云美式，都会经由星巴克臻选上海烘焙工坊精心烘焙的小批量臻选咖啡，新鲜直达这座属于咖啡的历史与艺术的圣殿。

与以往不同的是，星巴克旗下高端茶饮品牌茶瓦纳（Teavana）及全方位呈现酒吧体验的星巴克臻选咖啡·酒坊（Bar Mixato）与咖啡一起争奇斗艳。一层大厅右侧是流线型的茶瓦纳专属吧台，与以不同的绿色三角形瓷砖拼贴出尖尖清茶的舒展姿态以及以茶为灵感的艺术画《茶韵》交相辉映；四大类近20款品质非凡的纯茶、巧思十足的拼配茶及手工调制的创意茶饮无不散发着清韵、雅味与禅意。

30余款创意特调鸡尾酒、葡萄酒和精酿啤酒以及星巴克臻选咖啡和特调酒饮的创意组合，再佐以相得益彰的精致小食，近乎完美的沉浸式酒吧体验完全颠覆了顾客对星巴克"第三空间"体验的既有想象，给顾客带来全新感受。

对此，天津社会科学院资深研究员、著名历史学者罗澍伟评价道："星巴克团队可以说是苦心孤诣，在每一个细节上做到和建筑原有风格和谐统一，创造出充满温馨感和历史感的空间和环境，带来充分的历史文化享受。"

最后，我们以霍华德·舒尔茨《将心注入》一书中的一段话作为星巴克创造这个不同凡响的"第三空间"价值—利益的一个深刻注脚。

星巴克在众多不同类型的城市的成功使我暗自思忖：为什么星巴克以及相似的咖啡店会在如此众多个性相异的地方奏出和谐之乐？为什么有那么多的顾客愿意排着很长的队来买星巴克的咖啡？

最初我们只是将原因归结为咖啡的出色，但随着时间的推移，我们意识到，我们的咖啡店有一种更为深沉的浪漫情怀，给予人们一种与咖啡同样有吸引力的氛围。

因此，霍华德·舒尔茨自豪地说："除了每天看到家人的面孔之外，星巴克便是他们感觉最亲切的一个地方。"

第三章

尊重：不止于场面，而是抵达心灵

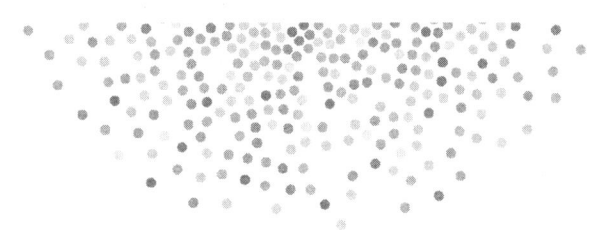

我们永远相互尊重，维护对方的尊严。
我们将始终以此作为彼此相待的标准。

——《星巴克使命宣言》

如前所述，星巴克在品牌的价值与利益方面包含两大维度：一个是消费者，另一个是员工。对于消费者，星巴克通过高品质的咖啡体验及高品位的"第三空间"社交体验这两大维度来打造自身的价值，输送顾客的利益。对于员工，价值和利益则体现在尊重和自我实现两个维度上。

尊重和自我实现需求是人类基本需求层次中的塔尖，是人类精神需求的至高境界。最大限度地满足这两大需求，正是星巴克人本主义最深刻的诠释和最真实的体现。

毋庸置疑，每个人都希望自己的能力和成就得到群体乃至社会的承认，进而受到别人的称赞、信赖与需要以及平等相待，甚至是拥护和爱戴。马斯洛认为，尊重需求得到满足，能使人对自己充满信心，对社会满腔热忱，体验到自己活着的价值和意义，同时对工作会全身心投入且认真负责。

然而，这份人人渴望的尊重，在很长一段时间里对于霍华德·舒尔茨来说都是难以得到的"奢侈品"。

1954年，霍华德·舒尔茨出生在纽约布鲁克林贫民区的一个犹太移民家庭。父亲连高中都没上过，只能做低收入的临时工。家里有3个孩子，尽管住着政府建的廉租屋，每月租金不到100美元，但父亲仍然时常手头拮据，因为他花钱不节制。

不仅如此，霍华德·舒尔茨的外婆离婚后在家中开起了小赌场，然后又把"生意"扩张到他家的客厅。每周都有几天，从深夜一点到早上八点，周围的贫民会陆陆续续来霍华德·舒尔茨家打扑克，直到天色大亮才三三两两地离开。更恐怖的是，霍华德·舒尔茨的父母也不得已参与到小赌场的"经营"中，一个负责接送赌徒，另一个负责端茶送水和做宵夜。

就这样，年幼的霍华德·舒尔茨在赌徒们的吵闹与戏谑声中度过了一个又一个的夜晚。更让霍华德·舒尔茨无法忍受的是，父母无休止的争吵以及突然响起的电话铃声，因为这就意味着又有人来讨债了。为了躲避讨债人，母亲总是让霍华德·舒尔茨去接听电话，逼着他对着听筒撒谎搪塞："对不起，我爸妈不在家。"

这一切都在霍华德·舒尔茨幼小的心灵里烙刻上了深深的伤痕。正如他后来所说的："赌局令我感到焦虑和羞耻，我只希望自己不正常的家庭不会为外人所知。"对于年幼的霍华德·舒尔茨来说，这一切还远远没有停止。在《从头开始》一书中，霍华德·舒尔茨描述了在他7岁那年的冬天所发生的家庭变故。

那是雪后的一天，母亲焦急万分地将正在和小伙伴打雪仗的霍华德·舒尔茨喊回了家。原来，父亲在开车给客户送货物时滑倒了，造成了骨盆和脚踝的骨折。如此一来，父亲被辞退就是在所难免的了。父亲在沙发上躺了整整一个月，他原本就非常暴躁的脾气变得越来越坏，整个人也变得越来越颓废和消沉，吓得霍华德·舒尔茨总是躲得远远的，不是到楼梯间一个人安静地待很久，就是去廉租小区的运动场，那里是让他能够暂时忘记烦恼的地方。

失业在家的父亲没有医疗保险，也没有赔偿金，已怀孕7个月的母亲更是无法出去打工，整个家庭一下子陷入了穷途末路。后来，多亏一家名为"犹太人家庭服务中心"的慈善机构的救助，才让他们一家人不至于陷入吃不上饭的境地。

在父亲去世后，霍华德·舒尔茨对他的看法开始有所改变。他逐渐发现父亲身上的一些好的品质：为人诚实，对工作兢兢业业，对家庭负责，等等。他开始意识到，其实是父亲所处的社会和组织摧垮了他。正如霍华德·舒尔茨后来在反省时所言："我意识到自己以前对他的看法是不公平的,他一直没有机会在工作中获得满足感和尊严。"

从没享受到工作的尊严和成就感以及在失去健康时没有应得的保障——父亲的悲剧成为霍华德·舒尔茨心中挥之不去的阴影,也因此才会"激励着年轻的我去追寻自己的梦想",霍华德·舒尔茨后来在《一路向前》一书中这样写道。也正是源于这个"悲剧",从此奠定了霍华德·舒尔茨的人生观以及星巴克的价值观,且至今没有改变。

霍华德·舒尔茨曾说:"我不做小梦,我做大梦。"那么,他的"大梦"究竟是什么样子的呢?

"以人为本,这应该是星巴克企业使命的精华所在。我们的企业要看重自己的员工,激发他们的创造力,并与共同努力创造长期利益的团队共享成果。他们在其中不仅能得到满足,而且能够得到尊重和羡慕。企业的长期兴旺是基于自己的价值观和指导原则所形成的竞争优势。"这就是霍华德·舒尔茨心中那个星巴克永远不变的底色和梦想。

正如霍华德·舒尔茨在《将心注入》一书中所说的,星巴克的许多价值观的奠定都可以追溯到纽约布鲁克林那间拥挤的公寓里,而这些价值观构建起"星巴克之父的人生信条和经营哲学",这句话后来成为霍华德·舒尔茨所著的《从头开始》一书的副标题。

在霍华德·舒尔茨真正成为星巴克总裁的时候,在召开第一次全员大会前,他在一张卡片上写下了三行字。

- 发自肺腑地讲话。
- 设身处地为他们着想。
- 与他们分享一个大梦想。

在这次大会上,霍华德·舒尔茨向全体星巴克人发自肺腑地承诺:"我向你们保证,我永远不会丢下你们不管,我不会让一个人落在后面。"

因此,他期望所有的人都愿意与他同行,共同创造星巴克的崭新未来。到那时,大家都能够说:"我一开始就在这里,参与了把这个公司建设成一个伟大企业的过程。"

霍华德·舒尔茨这样做的目的,就是要让自己的伙伴能够获得父亲从来没有感受到过的尊重,享受到父亲从来没有拥有过的待遇。因此,后来霍华德·舒尔茨被业界公认为是一位"用自己的人生经历定义领导目标"的领导者。

说到"伙伴"二字,我们就不能不提到星巴克闻名遐迩的"伙伴文化"。1991年9月,星巴克为了向全体员工推行"咖啡豆股票计划"而举行了一次大型会议。在会议上,每个员工都领到一个系着蓝丝带的小包,里面装有一本详细解释"咖啡豆股票"方案的小册子。然后,公司用苹果、香槟和饼干来庆祝这一具有历史性意义的时刻——每个员工都已经成为彼此的伙伴。

霍华德·舒尔茨在《将心注入》一书中介绍道:"从那一天开始,我们便停止使用'雇员'这个词,开始将公司所有的人都称为'伙伴'。"在星巴克随后的发展历程中,正是基于人本主义的信念,通过给予伙伴以全面而深入的尊重,进而与员工之间真正形成了伙伴而非仅仅是同事的关系,形成了其他企业难以企及的"伙伴文化"。

霍华德·舒尔茨一再强调:"星巴克不只是一家卖咖啡的公司,它提供的是一种体验,维持良好体验的核心要素是对人的尊重。"

尊重体现在"人人平等"上

星巴克门店里的伙伴有75%以上是大学生,他们有着不同的家庭境况及受教育背景，也来自不同的地区。所有的新员工在入职前都会收到门店经理的欢迎邮件；入职后，还会收到来自公司的欢迎礼包；入职第一天，经理还会陪着新伙伴品尝咖啡，通过这种方式帮助新伙伴了解星巴克。

作为店长，既要保证所负责的门店能够正常运转并保证营业额达到既定目标，也要对促销方案、店员考核、座位设置、吧员培训、顾客满意度等一系列问题负责。此外，他们还要保证每天至少有半天的时间在店里与伙伴一起工作。在星巴克门店里，顾客很难区分出店长和店员，因为他们穿着同样的黑色T恤，戴着同样的名牌，做着同样的工作：点单，制作咖啡，收银，收拾桌子……

星巴克北京国贸一店的店长杨洋说："在星巴克店面没有职级的区别，所以除了需要做更多的一些管理方面的工作，剩余的时间，我会和伙伴们一起为顾客服务，我们都是在给顾客提供最好的体验。"

在前文提及的组织伙伴参观咖啡豆产地的项目中，在整个参观过程中，不仅有安保人员全程保护，大巴车后面更有流动的厕所、救护车等全程跟随，所有伙伴享受与公司高级管理人员一样的待遇。对于参加"伙伴识天下计划"而要成行的伙伴，公司会对保险、住宿等问题进行统一安排，由专门人员负责对接，并随时了解他们在当地所获得的体验和感受。

值得一提的是，当第一批6位主管级别的伙伴来到新加坡时，一下飞机就惊奇地发现，星巴克中国区域副总裁以及新加坡的伙伴都在机场迎接他们，让他们感受到从一个家到了另一个家的大家庭的温暖。

针对年轻人非常喜欢旅游的特点，星巴克将基层伙伴与管理人员，乃至高级管理人员的年假制度设定为相同的"最高20天"，年假增长的速度也没有高低之分。在福利方面，伙伴的公司股票在工作时间满一年后就可以兑现一半，而高级管理人员的兑换期限反而要更长一些。

有一件事情让霍华德·毕哈非常愧疚。有一次，一位女性伙伴因工作中的问题怒气冲冲地闯进他的办公室。见状,霍华德·毕哈竭力想弄清楚到底发生了什么事,可是这位伙伴半天也没有将事情讲清楚。当时,霍华德·毕哈手上正有文件要处理,因此他就"分神"了,显得有些心不在焉。没有想到,那位伙伴突然大哭起来,她觉得霍华德·毕哈根本不重视她的意见,也没有给予她足够的尊重。

这令霍华德·毕哈感到非常后悔,甚至愧疚,他连忙停止手头的工作,并向这位伙伴郑重道歉。然后,给她端上一杯咖啡,请她坐下来深入交流。从此,霍华德·毕哈开始学着做一个好的倾听者,给他人提供倾诉的机会。

在星巴克美国区业务高级副总裁克拉丽斯·特纳来星巴克之前,已经是墨菲爸爸比萨(Papa Murphy's Pizza)的总裁兼首席运营官,具有非常丰富的从业经验;但是,到了星巴克以后,她仍然要从柜台后的咖啡师做起。不仅如此,门店中的各种工作她都需要做,从倒垃圾到打扫卫生间,再到接受培训,学习如何成为一名门店经理。在成为业务高级副总裁之前,她先后接受了地区经理、区域经理和区域副总裁的培训。

这就是星巴克独特的"浸入式"体验培训,特别是对于那些新入职星巴克的高级管理人员,他们必须完成这样的培训,目的就是让他们能够站在伙伴的立场,去了解他们的工作和情感。正如星巴克美洲区负责人克利夫·伯罗斯所言:"我在西雅图的安妮女王门店工作了6个星期,我永远也不会忘记在那里一起工作的伙伴和曾有的体验。"

尊重体现在对伙伴意愿和意见的重视上

霍华德·毕哈说:"人们总是希望能为自己真正在乎的事业工作,当他们如愿以偿时，他们才会找到金子。"那么，伙伴到底在乎什么呢？他说："我知道，只要你愿意问，总会找到答案。"

星巴克欧洲、中东和非洲区（EMEA）总裁米歇尔·加斯和星巴克的许多高级管理人员一样，有着自己独特的倾听伙伴心声的方式。她的这种方式被称之为"倾听之旅"。她经常到欧洲、中东和非洲等地旅行，一边旅行一边了解伙伴的心声，也会召开时长90分钟的非正式圆桌会议来倾听伙伴的各种各样的想法。

霍华德·毕哈则是那个要与所有员工谈话的人。他会问伙伴们喜欢什么或是不喜欢什么，有时还会风趣地问："如果你有一根可以帮你实现愿望的魔法棒，你准备改变什么？"在星巴克年轻伙伴的职业发展通道方面，就可以做到"个性化"。例如，只要伙伴愿意，就可以到上海或者北京的办公室工作。按照曾任大中华区人力资源副总裁的余华的话来说，"这个大门永远是为他们敞开的"，星巴克的"伙伴识天下计划"就是一个很好的典例。

星巴克根据年轻伙伴喜欢旅行的意愿而特别定制了一项集旅行、培训、工作为一体的"伙伴识天下"成长项目，可以让伙伴们自由申请到家乡之外的地方工作。如果某位星巴克的伙伴真的萌生了"世界那么大，我想去看看"的想法，便有机会到自己向往的地方去工作，甚至可以申请到其他国家的星巴克门店工作。

星巴克在福利设计方面同样强调以伙伴意见为决策依据，采用自选式福利，即在一定预算范围内可以根据自己与家庭的需要而自由支配，其中包含旅游、进修、交通和儿女教育学费补助等项目。根据伙伴家中长辈或小孩的不同情况，星巴克也会"定制"不一样的补助，目的就是让这些福利能够满足伙伴整个家庭的需求，能够为更多的亲人带来支持与关爱。

在星巴克，有很多奖励活动都是根据伙伴的意愿而提名的，如布拉沃奖和星巴克精神奖，M.U.G.奖和绿围裙奖。在评比过程中，谁能获得奖励并不是由经理或者领导独立决定的，而是根据伙伴的意愿，或直接或通过提名的方式评选出来的。

在星巴克，所有伙伴都有权利做出与自己工作相关的决定，因为管理人员始终有一个共识——只有真正在一线做事情的员工才知道门店里最需要解决什么问题。用霍华德·毕哈的话来讲，"没有人会比扫地的那个人更适合去选购扫帚"。他始终倡导每个员工都要按自己的看法去权衡、去决定，从而最大限度地发挥自己的聪明才智。

因此，星巴克的各级管理者都要下沉到市场一线去了解员工的意见和建议，按照霍华德·舒尔茨的要求就是"要双手带泥"。一位名叫季沙·基莫诺的区域经理也做过同样的表述："作为星巴克的区域经理，我们不坐在办公室，我们永远工作在第一线。就连我们的总裁霍华德·舒尔茨和杜布·海（星巴克全球业务高级副总裁）等高层领导者也经常与区域经理见面，区域经理又要和门店经理开会，而门店经理又要和新员工以及一线团队成员开会……"

关于尊重顾客的意见，霍华德·毕哈列举了一个真实的例子。一位顾客对星巴克咖啡师说，他不喜欢刚刚买的那种饮品，想换一份新的。听罢，咖啡师先是为其退了款，然后又为顾客冲煮了一份新的饮品。

霍华德·毕哈对此分析道：从经济学的角度来看，这是最好的做法吗？显然不是。因此，星巴克应对这种情况时，一般是先道歉，然后为顾客重新做一份饮品，其中并没有规定要退款；但是，在霍华德·毕哈看来，这位咖啡师的处理方式显然比其他任何方式都要好，为什么呢？因为这种方式既坦诚又充满关心，这样能够获得顾客最大的满意度和欢心。

如果从这个角度来看，"其实一切就是这么简单，"霍华德·毕哈说，"我们最为看重的，是这位咖啡师真正懂得了'自己为什么要来这里''星巴克为什么而存在',他就自然知道应该怎么去做才是最为正确的。因此,他的做法是值得赞扬和尊重的。"

霍华德·舒尔茨整整耗费了一年的时间才说服星巴克的创始人接受供应浓缩咖啡,而后来的事实证明,他的这个建议是完全正确的,正是因为这个想法才将后来的星巴克引上了一条正确的发展之路。在那段尝试性开办"独立日与春天"咖啡店的时间里,几乎每一天霍华德·舒尔茨都会兴冲冲地冲进老板的办公室,告诉他销售业界和顾客的反映:"这是一个大好机会,我们应该继续下去。"

尽管对方也无法否认这一尝试所获得的成功,但他就是不想继续往前推进。这段经历对于霍华德·舒尔茨来说,可谓是刻骨铭心:"我内心正燃烧着一团火,而这团火找不到出口。"

因此在后来,对于那些中层的经理,甚至是那些刚进入公司的伙伴以及那些让他们充满激情的大胆、冒险的激进计划,霍华德·舒尔茨总是尽量地听取和采纳他们的新想法,并且愿意尝试他们的计划,因为在他看来,作为总裁,如果你对新想法充耳不闻,可能会失去很多大好的机会。他再也不想让星巴克的伙伴陷入他曾经的那种令人崩溃的情境——一边是对星巴克的忠诚,一边是对意式浓缩咖啡前景的信心,最终被这两种情感活生生地撕成了两半。

1999年年初,星巴克的高层管理团队准备对公司的价值观和理念进行深入和审慎的分析、梳理,以使命宣言的形式予以表达和传递,并将其转化为行动纲领,以检视公司在每一个层面所做出的每一项决定。初稿拟就后,发到每一名伙伴手中,然后在他们评议的基础上进行修改。

《星巴克使命宣言》中明确指出,领导团队要致力于提供良好的工作环境,尊重每一个人。为了确保《星巴克使命宣言》的贯彻实行,星巴克建立起一整套使命评议机制,以监督和确认领导者是否很好地秉持公司的价值观。公司鼓励全体伙伴,只要他们认为某些政策、程序乃至领导者的行为偏离星巴克所做的承诺，便可通过填写评议卡片向使命评鉴委员会提出申诉，所涉及部门的经理必须在两周内做出回应。

例如，有些员工向使命评鉴委员会提出：为什么领养小孩的父母无法享有带薪假期？随即，有关部门在规定时间内做出了"可以享有两个星期带薪假期"的改进性答复。面对需要自己认真阅读的每年几百张的评议卡片，霍华德·舒尔茨曾经暗暗地问自己："我真的需要伙伴们以这种方式来提高管理水平吗？如果我拒绝，那么制定这份所谓的'使命宣言'的诚意何在呢？"

到了这一年的夏天，星巴克又从咖啡店、办公室和工厂挑选出若干名非管理人员，不定期地从各自的岗位上聚到一起来讨论相关的问题，并提出自己的建议，然后向季度公共论坛提交报告。后来，许多了不起的建议都获得了公司的采纳。最值得一提的是，后来在星巴克乃至业界闻名遐迩的"长期股票期权计划"就是由一个名为"人员规模"的小组提出的。

尊重体现在与伙伴沟通与互动的机制上

说到沟通，有一个人不能不提，他就是我们前面多次提起的霍华德·毕哈。正是由于他的到来，星巴克与伙伴之间沟通的"大门"才彻底敞开了。他一到星巴克就强调：原则上，任何人在任何地方、任何事情上都应该发表自己的看法，而不必顾忌别人的反应。他在一次全体店面经理会议上表达心声："我最期待的就是大家各抒己见。如果有人想说什么，那就说好了。"

会后，有一位经理犹犹豫豫地对霍华德·毕哈说："如果你真是要我们提意见，那么我有许多话要说。"霍华德·毕哈随即请她将对星巴克不满意的每一个地方全部详细地说出来，包括她的整改建议，并且逐条予以答复。

霍华德·毕哈为了鼓励和推动大家畅所欲言，在会议上经常提出一些似是而非的"建议"，目的就是挑起大家的"争论"，营造出一种"争论不休"的气氛，以促使大家直抒胸臆，各抒己见。对于一些所谓的"敏感"问题，伙伴们心存顾虑，因此不敢公开讨论，对此，管理层就直截了当地挑明，让大家将心里话都说出来。

公司会经常借助民意调查，及时倾听来自伙伴的意见或建议；或是通过管理层与伙伴定期举行的一对一的"真诚谈话"，关注伙伴每天的感受及工作时的心态；公司定时刊发伙伴的来信，交流企业发展问题以及伙伴福利及股东方案问题；引入"The Power of Unlocked Conversation（开启对话的力量）"课程，提供给总监级管理层学习；等等。

霍华德·毕哈还创建了季度性的"公开论坛"，高层经理和所有伙伴一起将各种意见汇总起来，共同研究解决路径和方法，也可以藉此发泄怨气；鼓励伙伴向高级管理层提问，尽管有时伙伴的意见非常尖锐，但依然会得到解答；告诉伙伴企业最近发生的大事，解释财务情况。如今，该论坛所讨论的话题已经覆盖了公司经营范畴内的所有内容。

每个月，星巴克的地域经理还会举行一次Open Forum（公开讨论会），每次会议均由一家门店做主办方，其他门店代表全部聚集过来，大家谈谈各自最近的工作情况及其提议和想法。在每个门店内部，主管和每位伙伴每个月至少要召开一次这样的面对面的沟通会议。

星巴克在制定各项制度时，也全部是采取公开讨论和沟通的方法，因为如果有自己的想法融入公司的运作过程中，伙伴就会更容易接受和实施。比如星巴克的绩效卡，就是出自一家门店店长的设计。此外，在每一家门店都设有被称为"星巴克日志"的电子邮箱，通过这种形式来保障公司与门店伙伴之间的常态联系。凡是遇到公司有重要的消息，霍华德·舒尔茨都会给所有的伙伴发出相关信息。

在每年秋季，公司还会召集全美国和加拿大的区域经理来西雅图总部参加领导团队会议。公司向他们展示总部的工作情况，并以大组和小组的形式与他们进行交谈，以便能更好地促进双方的沟通和了解。

星巴克一直坚持对员工进行问卷调查的优良传统。从最早的10分钟的封闭调查到30分钟的综合调查，从覆盖10万名美国伙伴的大型调查到在全球市场进行的详细调查，等等，其目的就是针对一些尖锐问题，通过各种方式的调查与伙伴进行有效的对话，进而触及伙伴自身权益的核心。

由于星巴克员工规模巨大，所以每次调查所用的时间是一般公司的3倍，而且资金投入也非常可观，效果也是同样可观：首次大规模的调查就收到了数以万计的回复，回复率高达91%，全球市场调查回复率也高达90%；而且，各种评论五花八门，整理这些评论就需要花费大量的时间。星巴克的领导者通过认真阅读伙伴的回复，更好地了解他们的需求，并据此制定出对他们至关重要的政策、制度或是某种计划，如"星巴克U计划"。

值得一提的是，星巴克还专门成立了一个正式的部门——伙伴服务部，专门负责经常性地解决伙伴的需求并了解其工作情况。正如该部门主管弗吉尔·琼斯所说的："我们的团队经常会通过调查和小组讨论的形式了解伙伴的想法。在部门内部，我每天所做的最重要的事情就是倾听伙伴的意见，然后与伙伴进行讨论，并及时做出调整。"

除此之外，弗吉尔·琼斯还将自己的部门定义为"未知因素小组"，因此他们还有一项重要的职责，就是在诸如医疗保健和大学教育等方面，力图从"未知因素"中想出具有创造性的项目来更好地吸引伙伴。"对我们的伙伴来说这些都非常地重要!"弗吉尔·琼斯特别指出。

形式多样且开诚布公的沟通机制,不仅可以密切管理层与伙伴之间的关系,改善团队内部信任的氛围,提升伙伴的主人翁意识,还可以真正为决策层提供意见参考,使得决策变得更加灵活,反应更加快捷,应变力更强,也为公司节省更多营运成本。例如,一些管理者不易发现的细节性问题,正是因为一线伙伴的建议,往往只需做一个小小的调整或修改就可以彻底解决,让管理呈现出很好的效应、效率和效果。

尊重体现在对伙伴的赞扬与鼓励中

艾德里安·高斯蒂克和切斯特·埃尔顿在他们共同撰写的《胡萝卜原理》一书中指出:"在回答'我的公司是否认可卓越'的问题时,总体得分处于最后4位的企业的净资产收益率(ROE)平均只有2.4%,而排在前4位的企业的净资产收益率高达8.7%。也就是说,那些积极认可卓越成就的企业得到的收益是后4位的企业的3倍多。"由此可见,企业对员工的卓越表现表示肯定及进行表彰是多么重要。

霍华德·毕哈就是一个赞扬员工的高手。他尝试了许多种对伙伴表示赞扬的方式,诸如,给有贡献的员工送去一个漂亮的大气球,让气球飘到他们的头顶上,以此来传递对他们的赞扬,或者以别针来表彰某个伙伴获得了不俗的业绩。后来,他选用了一种更为简单的方式,就是给每一个人寄上一张生日贺卡,在上面写上赞扬的话语。

从一开始的每月60张到后来的每月2500张,再到后来的一箱又一箱的卡片,这种方式已经成为星巴克文化的一部分,已经成为所有领导竞相效仿的方式。后来,很多员工在遇到霍华德·毕哈时都会告诉他,那些卡片对于他们来说是多么意义非凡。

从公司层面上，星巴克制订了许多表彰和奖励计划，通过下述奖项，为那些能够给顾客带来愉悦的伙伴创造振奋人心的时刻。

- M.U.G. 奖。
- 布拉沃奖。
- 团队布拉沃奖。
- 绿围裙奖。
- 星巴克精神奖。
- 星巴克团队精神奖。
- 季度经理奖。
- 年度经理奖。
- 年度地区经理奖。
- ……………

约瑟夫·米歇利教授在《星巴克领先之道》中提出的建议有助于我们理解和参鉴星巴克的奖励与激励机制及文化（破折号后的内容是对约瑟夫·米歇利教授的建议的理解）。

- 重视同事间的认可——避免同事之间产生不服气和忌妒心理。
- 评估需要从个人和团队两个层面进行——不能过分强调个人的力量。
- 重视来自外部的认可——行业的认可具有独特的价值。
- 奖励要在全公司范围内进行——起到很好的榜样示范作用。

在这个过程中，星巴克很好地处理了几个难以回避且难以解决的问题。其一，是团队与个人的关系。在规划个人奖励和团队表彰时，在平衡二者之间的关系方面，星巴克在表彰个人突出表现的同时，从不忽视团队贡献。例如，对于演讲比赛获奖者的表彰，星巴克会将其奖项颁给团队，这是因为，虽然是某一位伙伴在台上有优异的表现，其背后却是一个团队的努力和支持。

其二，是与星巴克的使命紧密关联。星巴克团队精神奖的获奖标准不仅仅是能够成功完成日常工作，还要为星巴克做出重大贡献并在使命践行上带来积极的影响。这样就可以达到既可以通过对个人的奖励来鼓励和培育企业内部良好的竞争意识，也不会因此而不利于团结与合作的目的。

其三，星巴克并没有像一些企业那样利用高额的报酬和奖金来奖励员工，它的绝大多数奖励都与巨额有形资产无关。例如，获得M.U.G.奖、布拉沃奖或者绿围裙奖的伙伴得到的是徽章，或者是表明他们成就的手写版证书。这些徽章在伙伴中间具有很大的荣誉价值，他们通常会将之佩戴在围裙上。这种更重视对员工行为的认可的做法，避免了因过度的物质奖励对员工内在动机的削弱。

正如星巴克精神奖的获得者凯·科里奥所说的，获奖对于她来说最为重要的是让她知道了什么叫优秀，感受到了努力与付出以及被认可的自豪，这对员工来说是最振奋人心的。

尊重体现在对伙伴的关爱与帮助上

因为家庭"因伤致贫"的经历，在星巴克创办之初，霍华德·舒尔茨就发誓要让每个参与工作的伙伴都得到应得的利益和尊重，自己一定要成为一名"给伙伴购买医疗保险的企业领导人"。

从1988年开始，星巴克就面向所有全职和兼职伙伴，提供完备的医疗健康保险，包括疾病预防、意外事故、心理健康、化学品接触，甚至还涉及视力与牙齿方面的问题。星巴克要为其负担其中75%的费用。值得一提的是，这种待遇不仅兼顾全职与兼职的员工，就连未婚同居者也与已婚者享受同样的待遇。

"据我所知，我们是唯一一家这样做的自募资金公司，也是唯一一家这样做的公开上市公司。"霍华德·舒尔茨曾经自豪地说。

1991年，星巴克又放"大招"，决定将医疗保险覆盖全体雇员的所有疾病，即使是在员工不能工作以后也要为他们支付所有的医疗费用，直至他们被纳入政府提供的保险范畴为止。这使得星巴克成为全美最早给全体伙伴提供医疗保险的公司之一。

这一切是缘于一个很早就跟霍华德·舒尔茨并肩作战、对星巴克非常着迷和热爱的伙伴。1991年的一天，这个名叫吉姆·凯利肯的员工告诉霍华德·舒尔茨和霍华德·毕哈，他得了艾滋病。闻听这个噩耗之后霍华德·舒尔茨上前拥抱了吉姆，然后他们坐在一起哭了起来。霍华德·毕哈记得，当时霍华德·舒尔茨说的第一句话就是："公司会负担你的全部保险费用，只要你愿意就可以继续留在公司。"这给霍华德·毕哈留下了难以磨灭的印象，以至于在他的《星巴克，一切与咖啡无关》一书中，他还为此而感叹："在说这番话的时候，霍华德没有一点迟疑，没有一刻犹豫，他并没有小心考虑应该怎样回应，也没有细细计算负担会有多大。吉姆被放到了第一位。那一刻不仅仅是对于吉姆，对于我而言也有决定性的意义——从那天起，我比以前更强烈地感觉到，如果我们以人为本，我们总会获得支持。"

后来，霍华德·舒尔茨经常去医院跟吉姆聊天。吉姆去世后，霍华德·舒尔茨收到了吉姆家人的一封信，信中表达了对星巴克的福利计划的万分感激:"如果没有公司的帮助,吉姆不可能有钱支付自己的医疗费,更不可能在他最后的时间里也不用担心自己的医疗花费,对此我们不胜感激。"

霍华德·毕哈在《星巴克,一切与咖啡无关》一书中还讲述了这样一件"小事":当半自动蒸馏咖啡机问世之后,在是否换用这种设备来提高服务效率和品质这个问题上,星巴克内部产生了很大的分歧。特别是对于霍华德·舒尔茨来说,使用这种半自动设备就意味着对"咖啡至上"理念的损害,就会影响到咖啡所独有的浪漫气息。

然而,这种坚持最终还是在一个"理由"面前妥协了,那就是原有的工作强度已经让许多星巴克伙伴患上了腕管综合征。霍华德·毕哈说:"我们不能让他们继续受到伤害。"

后来成为一名专栏作家兼博主的凯特琳·缪尔在College Plus(一家帮助学生量身定制获得双学分计划以及获取学士学位规划的公司)官网上发表了一篇文章,题为《33家可以帮助你摆脱助学贷款的公司》。她在文章中详细解释了星巴克的助学福利及其提供的相关资源是如何让她在毕业时摆脱债务,而不必像其他同学那样负债累累的。

她特别说道:"最初的时候,我是想将这篇文章的题目定为《我为什么喜欢星巴克》。"说到其中的缘由,她深情地说:"我在那里担任咖啡师时,公司的待遇非常好。我不仅毫不费力就拥有了医疗保险、弹性工作制,乃至大把的空闲时间,还得到了真正可以给我帮助的东西——学费补助。"

值得一提的是,星巴克从来不会用压迫的方法逼员工做出绩效,而是通过更加人性化的方式来帮助伙伴达成考核目标。对于伙伴的突出表现,星巴克从不吝惜赞赏,除正式表彰外,还会在公司举办的咖啡品尝会上让伙伴互赠鼓励卡片;对于表现不尽如人意的伙伴,主管都会选择私下沟通,并进行柔性辅导,以更好地照顾伙伴的个人情绪。

由此可见，星巴克心中的"人"是一个大写的"人"，是一个大大的"人"。正如霍华德·毕哈所言："要记住，用你的'心'去领导远比用'脑'去领导重要得多，因为'关心别人'才能让你关注那些真正重要的事。"

2008年，星巴克遇到了前所未有的危机和亏损，尽管公司花在全面医疗保险上的钱比买咖啡豆花的钱还要多，尽管很多股东强烈要求公司削减员工的医疗保险开支，霍华德·舒尔茨始终坚持为包括兼职员工在内的全体伙伴支付医疗保险费用。

为此，霍华德·舒尔茨还受到了当时的美国总统克林顿的接见。

星巴克对中国的伙伴做了一次调查，发现父母的身体健康是他们最为关心的，他们也很担心自己的经济承受能力。后来，在2017年4月的一天，星巴克举行了一场伙伴交流会。在交流会上，高级管理人员了解到其中的一些伙伴经历了父母患病，甚至是父母的逝去。

星巴克随即推出了"父母关爱计划"：自当年6月1日起，所有在星巴克中国自营市场工作满两年，且父母年龄低于75周岁的全职伙伴，可由公司全资为其父母提供重大疾病保险。据介绍，保险人数超过1.4万人。从2017年6月到2018年4月，已经有19位星巴克伙伴获得父母重大疾病保险的理赔。

除了"父母关爱计划"，星巴克还推出"伙伴回家计划"。改革开放的大潮也引发了中国的"移民潮"，很多年轻人背井离乡来到大城市寻找发展的机会，寻求人生的梦想。随着时间的推移，家乡也发展了，自己该成家了，而父母也越来越老了。此时，许多问题接踵而至，困扰着年轻人，也同样困扰着星巴克的伙伴。

在星巴克同样有很多伙伴漂泊在外许多年，他们当中有许多人想回到家乡。为此，星巴克推出"伙伴回家计划"。如果在伙伴的家乡开设了星巴克门店，公司人力资源部门会第一时间问他们："你的家乡开设了星巴克门店，你要不要回去？"对于决定回家就业的伙伴，公司会帮他们安排好各项事宜，让他们既可以在父母身边尽孝，又可以继续留在星巴克的大家庭中。

余华说："这个'伙伴回家计划'一直在推进，我们有200多个故事一直在延续……"

星巴克的"给人以敬重和尊严"的信条曾被持怀疑态度的人嘲笑为"不过是空话而已"，或是"自欺欺人的大话"，但在霍华德·舒尔茨看来，那是因为那些人并不以此为生活的准则。他曾经强调，星巴克成功的意义就在于向所有人证明，一家公司在保证它的股东能长久盈利的同时，既不必牺牲它尊重员工的核心价值，也不必失去激情和个性，也一样能够做大做强。

对此，霍华德·舒尔茨的心中始终有着强烈的忧患意识。

星巴克发展得规模越大，某些部门的某些伙伴该得到而未得到尊重的可能性就会越大，如果不注意这个问题，我们就会面临比任何财政问题都要严重得多的问题。

归根结底，这是因为员工不是生产线上的零部件，而是"公司的脉搏和灵魂"（霍华德·毕哈语）。

第四章

自我实现：让成长成为每个人心中的朝阳

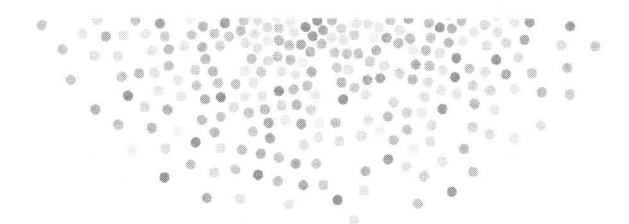

> 我们称彼此为伙伴，因为这不仅是一份工作，而是我们的激情所在。我们拥抱多元化，一起创造一个可以自由工作、发挥所长的场所。
>
> ——《星巴克使命宣言》

在对星巴克伙伴的价值赋予与利益输送中，除了尊重之外还有成长和激励，而这些都是在满足他们作为"人"的第五层级的需求，即自我实现的需求，这是人类最高层次的需要。正如霍华德·舒尔茨所强调的："人们希望成为宏大事业的一部分，更希望成为愿景的一部分，并且希望在这个愿景中看到自己，能够感受到自己被重视和欣赏。"

自我实现的前提是让自身具有对家庭、对企业、对社会的价值，而不断地学习则是个人实现价值提升的阶梯。只有通过学习才能获得更好的成长机会，掌握更多的工作技能，拥有更多、更大的价值。最终，让自己获得来自企业与社会的认可和需要，为企业和社会做出更大的贡献。与此同时，也会为自己带来更好的经济收益和社会地位。这是因为，所有这些都是对个人价值的认同和激励，也是对其所做贡献的肯定与奖赏。

这一切的本质，就是能够最大限度地实现个人理想、抱负，发挥个人的能力，最终达到更高的人生境界，逐渐成为自己所期望、社会所期待的人物。霍华德·舒尔茨自身的经历就已经昭示了一个道理：每一个平凡的人，只要不放弃追逐自己的梦想，都可能逆袭为有格局的领导者；那些"无法让员工得到自我满足和产生自豪感的企业和组织，是没有存在价值的"（金英汉教授在《星巴克的感性营销》中不容置疑地这样写道）。

美国心理学家亚当斯于1965年提出"公平理论"：人的工作积极性不仅受其所得的绝对报酬的影响，更重要的是受其相对报酬的影响，而后者则是源于员工自我实现的归属感、价值感和成就感。

星巴克的"伙伴文化"并不是简单的文字游戏。1988年，星巴克成作为全美第一家为兼职员工提供全面医疗保障的私营企业，即便是在2008年遭遇金融危机时，星巴克也未削减承诺给员工的健康福利。凡是为公司工作6个月以上的员工，以及每周工作不少于20个小时的兼职员工，都是星巴克咖啡豆股票的合法股权持有人。同时，星巴克人才以内部培养为主，晋升机会和路径清晰透明，每个人都有机会成为店长，这也是星巴克"伙伴文化"的重要内容。

首要的是对星巴克价值观的集体认同——让越来越多的伙伴，特别是新加入的伙伴，能够对星巴克的核心价值观深入地理解并认同，直至成为一种自修、自信和自觉的集体意识，这无论是对于公司还是对于员工，都是至关重要的，更是一种对双方都极为负责的态度与做法。

对此，霍华德·舒尔茨有一个形象的比喻：如果你5年以来一直在以一种错误的方式来运作或看待企业，那就不可能突然之间以一种不同的价值观取而代之，就像是水已经在井里，你就只能喝掉它了。因此，他要求星巴克必须在初期阶段就反复灌输那些原则性的东西，使得它能够指导每一次决定，每一个阶段目标的设定，哪怕是每一次的人员招聘。

只是，星巴克对价值观的宣教并不是采取生硬刻板的说教方式，特别是对于年轻员工较多的特点，星巴克并没有印刷很多的材料或者精美的宣传品，而是在每一个区域或每一家门店中选择一个最佳伙伴，以他自己的故事来传播星巴克的文化；更为重要的是，通过各级领导来"言传身教"。

星巴克所有的高层领导者都要到世界各地去宣讲星巴克的价值观。他们没有什么豪言壮语，而是用一个又一个的故事，将星巴克的价值观所表达的内涵与现实生活中的实例相结合，让每位伙伴因此而感到温暖，有归属感，感受到机遇与挑战。这种独特的方式被称之为星巴克的"价值观领导力"。

在进行价值观宣教的同时，星巴克也极其重视职业成长培训体系的建设，制订了完备的人才发展计划。在星巴克的人力资源部门专门设置了"人才与组织发展部"，这个部门专门负责伙伴的潜力开发以及个人能力提升。该部门会对每个潜力伙伴进行优劣势的研究，然后向伙伴提供有针对性的培训和辅导。培训形式可以是课堂教授，也可以是灵活的、伙伴之间的品评与交流，内容涵盖门店经营、咖啡知识、文化价值观培训等。

星巴克（中国）大学是2014年成立的，包括咖啡学院、零售学院、领导力学院和职能学院，负责咖啡师、MCM（店经理导师）、DCM（区经理教练）三个方面的培训，以及从星级咖啡师到值班主管、从门店经理到地区经理的四维度培训计划。

人力资源部门每半年会对伙伴在技能、服务、沟通等方面进行一次绩效评估，通过书面报告的形式来检查学员对咖啡文化的理解程度以及工作效率，进而评估他们的表现是否符合星巴克的要求，表现好、得分高的伙伴就具备了升职的潜力。正是通过这一系列的人才发展计划，让伙伴能看到自己职业发展的阶梯，并且明白：只要自己努力，一切皆有可能。

与此同时，星巴克还通过这四个虚拟院系将公司包括3万多名伙伴在内的所有的资源都调动起来，支持培训工作。这就意味着，每个伙伴在本职工作的同时还要身兼另一份"职责"——要将自己的知识分享出去。对于有突出特长的伙伴，还会被聘为星巴克大学的"伙伴教授"，所教授的"学生"很有可能是公司总监以上级别的高级管理人员。这对于他们来说，既是一种荣誉，也是一种责任。

"我有机会、有责任、有热忱传授、训练、指导与我共事的伙伴。"在每次培训的时候，星巴克的伙伴都会有这样的精神传递。这对伙伴能力的提升是大有裨益的。星巴克也正是基于此构建起独特的学习生态系统，很好地解决了因每年要开设400～500家店所面临的人才供给问题，成为支撑星巴克快速发展的根基。

星巴克培训体系具有很强的针对性。首先是以伙伴为导向，而非以公司为导向。正如余华曾指出的，星巴克制定的所有人力资源政策，涉及各种各样的项目，但第一步都是要分析伙伴想要什么，在意的是什么，然后公司会结合每个伙伴的特点和愿望，共同设计下一阶段的成长目标，并为目标的达成而提供帮助和训练。

目前，星巴克的伙伴大多是"90后"，这里也是他们进入社会以后所做的第一份工作。在余华看来，他们追求自我表现，开放自由，拒绝追随，很有思想，也很聪明。为此，星巴克提出"价值、有趣、成长"三个主张。首先是帮助他们找到人生的价值。星巴克利用其成熟的企业社会责任（CSR）文化，带领年轻伙伴投身到社区服务中，帮助他们从中感悟到该如何做一个好人、一个对社会有用的人、一个帮助他人成功的人。

同时，星巴克还为伙伴创造既有趣又能够更好地成长的机会。针对"90后"伙伴喜欢旅游却又没有出国机会的问题，星巴克借助全球的门店资源启动了"伙伴识天下计划"，组织年轻的伙伴到其他国家的星巴克门店进行为期6个月到一年的培训和交流。这样既满足了他们到异国他乡旅行的需求，为他们创造了连接广阔世界的机会，也可以借此机会让他们对其他区域的星巴克文化有所了解。如此一来，伙伴就不会产生要辞职去看世界的想法了（星巴克对伙伴的尊重还体现在非常珍惜与伙伴的这份缘分上，他们总是千方百计地将伙伴留在星巴克）。

对于大多数公司来说，一方面认为培训非常重要，另一方面又总是将培训的结果与对公司财务的影响做权衡，特别是在需要改善财务状况时，大多数公司首先会想到从削减培训支出着手，星巴克却恰恰相反。在2008年公司经营遭遇低谷的时候，星巴克首先想到的应对之策便是加大培训力度，为此，星巴克不惜采取大规模闭店进行专项培训的方式来应对危机。

必须要提的是"星巴克U计划"。这是星巴克公司为美国境内的伙伴制定的一个助学项目，即星巴克通过和美国高等教育学院合作，将一些优秀的培训内容诸如咖啡师培训和值班主管培训等课程授权，伙伴在工作中完成这些培训就可以得到大学学分。

此外，星巴克还与西雅图城市大学及斯特雷耶大学合作，扩大了公司学费补助计划的覆盖范围。例如，西雅图城市大学为符合条件的星巴克伙伴减免报名费，减免本科生和研究生25%的学费，并为其提供专项奖学金。在与斯特雷耶大学的合作计划中，不仅为符合条件的星巴克伙伴减免20%的学费，还免费提供学业辅导和咨询服务，并随时可以学习网络课程。

以一名决定重返校园的星巴克伙伴为例，当他注册了斯特雷耶大学后，便收到了学校发放的1000美元奖学金，同时还减免了其20%的学费，而且因在星巴克的培训中得到了大学学分而有可能缩短学习时间。入学几个月后，他还会收到来自"星巴克U计划"的2500美元的秋季奖学金……

星巴克在为伙伴提供很好的学习成长的平台与机会的同时，还为他们设计了很好的晋升通道，以最大限度地使每一位伙伴都能不断地成长，并从中获得更高的自我实现。无论是从咖啡师到主管、店铺经理、区域经理，还是从一般员工到办公管理岗位以及后期的支持中心，都有着非常通畅的职业成长路径。星巴克非常重视基层伙伴升职到管理和支持岗位。对此，余华曾指出，因为他们是在基层工作过的，他们最清楚公司制定的制度规范执行到门店是否还有效。

星巴克还有一种独特的店员"等级"制度，只是这种"等级"并非行政级别，而是按照店员对咖啡知识的掌握和理解来划分的。如果你去过星巴克，应该能回忆起店员的经典装扮——白衬衫和绿围裙。如果你仔细看,其实星巴克还有一些店员穿戴的是黑围裙。实际上,星巴克的围裙有三种颜色:绿色、黑色和棕色(也就是咖啡色)。

穿绿围裙的是普通店员。当然,即使是普通店员,也要经过星巴克(中国)大学的内部培训,学习制作咖啡的知识,并且操作熟练后才能上岗。黑围裙在星巴克内部是一种身份的象征。你必须学习各种高级的咖啡知识,了解咖啡生产地以及咖啡豆的风味、故事,懂得如何给客人传授咖啡文化和知识,并最终通过每年一次的严格等级考试,包括笔试和面试,才能获得"黑围裙"的称号。一旦你获得了这个称号,就可以被尊称为"咖啡大师(Coffee Master)",而且能拥有一条绣着自己姓名的黑围裙。

在你获得"黑围裙"称号两年之后,上面就可以绣上星级了,从一星到五星不等。总之,获得"黑围裙"称号,在公司内部是一种很高的荣誉。全世界,包括中国,有一种星巴克门店叫作"全黑围裙"店。顾名思义,"全黑围裙"店里面的店员全部是"黑围裙"等级,一般也是星巴克的旗舰店。比如,成都太古里就有一家"全黑围裙"店。

咖啡色围裙,是星巴克里稀有、等级最高的围裙。每两年,星巴克会举行一次咖啡大使比赛,内容包括咖啡拉花、咖啡品尝、创意饮料、咖啡盲品、专业知识考核等,只有胜出者才能获得咖啡色围裙。星巴克在全球各个国家和地区的伙伴都会组队来参加这个比赛,每年每个大区只有一个咖啡大使,期限也只有两年,无疑这是星巴克内部至高无上的荣誉了。

对应于此,星巴克制订了"咖啡大师培养计划",会不定期地在伙伴中间发展咖啡大师。"咖啡大师"的认证遵循"宽进严出"的原则,每一位新伙伴入职6个月后便可以提出申请,然后就可以参加为期8~12周的专门培训。

先是对整个咖啡调制流程进行培训的环节,然后是已经成为"大师"

的伙伴的演示环节，最后通过书面考试、问答、品评环节后成绩优异者才能被授予"咖啡大师"的称号。在深圳门店，一名"90后"的门店经理脱颖而出成为区级咖啡大师，由此他身上的绿围裙就可以换为黑围裙，每当这个时候，那些新晋咖啡大师的伙伴都会感到无比自豪。

星巴克每年都有咖啡大师的认证计划，并且不是一劳永逸的，是每个年度都需要重新认证的，其目的就是督促伙伴不断学习，熟能生巧，同时对营造学习氛围也大有益处。此外，星巴克还采取以"赛"促"训"的方式鼓励员工参加培训，即每年举办全员"拿铁艺术""手冲咖啡"大赛或是"星未来畅想"大赛。

咖啡大师虽然不涉及职位上的升迁，更无关薪酬，却承担着打造门店学习型组织以及营造学习氛围的使命。同时，每年都要进行循环认证，如果能力没有获得持续性提升就有可能被淘汰，这样一种竞争机制，会促使伙伴长久地保持对咖啡的饱满的激情和进取心。

除了咖啡大师的晋级通道以外，星巴克还为伙伴提供了透明、清晰的岗位发展路线：咖啡吧员→值班主管→店副经理→店经理→区经理→营运高阶职位。星巴克所有的空缺职位首先对内部员工开放，有20%的新职位是内部招聘的，零售一线的管理人员几乎全部是从内部培养提升的。因此，星巴克的一线伙伴不会产生"前途无望"的感觉。

当有职位空缺时，公司会通过内部流程推荐给门店伙伴，鼓励大家申请在不同岗位之间"流动"。除了技术型伙伴之外，星巴克内部的提拔率达90%以上。今天的业务骨干就是明天要培养的主管对象，极少有"空降兵"出现。这一点是非常明确的。

在星巴克，还有很多的专业人士，比如画家、钢琴家、舞蹈家等，他们在星巴克工作，各方面都是没有区别的。只要你是某个方面的专家，星巴克就会为你提供相应的舞台，你可以来做"伙伴讲师"，乃至"伙伴教授"。

这是一个互相尊重、互相成就的过程，即伙伴将自己的精力贡献给企业，而企业也要提供一个舞台让他们去成长、去成功。在这个理念的指引下，星巴克非常乐于和善于将基层职员慢慢地培养起来。如果出现新的职位空缺，也会优先考虑自己的伙伴。

有意思的是，星巴克在伙伴的"自我实现"方面已经达到了细致入微的境界，利用一切机会来激发并释放伙伴的才能与热情，并且形成一套成熟的模式——员工发现好产品，可以自行研制、开发，也可以自行试销并改良。一旦获得成功，公司将予以奖励，并推广产品；若失败了，则继续创新。

星巴克卖得最好的产品之一"星冰乐"的问世完美展现了上述创新模式的威力所在。

发现：加利福尼亚州圣塔莫妮卡地区10家店面的经理狄娜·坎佩恩发现附近的咖啡馆开发出一种由糖浆、咖啡掺杂的类似奶昔的冰品大受欢迎。

研发：狄娜·坎佩恩与丹·摩尔二人开始尝试混合各种配方，最后送交食品暨饮料研发部门进行改良，但试饮后口感较差。

第一阶段的研发"失败"后，他们二人并没有放弃，继续更改相关配方及工艺，调制出更加完美的新口味的冰品。之后，再次将新配方交给食品专家改良，调制出了风味更加独特的冰品。

试销：1994年10月，这种新的冰品在南加州12家店面试卖，广受消费者欢迎。

推广：1995年4月，星冰乐全面上市，并立即引起轰动。美国《商业周刊》在1996年年底将星冰乐列为年度最佳产品之一。

奖励：1995年10月，参与产品创新的几位员工被授予星巴克"总经理奖"，并被评选为"年度最佳经理人"。

星巴克门店里曾有一个SK组合。其中一个伙伴以前是学习舞蹈的，另一个叫克里斯汀的伙伴则非常喜欢音乐。在一次偶然的机会里，大家发现了他们的爱好，便将他们二人组成一个小组合，并邀请他们在晚间举办的文艺沙龙上驻唱，结果大受伙伴的欢迎。

此外，这两名伙伴还有绘画的才能，于是，公司就将他们富有创意的作品印制在星巴克的杯子上，展示在门店里，受到了顾客的喜爱，更是吸引了一些顾客在闲暇时也来参与这样的绘画活动。其实，许多星巴克门店墙壁上的粉笔画都非常精美，但都不是请专业人士来画的，而是由那些喜爱绘画的星巴克伙伴自己完成的。

说到这儿，有一件事必须要提。1994年，一个超出霍华德·舒尔茨语想象的创意由一个门店提出来。到底是哪位伙伴提出的呢？提出的又是一个怎样的建议呢？

原来，AEI音乐公司很早就为星巴克制作了一些录音带，但曲目都是由他们来遴选的。1988年，一个开在大学区的星巴克门店的一位名叫蒂莫西·琼斯的经理提出了一个不同寻常的创意：我们为什么不制作自己的CD或录音带呢？这名经理曾经在唱片业工作了20年，爱音乐就像爱咖啡一样。

公司同意了她的建议。随后，蒂莫西就主动提出要由她来挑选曲目。每天她都在自己的店里尝试着播放各种风格的曲目，同时留意各个时间段的顾客反映。顾客对此赞赏不已，不仅如此，还总有人来打听哪里能买到这样的录音带。随后，蒂莫西查阅了两年来所有地区的顾客意见卡，发现其中竟然有数百张卡片希望星巴克能出售店里播放的音乐。

终于，在蒂莫西的建议下，星巴克开始在门店里销售假日音乐《奇迹》以做尝试。到此时，霍华德·舒尔茨还在问自己：顾客会将音乐和咖啡一起买下吗？随后的结果完全打消了他的顾虑。最终，音乐作为一种新鲜的、具有想象力的产品从此与咖啡一起成为星巴克的一种标识和一种价值。

星巴克"不务正业"地导入了音乐业务，是合乎理性的吗？霍华德·舒尔茨再次向自己提出了质疑，而这次他毫不犹豫地给出了答案：是。因为不断上涨的销量无论是对于顾客还是对于星巴克来说，都是一件令人满意的事情。更重要的是，它向顾客传递了这样的信息：星巴克将继续推出令人意想不到的产品，给顾客以惊喜和快乐。

在霍华德·舒尔茨看来，星巴克所制定的制度和规程都不是以牺牲创新精神为代价的，如果让创新精神陷入官僚体制中，星巴克就会犯与其他美国企业一样的错误，就无法为包括寻梦者、企业家、职业经理人和领路人在内的星巴克所需要的人创造一个令他们兴奋又富有挑战性的氛围。

对此，霍华德·舒尔茨斩钉截铁地说："我决意不让这样的事情发生在星巴克！"

于是，霍华德·舒尔茨一次又一次地向伙伴证明，对于鼓励伙伴的创新精神，星巴克是真诚的，是呵护的。这是因为，在他看来，一个有激情和创意的新想法一旦被否定，对于员工来说是一件极其令人沮丧的事情。对此，他有着令他无法释怀的经历。

为此，星巴克倡导表扬文化。这种文化并不仅仅发生在店面经理和区域经理这些层级，据《星巴克体验》介绍，曾任星巴克全球总裁兼CEO的吉姆·唐纳德每天都是先向世界各地的伙伴打表扬电话，然后再做其他工作。时任董事会主席的霍华德·舒尔茨也经常随意地走到一个伙伴的桌边，谦逊地感谢他在某个项目上所做出的努力。恰恰是因为他们对伙伴的重视和亲力亲为，才会在星巴克形成这样一种有代表性的表扬文化。

星巴克还特别推出了一个"寻找星未来"的计划，每年都动员各地门店的伙伴在业余时间加入这个类似"训练营"的活动。在活动中，他们以问题为导向，提出解决路径，阐明未来实践的方法和工具，力争简单明了，做到能听懂、可落地。其间，公司高级管理人员来做他们的评委，并将每个建议都记录下来。活动的目的其实并不是看哪位伙伴讲得好，更为重要的是让管理者了解基层的问题，倾听伙伴的心声。

对于星巴克的伙伴，不仅可以为"星未来"直抒胸臆、建言献策，还可以获得更好的展现自己的机会。曾有一位仅仅为兼职伙伴的员工，正是源于他在这项活动中的分享，让大家认识到他是一名很有想法的伙伴。不久，上海门店市场部就邀请他到上海参加一个新的项目。如此一来，在他还没有毕业的时候，就获得了与星巴克全球总裁一起工作的机会。

除了想法还有创意。就像星冰乐一样，星巴克成立以来许多饮料发明的创意都是来自伙伴。在中国，伙伴也会提出类似于咖啡工具、点心口味改善等方面的提议，然后由营业部逐步推广到整个企业中去。

培育和激励"人"的精神，看重自己的伙伴，由此激发他们的创造力，并与共同努力创造长期利益的团队共享成果，是星巴克最为核心的价值取向。正如余华所说："创造小的机会让他们展示自己的才能与乐趣。他们用心做这个事情，就会觉得很开心。"

2014年，星巴克将针对伙伴学习和成长的帮扶从公司内部延伸到大学校园，即在原有的求学补贴制度的基础上，通过与美国亚利桑那州立大学（ASU）合作，为每周工作20个小时以上且不具有学士学位的伙伴提供奖学金，用以完成ASU的网络课程学习，最终获得学位。那些已经获得至少两年大学学分的伙伴可享受公司提供的全额奖学金，而正在读大学一年级、大学二年级的伙伴也会获得部分奖学金。

2015年，星巴克又对这个"大学成就计划"进行升级，在学费赞助的时间上，由原先的两年延长为四年，并且伙伴在入职的第一天就能提出申请，该申请也无截止日期，员工可自行选择任何想修习的课程，毕业后也可离职，不会强制留任。据当时的星巴克发言人哈波（Laurel

Harper）介绍，在宣布扩大助学计划后，在一周内入职的7000名员工当中，约有半数表示应聘的首要理由是因为助学计划的吸引。

2016年，星巴克已经有7000名伙伴加入了该计划；2017年，已经有1000名伙伴成为亚利桑那州立大学的毕业生；预计到2025年，会有2.5万名伙伴成为该计划的受益者。

说到这儿，有一个人必须要提。这个人就是从卢旺达逃离出来的一个小女孩——丽莉雅妮·卡米卡奇，当时，她只有10岁。后来，当她看到《奥普拉脱口秀》节目后，被奥普拉所感动，在她15岁的时候来到了美国。

2011年，她入职星巴克。在很长的一段时间里，她很少与其他人有目光的对视，一举一动都是小心谨慎的。正如霍华德·舒尔茨所说："我能感觉到她的悲伤。"后来，在霍华德·舒尔茨的帮助下，她如愿进入了星巴克的公共事务部。在那以后，每当霍华德·舒尔茨路过她的办公桌时，都会停下来跟她寒暄几句，有时还会和她一起就餐，甚至在霍华德·舒尔茨邀请同事在家中过节聚餐时，也会叫上丽莉雅妮。

然而，最令丽莉雅妮感到高兴的是，她在星巴克见到了她的"救命恩人"奥普拉，她们紧紧拥抱在一起，成为彼此的好朋友。在那一年的感恩节，她被奥普拉邀请到家里一起过节。后来，她们也经常一起共度节日时光。

这一切彻底改变了这个曾经生活在死亡边缘的可怜姑娘的人生轨迹。后来，她升任星巴克数字新闻部门的项目经理。2017年，她创办了一个名叫"女孩的桥"的非营利性组织，旨在培训卢旺达女性掌握缝纫技术，出售成品以实现自力更生，很快就有了32位参与者。

再后来，丽莉雅妮出现在了霍华德·舒尔茨的《从头开始》一书中。在书中，霍华德·舒尔茨说道："丽莉雅妮34岁了，她会告诉你，她的很多梦想都已成真。"

此外，薪酬及福利也是对"自我实现"价值的重要体现。这不仅仅是对人性的尊重，也是对伙伴身心付出的尊重。

霍华德·舒尔茨清楚地认识到：没有什么贵重的商品能比得上员工对公司的信任和信心。一旦人们觉得公司的奖惩机制不公平，他们就会产生疏离的感觉，公司就失去了主心骨。正是因为霍华德·舒尔茨当年目睹了先前的星巴克管理层与雇员之间的信任危机所引发的后果，才明白了维护这种信任是多么重要。

星巴克的薪资大约处在业界平均水平的70%左右，余下的30%则以奖金和福利的方式予以体现。例如，企业如果达成年度总体业绩指标，每名伙伴就都能够拿到利润分享的奖金。即使没有盈利或没有达标，年底也会多发30天的薪资作为奖金。对此，星巴克是这样认为的：无论怎样，伙伴12个月来忙忙碌碌的付出也是值得的，更是应该得到感谢和回报的。

1991年，霍华德·舒尔茨决定，要给星巴克的员工发售股票，将所有的员工都变成"合伙人"，这就是传说中的"咖啡豆股票"。从那时开始，星巴克就取消了"员工"的称呼，取而代之的是充满温馨的"伙伴"。其实，星巴克的"合伙人计划"除了"咖啡豆股票"以外，还有三种不同层次的股权激励机制。

（1）股票投资计划（S.I.P.）。

星巴克员工在每个季度都有机会以抵扣部分薪资的方式，以一定的折扣价格购买公司的股票。申购者需具备以下条件：被星巴克连续雇佣90天以上，且每周的工作时间不少于20小时。每个员工的申购资金限额为其基础薪酬的1%~10%。每个季度结束后，在该季度的第一个和最后一个工作日中选择一个较低的星巴克股票公开市场价格，以低于市场价15%的折扣价格发售给员工，即我们通常所说的"八五折"。

（2）咖啡豆期权计划。

只要在星巴克连续工作且被支付了不少于500个小时的工资，担任主管以下职务的员工（包括兼职人员）都有抵扣部分薪酬或者折价购买一定份额的公司股票的机会。每个合伙人都可以获得其年基本收入12%的股票期权，如果公司经营状况很好，比例就会升至14%。只要股票上涨，股票期权就会升值。

（3）股票期权奖励（Stock Option Award）。

在综合考虑公司年度业绩的基础上，公司董事会每年会考虑给予符合条件的人员一定的股票期权作为奖励。伙伴个人应获得的股票期权数量由以下三个主要因素决定：①当年（财政年度）的经营状况及收益率；②个人在该财政年度的基础薪酬；③股票的预购价格（Exercise Price）或公司允诺的价格（Grant Price）。

公司的股票期权等待期为5年，任何满足条件的合伙人都可以按照股票购买计划购买股票，合伙人购买股票时可以通过薪资折扣的方式获得15%的优惠，这样只要股票价值上涨，股票期权就会升值。

以1991年为例，在这一年挣2万美元的合伙人，5年后仅以他们1991年的期权便可以兑换现款5万美元以上。

10年之后，星巴克共有19个国家的11.5万名伙伴享有这项资格。在2012年财政年度，公司拿出了2.14亿美元的税前收益发放给公司伙伴。通过星巴克为伙伴精心设计的股权激励机制，让每位伙伴都有资格和机会与CEO、高级管理人员一样成为公司的"合伙人"。

的确，"咖啡豆股票计划"既是对员工基础薪酬的有益补充，也是对长期为公司服务并做出较大贡献的员工的奖励，同时巧妙地将员工的利益和企业的利益结合在一起。正如霍华德·舒尔茨所言："这不仅让星巴克成为一个更好的工作场所，而且使公司的每一个员工都成为公司的主人，并以此为傲。"

2007年11月，星巴克为中国区的所有伙伴（包括工作一年以上的兼职伙伴）推出了一项"特殊待遇"，即他们都能拥有星巴克的股票期权，而这在其他公司是只有高级管理人员才拥有的。对于那些达成最低工作量的兼职伙伴一样可以任选"以折扣价购置股票或是按照基础工资的14%的总金额，以每十二个月为周期提供一定期权"这两个方案中的一个。

2012年，在霍华德·舒尔茨与中国京沪两地的1200名伙伴及其家属沟通的论坛上，星巴克宣布推出一系列针对员工成长和帮扶的新计划，包括建设星巴克大学，以及额外拨款100万元投入星巴克中国的"星基金"，用于为员工提供必要的经济援助。

2016年，星巴克面向中国自营市场的全职星级咖啡师和值班主管推出了"助房津贴计划"，目的就是帮助这些初入职场的伙伴缓解经济上的压力，为他们分担所在城市平均房租支出的50%，让他们在追求个人及职业梦想的同时，也可以更好地照顾自己；还有"咖啡星享假期"，这项伙伴福利源于美国市场，是专门为认可和感谢在星巴克长期服务的伙伴而特别设计的。

从2016年年底开始，在星巴克连续服务超过10年的星巴克中国自营市场伙伴就可以申请享受长达12个月的无薪假期，用以实现他们工作以外的追求和梦想，可以有时间陪伴他们所爱的家人。假期结束后，伙伴可以回到原来的岗位或其他同级岗位。在"咖啡星享假期"期间，公司将为伙伴保留社会保障及公司其他福利。

回顾星巴克的发展历程，我们会发现，星巴克是——

· 全美最早给全体员工提供医疗保险的公司之一；
· 推出了美国历史上第一种"期股"形式，是美国第一家向全体员工提供股份计划的私有制企业；
· 在中国的跨国公司中第一家为雇员父母提供重大疾病保险的企业；

·即使在没有盈利或没有达标的情况下，年底也还会为员工多发30天薪资作为奖金的企业；

·在福利待遇上，兼职员工与全职员工始终被同等对待的企业；

……

当然，这种步伐始终没有停下来，在星巴克的福利计划中，可以说是"一切皆有可能"。

从2020年1月1日起，在星巴克服务满2年的全职伙伴（包括所有门店和支持中心的伙伴）将在公司新创建的线上平台（"绿围群"App）获得额外福利积分。星巴克"专属版"星福利不是一份标准化福利套餐，而是一个可自选组合的弹性福利项目，员工可自由选择更符合自己需求的个性化的专属福利，真正实现了"我的福利我做主"！

在设计这个"专属版"的星福利时，公司对5.5万名伙伴进行了细致入微的观察和了解，充分考虑到他们处在不同的人生阶段，有着不同的需求和梦想。因此，这个福利是根据不同伙伴的个性需求创新打造的，充满新意又十分人性化，包括免费英语健身课程、免费HPV（人乳头瘤病毒）疫苗、3天带薪亲情假期、补贴回家路费的"星伴春晖"旅行卡等丰富的选项。

最出乎人们意料的是，星巴克再次创行业之先，将伙伴的宠物也作为"家人"纳入了福利体系，为这些"爪爪萌宠"缴纳保险，甚至报销医疗费用。对于首次领养流浪宠物的善心伙伴，还可享有一天的带薪休假来安顿自己的家庭新成员。

在本人看来，无论是伟大的政治家，还是伟大的企业家，一定都对人性拥有深刻的洞察及超常的把握，不然就只能成为只有能力而没有魅力的生意人，最终难逃"根"不深、"基"不牢，直至"业"难续的流星结局。

给予深切的尊重，助力自我实现，特别是那些针对员工的大量投资的举措反复证明了一点，即星巴克在实现盈利的同时，始终与星巴克伙伴以及所在的社区共同分享这份成功。所有这些都极大地调动了员工的积极性，促进了员工对于企业文化的认识以及对于它的热爱，最终让员工能够"将心注入"，使得工作效率、效果与效益都有了显著的提高，创造出了星巴克在时代的大潮和竞争的激流中能够始终前行而屹立不倒的品牌成就。

正如《品牌系统性建设：沿循消费心理与行为的轨迹》中所指出的，人类社会事物的内在本质就是人性特征的"不变"，其发展规律就是时代特征的"万变"。因此，这是包括品牌在内的所有人类社会事物的底层逻辑，而与之相应的顶层设计就是，立于人性特征之"不变"，应对时代特征之"万变"。

所有的事都是由人做的，都是为了人而做的。因此，我们才会说，星巴克基于尊重人性、满足人性的人本主义和关系法则必将是永恒的，其中，人本主义是底层逻辑，关系法则是顶层设计，它们所代表的正是人类社会中"万变"之中的"不变"。

这就是将本书命名为"正确的星巴克"的原因所在。无论时代如何"万变"，最终还是有一个东西是"不变"的，那就是——人性。因此，星巴克的"正确"就在于它的伙伴始终坚信、坚定、坚守的人本主义的正确，是它不断追求细致、精致、极致的关系法则的正确。正如霍华德·毕哈所说的："我最有价值的时刻是对人投去关注的一瞬。"

"我并非靠自己手里持有的股份来把握公司的方向，而是靠着我内心的价值观"，"星巴克的领导团队正是相信这样做是正确的，而且相信这是运作一个企业的最佳方式。"——霍华德·舒尔茨曾经充满自豪且坚定地说道。

第二篇　心智与关系：以关系法则为顶层设计

我们常说,"有人的地方就有江湖";而"江湖"的本质便是关系,是利益各方之间的关系。

因此,如果我们说,人性是人类社会所有认识论的基点——底层逻辑,那么关系就是人类社会所有方法论的支点——顶层设计。

没有基点的支撑,支点何以能够撬动?没有支点的撬动,基点的价值又如何得到体现?没有正确的底层逻辑,如何保证我们是在做正确的事?没有正确的顶层设计,如何保证我们能够将事情做正确?

因人性而须坚持人本主义,因人本而须遵循人道原则,因人道而须激发人文精神,这就是人与社会之间关系的道之所在。

从最初的认识到深入的认知,从价值的认同到利益的认可,再从心智的认准到关系的认定,这就是人与人之间关系的逻辑所在。

从独特的价值到更优的利益,从信任的心智到亲密的关系,从对形象的感知到对价值的信任,从对体验的美誉到对品牌的忠诚,这就是品牌与消费者之间关系的本质所在。

只是,我们要牢记:人本主义的本质是以利他为前提的人性的满足,关系法则的规律同样是以利他为前提的人心的信任。

没有人性的满足,一切关系都会失去基点;没有人心的信任,一切关系都会失去支点。

正如霍华德·舒尔茨所说,创造持久的关系以及建立亲密的个人关系,是星巴克品牌的本质所在。

始于人本,终于信任。无论是对于伙伴还是对于顾客,无论是对于股东还是对于社会,这也正是星巴克关系法则的真谛所在。

第五章

伙伴：所有人一起抵达终点

我们全身心地投入，我们和顾客真诚沟通，分享快乐，并提供振奋人心的生活体验，哪怕只是片刻时光。

——《星巴克使命宣言》

霍德华·舒尔茨对星巴克品牌的定位是，以强大的品牌建立起热情洋溢的人际网络，连接起最为广泛的人际关系。对此，他将"人们与星巴克的依存关系"上升到"与星巴克所代表的意义有关"的高度，并强调其中的含义已远远超过美味的咖啡。因此，我们可以这样认为，星巴克是极其重视关系的企业，也是极力对待好、处理好、维护好各种关系的企业。

因此可以说，关系法则是星巴克品牌最为重要的方法论，也是为星巴克品牌筑起的令竞争对手难以逾越的"护城河"。正如霍华德·舒尔茨所强调的："当我们创造持久的关系和亲密的个人联系时，星巴克就会处于最佳状态。"因此，他将"如何能在做大以后还能保持人际关系的亲和状态"视为自己作为星巴克领导人所面临的最棘手的问题。他认为，解决之道就在于"在公司与他们的情感关系中不断注入活力"。

由此可见，霍华德·舒尔茨将关系置于企业创新和价值观形成的高度，视其为一个关乎企业核心竞争力和持续发展力的战略问题；而关系法则也贯穿于星巴克品牌塑造的始终，成为与"人本主义"并驾齐驱的星巴克品牌发展的"双核"动力，成为其极富特色与底蕴的品牌内涵。正如星巴克负责饮品的副总裁米歇尔·加斯所说："我们的文化以情感关系为导向，以信任为基础，我们所说的'伙伴关系'涵盖了这个词所有的层面。这种情感关系非常有价值，应该被视为一个公司的核心资产。"

的确，在品牌的外在关联两大要素——"心智"与"关系"中，心智是关系一个承启上下的环节，如果没能占有消费者的心智，即使是再优质的价值也无法最终转化成品牌与消费者之间的交易与应用的关系；而品牌的建设恰恰就是一个由认知关系转化再到市场关系转化，最终实现高附加值、可持续发展的过程。

品牌对心智的影响体现在消费者对品牌从认识到认知，从认同到认可，再到认定的演变过程中。它为品牌带来的是足以支撑品牌市场经营的知名度和信任度，乃至美誉度和忠诚度，而实现的路径是，首先要广而告之，而主要的形式就是广告，这是品牌传播阶段所采用的最重要的方法之一。

虽然说，咖啡是一种古老的消费品，星巴克也是一家快速消费品公司，但星巴克一反常态，不采用常规的品牌传播及营销手段——铺天盖地的广告和促销活动，摒弃了这种似乎已经被无数品牌的成功所印证的方式。在星巴克创立后的10年间，所花费的广告费用也不过1000万美元，平均一年仅100万美元，此后也一直将广告投入控制在销售额的1%的范围内。

据一篇题为《星巴克如何"扮演"一个各种都"正确"的公司？》的文章介绍，星巴克的两次广告出现在 2014 年。第一次是强调星巴克咖啡馆的"第三空间"社交属性，第二次是在西雅图的烘焙工厂店开业之后介绍了其中的技术，而第三次则是占据2016年3月30日的《纽约时报》两个版面的一幅广告。这一次，星巴克没有推介任何产品，而是用黑白两色纯文案的方式倡议：每一个美国公民都应该以更乐观、团结、人道、公平和负责的姿态去重识"美国梦"，去建设一个更好的国家。"这不是我们四年一次的机会，而是每一天都可以做出的选择。"

对此，霍华德·舒尔茨解释道："不是我们不相信广告，也不是承担不起广告费，而是因为星巴克的驱动力在于产品，在于价值观，在于人本身。"也就是他一直强调的："星巴克的品牌活在我们员工与顾客的互动之中。"霍华德·毕哈也在《星巴克，一切与咖啡无关》一书中指出："你用心培养起来的与其他人之间的关系会帮助你拓展生意。一切只是这么简单，但这才是重中之重。"

在《星巴克攻略：全球第一咖啡连锁店的行业创新与体验营销》一书的扉页上，写有这样一段话：我们不得不承认，星巴克或任何一个品牌的成功，都不是一种一次性授予的封号或爵位，它必须要依靠每天的努力来保持和维护。那么，我们要问，是谁来为品牌做每天的"支持和维护"呢？

无疑，首先是企业的员工。于是，深谙这一道理的星巴克另辟蹊径开创了自己的品牌传播模式，将本来用于广告的支出用于员工的福利和培训（星巴克在人员培训方面的花费要远远超过产品广告的投入）。通过聘用和训练那些对咖啡有激情的伙伴，让他们将这份激情贯注于行动中，在每一次面对每一位顾客时都以诚挚的服务来塑造自己的品牌，最终引起顾客的共鸣与响应。

对此，霍华德·舒尔茨曾经发出这样的感叹："我发觉，口口相传的效果实在是比广告更好。"实际上，星巴克的成功也证明了这一点：几百万美元的广告并不是打造一个全国性知名品牌的必要条件，并不是非得财力雄厚的公司才有资格创建品牌。

由此可见，星巴克是将对消费者心智的影响寄托在了自己的员工身上，是通过他们创造和提供的优质服务所形成的消费者口碑来完成本应由广告来实现的效应与效果。由此可见，在星巴克的各种关系中，首当其冲的便是与伙伴的关系，这是星巴克关系法则的重中之重，更是星巴克与顾客之间关系的基石。

当然，也有人质疑星巴克的"伙伴文化"实质上是一种营销文化。在我们看来，"伙伴文化"是不是星巴克的一种营销模式并不重要，重要的是，这种源于伙伴的营销是不是发自员工内心的感知与感召，是不是已经形成一种行为的自觉与自修。以利他来实现利己，即使是一种营销，又何尝不是一种境界，又何尝不令人称赞？

那么，星巴克与员工之间所构建的是怎样的一种关系呢？是如何让伙伴将这种关系延展到，乃至浸润在与顾客的关系中的呢？又是如何让成千上万的伙伴成为"以人为本"价值观最坚定的传承者、"顾客至上"经营理念最忠实的践行者、品牌价值最形象的体现者、顾客利益最直接的传递者的呢？

在霍华德·舒尔茨最初接手星巴克时，他做出的最激烈的变革就是改进公司处理员工关系的方式，将"让星巴克成为每一个人都愿意为之效力的公司"作为奋斗的目标。如果要将星巴克的员工关系做一个简要而准确的定位的话，那么就是我们在前文中反复提到的那两个字——伙伴。

在星巴克所有的内部文件和外部宣传材料中，我们都会看到"伙伴"这两个字。当然，这不仅仅是表面的被"称为"，而是真真正正地被"视为"，这就是星巴克价值观最直观、最切实、最独特的体现，更是一种源于基因的企业文化。其中的意义已经延伸为"我们都是一家人，大家都是家庭成员"。其理念也已经浸润到员工日常工作中的每一个步骤之中，使其全部是以这种"大家庭式"文化为前提。

在我们看来，"伙伴文化"是星巴克关系法则的灵魂，其内涵便是企业与员工之间所形成的信任共同体关系、价值共同体关系、利益共同体关系，乃至命运共同体关系。

真诚相待，成为信任共同体

信任，是人类社会所有人际关系的共同基础。这是因为，没有信任就不会有良好的关系；没有信任，人和人之间就会疏远，甚至互相排斥；

没有信任就不会有成功的合作；没有信任就不会有团结与协作的积极氛围。对此，霍华德·舒尔茨曾经说过："幸运的是，星巴克和我都有一定的根基，就是我所说的信任。"

霍华德·毕哈在《星巴克，一切与咖啡无关》一书中强调，只有以信任为基础，才能营造出一种坦诚和富有责任心的企业文化。如果你想就事实进行坦率的交流，如果你想妥善处理某项工作，你就必须营造出这种信任的氛围，由此可以爆发出一种强大的力量，使大家之间更能够开诚布公，让决策变得更有效力。因此，星巴克一直在像霍华德·舒尔茨所说的那样"在信任的宝库中存款"。

当信任"存款"到达一定额度时，包括股东在内的企业利益相关者就都会随之"富有"起来。正如史蒂芬·M·R·柯维在《信任的速度：一个可以改变一切的力量》一书中所介绍的，华信惠悦咨询公司（一家全球性的、具有领导地位的管理咨询公司，总部设在美国华盛顿）的调查表明，在信任度高的公司中，股东总收益差不多是信任度低的公司的股东总收益的3倍，其差异可高达200%！

与员工之间的信任首先是建立在尊重、平等与关爱之上。在星巴克，员工不是"流水线上的螺丝钉"，也不意味着人力成本的开支。恰恰相反，在星巴克的价值观中，仁慈地对待员工是一种巨大的生产力，这种力量能够让员工对自己所在的企业及所做的工作深感荣耀，最终帮助企业达到仅凭领导者个人的能力远远不可能达到的高度。

因此，霍德华·舒尔茨要求"那些握有实权登上高位的人"，不要只对公司的日常运转负有责任，还应当保证不使一个人落在后面，信任便由此而生。星巴克将那种通过"大幅度地削减员工的利益通常可以获得暂时的股价飙升"的做法视为一种道德的缺憾，并将"到达终点时有众多的胜利者环绕在身边"视作对胜利的最好的奖赏。

星巴克国际公司总裁马丁·科尔斯强调："作为高级管理人员，我们必须是表现公司的原则和价值的第一批人。因为，如果我们连自己都不愿意这么做的话，那么，要我们的下属表现同样的方式就是不可能的，而伙伴与星巴克本身之间保持文化上的一致性，对于员工与公司之间形成信任共同体是非常重要的一个支撑因素。"

用真诚换真诚，用信任换信任。霍华德·舒尔茨曾说："当我推心置腹地对他们说心里话时，他们就把自身与星巴克的前途和体验联系在一起了。当管理层倾听他们关心的问题并给予真诚的答复时，他们就会意识到星巴克既不是没有个性的企业，也不是没有人情味的咖啡商。公司与员工之间的信任便由此产生，他们将星巴克的成功视为他们自己的成就。"

1997年7月7日早上5点，霍华德·舒尔茨还在睡梦之中，一阵急促的电话铃声突然响起。原来，星巴克在华盛顿特区的三名员工在一次失控的抢劫案中被杀害。霍华德·舒尔茨第一时间包租了一架飞机，不到四个小时就赶到了华盛顿。

在此后一个星期的时间里，他一边处理后续问题，一边与警察密切配合，与受害人家属见面并参加了遇难员工的葬礼。最后，他还做出了一个超出所有人想象的决定——这家咖啡店今后所有的利润都将捐献给致力于为受害者争取权益及预防暴力的机构。

后来，霍华德·舒尔茨在自己的新书的献词中写上了献给这三位遇难员工的内容，《华盛顿邮报》首席执行官唐纳德·格雷厄姆赞叹道："他对这件事的处理无人能比，做了超越通常标准的事情。"

俗话说，"人心换人心"。一个在星巴克零售店工作的名叫达利·摩尔的年轻人，在很长一段时间里，对星巴克是否需要工会这件事产生了"疑问"。在做了一番调研之后，他写了一封信去争取员工的签名，其目的就是不让工会再代表自己。在他获得了多数员工的签名后，于1988年1月将这封信递交到美国国家劳工关系委员会，且最终获得了通过（工厂和仓库不包括在内)。

在美国的一家企业中,竟然有这么多的员工接受取消工会的决定,在霍华德·舒尔茨看来,这表明"他们开始相信我能够实现自己的允诺"。

在1992年上半年的一天,一位名叫马丁·舒奈西的收货员将一封签满员工签名的信交到了公司人力资源部。原来,1988年遗留下来的两个单位——仓库和工厂的工人也表示不再需要工会来代表他们的利益了。马丁·舒奈西代表自己的同事对公司说道:"你们让我们共同掌管这个企业,无论有什么投诉,你们都会解决,你们信任我们,现在,我们也要信任你们。"

曾经在星巴克的"天天"时期给霍华德·舒尔茨做助理,后来成长为负责服务运作的副总经理的克里斯汀·戴的一席话表达了伙伴的心声:"我们都相信,我们的产品,我们与之共事的人,我们工作的环境,都是有价值观和品质的。这就是我们与众不同而且一直运作良好的原因。"

霍华德·毕哈说过这样的话:"要记住,相信别人不是冒险,不相信别人才是冒险。"他还告诉我们,"信任,特别是信任所有的人,正是霍华德·舒尔茨从一开始就想创建那个与众不同的企业的初衷所在"。正如他曾自豪地说:"如果说星巴克有什么让我最引以为傲的成就的话,那就是我们的伙伴中那种自信与互信的氛围。"

在2008年的那场发展危机中,在最终帮助星巴克走出泥潭的诸多因素中,有一个至关重要——信任。这种信任源于星巴克在整个发展历程中已经将价值观和成功融入了它的文化之中;源于日复一日累积起来的信心;源于作为一个公司或者个体的努力表现而留存的记忆;源于为顾客或伙伴多做的那些事情,还没久远到无法追忆……

品牌剖析营销顾问公司的创始人约翰·摩尔曾经是星巴克伙伴,他说:"我所了解的星巴克实际上是一个大家庭。管理层给予我们什么,我们就会彼此给予什么。"

"管理层给予我们什么，我们就会彼此给予什么。"这不正是对"信任"的最好注解吗？

相伴成长，成为价值共同体

只有彼此达成了信任，大家才能够齐心协力、团结奋斗。在顺境时高歌猛进，在逆境时共度时艰，最终构建起价值共同体的关系。在几十年的发展历程中，已经有成千上万的伙伴跟随星巴克一起学习、一起成长，与星巴克形成了相得益彰的价值共同体关系。"目睹许多人伴随公司成长的历程提高了自身才能（不管有时候这种成熟会多么痛苦）"，则成为霍华德·舒尔茨心目中"最有意义的体验之一"。

还是以克里斯汀·戴为例。她从"天天"时期给霍华德·舒尔茨做助理起步，后来成长为分管服务运作的副总经理，专门负责为星巴克最大的部门制订战略性计划。她先后管理过采购、物流、投资、新店建设、零售运作等多个部门的工作。随着从各个层面上获得的知识和技能的不断累积，以及学会了与不期而遇的变化和压力同生共长，她的价值感越来越好。最终，她从公司创业时期的"万金油"的角色成长为一名具有专业管理水准的专家。

后来，霍华德·舒尔茨在《将心注入》一书中写了这样一段话："在不久前的一次董事会上，我怀着骄傲和敬意，聆听了我们的一位主管所做的具有相当专业水准的有说服力的演讲。"这位令霍华德·舒尔茨倍感骄傲和心怀敬意的，正是克里斯汀·戴。

当然，与星巴克成为价值共同体关系的远不止克里斯汀·戴一个人。

一个天天与沉甸甸的、装满新鲜咖啡豆的大麻袋打交道的，名叫马丁·舒奈西的收货员，因为加入了"人员规模"团队而被邀请到其他公司，与那里的"白领"们一起参加会议，并请他对管理层提出建议和要求，这令他非常地惊讶和激动。最终，他成为星巴克的一名专职经理。

保罗·奎因是一名咖啡师，他经常和一位常客讨论星巴克的各种烘焙咖啡以及合适的配餐。有一天，他还准备了一小杯"危地马拉卡西塞罗"咖啡，并搭配了一片柠檬。然后，他向顾客解释了这片柠檬的作用。这名顾客品尝了一口，感觉非常美味，"她的眼睛一下子亮了起来……"保罗·奎因兴奋地说。

后来，这位顾客每周五晚上10点半到11点这段时间都会来到店里，他们一起聊天，谈论煮咖啡，或者讨论哪种咖啡搭配哪种美食最好。例如，保罗·奎因的新建议——"黄金海岸"混合咖啡搭配"士力架"巧克力棒。

正是因为这种"咖啡密友"的关系，每次离开时这名顾客几乎都会购买一磅的咖啡。正是星巴克的"咖啡大师项目"，激发了像保罗·奎因这样的咖啡师了解更多的咖啡知识的热情，才使之成为一名优秀的咖啡师；同时，与顾客之间建立真实的联系不仅帮助他们提升了业绩，更重要的是，让员工获得了"这种感觉非常美妙"（保罗·奎因语）的精神享受。

还有那名音乐发烧友蒂莫西·琼斯，正是她的大胆创意及不懈努力才让音乐成为除了咖啡之外最受顾客喜爱的星巴克体验；成为"第三空间"中不可或缺，也同样不可替代的核心要素；成为星巴克咖啡艺术的完美伴侣；直至成为一款令人意想不到的外延产品和一档"好生意"。蒂莫西·琼斯也因此成为公司音乐业务的专职负责人，实现了自身价值的最大化，被霍华德·舒尔茨誉为星巴克的"音乐之心"。

一位名叫郑涛的星巴克北京门店的年轻经理，致力于每天为顾客带来更好的咖啡体验，让自己的人生与更多人的生活连接起来，温暖更多人的心灵。2016年，他荣获由《第一财经周刊》发布的"中国商业创新50人"CSR创新者奖项。

来自墨西哥的一家连锁餐厅的黛德拉·威杰，被霍华德·毕哈带到星巴克后，逐渐被培养成为"既有操作能力，又懂得整体运作的，能够使我们的零售系统更有条不紊的经理人"（霍华德·舒尔茨对其的评价）。

特德·沃肖是一名美国空军退伍军人。他开了十年战斗机，退役后，他和家人长期住在一家旅馆，其间他四处奔波找工作，因经济拮据而情绪低落。2014年11月，他开始在星巴克做咖啡调配师。两年时间里，他已升职为门店经理，获得了本地区咖啡调配大赛的冠军，同时还为家人买了属于自己的房子。

还有王静瑛，星巴克中国区总裁兼首席执行官，曾经，她只是一位普普通通的女大学生。当霍华德·舒尔茨决定由她来执掌星巴克中国区的业务时，曾对她说："你已经为这个职位做好了准备，我看到了你的潜力。"对于当时的王静瑛而言，这个所谓的"潜力"，连她自己都没有看到。

就以大名鼎鼎的霍华德·毕哈自己来说，他虽然工作阅历比较丰富，但都只是局限于执行层面而非管理层面。他没有MBA（工商管理硕士）学历，甚至连大学文凭都没有，所有受过的教育按他自己的话来说，就是看、听、模仿、做；然而，恰恰是他，后来成为支撑星巴克发展的、代表着"理念、灵魂和财务"铁三角中的"一角"，被员工称之为"H_2O"中的一分子。

盖·尼尔文，1979年入职星巴克时的工作仅仅是给销售经理接电话。谁想到，她不仅学习了零售训练课程，还能胜任几个部门的工作。后来，在星巴克发展到有50家门店的时候，她成为零售购货部门的负责人。现在，她是负责文史档案的主管，负责将星巴克的传奇故事和文化背景介绍给新伙伴。

贝丝·瓦尔迪兹，一名31岁的两个孩子的母亲，在十年的时间里，她一直渴望能够获得大学学位。2004年，在只差一个学期的一门课程就能毕业的情况下，因背负5万美元的助学贷款而无奈退学，这令她始终难以释怀。后来，她成为"星巴克大学助学计划"的受益者，最终完成了全部的学业，获得了曾经让她朝思暮想的学位，弥补了一生中最大的遗憾。五个月后，她还升职为高级区域协调员。

在美国密苏里州的星巴克门店里有一位伙伴叫凯瑟琳。面对一位表情冷漠，总是对她不理不睬，一副拒人于千里之外的架势的顾客，她始终笑容可掬，总是及时地为这位顾客准备好他经常点要的饮品。后来，在凯瑟琳被调离这家门店的时候，这位顾客塞给她一张卡片，只见上面写着："我只想对你说声'谢谢'，其实只是因为你的微笑，我才会天天来到这家星巴克。你的好意，让我的生活截然不同。"

正是因为凯瑟琳的微笑，才为星巴克赢得了一位忠实的顾客，实现了价值的共创与共享。

成果共享，成为利益共同体

星巴克始终非常重视员工的利益所得。据霍华德·毕哈在《星巴克，一切与咖啡无关》一书中介绍，公司在最低工资标准的基础上为员工提薪时，我们首先认同每个员工都为星巴克做出了重要的贡献，视他们为值得信赖的伙伴以及团队中有价值的成员。也就是说，公司始终将员工视为价值的共同体，乃至利益的共同体。

最难能可贵的是，星巴克的管理团队始终坚信，只有这样做才是正确的，才是最符合企业长期利益的。正如霍华德·舒尔茨所说的：

"在星巴克，我们一直在证明，一项伟大的事业必须具备良心。"

让伙伴获得他们应得的报酬和利益。在我们看来，这就是一个企业不可或缺的良心之一。

舒尔茨没有独享财富，囤积咖啡豆，反而决定把部分财富以股票期权的形式回馈给员工……虽然其他公司只向高级执行官提供期权，但舒尔茨把期权提供给那些每周工作20小时或以上的每一名员工，包括那些在当地星巴克店站柜台的服务人员。

——约瑟夫·米歇利《星巴克体验》

1991年9月，星巴克推出了"咖啡豆股票计划"，每位员工都可以拥有公司的股权，都能成为公司的"合伙人"。对此，霍华德·舒尔茨不得不再一次使出浑身解数去说服那些心有疑虑的投资者。与伙伴分享成功果实，是星巴克的核心理念。这样做不仅在情理上是正确的，更会提升员工的忠诚度，使他们更加尊重公司的事业，从而在今后提高公司的财务业绩。

后面的事实果然如霍华德·舒尔茨所言——这才是一个用正确的方法建立一项事业的伟大范例。在约瑟夫·米歇利教授看来，所谓指引事业的"正确方法"就是真正将员工变成与公司成果休戚相关的股东。他说，当许多CEO腰缠万贯却置其无力偿付养老金的员工于不顾时，星巴克领导的达观让人耳目一新。

不出所料，在很短的时间里，效果就开始显现。到1996年9月底完全交付时，第一只咖啡豆股票的每股价格就由6美元飙升至33美元。后经两次拆股，每一原始股的期权就分成了4股，其总值就是132美元。依此计算，1991年年薪2万美元的伙伴，5年后仅以1991年的股票期权便可以兑换5万多美元的现金收入。

再到后来，咖啡豆股票的收益逐年攀升到15亿美元以上的高度，伙伴的基本工资和小时工资都得到了提高，他们得以积累退休金、买房、供应孩子上大学、偿债、度假、自己创业……

收货员马丁·舒奈西通过出售咖啡豆股票，买到了让他心驰神往的最新款哈雷摩托车；工厂生产调度员贾尼·多邦斯匹克用咖啡豆股票收益支付了1万美元的首付款，于1994年买了她人生中的第一幢房子，带着"超大花园"的孟加拉式的平房；肯尼·克朗宁，一名唐氏综合征患者，1990年，27岁的他就入职了星巴克。得益于咖啡豆股票，他在几年后就购买了一套两居室的公寓。他的储蓄也足以令他的后半生衣食无忧，而他只是一个为办公区的茶水间补充用品的星巴克普通员工。

本·约翰逊与妻子凯茜相识于在星巴克上班的第一天。借助咖啡豆股票的收益，凯茜上了护理学院，成为一名护士。本·约翰逊也成为星巴克的一名门店经理。令人赞叹的是，本·约翰逊所在的西弗吉尼亚州曾出现一次化学品溢漏事故，污染了当地的水源，星巴克的一家门店被迫临时关停，而凯茜则一直给没找到工作的伙伴发着工资，直到门店重新开业。

当然，这样的事情还有很多。萨拉·斯旺森，用她的股票收益办了婚礼，买了一辆新车，还为她的首套房子付了首付；奥姆罗·嘉亚是一名来自肯尼亚的伙伴。他兑现了自己的星巴克股票期权，用获得的2.5万美元建造了一栋有四间卧室的房子，让一直寡居的母亲在那里安度晚年。

一位兼职的咖啡调配师，她的另一份工作是护士，她用股票收益为一位尼泊尔病人支付了肾透析的费用；一位在星巴克工作过的餐饮公司的老板，在再次见到霍华德·舒尔茨时特意对他说："咖啡豆股票帮助我取得了创业的成功。"

星巴克全球多样化部门的项目经理凯西·凯兹，得益于咖啡豆股票而参加了基督教青年会的旅行，去泰国和巴厘岛进行瑜伽静修，还将咖啡豆股票中20%的收益用来购房。她说："要是没有咖啡豆股票项目的大力支持，能够拥有这么一大笔钱，甚至还能买房，我简直想都不敢想。"

对此，霍华德·舒尔茨曾说，他最爱听的就是这些伙伴获益于咖啡豆股票的故事，也再没有比收到伙伴对咖啡豆股票的感谢信更让他感到欣慰的事情了。

还有一件事情让霍华德·舒尔茨非常地感动。那是在2001年的一天，公司正式宣布日本将成为第一个给予全职和兼职伙伴股票期权的海外市场。这对于日本区的伙伴来说不仅仅是经济利益，更是一种强烈的自豪感，这让现场的日本区的伙伴几乎热泪盈眶。

一位在星巴克工作的日本年轻人走近霍华德·舒尔茨，并通过翻译解释说，大家都迫不待地想立即回家将这个好消息告诉父母，因为他们的父母这一生也没有真正拥有过什么。

霍华德·舒尔茨后来说："我永远忘不了那一天。"

2012年，在休斯敦召开的全球领导者大会上，出席会议的区域经理和门店经理中约有5%的人的咖啡豆股票账户没有被激活。在那次大会的咖啡豆股票账户激活台上，他们每个人都迫不及待地要在现场激活自己的股票账户——这是一个令人无限惊喜的时刻。其中，有的人还是第一次知道自己的账户上竟然有1.3万美元，那些工作了很长时间的伙伴的账户余额甚至超过了5万美元。

随着企业规模的快速扩大以及经营利润的不断提升，投资者也得到了很好的回报。从1992年6月到2018年11月，星巴克的股东总回报率达到21.826%。换言之，首次公开募股时投入1万美元，现已价值2 182 620美元。

在许多企业，免费加班是家常便饭，对此，星巴克却是反其道而行之。在星巴克，加班被认为是一件令人快乐的事情，因为那些每周工作超过20小时的员工，可以享受公司提供的包括员工扶助方案及伤残保险在内的多项额外福利。2004年，符合基本标准（当年工作满500小时）的伙伴都可以得到250美元的"假日奖"。这份奖励不是发给门店经理或更高级别的管理人员的，相反，是发给那些咖啡师和班次监工的，他们都是每天努力工作，为顾客制作拿铁咖啡的人。

在韩国有400多名全职员工在为星巴克的顾客服务。他们的工资待遇不仅高于同行业的其他公司，每年还能从公司盈利中获得一部分员工回报，这就是星巴克在韩国实施的"利润返还制度"。对此，《星巴克的感性营销》的作者金英汉教授指出，这种制度是在多年共同创造品牌的过程中形成的。

正如华盛顿特区门店的咖啡师吉姆所言："在食品或服务业里，一个公司把这么多的奖金发给最低级别的员工，我还是头一次遇到。"像吉姆这样的享受到如此福利的员工开始改变，他们发自内心地、热情地对待顾客，服务更加周到，进而提高了销售额，创造了更多的价值。

不仅如此，员工还开始想方设法为公司节省开支（如特意选择星期六夜间的红眼航班出差，以节省差旅费用），或是通过创新来降低成本。乔·扬是堪萨斯州哈钦斯门店的一位咖啡师，他对工作中的一个流程进行了改良，解决了星巴克的生奶油（非常昂贵）浪费问题。就是这样的一个源于基层员工的主动作为，每年就可以为星巴克节省500万~1000万美元的成本，还不算因为提高工作效率及改善饮品质量所带来的效益。乔扬因此而在2012年的星巴克全球领导人大会上得到了表彰。

难怪有一位中国著名的企业家在参加星巴克中国区的活动时发出这样的感慨："我看了很多公司的笑都是培训出来的，但是感觉星巴克的笑不是培训出来的，是发自内心的。"

《情迷星巴克》的作者约翰·西蒙斯，曾经在西雅图的商业高峰时段走进位于一号大街的一家星巴克店。他在书中介绍，墙上悬挂的营业证告诉来者Yumi（店员）是这里的星巴克的合作者。你瞬间就可以发现其中的原因——刚步入店内，我便受到了Yumi的微笑招待，喝上了热牛奶咖啡，随后我们还谈论了西雅图艺术博物馆和伦敦。

这不难理解，当员工将自己与为之工作的公司紧密联系在了一起，当自己的利益与股东的利益挂上了钩，他们就会更倾心于此，并努力把事情做得更好，就会为公司，为家庭，乃至为世界贡献出更多的心血和力量，让很多在其他人眼里不可能实现的梦想变成现实。因此，霍华德·舒尔茨将为全体员工提供综合医疗保险和发送咖啡豆股票，视为自己曾经做过的最好的决定。

长相守，不相移，做命运的共同体

曾经有这样的一天，令霍华德·舒尔茨永远无法忘记。一位名叫克里斯汀的忠心耿耿的老员工，面对告知他要被"淘汰"的经理大声喊道："这是我的公司，该死的！"听到这样的话，霍华德·舒尔茨的心里五味杂陈，最令他感慨的正是那句"这是我的公司"。这说明，这些伙伴已经将星巴克的前途视为自己的前途，已经将自己的命运与星巴克紧紧地联结在一起，他们渴望与星巴克形成一种密不可分的命运共同体关系。正如一位早期的星巴克伙伴所说："我们的血液都是咖啡的颜色。"

1996年10月，与美国红十字会一起所做的、针对公司与伙伴之间所建立起的非常好的信任状况的联合调查，给了星巴克一个很好的佐证。美国红十字会指导15个专业团体，在7个城市通过电话调查了900名星巴克伙伴，其结果是——

· 88%的受访者对他们的工作感到满意。
· 85%的受访者认为星巴克表现出了对伙伴的关注。
· 89%的受访者为在星巴克工作而感到骄傲。
· 100%的受访者认为"为一个你所尊敬的公司工作"是工作满意度的重要因素。

玛丽安·哈默斯在《劳动力管理》一书中称，赫维特协会（Hewitt Association）对星巴克伙伴意见的一项调查显示，星巴克员工的工作满意率为82%。这个数值远远超过包括所有雇主在内的50%，以及赫维特协会所称的"最佳工作单位"的74%。正如那位获得了2500美元秋季奖学金的来自海地的女孩所说的："当我刚开始在这里工作时，我几乎不会说英语。这是我人生中最美好的一段时光。"

在公司一方，星巴克从来不会将降低员工福利或减少对员工的培训作为应对经营困局的方法，因为在他们看来，这是缘木求鱼、杀鸡取卵，反而会进一步削弱企业的核心竞争力，让企业雪上加霜，不会再有更远大的未来。他们坚信，只有面向伙伴进行持续的投资，才能够帮助星巴克形成更为强大的组织能力和竞争能力。

星巴克不仅将企业的命运与员工的命运紧密地联系在一起，同时将伙伴整个家庭的命运系于一身。2017年4月，星巴克宣布：自当年6月1日起，所有在星巴克中国自营市场工作满两年，且父母年龄低于75周岁的全职伙伴，都将享受到一项全新的"父母关爱计划"，即由公司全资提供的父母重大疾病保险。

后来，星巴克数次获得"全球最佳雇主"和"中国最佳雇主"的称号。特别是在全美"最受欢迎的雇主"排行榜中，自星巴克于1992年上市以来，就一直在此类的排行榜中名列前茅，成为业界公认的"世界著名且最受尊重的企业之一"。

星巴克的伙伴除了享有咖啡豆股票、退休金、医疗保险、教育福利之外，还受益于一个旨在鼓励伙伴间互助的项目——关心团结伙伴基金（CUP）。该项目开始于1998年，通过星巴克伙伴和领导者的共同努力，建立了一种筹集和分配资金的机制，目的是帮助那些遭遇重大困难的伙伴。

这个项目的资金来源于星巴克伙伴的自愿捐赠以及他们举办的筹资活动的收益，也可以由效益比较好的门店捐赠。例如，位于华盛顿州西雅图星巴克支持中心8层的门店，因为有得天独厚的店址优势，一直生意兴隆，效益持续向好。该门店就经常向关心团结伙伴基金项目提供资金支持。

2012年，受飓风"桑迪"影响，很多美国东北部的星巴克伙伴都遭受了重大损失。他们向关心团结伙伴基金提出了申请，最多的得到了1000美元的资助。无论申请者是否有过捐赠记录，也无论是不是星巴克的正式员工，只要是被确定遭遇了不可控制的，或是经济上无法负担的重大困难，所有星巴克伙伴都可以申请救助。

一名来自中国天津大学的女大学生在成为星巴克百盛店的兼职伙伴后不久，就遭遇了来自父母重大疾病的巨大打击，巨额的医疗费用陡然间给这个家庭带来了难以承受的沉重负担。门店经理了解了她的情况后，帮助她申请了关心团结伙伴基金项目的支持。对此，这位女大学生感动不已："我就要大学毕业了，我计划继续在星巴克工作，是星巴克给了我能量，让我更坚强。"

就这样，星巴克将伙伴与伙伴以及伙伴与公司的命运紧紧地联结在了一起。

网络中一直在流传着这样一个疑问：星巴克的员工为什么挖不走？也许，我们可以从一位著名企业家的一句话中找到最终的答案："学习星巴克去做一家幸福的企业"。

那"幸福"又从何而来呢？《紫色奶牛：与众不同将转变你的事业》的作者赛斯·戈丁道出了其中的真谛：星巴克员工选择在他们的工作中寻找快乐。这"快乐"的源泉就是"星巴克在分享着对所有员工和顾客的美好事情"的承诺。

在赛斯·戈丁看来，这个承诺是通过创建了一个让领导和员工都有义务兑现承诺的体制，以及分享辛勤劳动的成果和鼓励盈利的机制所实现的。为此，星巴克设想了一个最适宜的顾客体验的远景，并帮助伙伴始终如一地实现这个远景。

"这不仅帮助了星巴克，也帮助了他们自己。"事实也正如赛斯·戈丁所言。

在星巴克，保留着一段很久以前的影像资料——霍华德·舒尔茨站在华盛顿州肯特市的烘焙工坊的黑色台子上宣布推广"咖啡豆股票计划"的决定。然后，他发自内心地对伙伴说道："不论你是在哪个部门，烘焙工坊、门店、办公室，每位伙伴都与公司荣辱与共。"

他说到了，也努力做到了。

星巴克的许多伙伴也同样做到了。2008年，星巴克的发展跌入低谷，几近难以自拔，霍华德·舒尔茨决定重返CEO岗位的时候，他收到一封来自佛罗里达州的区域协调员桑迪·托恩特的邮件。

我从西雅图的一名咖啡师成长为星巴克的伙伴已达8年之久。这一年的确很艰难……这将是一条艰难的漫漫归途，成为那些愿意付出任何代价的人中的一员，我很自豪。

这封信,让独自开车回家的霍华德·舒尔茨又感到精力充沛,甚至有些迫不及待,他更加坚信自己一定可以成功,因为他深知:"这不再是我一个人的渴望。"就像一位伙伴曾经对他说的:"霍华德,为了你,我们愿意把门店开到月球上去。"

最后,我们以霍华德·舒尔茨《将心注入》一书中的一段文字作为本章内容的总结:伙伴的激情来自信任感、拥有感和忠诚感。如果你削弱其中任何一项,伙伴就会把自己的工作仅仅视为一种谋生的手段。

霍华德·舒尔茨笔下的"信任感、拥有感和忠诚感",不是正好对应了我们在本章中所提出的"信任共同、价值共同、利益共同和命运共同"吗?对此,霍华德·舒尔茨不容置疑地说道:"失去了这些,我们就会全盘皆输"。

因此,当很多人看到女演员杰妮安·加罗法罗在《搞笑时光》节目中高喊"他们就要把星巴克开进我家客厅里了"而哈哈大笑时,霍华德·舒尔茨却在反思:如果说星巴克的竞争优势一直是我们与伙伴间的互信关系的话,那么当公司从1万人发展到5万人时,如何还能把这一优势保持下去?

这的确是星巴克必须要破解的一个发展命题。

第六章

顾客：品牌价值的出发点和落脚点

这一切都是从承诺制作一杯完美的饮品开始，但我们的工作远不止于此。我们工作的核心是联结彼此。

——《星巴克使命宣言》

霍华德·舒尔茨常说，只要能在门店内、社区里、办公室里养成好的人际关系，星巴克就会处于良好的运营状态。由此可见，"关系"在他的心目中是何等的重要。这是因为，在霍华德·舒尔茨看来，星巴克对比经典品牌的竞争优势就在于，每天都与顾客直接接触和互相影响，而不只是将自家的产品陈列在超级市场的货架上而已。

如前文所述，星巴克的经营策略就是以员工的激情和贡献作为第一竞争优势。通过给予他们更多的福利，让他们享受到公司成功的果实，进而让伙伴致力并自豪于他们的工作，乐于到店里上班，乐于学习咖啡知识，乐于为顾客服务。

总而言之，就是通过为顾客提供高品质的咖啡体验和高品位的社交体验，最终赢得顾客的满意和喜欢，乃至美誉和忠诚。正如霍华德·舒尔茨所言："品牌是终身事业。品牌活在我们员工与上门的顾客的互动中。"

这就是星巴克关系法则中的第二大维度——顾客关系。

那么，星巴克的伙伴又是如何通过自己的付出构建起良好而持久的顾客关系的呢？首先，需要有友好而专业的咖啡调配师，以及能够满足顾客五花八门的口味需求的饮品，还有在精神和经济上都获得满足的伙伴……将诸多因素完美地融合在一起，就形成了霍华德·舒尔茨与顾客心目中的"星巴克式体验"。

星巴克将其中的精髓提炼为星巴克关系法则的"5B原则"，即诚心诚意（Be genuine）、热情好客（Be welcoming）、体贴关怀（Be considerate）、精通专业（Be knowledgeable）和全心投入（Be involved）。这是星巴克为了在员工与顾客之间建立起良好的关系连接，最大限度地发挥员工的主观能动性，并充分考虑顾客的感受和体验而建立的一种关系机制。

这20个字听起来容易，做起来很难。好在，有一本被星巴克伙伴形象地称之为《绿围裙手册》的小册子为其提供了具体的指导意见。同时，星巴克推出了"5B卡"：当员工在某个"B"方面表现优秀时，就发给他们一张相应的表彰卡片，当某位员工集齐了5种不一样的"B"的卡时就可以换一枚小徽章，挂在自己围裙上面，这既是公司的一种鼓励，也是员工对自己的一种激励。

最终，星巴克正是依凭这个被星巴克总裁吉姆·艾琳视为"星巴克精髓"的"5B原则"，打造出了不同反响的"第三空间"，为顾客带来极具特色的"星巴克体验"。

诚心诚意

在星巴克，"诚心诚意"意味着"接触、发现和回应"。霍华德·毕哈曾经介绍说，每次团队开会时都要做两件事：一是关注咖啡的口味，因为我们要关注自己的"艺术作品"；二是关注我们的顾客，我们是这样做的：我们会一起读每一封顾客的来信，不管这些信是令人愉快的，还是令人不悦的，甚至是招人反感的，我们都要认真地读。

尽管在霍华德·毕哈看来，读这些信很费事，有的时候很美妙，但更多的时候也会很痛苦。他们之所以每次都要看，还必须在团队会议上看，而且要一起认真地看，是因为这是让团队与顾客形成"接触"的一种很好的形式，然后可以帮助他们从中"发现"自己的问题及顾客的需求。

最后便是回应。在星巴克的发展初期，在这个问题上确实存在着很大的"问题"。为什么面对顾客的意见和建议却无动于衷？这让刚刚加盟星巴克的霍德华·毕哈感到非常"不爽",为此还跟他的老板霍华德·舒尔茨发生过几次激烈的争执。

在那段时间里,星巴克一直自得于自己的优质咖啡,以及所谓的富有浪漫和激情的咖啡感。对此,他们认为这是星巴克最擅长的,只有专注于此,企业才能获得成功。在这种观点的影响下,只关注自己的产品而忽视顾客的需求,便成为霍德华·毕哈眼中阻碍星巴克以最好的姿态为顾客提供更好的服务的最大因素。

在那段时间里,星巴克一直纠结于"相信每一个企业都必须代表某种理念,其核心须建立在它最正宗的产品上面,而这种产品只能比顾客自己想要的更出色"与"同样信奉对顾客的要求'就要说是',好的零售商打破常规来满足顾客的需求"这两个貌似矛盾的命题之中,用霍华德·舒尔茨的话来说,他们"常常不知所措"。

正是霍华德·毕哈的到来,让星巴克开始走出这样的"困局"。这个进程源于一场关于"无脂牛奶"的、星巴克历史上最激烈的一场争辩(霍华德·舒尔茨语)。

事情是这样的。当时,有不少顾客在评议卡中提出让星巴克提供无脂牛奶。然而,霍华德·舒尔茨对此置之不理。这是因为,在当时的星巴克,提起无脂牛奶就意味着"背叛"。

背叛什么呢?背叛了星巴克"将正宗的意大利浓缩咖啡带到美国"的初衷,而这正是星巴克一直在坚守的价值所在——用无脂牛奶冲兑一杯拿铁咖啡,那还是正宗的意大利饮品吗?但是,面对顾客的要求,霍华德·毕哈依然坚持说:"我们应该给他们。"

正如他在《星巴克,一切与咖啡无关》中所指出的,星巴克的精髓在于:没有人,就没有咖啡。因此,即使是在因"无脂牛奶"争议而与那些自诩为"咖啡纳粹主义者"的同事引发了激烈"冲突"的情况下,霍华德·毕哈仍然毫不动摇。

这促使霍华德·舒尔茨亲自到一家门店去做"调研"。当他看到一位刚刚结束晨跑的年轻女性顾客向咖啡师提出"要大杯双份拿铁,加无脂牛奶"的需求被"拒绝"时,他开始动摇了,特别是在看到那位顾客转身去了星巴克竞争对手的门店时,霍华德·舒尔茨开始意识到,对于一个零售商来说,失去一个顾客就是这场"无脂牛奶"之争最有力的论据。

在随后的6个月内,星巴克所有的门店都开始供应无脂牛奶,以满足很多顾客从健康和体重的角度提出的需求,以顺应在美国兴起的饮用无脂牛奶的新风尚。从那以后,星巴克售出的拿铁和卡布奇诺几乎有一半是用无脂牛奶冲兑的。

星巴克的价值观无疑就是以人为本。当懂得并坚持以这种价值观来审视问题,特别是那些貌似"两难"的问题时,答案更是简单明确,一目了然。例如,从不少的评议卡中,星巴克发现顾客在抱怨服务节奏实在是太慢了,还有的顾客觉得星巴克的饮品质量常常参差不齐。因此,一个关于是否使用半自动化蒸馏咖啡机的问题摆在了星巴克人的面前。

以霍华德·舒尔茨为代表的一方的看法是,这样做有损星巴克最核心的咖啡生意,特别是会损害其中的浪漫气息;而以霍华德·毕哈为代表的一方则认为,星巴克是"一个提供咖啡的以人为本的企业",因此从人的角度推广半自动化蒸馏咖啡机就成为自然而然的事。那到底双方谁最有道理呢?评判这件事的标准又是什么呢?星巴克又该针对这个问题做出怎样的"回应"呢?

最终,还是以星巴克的价值观作为标准进行评判,即星巴克是一个"提供咖啡的以人为本的企业"如此,在以人为本的标准评判下,结论就非常明确了。首先,不能让自己伙伴的健康继续受到伤害(如前文所述,原有的工作强度已经让许多的星巴克伙伴患上了"腕管综合征");其次,自动化可以帮助星巴克提高产品的质量,为顾客更快地制作出更好的饮品,提供更加优质的服务。

在霍华德·毕哈看来，这件事对于星巴克最大的意义就在于"我们再也不会陷在自己那片狭小的天地里，再也不会纠缠于自己的个人利益得失，因为我们要为企业的宏大目标努力奋斗，要力争满足客人和我们自己的真正需求。"

至此，霍华德·舒尔茨也终于承认：霍华德·毕哈是完全正确的！随后，一种全新的经营理念开始得到认同和明确——顾客的要求都是对的，给他们提供多种选择是星巴克的职责所在。于是，星巴克将产品创新的导向确定为顾客评价，将产品创新的目的提升为"强化原有品牌的核心价值，扩展顾客与品牌核心价值之间的情感联系"。

因此，星巴克特别重视顾客的感受与反馈。每当推出新品时，都会邀请在店的顾客品尝，并收集顾客对该饮品的饮用感受。如果顾客在该店里要了同款咖啡，店员就会主动询问顾客：为什么会喜欢该种类的咖啡，并请其为星巴克填写一张调查问卷，目的就是让自身的产品和服务永远能够跟上、跟准消费者需求及喜好的节拍。

正如霍华德·舒尔茨后来所强调的："创新是对关系本质的再思考，而不是重新思考产品本身，也正是对于这种关系的深入思考与阐述，催生了星巴克的价值观。"我们从下面的一件再小不过的事情上就可以非常深刻地理解星巴克的这种基于关系的价值观。

一位会计师曾建议星巴克将门店卫生间的两层卫生纸换成一层的，以节约成本，但最终还是被星巴克否决了。为什么？这是因为一层卫生纸不符合星巴克"一切为了让顾客感受到价值"的价值主张以及"负担得起的奢侈"的品牌形象。

在2008年3月舒尔茨重任CEO后召开的第一次股东大会上，星巴克开通了其互动网上社区MyStarBucksIdea.com，以鼓励消费者通过该网站提出意见和建议。五年之后，星巴克共收到了15万条意见和建议，其中有277条建议被星巴克实施，并在线下门店做出相应调整，这充分体现了星巴克关系法则下的"共同创造"的理念。

星巴克的诚心诚意还体现在对顾客意见的看待和对待上。他们将顾客的不满看作是改善顾客体验的突破口。正如星巴克新兴产业部高级副总裁格雷格·约翰逊所言："虽然不是每位顾客都能给我们弥补的机会，但还是有一些顾客会给我们提出建议，告诉我们如何才能营造更好的体验。这样不可多得的机会一旦出现，我们会倍加重视。"

因此，星巴克的管理团队要定期阅读原始的、未经任何处理的客户意见卡。每个星期，总部的项目领导人都会当众宣读客户意见反馈，以强化伙伴对顾客意见的了解和重视。通过细心分析引起顾客不满的原因，星巴克不仅让不满的顾客重拾对星巴克的信任，还"借机"发掘出深层的问题，从而避免同样的负面影响波及其他顾客。

热情好客

对于星巴克来说，热情好客不仅让顾客与星巴克之间有了一个积极的开始，也会给顾客一个具有归属感的预期，而这一切都是通过星巴克伙伴一句句友好的语言、一个个善意的微笑，以及一次次亲密无间的交流（星巴克鼓励咖啡调配师大胆地与顾客进行眼神接触，以便能够预感客户的需求）让顾客体验到一段平静、干净与温馨、舒心的消费体验而实现的。

一位名叫乔伊·威尔逊的咖啡吧员曾说："当我用自己的方式热情地接待客人时，往往会收到很好的成效。我在店里的'得来速'窗口可谓如鱼得水。我有一个小妙招，就是将客人的姓名、点单、宠物狗的名字、孩子上的学校，这些能打听到的信息全部记在脑中。"

正如星巴克全球首席运营官马丁·科尔所言："人们喜欢被别人认出来的感觉，希望得到他人的赞许。同时，他们还想要找到一席之地，在这样的一种空间里，他们可以成为一个不将盈利看作一切的组织的一部分。"

那么，在顾客的心目中，星巴克是怎样的"一席之地"呢？

首先，星巴克是一个不会被说"不"的地方。有一名中国顾客写下了自己在星巴克的一次经历。

十几年前，因为要和几个朋友谈事，我们就近找了个星巴克坐一会儿，但我们几个都是一喝咖啡就睡不着的人，所以就什么都没点，只是干坐着。一位工作人员走了过来，我以为她是来撵我们走的，连忙站了起来。谁知，她笑了笑说："没关系，你们坐，你们坐。我只是看到桌子上有点污渍，来擦一下。"

那是我第一次来到星巴克，却对这家企业顿生好感，成为日后的忠实拥趸。

其次，星巴克是一个可以一视同仁且充满了包容的地方。还有一位自称是"良叔"的、貌似一位作家的顾客，也写过一段自己的星巴克感受。

良叔经常在深圳书城星巴克写文章，而且有个"御用宝座"，安静、景色佳，可最近一直被一个流浪汉占据。是的，你没看错，真的是个流浪汉，很年轻，但头发几乎能挤出油，整天穿一身满是油污的衣服。

一连两个月，他都占据着我的宝座，而且什么东西都不点，只是坐在那里，看手机里的动画片，一待就是一上午；但是，工作人员对他置之不理，甚至在店内分发免费饮品时，也会分给他一小杯……

我问一名工作人员，这人什么都不点，一坐就是两个月，你们也不把他赶走，为什么？她说："这是公司规定，只要是在店里坐的人，都是顾客。"

这句话，还是小小地颠覆了我对经营的认知。

再次，星巴克是一个可以用来"等待未来"的地方。一个漂泊于大城市的年轻人对未来充满了迷茫与无奈，也似乎没有一个属于自己的"立锥之地"。在他看来，只有星巴克才能"容留"他，让他在漫长的"等待"与"期待"中，度过一段令他难忘的星巴克时光。

冰拿铁里面的冰渐渐融化，将这杯东西变成了一杯加水过多的常温拿铁，就像让人无奈的生活，本就索然无味，偏要加点冰块用一刻的凉爽替代这永久的无味，时间就像墙上的蜗牛，并没发现它在动，可是第二眼看它的时候已经爬了很远。

冰块融化，化成更没滋味的水，再一次冲淡生活，淡得仿佛失去了味觉，于是我用力地咂摸咂摸嘴，用力到邻桌都开始用鄙夷的眼光"扫描"我，似乎有点味儿了，有点苦，有点酸，哈哈，我的味觉还在。

旁边的四人位刚刚空了出来，立即有人补位。我心中暗喜：终于换人了，不会有人在旁边疑惑地盯着我了，好尴尬，好尴尬。偶尔几次抬头与店员四目相对，回应我的都是职业的礼貌而又友好的微笑。

时间已经很久了，但是我不想起身，我在等的是我未来的生活，是我在其他地方维持尊严的东西，就算坐穿星巴克，那又怎样呢？

谢谢星巴克对每一位客人都同样礼貌热情的微笑！

最后，星巴克甚至是一个可以"躲起来"的地方。霍华德·舒尔茨在《从头开始》一书中讲了这么一件事：他在一段时间里，几乎每天都能在一家门店里看到一位衣着整洁的中年男子。有一天，他忍不住上去询问，这位竟然认识霍华德·舒尔茨是谁的男人的回答却大大出乎霍华德·舒尔茨的意料："先生，我每天都来，是因为我无处可去。"原来，他已经失业很久了，说话间他竟然还哭了起来。

其实在世界各地，"躲"到星巴克来"假装上班"的人大有人在。知乎上有这样一段文字。

一次我在逛商场累了路过星巴克的时候，发现我的一个朋友坐在里面，不停地敲打着他的笔记本电脑。我很是疑惑，这个时间点，他不是应该坐在办公室里签字、盖章吗？怎么会坐在这里？于是我进去和他打了个招呼，朋友特别尴尬地冲我笑了笑。聊过之后我才知道，朋友已经在这里坐了三个月了。他每天都西装革履地出门，假装去上班，实际上就是坐在这里，不停地修改自己的简历。

正如霍华德·舒尔茨所言："在星巴克，我们一直在证明，一项伟大的事业必须要具备良心。"

就这样，星巴克的热情好客不知道给了多少人以浪漫，以温馨，以宽容，以同视。没有打扰，没有干涉，有时连"在乎"都没有，有的只是一个包容的怀抱，任由人们沉湎其中，度过属于自己的某一段岁月，某一段时光……

值得一提的是，在许多星巴克门店内都设有独特的黑板情书，上面写满了店员想对顾客说的"情话"，向顾客传递着那份独特的归属感，而这一切首先是源于伙伴对星巴克的归属感。他们在称呼自己工作所在的门店时，不是说"我们店"，而是说"我们家"。家的感觉让很多伙伴下班以后还愿意待在这个"家"里，或是坐下来读读书；或是把好友或恋人约在店里见面，一起分享"我们家"的温暖和愉悦。

诚如原星巴克总裁吉姆·艾琳所言："星巴克的成功可不是靠魔术，

而是靠着对产品、对人、对经验和对社会强大的热情驱动的。他们每天秉持这些行为准则，在全世界各个地方落实这样的热情。"这已经被星巴克奉为"星巴克经验法则"。

体贴关怀

星巴克的体贴关怀体现在主动之上。

星巴克有一条"十分钟法则"，即在门店有一条不成文的规定：大部分的门市店面都会在营业时间开始前的10分钟打开店门，在营业时间结束后的10分钟才关闭店门。这分明就是对顾客体贴关怀的一种体现。

泰国的保罗·阿克是覆盆子糖浆星冰乐的"超级粉丝"。当他相隔很长一段时间后，再次走进曼谷齐隆的星巴克正要点单时，一位咖啡吧员竟然问道："香草星冰乐加覆盆子糖浆，大杯的，对吧？的确，当顾客进入星巴克门店，经常会有员工主动与他们聊天。渐渐地，伙伴对顾客就能做到了然于胸——他们各自都喜欢喝什么咖啡，什么样的份量，甚至是喜欢坐哪个位置，等等。随后，便会据此为顾客做出最好的服务"回应"。

主动的体贴关怀还体现在与顾客之间的每时每刻的交流上，有时这种交流是通过眼睛的对视在无言之中完成的。4月15日是令许多美国人抓狂的纳税日，一位名叫玛丽的顾客在寄出税款后走进了星巴克。尽管她当时真的是再也不想消费了，但还是想要一杯茶来舒缓一下自己的心情。

于是，咖啡吧员问玛丽："要不要来一杯泰舒茶？"玛丽无精打采地回答："那就来一杯吧。"咖啡吧员随后的话令玛丽至今印象深刻："太棒了，今天星巴克为每位顾客提供一杯免费的泰舒茶哦。"也许，这就是由于星巴克极力鼓励店员"要与顾客进行眼神交流"而为顾客带来的心心相印的感受吧。

星巴克的体贴关怀体现在个性化服务之上。

当星巴克的咖啡师看到一名顾客行色匆匆时会主动为其做加急处理,并为其提供合适且速成的饮品;如果遇到一位很喜欢聊天的老顾客,咖啡师就会通过为其提供他常喝的饮品,以及叫出他的名字给他带来更好的消费体验。

对于那些"不速之客",一样要满足他们的个性化需求。纽约州中岛的贝蒂·多莉亚与丈夫在旅行时因为走错了路无意间走进了一家星巴克。他们发现,店里的牌子上写着'本店供应麦芽咖啡'的字样,这让对麦芽情有独钟却在"长大之后就再也没有见到过真正的麦芽"的贝蒂·多莉亚眼前一亮。随后,咖啡调配师就按照贝蒂·多莉亚家乡的做法为她制作了一杯麦芽奶昔。

谁知,当贝蒂·多莉亚品尝了这杯加了麦芽的咖啡时,却感觉并不是想象中的味道。那位咖啡调配师并没有因此而"不耐烦",而是在听取了贝蒂·多莉亚的意见后,与她一起做了一杯新的麦芽咖啡,终于让贝蒂·多莉亚满意而归。

星巴克的体贴关怀体现在服务的无微不至之上。

在一个星期六,一位女性顾客来到一家星巴克的门店,她盯着饮品单久久地发呆,随后点了一杯美式咖啡。店员安杰拉察觉到这位顾客失魂落魄的状态,于是,上前询问她想不想试试别的口味。这位顾客回答说,现在自己的脑子一团糟,说话间,眼泪似乎就要夺眶而出。安杰拉一边派人去做了一杯太妃核果拿铁,一边跟女顾客聊天:"别考虑什么美式咖啡了,我们给您做了一杯太妃核果拿铁,今天免费送给您尝尝鲜。"

她又惊又喜地端着饮品开车离开了。几天之后,店里收到了这位女士寄来的鲜花和信笺。她在信中说,那天她的心情跌到了谷底,但是在进店之后，她收获了一份快乐，激起了她面对困难的勇气。最后，她由衷地写道："感谢你们，救了我的命！"

在中国，一位准备报考研究生的学生，因为没有在校住宿，去图书馆又不方便，于是选择了星巴克，这个既安静又有空调的地方。然而，他毕竟还是一个学生，怎么才能在只买一杯饮料的情况下让自己滞留的时间尽可能长一些呢？一开始这位同学在杯型上想办法，要买就买超大杯的，但是到了中午还是会很尴尬，毕竟要出去吃饭，那么午饭后又不好意思空着手上二楼，如果再买一杯，每天的预算就会超支。这让这位同学有些犯难了。

其实，问题并不像这位同学想象中的那样难以解决。在逐渐了解了他的"情况"之后，星巴克的店员不仅主动让他把书包寄存在店里，等他午后回来时还会递上一大杯冰水，让他下午饮用。

后来，这位同学在自己的推文中写道："这样，终于完美解决了每天泡'星爸爸'复习功课的难题。"

再后来，在每天进行样品派发的时候，店员都会给这位学生发一份新品试饮，有时还会专门让他跟店员一起参与星巴克伙伴的咖啡分享活动；但不管怎样，按照这位同学的话说："总之，内心还是忐忑的。"

后面发生的一件事情，让这位同学彻底消除了这种"忐忑"。有一次在重庆，他在一家星巴克门店买了一杯咖啡外带，走到另外一家门店刚好喝完了。于是，他就拿着杯子进去请店员给他接一杯清水。店员看到他的杯子上有污渍，尽管被告知是自己的杯子没关系，但店员还是坚持给这位同学换了一个干净的杯子……

至此，这位同学在推文中由衷地发出赞叹："他们都超nice（好心）！"

精通专业

为了让员工能够真正地做到精通专业，星巴克在人员培训方面所花费的费用远远超过对产品广告的投入。每一位新员工加盟时都要参加一个24个小时的培训课程，学习包括"咖啡知识"的基本课程、"如何烹煮一杯完美咖啡"和"顾客服务技巧"在内的一系列专业知识与技能。此后，还有为期三天的"文化融入"课程，即"3C"课程——咖啡（coffee）、文化（culture）、连接（connection）。

在入职的最初90天内，新员工还要完成"咖啡护照"课程的学习，其讲义是一本100页左右的小册子，其中包括一张咖啡种植区域的地图、有关咖啡种植和烘焙的信息、咖啡品鉴术语、煮咖啡的基本知识，还有各种咖啡的口味以及咖啡产品的列表等信息。

此后，在入职第一年内，所有员工都会获得不少于50小时的课堂培训时间，还要通过每年两次的针对主要咖啡产品的品鉴测试。同时，还要花费很多的时间在家中学习工作手册，与委派的专属导师进行交流，每周还会收到一磅免费的咖啡，以确保他们对星巴克产品的专业知识和敏锐口感能有持续的进步。

有意思的是，作为星巴克的老板，霍华德·舒尔茨在第一次入职星巴克的时候，一样要从头学习，也一样要苦练基本功。在最初的几个月里，他眼睛一睁开就会在柜台后面忙碌，接待各种各样的顾客，熟悉不同口味和类型的咖啡，强化咖啡知识的掌握。他还在烘焙机旁足足观察了一个星期，学着听那第二声"噼啪"，练习检视咖啡豆的颜色，掌握分辨不同品种咖啡微妙差别的技巧……直到他觉得自己已经成为一名咖啡方面的专家。

每天早上9点半，星巴克员工都会聚集在一起，进行一次15分钟的咖啡座谈，介绍咖啡相关知识。每位员工对咖啡知识都要烂熟于心，对水质、咖啡粉和水的比例以及咖啡豆的新鲜度、水的热度、研磨的粗细程度等都要做到精益求精。

必须要指出的是，星巴克所谓的精通专业不仅是指精通咖啡知识及其制作，服务也同样属于"专业"的范畴，是与精通咖啡本身一样重要、一样需要精通的"专业"。为此，星巴克制定了这样的服务宗旨：让进入店里的顾客每一次都能感受到"升级"的体验。

为此，公司会为咖啡调配师举办"对话与联系"专门培训，也会培训员工如何微笑和寒暄，如何通过眼神与顾客交流，如何做到更好地倾听，如何在第一时间认出常客，如何区分单纯需要咖啡的顾客（语速很快，略显不耐烦，频繁看表的顾客）及需要更多体贴服务的顾客（能够说出其他服务生姓名的、有固定偏好饮品的顾客），如何建立起良好的私人关系，等等。

按照公司的要求，星巴克的员工在与顾客做初步的沟通时，要多问一些需要对方具体回答的"疑问句"，而不是一些仅仅回答"是"或"否"就能解决的问题。例如，"我发现您在看价目单，您喜欢喝哪种饮料？"这样的询问往往会引导顾客多讲话，以此来帮助店员快速了解顾客需求，也能让某些不善言辞的员工能够与顾客形成很好的交流，乃至建立更好的关系。

星巴克要求员工必须熟知和掌握服务的标准化流程。比如，顾客下单之后，店员要用特定的术语大声重复一遍订单，"小杯、冰、摩卡"，一来可以减少出错率，避免店员一不小心走神听错；二来可以让排在队伍后面的不常来星巴克的顾客听到，顺便学习一下星巴克的常用术语，进而加快顾客下单的平均速度。当老顾客直接说"小杯、冰、摩卡"时，店员会对这位顾客投以首肯的微笑，以奖励他使用了"星巴克术语"，鼓励其再次使用。

不仅如此，通过了解顾客的个性需要和偏好，店员还能帮助顾客找出与他们相适应的产品，并解释该产品为何更能满足他们的需求。例如，喜欢点拿铁的顾客，店员会推荐他们搭配一款法式可颂面包食用；而点密斯朵的顾客，店员会推荐他们搭配火鸡芝士三明治食用。每当顾客接受了他们的建议，就会发现这些搭配方法可以双倍提升口感，可以加深咖啡的苦而回甘以及餐点的浓香美味。

特别要指出的是，面对客户的不满，星巴克也一样要求员工采用专业的方式来予以应对，所谓的"拿铁方法（latte method）"就是对应对要点的归纳总结。

- 静静倾听顾客的要求。
- 接受顾客的抱怨。
- 用行动来解决问题。
- 向他们致谢。
- 耐心解释问题发生的原因。

为了保证店员不会轻易地被情绪左右，星巴克会加强店员的情绪管理，特别是在面对突发情况的时候，最大限度地帮助店员保持情绪上的稳定，目的就是让店员学会如何更早地洞察到顾客的不满，并及时有条不紊地执行惯常反应，以及时有效地化解矛盾、优化关系。

为此，在星巴克（中国）大学里，为伙伴提供了各种相关的课程，以帮助他们提升专业应对能力。其中，有针对基层管理者的"优先管理"课程，以帮助他们掌握更多的时间管理技巧，减少每日的工作压力；有针对中高层管理者的"精力管理"课程，介绍如何通过饮食、健身和身心调节来缓解压力，从身体、情绪、精神等不同层面进行自我调节和改善，以保持和创造最佳的工作状态。例如，如何通过了解大脑的物理呼吸，通过禅宗方式练习如何专注、倾听、静观，从而保持良好的情绪状态。

全心投入

对于星巴克的员工，全心投入就是将对顾客的服务与关怀超越咖啡本身，跨越工作本身，从岗位服务、被动服务提升到全程关怀和主动关怀；从有边界服务延展为无边界服务。正如霍华德·舒尔茨所强调的："我们确实有最好的咖啡、门店，但这些都是次要的，最重要的是为顾客提供了超出期望值的服务，彼此爱戴，互相帮助，互相培养，共担责任。"

例如，美国加利福尼亚州一家星巴克门店的几名咖啡吧员发现经常光顾的顾客中有许多都是听力障碍者，于是他们自发地在工作之余报名参加了手语课，希望与这些顾客进行更加有效的沟通。这些付出让星巴克在美国和加拿大的听力障碍人群中有口皆碑，声名远播，甚至成为听力障碍顾客聚会的重要"基地"。

在大洋彼岸的东京，有一家狭小的星巴克店，就位于东京都盲人福祉协会以及日本盲文图书馆的旁边。那里的伙伴不仅每年两次邀请盲人团体前来品尝咖啡，了解咖啡豆的起源，还用借来的盲文印刷器手工制作了盲文菜单，摆放在吧台上，专门供盲人顾客使用。

说到菜单，新加坡门店的一位伙伴面对越来越多的来自中国的游客，将中文发音标注在只有英文的新加坡门店菜单上，大大方便了中国客人的阅读，提高了他们的点单效率。无独有偶，韩国明洞店根据本地区日本游客的特点，专门招聘会日语的员工，也同样准备了日语咖啡单。店长和员工还四处收集导游的名片，推出了为导游提供免费饮料的活动，使许多导游都成了星巴克的"铁粉"。在西雅图派克分店工作的阿利森经理，当听到顾客抱怨厚重的外套总是无处可挂时，便自费购置了一个衣架放在门店里供顾客使用。

星巴克"得来速"服务最初就是出于对女性顾客的关怀而设立的。在星巴克的女性顾客中有一部分是带孩子的母亲，她们经常会将孩子留在车上，然后自己下车以最快的速度"冲"到店里去取咖啡。这分明是一件令她们十分头疼的事情，由此，"得来速"服务便应运而生，以便这部分顾客不用下车就能取到咖啡。

下面这个故事的主角同样是一位女性顾客，是来自美国加利弗尼亚州奥克兰的莉迪亚·摩尔。莉迪亚在星巴克邂逅了自己的真爱，这次相遇使莉迪亚和星巴克之间结下了不解之缘。自那以后，她总不忘定时向星巴克的伙伴讲述自己的恋情和订婚信息。星巴克的伙伴都为他们而感到高兴，还将他们的照片贴在了公告板上。用莉迪亚的话来说："弄得我们俩在店里像大明星似的。"

后来，莉迪亚邀请星巴克的伙伴参加了她的婚礼，作为回礼，星巴克免费为她的婚礼提供了咖啡饮品。令人万万没有想到的是，莉迪亚的丈夫在结婚周年纪念日后不久就因罹患绝症而离开了她，这让莉迪亚万念俱灰。葬礼那天，星巴克的店员纷纷前来，这完全出乎莉迪亚的意料，她说："他们是真心为我丈夫的去世而动容的。"正是星巴克伙伴所给予的全心全意的关爱，让莉迪亚又鼓起了继续生活下去的勇气。

世界零售银行业提供解决方案的业界领头羊NCBS公司的首席培训顾问戴维·马丁，曾在一篇文章中这样评价星巴克的《绿围裙手册》及"5B原则"："从封面到封底，可能只需花5分钟去读……但它真正浓缩了星巴克的核心哲学思想，并且在告诉员工这些是何等的重要。"在他看来，这一切最值得参鉴的就是，它没有用大量的细枝末节及过于严格的指令压制下属，相反，对于员工所期望创建的环境以及试图提供的传奇式服务提出了指导原则。

这种指导还体现在一个名为"探究顾客故事"的培训课程之中。星巴克要求所有轮班厂监、门店经理以及其他经理都要参加这项培训。如果参加者是各个分店的伙伴，公司就会把真实案例的摘要报告发给他们，然后要求受训者参照《绿围裙手册》对以下问题设身处地说明其在同种情况下他们应该怎样处理。

· 如果星巴克伙伴没有提供传奇式服务，那么原因是什么？

· 根据《绿围裙手册》，做出哪些行为可以将这种不利情况转变为顾客的积极体验？

· 在这种不利情况下，您是如何指导伙伴的？

这种培训课程完全取材自真实世界里与顾客打交道的案例，因此特别具有参鉴价值。"这是最佳的领导技能——以一种打动人心的方式给出简单指示，并令人充满希望。"戴维·马丁道出了星巴克模式的真谛所在。

黑兹尔·哈迪泽是星巴克的一位荷兰顾客。他在许多国家都体验过星巴克，也"很享受星巴克所带给我的独一无二的款待"，但他心里总觉得有一种莫名的缺憾。直到2007年，星巴克在荷兰阿姆斯特丹的史基浦机场的门店开业。"拥有了自己的星巴克，这对我们来说非同寻常。"这令黑兹尔·哈迪泽兴奋不已。

约瑟夫·米歇利教授也曾在《星巴克模式》一书的致谢词中，将坐落在科罗拉多州科罗拉多斯普林斯市上帝路上的一家星巴克门店说成是"我的星巴克"。他说，正是门店经理米契·迪斯尔肯和他的团队不懈地努力为他创造了星巴克体验，也正是这一切，成为他愿意为星巴克不停地著书立传的动力源泉。

　　这一切都源于星巴克的"5B原则"给顾客带来的独一无二的体验，也因此折射出了星巴克人本主义的智慧和关系法则的光辉。最终，为星巴克构建起深深的"关系护城河"，提供了源源不断的持续发展力，成为星巴克区别于、高悬于竞争对手的"道"之所在。对此，霍华德·舒尔茨曾经充满感慨地说道："若是放弃了以上因素——就像我们过去曾经犯过的错误一样，就会付出代价。"

　　霍华德·舒尔茨所说的"代价"是指发生在2007—2008年的星巴克经营"大滑坡"。正是这一前所未有的"代价"，让霍华德·舒尔茨和他的星巴克更加深刻地认识到顾客对于人际交往和归属感的渴望是多么迫切，这是一股受到人们关注的力量，对于消费者的消费选择有着巨大的支配作用。对此，星巴克绝对不会忘记！

　　星巴克主管电子商务以及忠诚度和满意度的副总裁艾梅·约翰逊曾表示："我们一直致力于了解店内顾客，努力寻找方法与他们建立联系，不管他们在哪，也不管他们是谁。"

　　正如霍华德·舒尔茨的肺腑之言："我把心交给每一杯咖啡，当顾客感受到这些时，他们就会给予相应的回应。"

第七章

利益相关者：共践使命，同创共赢

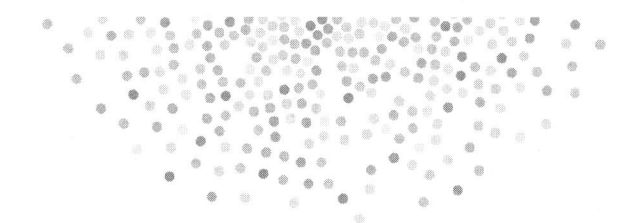

让星巴克以及和星巴克相关的每一个人，都能深受裨益，大展所长。我们积极地关心着这一切，我们的工作任重而道远。

——《星巴克使命宣言》

任何一个品牌的构建都离不开产业链以及公共关系中与各个环节的合作者的关系，这类关系也是品牌关系中非常重要的组成部分。企业与合作者之间关系的好坏会直接影响到品牌的核心竞争力和持续发展力的构建与维护的水平。无论是在产品的质量还是运营的成本，企业价值观的贯彻，还是在品牌影响力的打造等方面，都离不开合作商的协同与支持。

对于星巴克也是如此。要知道，从一颗咖啡豆到一杯醇正香浓的咖啡，其间要经过34双手、4000多英里（1英里≈1.609344千米）的传递，要经历漫长的供应链之路，其中每一个环节的问题都会对咖啡最终的口感造成巨大的影响。因此，星巴克深知，要想切实保障产品的品质，与种植者及供应商之间的关系是尤为的重要。

与种植者共同筑起品质的"护城河"

一直以来，星巴克的成功都与成千上万的咖啡种植者密不可分。因此，作为全球规模最大的咖啡豆采购企业，星巴克始终致力于与种植者和经销商建立起共创、共享、共赢的可持续的合作模式，构建起信任共同体、价值共同体、利益共同体和命运共同体的关系。

其中，核心就是始终秉承"道德采购"的原则（通常是指企业承诺保证采购物品及原料来源正当，并严格遵守最高标准的社会和环境责任）。为确保"道德采购"的贯彻落实，2001年，星巴克与非营利性环境保护组织——保护国际基金会（Conservation International，CI）共同拟定咖啡采购的指导原则——优先供应商计划。

2004年，星巴克、保护国际基金会及SCS科学认证系统共同开发出"咖啡和种植者公平规范"（C.A.F.E. Practices）指导原则，并将其作为推行"道德采购"的保障机制和指导原则。

在"咖啡和种植者公平规范"的推动下，星巴克优先选择与符合以下条件的咖啡种植者开展合作——必须采用对环境、社会和经济负责任的方式进行咖啡的种植、加工和交易。此规范的建立基础是一个可持续改进的模型，通过这项"规范"的实施，能够在确保共同利益的基础上为咖啡种植者创造出一个更美好的未来，从而确保高品质咖啡的持续生产。因此，星巴克鼓励各种规模大小的咖啡合作社、农场还有供应网络参与其中，从而共同实现彼此之间长期、可续的合作。

为推进"咖啡和种植者公平规范"的培训和认证，星巴克于2004年在哥斯达黎加成立了首个全球咖啡种植者支持中心。其目的就是为当地咖啡种植者提供各种资源和技术支持，探索开发优质咖啡的最佳种植方式，降低生产成本，减少病虫灾害，提高咖啡品质，强化提升咖啡种植者对星巴克品质需求的理解，确保长期可续的优质"阿拉比卡"咖啡豆的供应。同时，维护与利益相关方的关系，并为本地咖啡种植者、社区和环境带来利益。目前，星巴克已在哥斯达黎加、卢旺达、坦桑尼亚、哥伦比亚、中国云南等国家和地区建立了咖啡种植者支持中心。

2009年，星巴克与美国公平贸易组织及国际公平贸易标签组织两个组织单位合作，通过"小规模种植者可持续发展行动（SFSI）"，将那些拉丁美洲、非洲和亚太地区主要咖啡种植区域种植者所拥有的基础资源和专业技能分享传授给更多的小规模种植者。

对品质的高标准与严要求，势必会增加种植者的成本和经济压力。以在其种植、加工和处理过程中未曾使用任何杀虫剂、除草剂和化学肥料的有机咖啡为例，一个农场要历经三年的时间才有可能得到有机认证。

其间，农场可能要为之减少50%的咖啡产量。因此，从传统耕作方式转变为有机耕作方式，势必需要长时间倾注大量的投资。

为此，作为要与他们成为价值共同体、利益共同体乃至命运共同体的星巴克，采用公平贸易的原则以及溢价收购的方式，以确保种植者能够获得一个高于国际市场咖啡豆成交价的价格或是某一最低价以上的价格。正如星巴克咖啡和茶全球高级副总裁Willard Hay所强调的："我们一向都是溢价收购咖啡豆，而不是按照纽约交易所的价格采购。这固然会付出比较高的成本，但是能保证这批咖啡豆的品质；同时，还可以让种植农户有一定的收入，令其可持续发展，可以再长年累月地为我们提供优质咖啡豆。"

在巴西，有一位与星巴克签订了长期合同，每年需要向星巴克提供一定数量的绿色咖啡豆的咖啡种植园主，因为一场突如其来的霜冻而无法履行约定。自身的经济损失加之赔偿违约金，很有可能让他因此而破产。星巴克在了解情况后，不仅没有进行索赔，反而派出技术人员帮这位园主解决问题，还向他提供了必要的资金支持，使得他最终渡过了难关，咖啡种植园也恢复了生机。为了感谢星巴克的帮助，这位种植园主把第一年的收成无偿地赠送给了星巴克，表示要与星巴克做一生的合作伙伴。

此外，星巴克还在《星巴克使命宣言》中做出承诺："我们要提高种植者的生活水平。"星巴克鼓励进口商延长向咖啡合作社提供的金融贷款的贷款期限，同时鼓励他们发展长期贸易关系，由此提升种植者在经济方面的稳定性。此外，通过共同合作为种植者提供其所需的市场通道、技术帮助和贷款支援，各个集团充分利用整合的资源，以提升种植者的生活水平，同时推广对环境、社会和经济负责任的做法。

所有这些都是为了将这些小规模种植者组织起来进行合作，帮助他们不断加大对农场、社区及环境的投资，以及培养出能在全球经济竞争中获利所需要的商业技巧；同时，支持当地咖啡农发展教育、改善医疗；特别是对于小型农户和贫困人群，要帮助他们提高生活质量，让他们的子女能够获得更好的教育机会，使得他们不会因生计问题背井离乡，进而持续提供优质的咖啡豆。

值得一提的是，1991年9月，当星巴克终于盈利后，第一时间就与全球最大的辅助世界贫穷国家的私营非营利国际救援及发展机构——美国援外合作社（CARE）合作，对印度尼西亚、危地马拉、肯尼亚和埃塞俄比亚4个咖啡生产国进行了资助，项目包括清洁水饮用工程、医疗卫生培训和扫盲活动。十几年来，星巴克以捐献及协助筹款的方式为美国援外合作社的各项计划提供了200多万美元的资金，惠及300多万名咖啡原产国居民，使得星巴克成为美国援外合作社在北美洲地区最大的捐献企业。

为了保证咖啡原产地在遇到任何灾难时都能够获得及时的援助，星巴克与美国援外合作社共同成立了星巴克紧急救援基金，并于2002年度向该基金捐助了20万美元。在随后的1997年年初，星巴克用7.5万美元中的第一笔捐赠创办了一个循环式基金，以提供合作贷款的方式扶助那些挣扎在贫困线上，只靠微薄的土地上的产出来维持一家人温饱，且饱受疾病和营养不良折磨的小种植园咖啡农。同时，星巴克也一直通过非营利组织向咖啡种植户提供信用贷款。

2002年9月，星巴克全资拥有的泰舒茶公司与Merey Corps（在30多个国家支持健康及经济发展的非营利性机构）建立了合作关系，由星巴克提供资金，在印度大吉岭茶叶种植区内的24个村庄开展了如下改善工作。

·改善该地区的水质及供水方法。

- 支持区域内涉及社区、环境及经济的各项计划。
- 对年轻人进行培训，增强其领导能力，增加其未来的机会。

星巴克、泰舒茶及其经营伙伴每年投资60万美元以支持这个"三年计划"。其中一个项目是改善水和卫生设施，到2007年该地区的居民因水的传播导致的疾病已经减少了10%。

在亚洲，顾客还可以通过购买一种产自泰国和太平洋岛屿国家的"吉利星"咖啡，然后将一部分资金直接交给当地的咖啡种植户的方式，为改善泰国北部丘陵地区咖啡种植户及其家人生活的自然和社会经济条件贡献自己的力量。有意思的是，在泰国北部的语言中，"吉利星"的意思是"满心幸福"。

2002年7月，星巴克与福特基金会及美国乐施会（Oxfam America）宣布，与墨西哥的一个名为Oaxaca（瓦哈卡州）的大型公平交易合作社一起实施开发合作计划，目的是帮助墨西哥瓦哈卡州的农民建立起一个全方位的公平交易体系，推出一项品质控管技术，以帮助农民改善他们的咖啡品质。这些努力有助于1.6万名农民获得优越的咖啡价格，并使这些小型咖啡农庄在世界市场上具有竞争力。

星巴克还与一个致力于减轻贫穷、促进国际合作的志愿机构——福特基金会合作，通过与农民的直接合作来改善咖啡豆收成后的品质控制技术，并为他们提供改善技术的工具，使其能有更多的机会实现自给自足，在提高生活品质的同时，增强生产的连续性。

星巴克还在很多地方通过支付高于一般采购价格给当地农场的方式，推行"社区改善计划"。在这个计划实施过程中，星巴克做出很多长期的承诺。

- 在尼加拉瓜为拥有1200名学童的Modesto Armijo学校修建公厕设施

并改善水质。

·为危地马拉的五个农场兴建可以为当地农业区的5000人提供服务的诊所、日间托儿中心和学校。

·向致力于改善咖啡农业社区儿童生活质量的非营利性机构Coffee Kids捐赠25 000美元。

…………

很多小型咖啡农场，常常会因缺乏周转资金而在下一季收获前不得不将咖啡豆以低价售出。为此，星巴克提供信贷，帮助他们阻断这种恶性循环。仅在2002年，星巴克就通过Conservation International（保护国际基金会）和Ecologic Enterprise Ventures（一家非营利性机构）向农民提供了50万美元的保证贷款。

在2001年，星巴克承诺购买100万磅具有公平贸易认证的咖啡。不久后，其购买量就已经高达1000万磅。这让星巴克成为北美咖啡原豆公平贸易的最大购买者和零售商。同时，星巴克做出了总计1470万美元的贷款承诺，惠及7个国家的4.5万多个咖啡种植户。在此后的几年里，这项贷款提高到2000万美元左右。

也是在2001年，通过与保护国际基金会的合作关系，星巴克确立了自己的采购指导方针，制定出一套完整的采购程序，以保证星巴克的咖啡豆是通过公平交易获得的，并没有损害咖啡种植者的利益——这就是大名鼎鼎的"咖啡和种植者公平规范"。然后，由独立的监督者来负责确保这一规范的实施，无论是在保护咖啡农权益方面，还是在保护水源及能源方面，都能真正受到有效的监管。

目前，星巴克每年从近30个国家的数万名咖啡农手中采购咖啡豆。他们中的大多数人都是只有两三英亩地的小种植园主。星巴克对全球咖啡产业的贡献不仅在于每年采购近4亿磅的咖啡豆，更为重要的，是以高度的道德标准来采购。他们不仅尊重环境，还致力于改善咖啡农和咖啡种植区居民的生活质量。因此说，以尊重和尊严的方式对待咖啡农正是星巴克经营方式的核心。

在中国，星巴克于2009年推出了一款在与云南省保山地区的咖啡豆种植户、供应商及当地政府共同努力下出品的咖啡豆——凤舞祥云（英文直译就是"云南"的意思）。这款咖啡豆的不同之处在于，将云南保山当地的咖啡豆运至美国进行烘焙加工后，再送回中国的星巴克门店出售。这就向我们提出了一个问题，当时还远远没有摆脱经济危机对其主营业务的冲击的星巴克，为什么要花费包括采购、运费和关税在内的一笔不菲的成本来推出这样一款"中西合璧"的"凤舞祥云"咖啡豆，却没有刻意降低收购咖啡豆的价格呢？

对此，星巴克咖啡和茶全球高级副总裁Willard Hay指出："它不是外界想象中的短期节省成本的选择。"因此，归根结底还是出于对中国云南咖啡种植的支持。正如星巴克大中华区公共关系部经理励静所言：星巴克"道德采购"的精髓就是，在全球寻找高质量的咖啡豆，围绕其建立起一个可持续发展的、性价比适宜的、健康的采购链条，以保证当地咖啡农利益并且维护当地生态。

云南保山地区独特的自然条件形成了云南小粒种咖啡品味的特殊性——浓而不苦，香而不烈，略带果味。早在20世纪50年代，云南小粒种咖啡就在国际咖啡市场上大受欢迎，被评定为咖啡中的上品。

令人欣喜的是，"凤舞祥云"咖啡豆的问世打破了星巴克门店内无中国产咖啡豆的惯例，并标志着云南已经正式进入了星巴克咖啡豆采购体系。星巴克国际公司总裁马丁·科尔在接受媒体采访时表示，星巴克通过与云南省的合作，将中国生产的咖啡介绍到世界各地。最终，公司所希望看到的是，产自中国的咖啡能够出现在全球49个国家的星巴克门店。

2012年，星巴克开始在中国云南投资建厂，并在云南普洱设立了咖啡种植者支持中心，向当地农民提供免费的种植技术支持及其他各种支援，帮助他们生产高产量、高品质的咖啡豆，同时，在将顶级云南咖啡豆推广到全球的基础上，改善当地农民的生计。星巴克中国及亚太区总裁卡尔弗（John Culver）在接受《商业价值》采访时表示："这将进一步加深星巴克与中国咖啡种植户的关系，同时确保云南在高品质'阿拉比卡'咖啡豆的长期供应中具有重要的战略地位。"

在2017年新春之际，历时4年的耕耘，星巴克推出第一款产自中国云南单一产区的优质"阿拉比卡"咖啡豆——星巴克云南咖啡豆。这款咖啡豆倾注了星巴克对优选咖啡的高度热忱，是星巴克云南咖啡种植者支持中心与当地数千名咖啡农精诚合作的结晶。

四年间，星巴克云南种植者支持中心累计培训咖啡农近1万人次，超过1200个咖啡农场通过了"咖啡和种植者公平规范"认证（仅2016年一年，就有576个农场通过了认证），总种植面积逾1.1万公顷。

在"咖啡和种植者公平规范"的带动下，星巴克的"道德采购"模式也得以在云南实行。在当地的咖啡生豆初加工工厂，星巴克采用看板管理和优质优价等策略，让优选的云南咖啡豆从种植、收购到加工均能得到应有的呵护。最终，让稳定且易于识别的、拥有独特风味的星巴克云南咖啡豆横空出世。为此，星巴克中国区总裁高声喊出："In China, for China（在中国，为了中国）！"

值得一提的是，星巴克对咖啡农的遴选具有既全面又严格的标准。正如星巴克全球采购部高级副总裁杜博所强调的："只了解咖啡豆的质量是不够的，还需要知道与我们打交道的人，其品格是否正直，是否追求未来的卓越。所以，我们是在寻找健康的农场。"

那么，在杜博眼里的"健康农场"是如何去评价的呢？

- 是如何对待农场工人的，采摘工人的工资是多少？
- 农场的纬度是多少，多样性如何？
- 咖啡豆是否在背阴处生长，每公顷产量多少？
- 咖啡种植地与溪流之间有缓冲地带吗？农场附近有工厂吗？
- 是如何处理废水的，产生了多少需要处理的废水？

为此，星巴克对于包括咖啡农在内的商业伙伴始终保持着两个方面的关注，即警觉和关心。在考察期间，要对他们的行为举止的细节进行调查，以免建立起未来必定会失败的合作关系，最终影响到股东、伙伴与未来的顾客的亲密关系。

2014年出版的《星巴克：关于咖啡、商业和文化的传奇》一书中评价道："星巴克改善了2500万名咖啡农的生活。"我们要说，甚至是改变了许许多多人的命运！

与合作商共同担起产业及社会的责任

星巴克加入"全球企业社会责任计划"，致力于环境保护以及全球供应链工作环境改善。因此，星巴克为供应商设定了严格的标准，并且在必要时给予援助。是否遵守这些标准直接影响着他们的采购决策，以此确保供应商同星巴克一道，共同遵循"道德采购"和公平贸易原则，遵循一致的社会及环境理念。其中，公平贸易认证（Fair Trade Certified Mark）是星巴克与供应商之间关系建立的基础。

在产品质量方面，采购的所有咖啡豆都必须符合星巴克对高品质咖啡的标准；在经济责任方面，供应商必须秉承公正透明原则，必须提交在咖啡供应过程中所产生的每笔款项的凭证（此项被列入与供应商的咖啡购买合同中）；在社会责任方面，必须要在改善安全、公平和人道工作条件的衡量标准方面提供必要的参考；在环境保护表率方面，必须制定好环境措施用于管理浪费，保护水质，节省水和能源，保护生物多样性以及减少农业化肥的使用。

为推动星巴克与供应商之间的合作，星巴克制定了全产业链的行业标准，对供应商实施完整的评量系统和数据库，以精准地评估每家供应商的绩效，并通过经济上的激励手段和优先购买权来决定星巴克与供应商的采购决策，鼓励供应商执行C.A.F.E准则（咖啡和种植者公平规范），从而保证产品和服务的品质，为确保优质咖啡豆原材料的采购再筑起一道"防火墙"。

为此，星巴克于2006年推出了"星巴克针对制成品及服务的道德采购项目"，旨在于资格预审和工厂考评的基础上，为合作的供应商和工厂的能力建设与培训提供支持，并对其进行评估、差距分析以及认可和奖励，进而帮助和督促供应商形成自主改善模式，改善信息管理方式；同时，通过该项目让供应商了解星巴克的"道德采购"项目，参与到最佳实践分享和绩效改善活动之中，开展与其他全球责任举措有关的沟通和营销推广活动，以降低风险，保护双方的品牌。

也是从2006年开始，经常性工厂监测成为星巴克战略的一个重要环节。例如，2013年星巴克检测了86家工厂，其中22家不符合标准。对于情况并不严重的，星巴克会协助工厂共同修复弊端，而对于那些问题严重的工厂，星巴克会随时选择终止与其的商业合作，直到问题得到妥善解决。

在上述努力的推动下，效果是非常显著的。以哥斯达黎加为例，2004年该地区建立咖啡种植者支持中心后，当地的坎德里亚咖啡加工厂就取得了长足的进步。在2005年星巴克对供应商进行的综合评比中，该厂成为其中最优秀的厂家，并荣获"世界黑围裙咖啡豆"大奖。获得这项殊荣代表着星巴克对其能力与水平的高度认可。

此后，该加工厂又通过精细施肥和持续照看树苗的做法使得咖啡豆的年产量不断提升，品质也得到了进一步的保证，每年将产量中的50%的特级豆全部供应给星巴克。因此，在2009年，星巴克再次将"世界黑围裙咖啡豆"大奖颁发给该加工厂；同时，以每包180美元的高价收购该加工厂的咖啡豆，而同期纽约咖啡市场上咖啡豆的平均价格仅每包120美元。

在中国，星巴克还每年举办供应商峰会。邀请供应商和工厂代表，向星巴克的相关员工以及来自支持中心和市场部门的负责人提出合作中的问题，共同为改善产品采购环境建言献策。

除产业链条的供应商之外，星巴克的合作商还包括销售渠道上的企业。对于这方面的合作伙伴，无论其资历有多深，名声有多大，地位有多高，资源有多好，都必须要符合星巴克的价值观，都需要最大限度地满足星巴克对产品品质的要求。

1996年1月，星巴克与美国联合航空公司携手为乘客提供星巴克咖啡。"几乎是一夜之间，星巴克的顾客人数就翻了一番。"霍华德·舒尔茨在《将心注入》中惊呼道。按照常理，像美国联合航空公司这样的航空巨头——每天2200个航班，每年平均8000万人次的载客量，每年将近2000万人次的大市场，这对于星巴克是一个巨大的诱惑，更是一个巨大的机会，这让星巴克一下子就站在了一个市场巨人的肩膀之上。

然而，星巴克并没有因这个突如其来的惊喜而忘乎所以。正如霍华德·舒尔茨所强调的："合作要以我们企业的一个基本信条为基础，那就是信任！如果人们不信任星巴克即优质咖啡的代名词，那么这个品牌就毫无意义。"在他的心底，最看重的还是品质，因为只有好的品质才能换来强大的信任。

与美国联合航空公司的合作所面临的最大难题恰恰是品质的问题。

- 在飞机上加工咖啡要比地面餐厅困难得多。
- 飞机从落地的各个城市取水，水质和口感很难把握。
- 在长途飞行中，咖啡烹煮时间通常会超过最佳的20分钟的上限。
- 飞机上的灶具良莠不齐，难以做到整齐划一。
- 要对2.2名乘务人员进行培训，几乎是不可能的。

由于担心美国联合航空公司不大可能会按照星巴克的要求去制作咖啡，在1996年9月，星巴克做出了拒绝合作的决定。直到美国联合航空公司保证一切都将按照星巴克的要求去改进，合作才又开始继续推进。

然而，与另一家商业连锁公司的合作就没有这么"幸运"了。虽然通过合作可以让星巴克的咖啡进入全美范围的许多小城镇，但因为这家公司的形象和理念与星巴克大相径庭，这次合作计划最终还是"胎死腹中"。的确，有很多人会对星巴克拒绝过那么多合作机会而感到惊讶。这是因为，对于合作商的选择，星巴克有着相当严苛的标准和程序。

特别是那些关乎品质的问题。例如，在管理方面不是以质量为重，经营态度与星巴克无法兼容，其地理位置令星巴克对产品的供应无法做到充分保障，在品牌建设方面缺乏长期的考量，等等，都是星巴克最为在意的，即使是再大的品牌、再丰富的利益也毫不让步。只有那些信誉良好、品牌有保障，具有高水准的顾客服务意识，能够很好地理解星巴克品牌价值且对咖啡能够给予质量保证的公司，才能与星巴克并肩前行。

有趣的是，负责星巴克商业合作的主管文森特·艾德思对遴选合作商有一套"迅速排除法"：如果一壶咖啡在灶具上搁了一个小时，一个顾客走进来，你会把这样的咖啡卖给他吗？如果得到的回答为"是"；如果他不愿将咖啡全部倒掉，只是掺入一半新煮的咖啡，这说明他们并不是与星巴克有着"质量至上"的共同理念，或是对此还不甚理解。对于此类合作商，文森特·艾德思都会起身送客。

在确保遵循前面那些原则的前提下，星巴克咖啡出现在诺氏百货的商场里，荷美邮轮公司的游轮上，喜来登酒店、威斯汀酒店、巴诺书店和查普特书店的顾客面前，以及美国办公用品公司销售渠道下的许多写字楼的"白领"手中。

在星巴克人的心中始终存在着强烈的忧患意识。每签下一份合作大单，每赢得一个更好的市场机会，他们都要问自己：质量会难以保证吗？对此，星巴克的解决之道是一边不间断地以星巴克的标准密切监控操作过程，一边对合作商的相关人员进行全面的培训。

同时，星巴克一般会与对方先签订一年的协议，然后视合作关系成功与否再续签多年的合同。这样做既能保证星巴克有时间去评估合作方在履行承诺方面是否达标，也使对方有时间来判断星巴克是否能为他们的企业增值。

在星巴克看来，如果你改善了支持你的人的未来，那么你的未来也将得到保证。因此，星巴克花费大量人力、物力、财力来开发合作商，希望确立长期稳定的合作关系，并与之积极配合来控制价格而不只是简单地监管价格。正如星巴克副总裁 John Yam in 所说："失去一个供应商就像失去我们的员工。因此，我们花了许多时间和资金来培训他们。"

正因如此，在星巴克的评价体系中，出于短期商业需求的、一时冲动的权宜之计是要被摒弃的，他们更关注的是长远的关系。正如约瑟夫·米歇利教授在《星巴克体验》一书中指出，他们更愿意选择长期的、以关系为基础的解决方案，更强调优质的商业关系对于长期成长和生存的必要性，更渴望建立起可持续性的、社会性的、持久的战略伙伴关系。

对此，霍华德·舒尔茨在《将心注入》一书中不无自豪地写道："到目前为止，我们与所有的合作伙伴都合作得很成功。"

道不同，不相为谋，志同道合是关键

1991年，星巴克还是一家中等规模的区域性企业，在上百家门店的基础上销售额也仅5700万美元，但是在独特的经营模式及全面扩张的计划，以及快速发展所预示的大好前途，特别是在每家店的销售情况、平均成本及投资回报率等各个方面都给业界留下了深刻印象。因此，当星巴克终于决定上市时，美国的投资银行纷纷找上门来寻求合作，其中不乏顶级的、极具规模的投资银行。

所有这些都令霍华德·舒尔茨感到万分荣幸。在随后的大约6个月的时间里，他与20多个具有合作意向的银行家会面，但他很快就陷入了失望之中。原来，霍华德·舒尔茨发现，华尔街的市场价值评估不可能把价值观置于其中，而在他看来，这恰恰是星巴克不可或缺，更是无可替代的生命之源和制胜法宝。

> 在我开始讨论我们公司的使命宣言时大家都心不在焉。如果他们还在做笔记，当我谈到我们的价值观时，他们的笔就停住不动了，好像我津津乐道的话题跟星巴克的财务运作完全不沾边似的。
>
> 在他们那里，每件事的意义大小都取决于它的金钱价值；如果你不能把大量的数字搁进去，就别指望在股市上有漂亮的亮相。他们要知道我们能给股东多少回报，而不是我们如何对待自己的伙伴。

这是霍华德·舒尔茨后来在《将心注入》一书中所描述的当时的情境。无疑，这令他非常沮丧，因为在他的内心深处真正所希望的，是那些投资银行家和专家能够理解星巴克与那些零售店、餐馆、一般的咖啡连锁店，以及他们以往做成的其他交易的根本不同之处到底在哪里，而不是将星巴克仅仅看作他们的投资名册上一长串名字中的一个潜在的新股发行者，或是一种所谓的赔率游戏的参与者，或是他们压赌资本市场的一位候选者而已。

无法真正懂得星巴克价值所在的人是不可能成为好的合作伙伴的。对此，霍华德·舒尔茨坚信不疑，他宁可放弃那些名头很大、貌似能给星巴克带来很大利益的公司。

在1991年8月的一天，霍华德·舒尔茨的知音终于出现了，他就是来自施罗德基金管理公司的丹·李维坦先生。

他们在公司的小会议桌旁边坐下，随后"我又一次搬出了那套说辞"（霍华德·舒尔茨语）：星巴克想要实现的目标比取得丰厚的利润更宏大。

我们有一项使命——告诉全美国的消费者什么是极品咖啡。

我们有一个憧憬——营造咖啡馆的迷人氛围，吸引大家走进来，在繁忙生活中也来感受片刻的浪漫和新奇。

我们有一个非常理想主义的梦想——希望星巴克跳出传统公司的窠臼。

我们的咖啡豆股票让全体伙伴都成为合伙人，享有公司股票期权。

我们的首要目标是对人的关照。

…………

霍华德·舒尔茨一边侃侃而谈，一边在观察着丹·李维坦的反应，甚至一直在等着他和他的同事的眼睛"闪开"。

这一次，终于与以往不同了。

这位丹·李维坦先生真的是被霍华德·舒尔茨打动了，以至于在回程的飞机上他就按捺不住打电话给纽约的同事，兴奋地说道："我发现了一个让我非常震惊的公司！"

在说服同事相信星巴克值得冒一下投资风险的过程中，丹·李维坦遭遇了许多困难，毕竟要与从事投资的人沟通激情与价值观这种看不见的东西是极其困难的。

丹·李维始终没有放弃。在他的坚持下，施罗德基金管理公司的董事长杰姆·哈曼终于出现在星巴克于1992年4月初举行的首次公开募股正式竞标的会场中。最终，施罗德基金管理公司从7家投资银行的竞标中被星巴克选中，成为星巴克的上市服务机构之一。

这个结果在当时出乎了很多人的意料，因为像星巴克这样的企业一般不在施罗德基金管理公司的业务范围内；但是，在霍德华·舒尔茨看来，"他们能够给我们带来额外的无形资产，以助我们登临顶峰"。时间的确也证明了他的判断，时至今日星巴克与这家公司依然保持着紧密的合作关系。

归根结底，在霍华德·舒尔茨的心底，他不愿意看到友谊与忠诚的价值被低估。他认为，这样的话会让人们丧失一种在他看来至关重要的眼光——你如何对待可以信赖的人；敌意和冷漠、疏离不是企业运作的最佳方式，且并非不可避免；你如何取得拥有同一个目标的合伙人和伙伴的支持。

1992年6月26日，霍华德·舒尔茨终于迎来了他职业生涯中一个最幸福的日子——星巴克在纳斯达克公开上市了。

员工第一，顾客第二，股东第三

星巴克上市之后，霍华德·舒尔茨从最初的兴奋中渐渐地发现了作为一家公开上市公司的"弊端",其中最重要的就是,要对股东承担更多的责任,同时还要去满足华尔街的期待,这都让霍华德·舒尔茨感受到前所未有的"负担"。

毋庸置疑,员工、顾客和股东是一家企业在经营与发展中最为核心的三种角色,也是一种最为重要的三角关系。如何看待这三种角色的定位与利益,如何处理好这种错综复杂的三角关系,不仅决定了一家企业的发展理念,更会影响到企业发展的驱动力。

一位中国著名的企业家讲过一句"名言":"客户第一,员工第二,股东第三。"这在当时的中国人眼里,特别是在那些投资者的心中是备受质疑的。道理很简单,股东就是投资者,如果将股东放在第三位,那么谁还愿意投资你的公司?没有资金,企业又如何能得到快速的发展?

其实,无论是日本的"经营之圣"稻盛和夫,还是投资大师巴菲特都曾做出相同的排序。稻盛和夫认为,应该将为了追求员工及其家庭的幸福作为公司第一目标,后面则是为了协作商的员工及其家庭的幸福以及为了客户、社区和股东。在《沃伦·巴菲特记事本里的管理定律》一书中也有过相同的阐述:"没有满意的员工,就没有满意的顾客。"

然而,不是所有的股东都持相同的观点,华尔街更是不明白经常性支出的长远益处,他们恨不得每个季度都能见到收益。在霍华德·舒尔茨的眼中,这种短视心态是现代资本主义的一个系统性症结。对此,他不愿意像许多公司一样与华尔街"沆瀣一气"。

那么,面对投资者的逐利导向,霍华德·舒尔茨是如何与之"博弈"的呢?又是如何在既能更好地履行对投资者的受托责任,又能兼顾员工和顾客的利益,以及企业发展与投资者长期利益的基础上,最终与投资者形成共识、达成一致,相互协同与支持的呢?

对此,霍华德·舒尔茨的答案是,要将董事会视为指导者而不仅仅是经济上的支持者。与许多首席执行官不同,霍华德·舒尔茨一般都会与董事会直接联系，将自己在经营中发生的问题直接向董事会说明，确保在董事会上的讨论始终是公开而坦率的。如果其中有一位坚决反对，就要静下心来，花时间做好解释和说服工作，并提出可接受的解决方案。

其中核心的一条是：坚守既定价值观不动摇！也就是我们常说的"不忘初心，牢记使命"。使员工、顾客和股东三方成为信任共同体、价值共同体、利益共同体和命运共同体，使他们的价值创造与利益获得成为环环相扣、互为前提的紧密关系。这正是霍华德·舒尔茨打开与股东亲密关系的一把"金钥匙"。

在20世纪80年代，"股东利益最大化"还是压倒一切的"紧箍咒"，特别是在飞涨的医疗保险成本使得许多美国公司叫苦不迭的情况下，大多数公司都在通过削减雇员福利，甚至解雇大批雇员来减少运营成本。企业对增长的工资总额进行大幅削减，管理层对兢兢业业的下属也根本不予回报。所有这些，都得到了华尔街投资者的叫好，而那些还将雇员利益置于股东利益之上的企业遭到了来自四面八方的讥讽。就在这种大背景下，霍华德·舒尔茨却与大多数企业背道而驰，因为在他的信念中，如果管理层和股东要以牺牲雇员为代价来获利，那就不是真正的胜利。他立志要与"所有的人一起抵达终点"。

如此一来，作为星巴克的CEO，霍华德·舒尔茨同样面对着如何处理好与董事会及股东的关系这样的"难题"——如何说服他们赞同和支持"只有将员工和顾客的利益放在首位，才能为股东换取更为长远的利益"这样的价值观和理念。

我们看看霍华德·舒尔茨是怎么做的。

不出所料，霍华德·舒尔茨不但没有削减原有的健康福利，反而提出要为全体员工支付全额健康福利费用，该提议很快就遭到了星巴克董事会的质疑：就这么点儿钱，怎么可以对雇员如此慷慨呢？怎么能够证明这些开支是我们可以承受的呢？就是在这种情况下，霍华德·舒尔茨最终还是说服了董事会。这是因为，他为董事会算了一笔这样的账——

一个全职雇员的全年福利只有1500美元，而培训一个新员工的费用一年就要3000美元。除了这些"有形"的账之外，他还为董事会算了一笔"无形"的账：星巴克的核心竞争力是源于咖啡师所带给顾客的咖啡体验，而对于许多顾客，特别是那些频繁光顾星巴克的顾客来说，如果一位已经非常了解他们的习惯与喜好的咖啡师离职了，就等于是星巴克与他们之间连接的纽带断掉了。在霍华德·舒尔茨眼里，这种"连接"对于星巴克这样的商业模式无疑是至关重要的。

藉此，霍华德·舒尔茨告诉董事会，高度的员工流动性一定会影响到顾客的忠诚度，最终会给企业的利益带来巨大的损害。同时，他使董事会相信，当公司做出慷慨的付出后，员工的精神面貌一定会发生很大的变化，在他们做的每一件事情上都表现出更为积极的态度。

星巴克的发展历程不容置疑地证明了这一点！

星巴克员工的流动率和店长流失率在行业中始终是"居低不上"。据介绍，星巴克咖啡调配师的平均流动率只有60%~65%。要知道，在同期的全美企业中，许多零售店和快餐店的人员流动率最高时已经达到400%。在门店经理方面，星巴克的流动率只有25%，相比于其他大多数公司，也只是其店长流失率的一半。

藉此，霍华德·舒尔茨赢得了董事会及其股东更大的信任，更加密切了彼此之间的协同关系。

类似的事情又发生在了1990年10月，这是星巴克历史上非常重要的一个节点——星巴克终于盈利了，这让霍华德·舒尔茨可以长舒一口气了。然而，他很快就向董事会报告说，他现在要考虑采取对企业产生长期影响的更具深层意义的风险行动了。

是什么样的一件事被霍华德·舒尔茨称之为"风险行动"呢？原来，就是后来举世闻名的星巴克"咖啡豆股票"。这无疑又遭到了董事会的质疑，甚至是反对，因为他们非常担心会因此稀释投资者曾经冒着很大风险而为星巴克投入的股份。

对此，霍华德·舒尔茨依然是晓之以理，动之以情，其核心依然是摆正员工、顾客与股东三者之间的利益关系。

通过让员工持股，将每一位员工更加紧密地结合起来，乃至融入一个整体中，就会促使他们以与首席执行官一样的态度来对待公司。如果再在股票计划中对价值观、职业道德和敬业精神予以强调，那么就会使公司获得强大的文化支撑。如此一来，一定会有利于公司销售和利润的增长，尽管投资者的股份比例相对缩小了，但股值的更快增长最终一定会给投资者带来更大的收益。

1991年5月，星巴克的"咖啡豆股票计划"交由董事会投票表决，结果获得一致通过。"展望这个结果将带来的发展前景，他们和我一样兴奋。"霍华德·舒尔茨后来在《将心注入》中写道。

在那以后的日子里，那个令所有人都为之兴奋的"前景"如愿变成了现实。

公司发展良好的情况下，公司的CEO与投资者之间的关系能够相对保持融洽，公司一旦遇到挫折，甚至是危机，双方站在各自的利益和立场之上，分歧乃至冲突便不可避免。关于此，我们还是要提到星巴克遭受的那场重创。为此，霍华德·舒尔茨不得不重新回到星巴克CEO的岗位上。

此后不久，一位显得非常焦虑的股东拨通了霍华德·舒尔茨的电话："我们知道你们目前压力很大，你们现在应该砍掉公司的医保福利，这是没办法的事，大家不会不理解你的。"听了这位股东的话，霍华德·舒尔茨心里明白，持有这种看法的股东远不止这一位。他后来提及此事时，用了一句话来说明当时的情境："我们这番通话并不长。"其中显然蕴含着"话不投机半句多"的兴味。

为什么会这样？尽管从2000年到2009年，星巴克每位伙伴的医保金增长了近50%，比投在咖啡上的钱还要多，但霍华德·舒尔茨依然坚信，为了给投资人谋求长远利益，公司就应该首先为伙伴和顾客创造价值。如果真的砍掉或缩减伙伴的医保福利，势必会影响到公司的价值，让公司与伙伴之间失去好不容易建立起来的信任。这样一来，公司定会元气大伤，甚至从此万劫不复。

因此，霍华德·舒尔茨最终并没有像那位股东所说的那样做，而是在关店、裁员方面做出了妥协。为此，他受到了很多伙伴的"质问"："'提供一种令人振奋的体验，使人们的每一天都丰富多彩。'你是不是忘了这句话曾经的意义？"

对此，霍华德·舒尔茨说自己并没有忘记，只是他有责任确保公司能够获得成功，并且能够延续下去。作为一位受托于投资者的CEO，他责无旁贷，因此他终归是要做些什么的。

为应对这场危机，霍华德·舒尔茨还做出了另一项重大决定：在美国的7100家门店同时歇业，让13.5万名咖啡调配师接受"停业"培训。如此一来，霍华德·舒尔茨再次面临董事会的反对。

这是因为，正值公司经营困难时期，先不说这么多的门店停业一天在营业收入上会产生多大的损失，就是为这次活动需要支付的巨额花费，对于正在竭力压缩开支的星巴克来说也是难以接受的。最终，霍华德·舒尔茨让董事会明白且接受了——在危机时刻，必须对伙伴进行投资，这项投资不仅是走出困境的必由之路，更为此时此刻的当务之急。

通过这次培训，数千名来自五湖四海的门店经理不仅将新的专业知识带回了各自分店，一并带回去的，还有更为坚定的信心。他们拥有使公司东山再起的潜力，他们也有决心这样去做。因此，霍华德·舒尔茨认为，此次活动花费数百万美元的结果无法量化，但他知道，若非如此，星巴克是绝不可能绝地逢生的。

果然，从2011年开始，星巴克已经从股价一度跌至每股不足7美元、最大跌幅为80%以上的境地，实现绝地反弹，连续30个财季获得了创纪录的收入和盈利，最终使得始于2007年的星巴克转型之路，随着星巴克扭亏为盈逐渐转向新的增长模式，为星巴克迎来了更加美好的明天。藉此，再一次让股东们相信——

"我们能够做好工作的每个环节，我们完全值得信赖。我们知道，随着实践上述这些承诺，我们也享受着成功回馈股东所带来的喜悦。"霍华德·舒尔茨坚定地说。

自1992年首次募股，市值从2.5亿美元一路增长到近1400亿美元，在随后的很长一段时间里，星巴克股票的年增长率高达49%。从1992年6月到2018年11月，星巴克的股东总回报率是21 826%。

对于新版《星巴克使命宣言》中的这份承诺与喜悦，星巴克人的确做到了，也的确享受到了。

在公司做大之后还能保持人际关系的亲和状态，同时星巴克的价值观也不会随规模的扩张而枯萎——在很多情况下，要实现这个理想似乎是一个悖论。对此，星巴克始终在不懈地尝试。正如霍华德·舒尔茨所说的："如果我们不尝试，星巴克就只会成为又一个连锁销售的庞然大物。我已经下定决心，永远不让公司出现这样的局面。"

这是因为，他始终认为："如果我们把自己独有的以人为本的价值观作为代价以换取利益，那么即便达到20亿美元的收益，也是一个败局。"

第八章

社会责任：因爱而共创，为美而同享

激发并孕育人文精神——每人，每杯，每个社区。积极贡献社区和环境。

——《星巴克使命宣言》

社会责任是企业必须履行的重要职责，特别是对于像星巴克这样的大型企业、著名企业来说，更是要承担更多的社会义务和责任。只有这样，才能够实现回报社会的目标，才能让企业始终处于一个和谐、共生、健康、可持续的生态大环境中，为企业的长远发展提供良好的公共关系支撑和外部环境赋能。

正如戴维·波勒在《瞄向更高的目标》中所指出的，那些以富有创意的方式，带着深具道德感的深思熟虑投入许多赞助活动的企业，给股东带来的利益也最大。只有甘愿做好事的公司，才能做得更好，特别是从20世纪90年代末期开始，是否具有社会责任感也变成了企业竞争的要素。

对此，霍华德·舒尔茨始终坚信，绝大多数人更愿意购买在制造、包装、运输及丢弃的各个环节都尊重环境、尊重与其相关的商家的企业所生产的产品。这是因为，这些公司更值得他们尊敬和信赖。因此，星巴克始终致力于树立自己有益于大众且有益于世界的品牌形象。

这在霍华德·舒尔茨看来，这已经是"我们理念的一部分"。特别是在进入21世纪后，"更全面、更规范地承担起社会责任"已经成为星巴克最重要的品牌战略。正如《战略管理：概念与案例》一书中所评价的，星巴克对邻里和环境具有强烈的责任感，这一点已经得到公认。

为此，星巴克始终强调，要想对雇员、对社区、对股东及更伟大的善举负起责任，就必须坚信自己的价值观，就要认真平衡好与企业竞争性利润间的关系，老老实实地把握好企业经营与履行社会责任之间的关系。这种平衡所形成的社会关系正是星巴克关系法则中又一个至关重要且必须认真面对的发展课题。

为此，从1996年年初开始，星巴克就从最初的被动反应转变为主动参与到公益慈善事业之中了。根据自身的价值观和信念来赞助和支持公共事业，用更长远的眼光去关注和关怀所有"其他"人的康乐福祉以及自然与社会的可持续发展。据介绍，在1996年财务年度里，星巴克以现金和其他方式捐赠了1500多万元（相当于当年纯收入的4%），用来赞助支持像芭蕾舞和歌剧团体、预防艾滋病、食品银行、学校和家长教师联谊会这样的艺术团体与公益组织。

随后，于1997年建立了星巴克基金会。从2000年到2005年，仅五年的时间里，星巴克及其伙伴就向世界各地的地方性社团捐赠了4700多万美元，旨在支持美国及加拿大的创业项目，增加中国农村儿童的受教育机会，救助"9·11"恐怖袭击事件、2004年南亚海啸中的受害者，等等。

根据自身的价值观和信念来赞助并支持公共事业，用更长远的眼光去关注和关怀所有"其他"人的康乐福祉以及自然与社会的可持续发展。

社区：认真承担"邻里"之间应尽的责任

在星巴克人看来，企业的社会关系首先是从他们所身处的一个个社区开始的，那里才是与他们关系最紧密的地方，那里的人就像是朝夕相处的邻里一样。

对此，他们始终强调，每家门店都是所在社区的一部分，星巴克可以并且应该对所在的社区产生积极的影响，认真承担起邻里之间应尽的责任。值得一提的是，星巴克将社区服务提升到了"反映了我们的使命和价值观及形象"的高度。

即使是在公司发展的低谷期，星巴克也没有放弃过这种信念。

在2008年这个星巴克发展历史中的"滑铁卢"年，霍华德·舒尔茨在重返CEO岗位后，决定组织数千名门店经理进行集中培训。在设计这项耗资3000万美元、顶着业绩大幅下滑的巨大压力举办的活动时，霍华德·舒尔茨特意将服务社区的内容作为一个重要的环节设置其中。

为此，在许多有意承办这项活动的城市中，霍华德·舒尔茨选择了新奥尔良，一个历经三年时间还未从"卡特里娜"飓风的伤害中恢复过来的城市。霍华德·舒尔茨要求，在会议的每一天，我们的伙伴都要拿出5个小时的时间来在新奥尔良做一些力所能及的事。为此，星巴克还自行购买了100万美元的物资和工具，装满了租来的两辆大卡车。

星巴克人在一个公园里种下了6500块沿海草皮，安装了10个野餐桌，撒了4车斗的护根物。在一个供中学橄榄球队使用的运动场里，清理粉刷了1296级台阶、12个人口坡道、数百码栏杆以及半英里长的围墙。霍华德·舒尔茨在那次志愿劳动期间参与了其中一栋房子的粉刷工作。在一周时间里，星巴克的伙伴一共粉刷了86栋房子，以使受灾的居民能够重回居所。

这一次的星巴克志愿劳动时间总计数千个小时。

随后，秉承"分享与责任"的创设初衷，星巴克于2011年正式将每年的4月定为星巴克"全球服务月"，在全球范围内集中发起各种形式的社区服务活动。从2017年推出全年承诺，其努力的目标就是，到2020年全球所有星巴克门店每年都要参与到这个社区服务的项目中来。

以中国区为例，截至2019年年初，在"全球服务月"的公益活动中，星巴克已经贡献了累计70多万小时的社区服务。截至2021年年初，星巴克在中国内地的5000家门店和近6万名伙伴，已累计贡献了超过110万小时的社区服务。通过每年的"全球服务月"及日常开展的各类社区公益活动，不断增进与社区和顾客的情感联结，为社会带去更多积极改变。

在韩国，星巴克也经常组织一些符合韩国国情的社会活动。位于梨花大学的一号店举办一周年店庆的时候，星巴克伙伴为附近的养老院捐赠了大米，还为帮助朝鲜儿童做义务宣传，对青少年的家长进行辅导，帮助困难家庭，为儿童医院募捐，等等。星巴克还与汉城地铁、城市铁路公社合作发起了"征集书籍活动"，凡是捐赠图书的人，都可以得到星巴克提供的免费咖啡。他们把收集来的图书赠送给城市铁路公司，让乘坐地铁的人可以免费阅览图书，同时还将捐赠的图书送到社区，供居民阅览。

为了吸引更多的伙伴关注和关心社区，星巴克设立了公益奖，倡导年轻人将人本与人文精神融入个人的价值观体系中；鼓励他们积极地在社区中寻找可以做出贡献的机会，并将"发现机会"的伙伴称为"社区领导"，负责确定可以参加的社区活动，安排相应的计划。

在中国，一个在星巴克门店工作的年轻人，他的父母曾经反对他来星巴克工作。后来，正是因为他向他的父母分享了他参加的社区公益活动，才让他的父母一下子感觉到自己的孩子竟然懂得了这么多的道理，惊喜之下他们改变了对星巴克原先的认识和看法。

在加拿大，格兰德温小学是一所位于温哥华贫民区的学校，因为日益增多的校内外暴力行为而一度被关闭。后来，星巴克的志愿者开始辅导这里的学生，经过3年的努力，将该校学生"达到同年级的阅读能力水平"的人数翻了两番，达到了88%。正如该校读写能力专家温迪·福克斯所说："星巴克伙伴对这些孩子的影响是极为珍贵的。他们的坚持不懈和人文关怀使我们的孩子完全变了样。"

种族平等，乃至和谐和睦也是大到一个国家，小到一个社区的社会问题，而对于美国这样的移民属性很强的国家更是如此。因此，星巴克在种族问题上也投去了关切的目光。例如，西雅图的一家星巴克门店曾经将自己一半的利润捐赠给一家由非裔美国人开办的基督教预备学校。

星巴克曾与《今日美国》联袂推出了一本名为《种族团结》的指南

性质的小册子，在门店中发放。其中记录了相关的事实、数据、趋势、问题，甚至是个人逸事，旨在促进了解与思考，引发关注与讨论。

随后，星巴克又效仿2012年举办"团结起来"活动的做法，将"种族团结"的字样印制在咖啡杯上。出人意料的是，这个举动引发了星巴克公司内外的巨大争议，社会上的许多反对者不断以越来越猛烈的言辞来批评星巴克。其间，在星巴克的某个门店的玻璃上竟然还出现了钢珠穿过的弹孔。

面对这场巨大的风波，是望而却步、落荒而逃，还是迎难而上、严阵以待？霍华德·舒尔茨选择了后者。他说："为所有人而非少数人而奋争的种族平等和机会平等，必须继续下去。"后来，霍华德·舒尔茨多次受邀前往大学或是社会团体，如斯贝尔曼学院、"全国黑人执法人员组织"等，发表以"种族团结"为主题的演讲。

2015年夏天，以一个无辜的黑人被指控谋杀白人女性而被判死刑的事件为背景的《公正的仁慈》一书在星巴克门店开售。也是在2015年，星巴克通过改善公司在管理培训、职业辅导、雇用、薪酬和晋升等方面的制度，来确保所有的伙伴都能得到公平的机会和平等的薪酬。同时，通过在中低收入街区开设门店的方式来增加少数族裔年轻人的入职机会，并为其提供职业培训。

正如霍华德·舒尔茨所言："我不愿当缩头乌龟，我们只是需要找到更好的方式。"

此外，星巴克还鼓励门店为通过对话和交流来促进社区警民团结提供平台，藉此来加深警民间的了解和互信。他们与"跟警察喝咖啡"项目开展合作，邀请社区组织代表、市民领袖、警察代表和星巴克志愿者参加，分享观点，直抒胸臆，指出问题，提出建议。此项活动得到了与会者的积极反馈，截至2018年，星巴克已在全美举办了500多次这样的活动。

此外，星巴克还连续多年为全美文学联合会提供经济援助。通过双方的合作，有许许多多的星巴克员工自愿与全美国16家地方图书馆合作，共同推动母亲、护理人员和儿童尽早接触书籍和故事，并享受其中的乐趣。

多年以来，星巴克全球的伙伴在他们工作的社区中志愿奉献了成千上万个小时的时间，为慈善机构及旨在改善现状的项目提供志愿服务。这使得星巴克的伙伴在工作时间内外都能将自身的精力、兴趣和信条融入公益慈善事业当中去。这些经历使他们成为更为全面的人、更具满足感的雇员，成为善解人意的大写的"人"。

星巴克不仅自身积极投入公益慈善事业，还对别人的善举予以大力支持。例如，星巴克曾经在美国实施了两项庇护计划：一个计划是"留下你的痕迹（Make your Mark）"，即每一位志愿者或其家庭成员，为他们所选择的公益慈善事业每做一小时的工作就会获得10~1000美元的回报。

在2002年，星巴克共捐赠了43.3万美元用以支付共6.8万小时的义务劳动。另一个计划是"选择付出（Choose to Give）"，即用以资助与星巴克合作的个人所做的公益慈善事业。合作者自主选择一项善举，并付出一定的捐赠，而星巴克资助其同等数量的资金，并报销所有的费用。在两年的时间里，由星巴克及其合作者捐赠的款项高达1亿美元。

作为星巴克履行社会责任的平台，星巴克基金会（Starbucks Foundation）成立于1997年。自成立以来，它已为625项非营利性"读写能力提高计划"提供了600万美元的支持。例如，全美文学联合会举办的"起跳（Jumpstart）"项目，即大学生志愿者与低收入社区的学龄前儿童"结对子"，帮助这些儿童提升早期的语言能力、读写能力和社交技巧。

此外，星巴克还与全美文学联合会共同举办了"还书箱"活动，即通过动员顾客捐赠新书（在店中设置书箱来放置捐赠的书籍）为增加儿童阅读机会提供条件，并鼓励他们将阅读作为学习过程中的一个基本要素。上述活动均由星巴克提供资金和志愿者。1996年，霍华德·舒尔茨手里拿着他的新书《将心注入》在《奥普拉脱口秀》上亮相，宣布启动星巴克的"给孩子的书"读书活动，并将在美国的每一个星巴克咖啡馆举行。

在中国台湾，星巴克与台湾世界展望会合作举办"对原住民儿童的教育关怀"和"部落孩童助学计划"等公益活动，传递对原住民儿童的教育关怀。从"一分钱，重建布衣族孩子的一个笑"开始，直到"能念书，真是山里面的大事"，通过捐款与募书活动，将关怀转化为最直接的行动，实现原住民儿童就学梦想。

"无论我们在何处营业，都希望受到社区的欢迎。我们可以成为积极行动、带来正面影响的一股力量，汇合我们的伙伴、顾客和社区共同创造出美好的时光……"这就是星巴克人投身社区公益的动力所在。

当星巴克认真承担起"邻里"之间的应尽责任，也就真正地融入了社区之中，人们也就会自然而然地将距离自家最近的那家星巴克称为"我的星巴克"，并将其视为生活中不可或缺也无可替代的一个组成部分。

一位名叫蒂法妮·托尔曼的星巴克忠实"粉丝"曾说："实际上，我知道我所在城镇的所有星巴克店都在哪里。我使用星巴克店作为路标为朋友指路。"

牧师利夫兰·乔希·劳德米尔克则将星巴克门店当成自己的教会办事处，他说："对于我来说，星巴克是我的第二空间，是我工作的地方。因为这里是社群聚集之处，所以我也谦恭地聚在这里。"

特殊群体：特别的爱给特别的你

对特殊群体的关爱也是星巴克一系列公益行动中的重中之重。例如，他们更希望与妇女或少数民族人士所占股权比例多于51%的供应商合作。再如，与NBA巨星"魔术师"埃尔文·约翰逊开发合资公司，在人口众多的黑人和拉丁裔居民区开设了105家星巴克特许经营店，以便促进低收入社区的经济发展，坚持为生活在少数民族裔社区的人们提供与其他居民相同品质的产品，等等。

以2021年在中国举办的"全球服务月"活动为例，其主题正是"关爱弱势群体、助力可持续发展和共建美好社区"。这次活动总计吸引了超过3500名星巴克的中国伙伴和志愿者，惠及周边社区3万余人，累计贡献了超过1.2万小时的社区服务。

在2021年的世界自闭症日，星巴克的伙伴在杭州为孤独症儿童举办了一场别开生面的游园会。100多名星巴克伙伴在掌握了陪伴基础知识的前提下，一对一或二对一地拉起孩子们的手，分组完成了推轮胎、套圈圈、画画等各项小游戏。

"在无声的世界里，咖啡一样香醇，是星巴克让我的生活有了更多可能。"朱洁莹是星巴克中国区第一位听障咖啡大师，也是广州市越秀区残疾人联合会副主席。她与400名星巴克伙伴志愿者一起走进广州市的三所特殊教育学校，与同学一起完成咖啡渣手工制作、手绘咖啡杯、咖啡师职业体验等互动活动。

在每月的第三个星期六，星巴克的伙伴都会来到北京红丹丹教育文化交流中心，为20位视障朋友讲解电影剧情。在长达9年的时间里，星巴克伙伴用爱心打开了这些视障朋友心中的"明目"，因此被他们亲切地称为"心目影院"。来自华北地区的资深咖啡大师郑涛为视障朋友志愿服务了6年，有效叙述和分享了40多部电影。

"当主管告知我星巴克参与支持北京的'心目影院'项目时，我立即抓住了这个机会。"郑涛曾经回忆道，"能够成为视障朋友的眼睛，帮助他们像我们一样欣赏一部电影，这是多么奇妙的一件事啊。"2016年9月，郑涛凭借他对北京"心目影院"的贡献和承诺，与中国一些最具影响力的企业领导、企业家和技术人员一同受到表彰，成为中国50名最佳创新者之一。

星巴克基金会和星巴克的志愿者通过"聋人之声（Deaf Hope）"组织为那些因家庭暴力致聋的受害者提供了许多帮助与支持。正如该组织的执行董事朱莉·莱姆斯·斯马里奥所说的："星巴克员工是我们的天使，他们非常慷慨地奉献了他们的时间和才能，对我们的线路重新布局并加以改善，使之符合上网的技术要求。"同时，星巴克向该组织捐赠了2.5万美元，支持他们继续为聋哑受虐者免费提供服务，并通过授权和教育致力于制止针对聋哑妇女与儿童的家庭暴力和性暴力，为那些因家庭暴力而无处安身的人们提供安全的居所。

在新加坡有一家特殊的星巴克咖啡店。这家咖啡店为8名12~15岁患有孤独症的青少年提供培训，使之获得管理账目、商业服务和制作三明治等方面所需要的技能，以使他们在未来的工作中具有一定的竞争力。

在马来西亚的刁曼岛也有一家特殊的咖啡店，他们不仅建立了"世界希望槟榔"免费儿科诊所，为没有能力负担儿科治疗费用的父母提供医疗服务，还通过星巴克伙伴的志愿服务来协助完成行政管理、维修和药物准备等工作。此外，还为诊所筹集资金、图书和旧衣物，捐赠给在这里治疗的患病儿童。

2005年，星巴克收购了Ethos Water（气质水）矿泉水公司，并同意尊重它的品牌使命——增加全世界儿童喝到纯净水的机会。星巴克在门店里出售Ethos瓶装水，在每瓶水的售价中有5美分的收入用来为儿童提供干净的饮用水。一家为学龄前儿童提供看护服务的托儿机构——"神圣之家（Holy Family Day Home）"也是星巴克基金会的捐赠对象，星巴克为其提供5万美元的捐款用来帮助社区提升对学龄前儿童的看护水平。

黛安娜是负责管理弗吉尼亚州弗雷德里克斯堡地区星巴克门店的区

域经理，有一天在一家门店里遇见了一个叫作多米尼克的无家可归的人。她不仅没有赶走他，还请他喝了一杯热巧克力，跟他聊起了对方的经历。原来，多米尼克一直居住在附近树林里的临时宿营地。

随即，黛安娜和几十位伙伴都与像多米尼克一样居住在临时宿营地的人建立了联系，愿意为他们提供力所能及的帮助。然后，又在她所辖的14家门店里设置了募捐箱，号召顾客捐物捐款。很快，诸如牙刷、卫生用品、衣服等日常生活用品就源源不断地发放给了宿营地的流浪者。后来，在当地的一位顾客的帮助下，黛安娜和伙伴们还成立了一个专门的非营利性组织，并命名为"多米尼克项目"，专门帮助那些生活在社会底层的人们。很快，这个项目的帮助对象就超过了200人。

早在2015年9月，星巴克基金会就向"救助儿童会（Save the Children）"及两个欧洲地区的慈善组织捐款，以资助那些因为国内冲突而外逃的难民，随后还与白宫及一个公司合作，举办旨在鼓励顾客支持红十字会援助中西欧难民和移民的活动。

2016年3月22日，星巴克在完成了保证物流的安全性方面的前期准备工作后宣布与非营利性组织Food Donation Connection（FDC，食物捐赠连接组织）和Feeding America（美国消灭饥饿组织）合作，在美国境内的7600家门店捐献当日未售完的食物，为解决美国贫困人口的就餐问题贡献一份力量。按照当时的计划，星巴克每天要捐赠1.37万份未售完的食物，在2021年前捐献出5000万份食物。

"神圣之家"的执行董事唐娜·卡希尔曾说："星巴克在我们社区确实不只是供应咖啡……"不只是咖啡，那到底是什么？激发并孕育人文精神——每人，每杯，每个社区，也许这就是最好的答案。

环境保护：必须"硬着头皮"做下去，直至问题解决

在《将心注入》一书中，霍华德·舒尔茨将环境问题单独作为一个章节来阐述——当环境道德与基本生意冲突时怎么办？足见他对生态环境保护的高度重视。很早以前，星巴克就组建了一支高水平的团队，专门负责在如何减少与重新利用以及循环使用废弃物，为社区的环境保护做出贡献等方面研究出系统有效的办法，并于1994年10月，从华盛顿大学商学院请来苏·玛克林伯格担任环保事务指导。

星巴克的环境保护首先从产业链的源头做起。来自墨西哥契亚帕斯的 E Triunfo 自然生态保护区的荫蔽种植咖啡属于有机咖啡的范畴。对此，星巴克推出了"契亚帕斯计划"，做出三年最少投资60万美元的承诺，并于2002年投资20万美元，作为对当地咖啡农在技术和财务上的援助，以推广荫蔽种植技术，进行小面积（以1英亩为单位）的咖啡种植。这一举措使得参加该计划的农民从2001年的691名增加到2002年的1000多名，并使他们最终获得了高出当地咖啡价格87%的收益。

不仅是"契亚帕斯计划"，星巴克从2000年就出售有机咖啡"荫栽墨西哥"，在2002年购买了81万千克的保护性咖啡豆，旨在通过鼓励以传统方法种植咖啡，达到保护自然生态、改善小型咖啡种植、确保农民长期经济能力的目的。

在门店建设方面，星巴克从2008年开始加大投入，确保所用的材料都是支持可持续发展的，是可再生、可回收的。目前，星巴克已经在20个国家和地区开设了1200多家拥有LEED（能源和环境设计领导力）认证的店面。在咖啡行业中，星巴克开设的绿色店铺数量最多，在全球拥有LEED认证的零售项目中占比高达20%。

位于西雅图派克市场的门店号称"星巴克第一店",是霍华德·舒尔茨再熟悉不过的了,在改造之后,这一切便完全不同了——

门店的地板、天花板、木柱、橱柜,甚至门把手所用的材料都来自附近的建筑物,很多材料来源于枯木或是废旧物品。一张长桌曾经是当地一家餐馆使用过的,是从西雅图一个家庭回收并改造而成的;柜台后面的石板菜单则来自西雅图加菲尔德高中的教室;墙上的麻布咖啡袋来自华盛顿州的一家烘焙工厂;咖啡吧表面的皮革则是从鞋厂和汽车厂回收来的。

"简直太神奇了",以至于让他"几乎没有认出我们自己的门店"。

以荷兰一家门店为例,为了尽量减少对环境的影响,设计师想方设法整合资源——回收具有年代感的混凝土和20世纪20年代的大理石地面砖,以及学校使用过的旧椅凳。再有,利用荷兰橡木制作了长凳桌子以及由18个木块构成的起伏状天花板。在巴黎迪士尼的门店里,建筑材料取材于法国的葡萄酒酒桶、旧香槟的货架、移动电话配件和飞机轮胎等。更有意思的是,门店的咖啡渣还会捐赠给游乐园当作肥料使用。

最有代表性的还是星巴克的"集装箱门店"。为了推动对超过20年使用寿命的集装箱的再利用,星巴克尝试利用那些报废的集装箱来建设门店。于是,一家由4个废弃的集装箱经过翻新、装修建成的概念咖啡店诞生了。

众所周知,LEED认证是指建筑设计符合领先能源环境保护设计标准。完成一个符合LEED认证标准的建筑项目所耗费的成本比普通建筑平均要高出2%。对此,星巴克环境效应总监吉姆·汉纳表示:"在我们的这个舞台上,作为一个有责任心的企业,为了维护我们自身的声誉,我们必须首先建设好自己的门店。"

借用《星巴克体验》和《星巴克领先之道》的作者约瑟夫·米歇利教授的话来说,对于星巴克来讲,资本支出的责任管理非常重要,但负责任的可持续发展工作同样重要。

早在2011年的《星巴克社会责任报告》中就已经确认了"在实现社会和环境目标的进展"方面已经"步入正轨",其标志就是,所有的新建建筑都成功地通过了LEED认证,实现了既定的目标;同时,在一年之内,已经有75%的直营门店通过改造也达到了LEED认证标准。

除了门店建筑之外,环境保护意识和行动也体现在星巴克门店日常运营的方方面面。例如,有的门店已经撤掉了餐具台上的塑料刀叉和勺子,仅在顾客要求的情况下才提供,这样一来就大大减少了塑料刀叉的丢弃量。还有的门店在吧台上放置一些可以免费领取的、经过精心包装的咖啡渣,可以放在冰箱、洗手间或者新装修的房间内,利用散发出的咖啡的香气来帮助消除异味,进而减少对环境具有污染危害的香料的使用。

此外,星巴克还加入"美国全球绿色组织(Global Green USA)",在购买可持续能源、减少用水量以及节约能源方面积极作为。2011年,星巴克通过"绿色认证可再生能源积分"购买了4.21亿瓦的绿色能源。在美国有超过50%的星巴克直营门店购买了风力发电产生的电能。

在星巴克的门店里,有着完善的能量管理系统。在节能方面,使用LED(发光二极管)节能灯以及节能的制冰机、洗碗机或者搅拌器,采暖通风与空调(HVAC)的能量消耗可减少20%。在水资源方面,采用低流量水龙头和双冲式马桶,水过滤系统也比以前减少了50%的废水排放量,消毒水槽不仅完全符合健康标准,还节省了大量的清水。

正是基于星巴克在绿色环保方面取得的成果,因此不仅获得了美国环球绿色组织颁发的"绿色建筑设计大奖",还获得了美国国家环境保护局颁发的"绿色能源领导奖"。2012年,还被《建筑实录》授予"优秀设计,一流企业"大奖。所有这些都是对星巴克在获得LEED认证的过程中所做的努力给予的高度评价和肯定。

对于未来，星巴克制定了一系列门店环境保护计划和目标：采用风能取代美国国内直营店5%的能源使用，将二氧化碳的排放量降低2%；将温室气体排放量以及送往垃圾填埋场的废物量减少一半，实现100%依靠可再生能源供电，节约其所使用全部水量的50%。

在店售食品方面，星巴克于2020年推出"GOODGOOD星善食主义"行动，藉此倡导消费者追求"对自己好，对地球好，让好变更好"的环保生活方式，鼓励更多人一起践行"Eat Good（好食）、Do Good（善行）、Feel Good（同心）"的生活理念。

随后，星巴克推出成本极高、利润空间并不大的植物饮食，以及以植物原料为基底的限量星冰乐饮品"绿椰仙踪抹茶星冰乐"，还有全新植物肉系列新品"别样牛肉烧烤风味三明治""新善肉日式咖喱碗"和"新善肉日式照烧大卷"等。

2001年，星巴克以"新|月·一起圆"为主题打造的四款月饼礼盒，不仅最大化地使用了环保材料，并且采用创新设计来延续包装生命。例如，礼盒可以变成各种物品的收纳盒，或是电子产品支架、天然扩音器和电脑垫高架。在外包装上，采用自带再生聚酯（RPET）纤维材质提把的设计，并且附带由100%再生聚酯纤维制成的网兜打包袋，便于每日携带，也进一步减少了纸袋需求。

在杯子环保方面，星巴克一直在努力。众所周知，作为饮品销售公司，星巴克是杯子使用与消耗的"大户"——在全球每年要消耗掉的纸杯数量多达70亿个。因此，一个小小的杯子就成为星巴克在生态环保方面的一大课题。正如星巴克环境效应总监吉姆·汉纳所言："当我们和顾客以及其他利益相关者商谈的时候，他们最关心的是纸杯回收利用的进展。这是因为，星巴克的纸杯是人们可碰触到的、有形的、看得见的公司标志，它代表了星巴克的环保业绩。"

为了解决这个难题，早在1995年，星巴克就从环保事务、采购、市场、研发、零售、食品与饮料等部门抽调人员组建了一个"热杯团队"，作为专门应对杯子环保问题的团队，并提供系统性的解决方案。1996年8月，星巴克与环境保护基金会和教会仁爱基金会一起建立了环保创新联盟，致力于减少咖啡供应中的有害物质行动，其中重要的部分就是通过可反复使用的杯子以及采用新的环保型一次性杯子来减少可弃型杯子的使用。

我们前后跟45拨人进行过接触，包括纸杯供应商、工业设计师等，任何我们认为有助于解决这个问题的人，我们都找过了。我们和其中的25人讨论了他们的创意和样品，列出一个有8种杯子的单子，把这些杯子投放到三个城市的特定群体顾客中试用，又从中选出三种杯子再做市场试验……

这是霍华德·舒尔茨在《将心注入》一书中介绍的情境。正如他在书中说道："给你自己定下一个更高的标准就意味着要付出很大代价。"

从2009年开始，星巴克每年召集各地处理塑料杯和纸杯价值链的利益相关者一起举办名为"杯峰会"的大会，针对制成一个更为环保的杯子及其回收利用的方方面面的问题，大家集思广益，提出各种假设和筹划，总结出所有需要改革的细节，并探讨如何着手采取行动，主动做出改变。

2018年，星巴克与麦当劳联手发起了"下一世代杯子"挑战赛，其奖金高达1000万美元，就是为了征集到更利于循环利用的杯子。对此，星巴克的首席可持续发展官迈克尔·科博里（Michael Kobori）表示："我们了解人类命运与地球发展的相互依存关系，减少一次性杯子的浪费是我们的责任。"

经过多年的研究，星巴克与供应商共同研发了含有10%再生纤维材料的星巴克热咖啡杯,并在美国和加拿大开始投入生产,预计每年可以节省7.8万棵树木,减少300万磅的固体废物,这是纸杯行业首次利用使用后的再生材料做原料。为此,星巴克从美国食品药品管理局(FDA)获得了"使用回收纤维直接包装食品的安全许可证",这在美国尚属首例。

每年用掉2亿个一次性咖啡杯的韩国星巴克门店也立下了"军令状":预计到2025年,彻底停止使用一次性饮料杯,并减少30%的碳排放量(据说,韩国济州岛的星巴克门店已经开始全面取消一次性外带杯)。

与此同时,提高可重复使用率和自带杯子使用率也是星巴克的目标之一。自1985年起,星巴克就开始为自带杯子的顾客提供折扣,此举令其每年可节约数千万个纸杯。目前,在中国内地的任何一家星巴克门店,每位使用自带杯购买星巴克手工调制饮品的顾客可以享受3元的折扣优惠。

在2017年的世界地球日的上午,杭州的星巴克推出了"爱地球,出一杯之力"活动,凡自带星巴克随行杯或马克杯到星巴克指定门店的顾客,都会被回馈一杯新鲜煮制的中杯滴滤咖啡。

在星巴克的发祥地西雅图,曾经率先启动了为期2个月的"借用循环再用杯(Borrow a cup)"试点计划,即在消费者点饮料前,需要先支付1美元的押金才可以把杯子带走。杯子退还后,不仅可以拿回押金,还可以额外获得10颗奖励星。在韩国,只需支付1000韩元就可以拿走杯子。在英国的950家星巴克门店,向消费者收取5便士的纸杯费用,对自带杯购买饮料的则给予25便士的优惠。

在杯套方面,星巴克与欣克尔公司合作,在内部化学黏合剂的研究上取得了重大突破,研制出一种全新的、被称之为"地球杯套"热饮杯套。这种杯套在保证了原有隔热性能的基础上,制作时减少了35%的原料用纸,85%都是由消费后回收再利用纤维制成的(比以前的杯套提高了

25个百分点），并被相关认证组织证实，这种杯套是完全可以降解的。仅2011年就生产了近30亿个这样的杯套，相当于拯救了10万棵树木。

在吸管方面，星巴克很早就宣布在2020年将不再使用塑料吸管，改用非塑料吸管和鸭嘴杯。后来，星巴克又相继推出了不需要使用吸管、塑胶含量减少9%的杯盖，并全面推行改用纸吸管，以减少塑料对于全球环境的污染。

星巴克经常在世界各地举办以"环境保护"为主题的各类活动。这是因为，星巴克不满足于自身在零售店环境保护方面走在世界前列，他们更希望能够引起更多的人对环境保护的关注，激发人们对绿色生活方式的追求。在星巴克伙伴看来，经常鼓励他人增强环境保护意识也会带给自己巨大的满足感。例如，保护环境正是星巴克"全球服务月"公益活动中一个永恒的主题。星巴克门店经常举行"绿色清扫行动"，派人到邻近社区、公园、停车场，乃至附近的海滩去捡垃圾。在2019年4月26日，超过200名身穿绿色T恤的星巴克志愿者集聚于武汉天兴洲，捡拾垃圾近300千克，为保护武汉生态环境及保卫"母亲河"长江助力。

2010年11月15日，星巴克咖啡公司与中国宋庆龄基金会签署合作协议，正式发起"星巴克大学生环保践行者项目"。该项目由星巴克中国教育基金出资600万元人民币资助和鼓励中国大学生积极开展环保创新。

值得一提的是，星巴克还在全公司范围内组建了一支由各地区的门店经理组成的"绿色团队"。他们每年要与高层管理部门和来自各部门的代表一起召开三次会议，研究如何配合"地球日"活动计划，指导回收利用物资，探索新的环境保护创意，并将好的环境保护创意带回各自的地区。同时，星巴克在每个地区都建立了"环保联络人"机制，负责配合社区的环境保护行动，监督废物回收利用，推进减少废弃物的各项措施。

据悉，星巴克制定过一个"五年规划"，即投入1000万美元，支持发展中国家的水项目。随后,一个更大的目标被制定出来——到2025年实现1万个更环保的零售店,其中包括新开设的店面和现有的店面,努力实现成为世界上最环保零售商的愿望。

星巴克拥有30年的环境保护领导传统,在庆祝这一点时,我们很早就明白,地球才是我们最重要的合作伙伴。我们将继续采用绿色零售方法,并树立了在2020年及以后实现的远大目标。(摘自星巴克中国的官方网站)

正如星巴克首席创意官阿瑟·鲁宾菲尔德所强调的:"环境因素一直是我们公司关注的焦点,我们不仅要成为管理者,也要成为一股有责任心的教育力量、全球可持续发展设计建设实践的领先力量。"

对此,霍华德·舒尔茨曾坦言:"这是一个持续不断的拼搏过程。必须要硬着头皮做下去,直到解决为止。这是因为,我们在乎人们的感受,在乎我们的伙伴所想,在乎我们的顾客所信。"

就业:工作的尊严必不可少

在一段时间里,霍华德·舒尔茨几乎每天都能在一家门店里看到一位衣着整洁的中年男子。有一天,他忍不住上前询问。认识霍华德·舒尔茨是谁的那名顾客的回答却大大出乎他的意料:"先生,我每天都来,是因为我无处可去。"原来,他已经失业很久了,说话间他竟然哭了起来。

于是,怎样才能让更多的人找到工作便成为霍华德·舒尔茨反复思考的一个问题以及期待能够实现的一个心愿;但在当时,星巴克在全球已经增加了1.2万多名伙伴,这已经是雇佣员工的上限了。然而,霍华德·舒尔茨并没有因此放弃,他认为美国面临的问题很多,星巴克最能出力的方面就是就业。在他召集的公司多个部门的专题研讨会上,他开门见山地对大家说:"我们得尽快做点什么。"

于是,"为美国创造就业机会基金"便应运而生了。其具体的做法是,号召顾客在星巴克的门店里或在CreatJobsforUSA.org网站向"为美国创造就业机会基金"捐赠5美元。捐赠者将得到一条刻有"不离不弃"字样的腕带以示贡献。这笔钱将全部用于遍布美国各个社区的小企业的岗位维持和新设。

与此同时,星巴克在遍布全美国的近7000家门店里都张贴了彩纸告示,向顾客解释捐款如何流向小企业,如何助其发展,继而增加就业岗位。星巴克基金会则为这项活动专项捐赠了500万美元。

在活动期间,成千上万的个人以及谷歌公司、花旗银行等企业伸出援手,共捐赠了1520多万美元,卖出了80万条腕带。随后,全美国的CDFI(社区发展金融机构)以这笔资金为本金,贷到1.06亿美元,用于支持社区小企业的发展。

这样的一个小小的创意,就为美国增加或维持了5000多个工作岗位。

在俄勒冈州,吉米·格里芬利用CDFI的贷款翻新了有99年历史的老楼,购入酿酒设备,雇了19名员工,开办了"海滨酿酒厂"。

在新罕布什尔州,马奥尼夫妇买下一块地,购入新的农用器械,还维持了10名农场工人的生计。

在纽约,罗宾·苏格兰得到2万美元贷款,开办了"生态宝贝日托中心",共雇用了4名全职和兼职员工。

在加利福尼亚州,米格尔·冈萨雷斯得到850万美元贷款,开办了一家新鲜食品市场,雇用了118名全职员工、4名兼职员工,因开工建设,还产生了40个建筑岗位。

在佛蒙特州巴里市，辛西娅·杜普雷得到4万美元贷款，得以在主街上开了一家"下一章书店"。

正如"为美国创造就业机会"的电视广告中所说的："大家齐心协力，不离不弃，携起手就能改变现状。"

2013年11月，星巴克又将关爱的目光投向退伍军人。他们对外宣布，星巴克将于2018年前招聘1万名退伍军人及现役军人配偶，开设五家面向军人的门店。此外，将在全美国范围内向退伍军人、现役军人及其配偶提供免费咖啡。

星巴克还为入职的退伍军人和军人配偶定制了一件特殊的绿围裙，上面饰有美国国旗。霍华德·舒尔茨说，如果你在我们的门店里看到有人穿这样的绿围裙，请向他们为国家所做的贡献而表示感谢。正如他在一份声明中所指出的："我们要做的不是慈善活动，也不是博爱之举。事实上，这只是件好事。与这些人肩并肩工作，能丰富星巴克的文化。"

2014年4月，刚刚结婚两个月的蕾切尔·拜尔凯克（Rachael Bialcak）就与自己的丈夫———一位工作在1000英里之外的战斗机维修师两地分居。有一次，孤独而心烦意乱的她在附近一家星巴克里足足坐了一整天。看到她在流泪，星巴克的伙伴过来拥抱了她，这让蕾切尔深受感动，当天她就申请在这家门店工作。

这是因为，她想要"成为这种感动中的一分子，并且要跟其他人分享"。

接受这份工作的时候，我没想到会跟几位伙伴建立长久的友情；没想到一位伙伴会邀请我去家里共进感恩节晚餐；没想到全店为我庆祝生日；没想到在得知我父亲得了癌症时，团队全员在休息室里一一与我拥抱；没想到一位顾客听到我们谈论每周的高尔夫球活动，就送给我们一盒高尔夫球；没想到一位顾客因为我胃疼就给我送来了药；没想到我会与那么多的顾客成为朋友……我没想到，我在家人之外还有家人。

2017年，星巴克提前一年完成了招聘1万名退伍军人和军人配偶的既定目标。2018年，星巴克又在全美国21个州开设了至少45家军人家庭门店。他们的下一个目标是：到2025年为止，招聘2.5万名退伍军人和军人配偶。

此外，星巴克还基于"全球约有3亿青年在就业及教育方面存在欠缺"的状况，不断致力于提供一系列有针对性的社区投入，帮助和提升打工青年群体的就业能力和职业技能，推动他们的职业发展，帮助他们实现理想。

2013年，霍华德·舒尔茨的夫人雪莉与星巴克以及"关爱青少年"和美国青年建筑团，共同打造了一个"咖啡师培训及高中教育项目"，课程的主要内容为学习如何冲调咖啡，该课程共计160个课时，并为学员提供到星巴克门店实习的机会。结业后，学员不仅可以拿到学分，获得高中同等学历，还能胜任任何一家咖啡馆的工作，无论是不是在星巴克。

2014年，在全美国16~24岁的人口中每7个人就有1个人，既不上学也没有工作，既贫穷又弱势，与社会脱节疏远，但依然具备一定的潜质的"机会青年"。为此，星巴克推出了"100 000机遇方案"项目，在2015年成立了有史以来最大的、由用人单位主导的联盟以及配套的"求职作坊"，致力于培训、招聘和留用"机会青年"，同年8月在芝加哥最大的会场举办了一场面向"机会青年"的大型招聘会。

就在芝加哥招聘大会的3个月前，在遥远的中国北京市平谷区，星巴克成立了同心创业培训中心，为打工青年群体举办包括职场模拟招聘会、职场故事分享、职业技能培训在内的多项活动，特别是提升青年农民工群体的职业技能，帮助他们更快、更好地融入社会。

星巴克还捐赠150万美元与中国宋庆龄基金会合作推出了"西部园丁培训计划"，为来自西部四省一市的教师提供职业培训，并且共同启动了"星巴克园丁助学金"项目，支持师范院校的贫困学生完成学业。

到2016年，星巴克已经与10个国家和地区建立了63个合作伙伴关系。藉此，直接为2万多名青年的职业发展和职业技能提供了支持，并帮助他们尽快实现就业。到了2018年，"100 000机遇方案"也已在美国的6座城市中成功举办。

值得一提的是，在实施"为美国创造就业机会"活动的过程中，霍华德·舒尔茨同样受到来自投资者的质疑和反对。轻者说，这是在分散精力，损耗了公司的财力；重者说，星巴克做的是挣钱的买卖，为什么要浪费时间去为别的公司创造工作岗位？

对此，霍华德·舒尔茨始终认为这不仅仅是善举，更是一种谋求民众信任的投资，因为星巴克的努力其实都是在缓解民众的焦虑，都是在向全社会传递"我们同舟共济"的信念与力量。同时，这还会让星巴克的伙伴因看到自己的雇主不是一家仅关注咖啡销售的公司而产生自豪感。

霍华德·舒尔茨的话在来自密歇根州的贝尔维尔·林恩身上得到了验证。她是一位原本不喝咖啡，也从未对星巴克有太多关注的顾客；但是，当她听说星巴克有一个对环境使命的描述，并且特别强调有义务让公司在各个方面的环保表现处于领先地位的时候，她开始有意识地去了解星巴克。

随后，她在与一位星巴克伙伴的交谈中强烈感受到了星巴克和他们的伙伴对社会问题所表现出的令人不可思议的热情，同时这种热情也在强烈地感染着她，令她"热血沸腾"。于是，"当我每周开展志愿活动的时候，都会顺便光顾对面的星巴克店。我之所以喝他们的咖啡，是因为我喜欢这个公司的立场。"贝尔维尔·林恩在接受采访时说道。

在《商业伦理学》杂志"最负社会责任的企业"名单上，星巴克年年榜上有名。的确，对广泛的社会问题的关注并为此投入积极的努力，一方面能够吸引很多像贝尔维尔·林恩这样的顾客青睐星巴克，藉此增强与这些顾客的情感联系；另一方面能够使星巴克相比其竞争对手获得更多的社会尊重。用约瑟夫·米歇利教授的话来说："星巴克是拨响了一根高亢的情感和弦。"

必须要指出的是，在星巴克履行社会责任的过程中，霍华德·舒尔茨一直在强调"平衡"："星巴克不是一个完美的公司，但从公司创建的第一天开始，我们的商业模式就是要在赚钱和社会责任之间取得平衡。"他理性地认为，大的、成功的企业应该比小企业承担更大的社会责任，也理当慷慨大度，但是以不可理喻的高标准来要求它们，也不现实。

"如果你把太多的时间和金钱花在社会活动上，你就不可能建立一个强有力的基业长青的公司。如果你的公司失败了，或是没能发展起来，你就不再能够承担起社会责任了。"霍华德·舒尔茨如是说。

这一点，的确值得我们时刻保持一份清醒的认识，正如我们一直倡导的"平则匡正，衡乃至恒"。

在2014年的股东大会上，霍华德·舒尔茨在身后的66英寸的大屏幕上提出了一个出乎所有人意料的问题：对一家以营利为目的的上市公司而言，我们的角色和责任是什么？

对此，那时的霍华德·舒尔茨曾坦言，我没有一个确定的答案。我只是知道，在公司历史上的这个时刻，我们要多做些事情，并且要坚持地去做，不管有没有欢呼声。

到了2018年，答案已然清晰地呈现在星巴克人的心间——成为合作者、召集者、聆听者、体谅者、教育者、志愿者、分享者和改革者；而另外一份答案更加值得我们参鉴："解决社会问题"并非"提高财务业绩的诸多决策"的派生物，而是同根同体的共生态。"人道"与"生意兴隆"并非你死我活的竞争关系,二者若能共生,企业定会受益良多。

"我们必须正视自己,扪心自问,对我们的伙伴、顾客、邻居、社区,我们是否真正恪守了初衷,实现了核心价值?"霍华德·舒尔茨一再强调。

#　第三篇　品牌系统性建设：
以品牌"八大要素"体系为路径

我们常说，不能形而上学地看问题。

何为"形而上学"？就是片面地、孤立地、静止地看问题。

这是因为，世间万物都是全面的、关联的和运动的。

换言之，任何事物都有其自身的逻辑与外在的关联，我们将之合称为"系统"。

对于品牌亦是如此。

品牌建设的系统性体现在品牌核心要素的构建逻辑与消费心理和行为的轨迹关联的本质及规律。

以战略为始，以资产为终。

其间，以规划定方向，以内涵确定位，以形象做媒介，以传播占心智，以营销建关系，以支撑筑价值，以管理强体魄，以资产致长远。

从最初提出品牌系统性建设的理念，到出版《品牌系统性建设：沿循消费心理与行为的轨迹》，再到《品牌关键：探寻品牌价值的本原与规律》面世，品牌系统性建设的认识论与方法论体系日趋成熟和完善。

如今，恰好能够以星巴克这个成功的全球品牌为样本，与品牌系统性建设体系进行对照和鉴证——对照一下星巴克成功的背后是不是与以"八大要素"为核心的品牌系统性建设方法论体系相符合，是不是在品牌的底层逻辑与顶层设计上能够互相鉴证彼此的正确性。

第九章

规划/内涵：将对咖啡的激情转化为事业

"星巴克之所以能在人们心中产生共鸣，是因为它继承了这种传统，它从自己的历史中汲取了能量，因而与更遥远的过去发生了联系。"

——霍华德·舒尔茨

星巴克今天的成就足以证明，这几十年来的发展之路在方向上无疑是正确的，但在一开始，星巴克的商业模式并不被大多数人认同，而只是在霍华德·舒尔茨的心中是清晰的、坚定的，甚至是激昂的。

　　在这种商业模式中，核心的价值有两个方面：一是咖啡，二是咖啡馆。无论是咖啡还是咖啡馆，都是古老的存在，也早已成为一种传统的商业了。正如霍华德·舒尔茨所言，在欧洲，也包括美国，咖啡和咖啡屋成为"具有社会生活意义"的组成部分已经有几个世纪了。

　　那么，为什么星巴克还能将它们演绎出如此辉煌的成就呢？

　　对此，我们需要话分两头，先从霍华德·舒尔茨初次造访星巴克说起。

　　那是在1981年，作为一家进口瑞典厨具公司的美国分部的副总裁，霍华德·舒尔茨因为对一个叫"星巴克"的客户产生了好奇，专程来到了他还从未来过的西雅图，来到了那个历史悠久的派克市场，推开了星巴克的大门。

　　他后来描述说，那是一个晴朗的春日，天空那么澄澈明朗，几乎把肺都映透了。樱桃树和海棠树刚刚开花，环城三面的山顶上覆盖着积雪，衬映着蓝色的天幕。

　　就在推开门的一瞬间，一股咖啡香味飘溢而出，将霍华德·舒尔茨一下子就吸引过去了。他见到一位店员在熟练地研磨冲泡咖啡，虽然只有短短的几分钟，那一气呵成的操作，在霍华德·舒尔茨看来就像是在做艺术表演。"那里面似乎是个膜拜咖啡的殿堂。"霍华德·舒尔茨很快就被打动了。

　　当店员将满满一大杯新鲜煮制的咖啡端给霍华德·舒尔茨时，蒸腾的香气扑面而来，那是他闻过的最香的咖啡。他微微啜了一小口，只是啜了一小口，这就足以让他"把脑袋朝后一甩，眼睛睁得大大的"，接着又是一口，再是一口，仅仅是到了第三口，就让他感觉到"以前喝咖啡都像是在灌咖啡水"，这让他不禁惊呼："哇！我完全上瘾了。"

他完全被迷住了。于是，他开始不停地询问，关于这个公司，关于来自世界各地的咖啡豆，关于各种不同的烘焙工艺……他急切地想了解更多，因为他强烈地感觉到自己像是发现了一块新大陆，那是一种全新的文化形态，有很多东西可学，有许多空间可以开拓。

就在那天下午，霍华德·舒尔茨按捺不住激动的心情，在旅馆给妻子雪莉打了一个电话。

"我在上帝的国度！
我明白了我应该在哪儿生活了，就是华盛顿州的西雅图。
今年夏天，我要你到这儿来，看看这个地方。
这是我的麦加。我已抵达。"

是的，从此西雅图就成为霍华德·舒尔茨以及他的星巴克的圣地，从这里出发，他就像一位传教士，将对咖啡的膜拜带向全世界。

接下来，我们再从霍华德·舒尔茨的那次米兰之行说起。

1983年，当时还不是星巴克老板的霍华德·舒尔茨到意大利米兰出差。在米兰的大街小巷，他被一家挨一家的咖啡馆深深地吸引了，或者说是迷住了。在咖啡馆里他看到这样的情景。

一位既是老板也是伙计的老者在柜台后面跟他的客人笑着，聊着，他们早就是熟人，甚至是朋友了。在这里，每天见面的都是邻里或朋友，在互相问候着，说笑着，海阔天空地聊着。

即使是不熟悉的人，一旦进入咖啡馆，端起咖啡，就很快熟络了起来；母亲带着孩子来了，退休的老人和老伴互相搀扶着也来了；到了晚上，狭窄的街道两边摆满了桌椅，人们或站或坐，喝着咖啡，吃着小吃……

这完全就是一个舒适的、开放的、类似于社区的、从家庭中扩展出来的社交空间，就像家里的前廊一样。看到这些的霍华德·舒尔茨，"就像一道闪电直击心灵，全身都为之震颤了"。

就在那一刻，霍华德·舒尔茨预感到自己将会大有作为。在他的心中已经在勾画"让大家在咖啡馆享受美味咖啡的同时，还能够满足社交需求"这样的经营模式了，对此，他坚信"这，才是已经存在了好几个世纪的咖啡精神和灵魂，这才是美国咖啡的未来！"

正是1983年的这次意大利米兰之行，才让霍华德·舒尔茨明白了浓缩咖啡才是咖啡体验的灵魂和精神，咖啡店的意义不仅在于教会顾客懂得咖啡，更在于教会顾客享用咖啡。于是，他下定决心要将"咖啡社交"带到美国，开辟美国咖啡的新未来。这个决定在后面的日子里彻底颠覆了那个曾经的星巴克，乃至整个美国咖啡行业的旧商业模式。

从此，这就成为霍华德·舒尔茨的一个梦想，也是一幅蓝图。

我们言归正传，回到品牌系统性建设，回到品牌的规划与内涵上来。

霍华德·舒尔茨曾在《将心注入》一书中转述了时任布鲁克林道奇队总经理的彼得·德鲁克布兰奇·里基经常说的一句话："好运气只眷顾有规划的人。"那么，就让我们从规划的角度来看一看星巴克的"好运"是来自何方，又是如何降临在它的头上的。

按照品牌系统性建设中的规划体系模型，品牌系统性建设要完成三大重要任务：一是判定战略机会，二是界定市场空间，三是确定价值共鸣。

首先，是判定战略机会。如何判断？通过什么来判定？其要素有二，即问题与需求。

我们先来说问题，即行业或消费者存在哪些问题，特别是痛点问题。毋庸置疑，对于咖啡这种产品，其价值的核心有两个：一是品质，二是口味。两者之间又有着必然的联系，口味往往取决于品质。

以当时的美国市场为例，尽管美国在当时已经是全世界最富裕的国家，但那里的咖啡糟糕透顶。这是因为，他们选用的咖啡豆是被伦敦和阿姆斯特丹的咖啡商视为低劣品种的、从爪哇出产的"罗布斯塔"咖啡豆。与之相比，品质精良的"阿拉比卡"咖啡豆却还未进入北美，大部分都被欧洲国家所购买，因为那里的人对咖啡的品味更为讲究。

品种决定品质，品质决定口味。如前所述，烘焙的方式决定了咖啡的口感，而咖啡豆的品种又制约了烘焙方式的选择。在当时的北美，超市里廉价出售的"罗布斯塔"咖啡豆只能采用轻烘焙的方式加工，因为在高温之下，它很快就会被烘焦。当时的美国成品食品公司都会把咖啡豆烘焙得淡一些，一是担心咖啡豆被烘焦，二是可以获得更高的产品产出，以获取更大的利益。

烘焙的方式又决定了咖啡的口感。原来，深度烘焙至黑色可以让咖啡的味道完全散发出来，特别是对于优质的"阿拉比卡"咖啡豆，被烘制得越黑，它的味道就越浓郁。这就是霍华德·舒尔茨初访星巴克时刚喝到第三口就已经被那种咖啡香味摄魂夺魄般地迷倒的原因所在。

的确，在美国，那时的咖啡是从罐头里舀出来的，是从自动贩售机里流出来的，或是从休息室的不锈钢水壶里倒出来的，甚至有时还用塑料杯或是盒子盛装。人们当时对咖啡的认识和需求也仅局限于摄入咖啡因可以提神，而不是它的奇异风味以及后来专用的奶油和方糖。

在20世纪80年代末之前，在美国以及其他许多国家基本上没有人会想到要喝一杯意式浓缩咖啡，或者点一杯泛着奶泡的无咖啡因拿铁。也只有在会见朋友，或是在四星级饭店用晚餐，或是在欧洲度假时，才会想起意式浓缩咖啡。

那时候，人们往往顺路走进街道拐角处的某个便利店，喝上一杯价值50美分的咖啡，还可以免费续杯。约瑟夫·米歇利教授曾经在《星巴克体验》一书中描述道："在便利店里，我们把那黑色的酿造咖啡倒进一个白色泡沫塑料杯中。为了掩盖苦味，我们再把奶酪粉凝块和糖加入杯中，并用一根红色塑料细棍搅拌。最后，我们把零钱递给一位面无表情的店员……尽管这种服务单调乏味、品质低劣，我们大多数人却不知道还可以有其他的方式来'享受'咖啡。"约瑟夫·米歇利教授道出了实情。

在咖啡馆方面，在20世纪80年代，甚至到了20世纪90年代中期，随着郊区化趋势的发展和蔓延，像小酒店、理发店和美容店这样的所有人都可以平等相处，以聊天谈话为主要活动的"中间地带"，慢慢地消失殆尽了，几乎全部被自给自足的郊区家庭取代。大多数美国人唯一可去的市内公共场所就是小餐馆，以及为数不多的本土咖啡店和图书馆。"这是他们结束苦恼不断的一天后，外出阅读、会友或是放松一下的去处。"霍华德·舒尔茨曾这样介绍道。

如果没有这样的"中间地带"，都市地区就无法培育出这种人际来往以及各种人都可以交流接触的场所；而一旦失去了这类场所，人们就只能被限制在自己的小圈子里。因此说，这种场所恰恰是一个城市不可或缺的空间。然而，如果没有咖啡也就无法满足人们的上述需求。这是因为，"在很多时候，咖啡既可以提神醒脑，又可舒缓压力；既可以一人独酌，也可与众人共享。所有这些特点都在咖啡中实现了矛盾的统一。"（星巴克的咖啡专家戴夫·奥尔森语）

因此，那些能够给人们带来轻松的气氛、交谊的空间，以及心情的转换的咖啡馆，按照霍德华·舒尔茨的话来说，美国还没有这种东西。在他看来，这才是咖啡馆真正吸引顾客一来再来的精髓所在。

这就是当时的美国咖啡市场存在的痛点问题。对于咖啡的消费者来说，对品质与味道的更高追求是人的感官需求所决定的，而对于既能独处又不孤独的咖啡场所的更高追求是人的社交需求所决定的。因此，这一切都是注定的，也是永恒的。

说完了问题，我们再来看需求。在20世纪70年代初，美国人，尤其是"西海岸人"，就摒弃了那些加了香料和防腐剂的袋装或盒装食品，因为这些食品时常让人觉得味道不纯正。由此，人们越来越喜欢真正的天然食品，拒绝加工食品。许多人开始买来新鲜咖啡豆自己研磨，追求精良的品质。

在霍华德·舒尔茨的书中，曾经有这样的描述。

在美国，咖啡是放在咖啡壶里，随时加热，顺手就倒进脏兮兮的马克杯里的。大多数美国人，包括我在内，喝的咖啡都是源自轻微烘制的咖啡豆。我的父母只喝速溶咖啡。

在首次喝到星巴克深度烘焙的咖啡之后，我觉得，此前上大学时和早晨上班时为了提神而喝的咖啡简直就是泔水。

在从西雅图返回纽约5小时的飞行途中，我只喝了一口寡淡无味的航空咖啡，马上就倒掉了。我伸手朝自己的手提箱里摸索着，摸出一袋"苏门答腊"咖啡豆，打开束口，嗅着香气。

从"脏兮兮""泔水""寡淡无味"几个词中，我们可以看到，即使是对咖啡并没那么"讲究"的、一直以来都习惯饮用轻烘焙或是速溶咖啡的美国人，当出现更能够让他们感受到咖啡醇美味道的产品时，也依然会对此形成新的需求，乃至追求。还是那句话，这是人的本能。

与此同时，在当时像西雅图和旧金山这样的城市里，已经有越来越多的具有较高品位的人，开始尝试在家里或在餐馆里品尝优质咖啡，但他们几乎没有或很少有机会在工作场所或商场环境中体验优质咖啡，更没有出现那种能够让咖啡融入新的浪漫情怀、加强人际关系、散发迷人特质和神秘气息的咖啡空间。

对于市场来说，痛点问题一般会带来刚性需求，尽管有些刚性需求还仅仅是潜在需求，而潜在需求中恰恰蕴含着潜在的市场机会。对于这个机会，在霍华德·舒尔茨看来，非星巴克莫属。

其次，是界定市场空间。也就是看一看这未来的2.0版的美国咖啡市场，到底是不是星巴克的"菜"。

按照品牌系统性建设的品牌规划体系模型，关于市场空间的界定也是从两个方面展开：一个是自身优势，另一个是竞争态势。

对于星巴克，在优质咖啡方面的资源与能力源于其追求品质的基因与血统，早期的星巴克就是以致力于经营顶级重烘焙咖啡豆为自身定位的；而被霍华德·舒尔茨誉为"星巴克精神之父"的阿尔弗雷德·毕特是最早向美国人推介烘焙黑咖啡的荷兰人，正是他在20世纪50年代将"阿拉比卡"咖啡豆引进美国。

与此同时，他将重烘焙方式也带到了美国。他始终认为，只有通过这种方式才能将优质咖啡豆的风味完全展现出来。也是他，最早让美国人品尝到黑色的、具有欧式口味的咖啡。早期星巴克的两位合伙人正是他最初的、最虔诚的"皈依者"，他们经常会开3个小时的车，就为去买上几袋"阿拉比卡"咖啡豆。

正如霍华德·舒尔茨在后来的《将心注入》一书中所说的，对于星巴克的创办者来说，品质就是一切，对此，他们决不妥协！他们始终追求的就是让"产品超凡脱俗而货真价实"。

由此，星巴克的创办者从一开始就为星巴克种下了追求高品质咖啡体验的种子，并逐渐成为他们的信仰和法则。正因如此，星巴克很早就将"对阿拉比卡咖啡豆进行重烘焙"的理念和模式演变成自己的经营风格和竞争优势，也为后面的高品质发展储备了高水平的专业人才，从而奠定和决定了星巴克在资源与能力方面未来能够赢得竞争的基础。

星巴克还有一个优势同样不可或缺，更无可替代，那就是霍华德·舒尔茨无比坚定的信念。即使是在像"一条低贱的夹着尾巴的狗"一样四处募集资金而又四处碰壁（他曾与242个人谈募款，其中217个人说"不"）的时候，他也依然坚信：团体聚会式的、艺术感很强的，能够联结顾客日常生活关系的要素的，不仅是意大利式浓缩咖啡的精华所在，也是让美国民众知道怎样更好地享用咖啡的关键所在。

后面，我们再来看看竞争态势。

从20世纪60年代开始，众多的美国咖啡品牌就陷入了价格战的"红海"之中。为了获得价格"优势"，他们不惜用廉价的咖啡豆来制作咖啡而不顾咖啡的品质。他们一边让罐装咖啡长年累月地囤积在超市货架上，直到咖啡变质为止，一边在广告大战中大肆吹嘘它的好味道。因为他们都是采取累进式打折销售的模式，几乎没有零售店经营的经验，所以他们始终无法与顾客建立起一种亲密的关系。就这样年复一年，优质罐装咖啡的名声变得越来越差。自1961年美国人均日咖啡饮用量达到3.1杯的历史高峰之后，咖啡消费就开始走下坡路了，这种情况一直持续到20世纪80年代。

与上述情况相比较，那时的星巴克的商业模式是，通过创办者陶醉于其中的烘焙至黑的深度加工法，让咖啡产品超凡脱俗而且货真价实，最终让星巴克成为优质咖啡的代表；不仅向顾客提供他们想要的东西，还要给予他们某种并不熟悉而又超乎想象的东西。如此一来，就能给他们带来全新发现的兴奋感，并与他们结为一体。

最终，"就会形成一个似乎被供起来的市场，其被人追捧的程度超乎你的想象"。对此，霍华德·舒尔茨坦诚地说："最初我还没有足够的聪明才智去充分理解我在星巴克所发现的一切。我花了几年时间才深入理解了这些道理。"

尽管霍华德·舒尔茨曾说,星巴克的创办者没有研究过市场趋势,更谈不上品牌战略规划,但是我们又清楚地看到,他们也的确在判定战略机会、界定市场空间和确定价值共鸣三个方面与品牌建设的内在本质与发展规律不谋而合,这就再次印证了黑格尔的那句哲学名言:"存在即合理。"

当然,没研究过趋势并不代表他不去了解市场。霍华德·舒尔茨与他最初的伙伴在米兰和维罗纳光顾了近500家咖啡吧。他们记笔记、拍照片,记录下咖啡师的操作流程,观察当地人的习惯,以及他们的饮品单、咖啡吧的装饰布局、制作浓缩咖啡的技术,等等。为此,他们不知喝了多少杯咖啡,在户外的咖啡座椅上坐了多久,也不知道勾画了多少个设计草图和计划,想过多少遍如何将意式浓缩咖啡吧原原本本地复制到美国。

正是因为这次深入的了解,才让霍华德·舒尔茨发出了"我们离咖啡的精神和灵魂还差一大截"的感叹。在他看来,所差的那"一大截",就是他不厌其烦地提及的"咖啡的浪漫格调"。正如他在1999年对《品牌周刊》的记者所说的:"我们每天都是以那么几件事开始新的一天,只是这些都毫无浪漫的情调可言,但咖啡能带来一种浪漫和舒心的味道……即便是整天手捧咖啡,都会令人倍感惬意。"

也恰恰是这"一大截"撑起了为星巴克预设的一个广阔的市场空间——以高品质的咖啡以及高品位的体验来满足消费者不断增长的咖啡需求,以期获得更为广阔的"蓝海"市场。

这一点在亚洲市场同样得到了印证。无论是中国人还是韩国人,在经济高速发展的背景下,都喜欢简单快捷的生活方式,加之速溶咖啡捷足先登,又具有经济实惠且携带简便的优点,因此几乎占领了当时这两个国家的整个咖啡市场。如何与它们形成差异化的竞争,就是摆在浓缩咖啡进军亚洲市场面前的第一道课题。

很快，两者之间最大的差异点被找了出来——品质与体验。众所周知，速溶咖啡的品质不高，因此在中国和韩国推出优质、高品位的浓缩咖啡就能形成一个独特的、崭新的市场空间，后来的发展果然印证了星巴克对这一竞争定位的判断。

在《星巴克的感性营销》一书中，金英汉教授指出，一种营销概念要想在消费者印象中根深蒂固，必须要做到以下几点：第一，产品要对消费者有用且很重要；第二，产品一定要具有独特性；第三，产品的种类一定要明确。

以此反观浓缩咖啡。从咖啡消费者的"利益"来讲，口感好无疑是"有用"的，也"很重要"；口感取决于产品本身的"价值"，即醇厚的味道、清雅的香气，而这又取决于咖啡的浓度，这些正是浓缩咖啡的独特之处；从产品认知上来说，新的产品品类可以引发消费者新的需求，拓展出新的市场空间，而浓缩咖啡无论是在当时的美国，还是后来的亚洲市场，都是一个全新的品类，完全是一个空白的市场。

其实，星巴克还有一个非常重要的不同之处，那就是满足消费者个性化的需求。与"千品一面"且"千人一面"的速溶咖啡相比，现煮的浓缩咖啡可以按照因气候和爱好不同而产生的消费者个性需求，将咖啡细分为很多种口味，可以添加不同的辅料，可以控制咖啡因的含量。

其中还涉及一个至关重要的问题，就是利润空间问题，因为所有商业模式的价值最终都要转化为经营利润，才能让企业获得长远的发展。毋庸置疑，高品质的产品加上高品位的体验是能为企业带来高附加值的前提条件，而高附加值正是厚利性回报的源泉。

对此，霍华德·舒尔茨从耐克品牌的发展中得出了答案。他在《将心注入》一书中写道："以前运动鞋只是一种纯粹的商品，便宜、普遍、实用，但总的来说缺乏档次。耐克的战略方针首先是设计出世界水平的跑步鞋，然后到处宣扬这种运动精神，为你展示出一种有质感的运动人生，营造出一种妙趣横生、随心所欲之感。结果就是，在20世纪70年代，一双不错的运动鞋一般售价仅为20美元，而如今人们竟然愿意付140美元去买一双篮球鞋。"

星巴克之后所取得的成功也印证了霍华德·舒尔茨当初选择的方向是正确的。正如他在《星巴克：一杯咖啡所含的成功神话》中所说的："耐克和星巴克虽然都投资了利润较小的市场，但都将自己的产品提升为世界性的文化产品。"

的确，无论怎样的潜在市场，都是客观的存在，对于每一个人都是一个同等的机会，而这个机会最终归属于谁，更多是要看谁对这个机会能够做出准确的预见及精准的判断。在那次米兰之行以后，霍华德·舒尔茨就预见到了，"不仅让顾客喝上一杯上好的咖啡，还要让他们享受咖啡的美好时刻"，这才是星巴克要做的；同时，他也预见到，机会就像脚下的大地一样无限宽广。

这种对未来的预见必须是超前的，必须要为先行者预留出一定的发展时间与空间。正如霍华德·舒尔茨后来所说的："那些大一统的垄断性食品公司倘若早早涉足营销特种咖啡，早就将我们打败了。特别是那几家拥有优质烘焙咖啡豆，在各自的地盘上名声颇佳的店铺，如果哪家有意向全美发展，并能得到资本的支持，就可能对星巴克构成很大的威胁。"

他们"居然没有哪一家打算扩展，等到想扩展时为时已晚。"对此，霍华德·舒尔茨说，时运好坏或许是决定成功与否的要素之一，我们必须在别人看不到机会的时候去创造自己的机会，并准备起跳。

因此，在《将心注入》一书中，霍华德·舒尔茨将这样一句话作为一个小节的主题："所谓见解，就是见人所未见。"对于"预见"，有一件事情与事物逻辑的合理性同样至关重要，那就是霍华德·舒尔茨心中那份强烈的使命感。

在从西雅图返回纽约的飞机上，星巴克就像一块闪闪发光的珍宝，令霍华德·舒尔茨片刻不停地在想着它，以至于即使是在一万英尺的空中，他也能感受到星巴克对他的牵引。仿佛有一种魔力，给他带来前所未有的激情和使命之感："当我降落在肯尼迪机场时，我心里知道：就是它了。"

有时，命运也许只是为你开了个头而已，后面的问题还需要自己去面对。基于大的战略方向，如何做出一个正确的商业规划，是摆在星巴克面前的一道必须破解的难题。

第一个问题便是，当顾客只知道"普通"咖啡的时候，如何说服他们为口味醇厚的调制咖啡和它的异国情调而多花6~8倍的价钱呢？就像约瑟夫·米歇利教授所形容的，当一个人本可以在抓起一杯咖啡的同时还能够购买牛奶、汽油和一张报纸的时候，谁又愿意为了体验欧式咖啡馆而费时、费钱呢？

第二个问题是，一直以来人们都认为，最有发展潜力的企业是那些获得了专利权的企业，因为只有获得了专利权才能永远保持别人所没有的竞争优势。在形成牢固的市场地位之前就可以筑高准入门槛，防止竞争者蜂拥而上，进而降低经营风险，如那些生物技术企业、软件设计企业、通信企业等。

咖啡尽管是世界上仅次于油的第二大普及性贸易商品，但与上述条件风马牛不相及，因为咖啡企业不可能封锁世界优质咖啡的供应，不可能持有重烘焙的专利，也不可能将"拿铁"从美国普遍流行的词汇中分离出去，明天谁都可以就在隔壁开设一家意式浓缩咖啡吧，加入竞争行列中。

所有这些，对于当时的霍德华·舒尔茨，对于当时的星巴克，都是一个"未知数"。然而，对于一个具有伟大的企业家潜质的人，在预见未来的时候，首先选择的是机会导向，而不仅仅是问题导向，这也正是他们的超凡之处。这是因为，问题是在做的过程中解决的，解决问题的方法也是在做的过程中找到的。

内心所向，便是命运所指。对此，我们不能因为第二步的不确定而不迈出第一步。问题就在于，所有这些是不是你所渴望的，乃至梦想的。

对于一个市场机会的预见，判断该不该干是第一步，决定如何去干是第二步。我们不能因为第二步的不确定而错过，甚至是放弃迈出第一步的机会，而这"第一步"，在霍华德·舒尔茨的心中是一件"梦想之事"。为此他说："我不做小梦，我要做大梦！""不仅让顾客喝上一杯上好的咖啡，还要让他们享受咖啡的美好时刻。"这正是他心中那个最大的"梦"。

当梦想涌动之际，他义无反顾地做出决定：离开原来熟悉的环境，去发现和实现梦想中的那个"我"。对此，他说："这是我在1985年做的事。如果我不这么做，星巴克就不会是今天的样子。"就这样，历史最终选择了星巴克，命运也选择了霍华德·舒尔茨。

1971年4月，视品质为一切的星巴克拉开了序幕。6年之后，怀揣一份咖啡激情与人文精神，要将一曲咖啡咏叹调带到星巴克的"金色大厅"中去演奏的霍华德·舒尔茨登场了，因为他已经听到了"那种难以言表的浪漫情怀和社区情结的召唤"。正如他后来所说的："我相信命运！"

最后，是确定价值共鸣。

在后面几十年的星巴克发展历程中，霍德华·舒尔茨正是铭记这个"召唤"，与伙伴、顾客乃至所有的人，以及大家共同的未来形成共鸣。对此，他始终认为："星巴克之所以能在人们心中产生共鸣，是因为它继承了这种传统，它从自己的历史中汲取了能量，因而与更遥远的过去发生了联系。"

这种传统、这种能量、这种联系都是围绕着两个深刻的内涵：咖啡与精神，即咖啡的浪漫与人文的精神。星巴克对浪漫咖啡的追求以及对人文精神的激励，真实和亲切地体现在每一人、每一杯及每一个社区上。

从确定价值共鸣的角度来看，一家企业必须围绕自身的优势和竞争的态势，在一个属于自己的市场空间里，能够与目标人群形成价值的共鸣与心智的共振。要实现这一目标的前提是，要告诉对方，你是谁，你跟别人有什么不同（市场定位），你能做什么（价值主张），你能给别人带来什么（利益承诺）。这就是品牌系统性建设方法论中的品牌内涵体系。

对此，我们已从《星巴克使命宣言》中找到了答案。

我是谁？

致力于成为全球极品咖啡的翘楚。

我跟别人有什么不同？

在公司不断成长的过程中，始终坚持一贯的原则。

我能做什么？

【咖啡】一直追求卓越品质，并将永远如此。星巴克致力于通过以"道德采购"的方式购买高品质的咖啡豆，采用最高标准进行采购，精心烘焙，并提高种植者的生活水平。

【伙伴】提供良好的工作环境，创造一个可以自由工作、发挥所长的场所以及相互尊重、相互信任的工作氛围；永远相互尊重，维护对方的尊严，并将始终以此作为彼此相待的标准。

【顾客】从承诺制作一杯完美的饮品开始，全身心地投入，以高度热忱满足顾客的需求，与顾客真诚沟通，分享快乐，联结彼此。

【门店】提供最新鲜的咖啡，任何时候都充满人文气息。为顾客营造一种归属感，提供一个港湾、一个远离外界纷扰的空间、一个与朋友相聚的处所。

【社区】积极贡献社区和环境，认真承担邻里之间应尽的责任。无论在何处营业,都可以成为一股积极行动、带来正面影响的力量。

【股东】能够做好工作的每个环节,完全值得信赖。

我能给别人带来什么?

·提供振奋人心的生活体验和归属感——哪怕只是片刻时光;它使人们得以享受不同生活节奏带来的快乐——时而悠闲自得,时而步履匆匆。

·让星巴克以及和星巴克相关的每一个人都能深受裨益,大展所长。

·汇合我们的伙伴、顾客和社区共同创造出美好的时光。

必须要指出的是,无论是对于自身价值的构建,还是对消费者共鸣的营造,星巴克衡量自己成功与否的标准从不局限于商业上的成功。正如霍华德·舒尔茨曾经强调的:"作为一名商业领导者,我的目标从来不局限在获胜或盈利上,我更渴望打造出伟大而永恒的商业帝国。"

对于这种"伟大与永恒",霍华德·舒尔茨认为应该是这样的:追逐利润但不违背人伦道德;在盈利与社会良知之间找到平衡;先惠及业务链各环节的相关人员,然后再满足股东的需求;要尽自己最大的努力尊重每个人,无论是咖啡农还是咖啡师,无论是顾客还是同行。

霍华德·舒尔茨始终认为,星巴克所涉足的领域远不止咖啡行业,但是没有了顶级咖啡,星巴克就失去了存在的理由。因此可以说,咖啡也是星巴克品牌与消费者形成共鸣的核心所在。星巴克将调制意式浓缩咖啡视为一门艺术,要为咖啡赋予"激发人类灵感"的附加价值。在别人看来,也许这个使命未免太过崇高,但星巴克人认为,这是他们应该做的。

如果咖啡师只是机械地完成动作,或并未全身心投入因而调制出味道太淡或是太苦的劣等咖啡,星巴克就违背了品牌的内涵:让咖啡豆浪漫化,让顾客浪漫化,让所有感觉都浪漫化。这些恰恰是让顾客在星巴克感到满意乃至喜欢的、最为独特和强烈的利益诉求输出。正如霍华德·舒尔茨所言:"我们追求的不是最大限度的销售规模,而是试图让我们的顾客体会品味咖啡时的浪漫。"

藉此,星巴克要为那些看似平庸的东西注入从未有过的活力和与众不同的魅力。因此,对于星巴克来说,他们的产品不单是咖啡,咖啡只是一种载体。正是通过这个载体,星巴克将一种独特的格调传递给顾客,让他们在星巴克所体验到的是一种文化层次很高的感性消费。因此,星巴克人坚信,他们所创造的东西拥有装点他人生活的潜力。

在人们被众多争端割裂为零散个体的年代,努力建立人与人之间的联系;在人们被各种问题深深困扰的日子里,为他们营造一个可以独处或沉思的空间;在偷工减料成为行业"潜规则"的竞争中,即使成本增加,也依旧践行道德准则……

当然,还有尊重及尊严,激情及欢笑,同情、共享及责任,诚实及可信。

在顾客发现东西丢失之前就把原物归还;

门店经理赢了彩票把奖金分给员工,然后照常上班;

加利福尼亚州南部的一位店长聘请了一位有听力障碍的人并教会他如何点单,让他感受到友好的气氛;

…………

所有这些,都在帮助星巴克"将长期的兴旺基于由自身的价值观和指导原则所构建起的竞争优势上",而这些在霍华德·舒尔茨的心中,始终是一块能够检验星巴克能否行稳致远的"试金石"。

霍华德·毕哈一直在强调,星巴克"不是在经营那种卖咖啡给客人的生意,我们是在经营一项提供咖啡的人的事业"。那么,在我们看来,"咖啡的生意"是星巴克的产品价值,"人的事业"则是星巴克最大的品牌附加值。

正是这份附加值，成了星巴克坚持不懈、矢志不渝的价值导向。即使在很多人的眼里有些狂妄，但星巴克人始终不愿放弃，哪怕是在他们感到迷茫的时候。也正是这份附加值成为星巴克除产品之外的另一大竞争优势——恰恰是在"人"这个支点上，星巴克与世界各地的顾客形成了更为广泛和深刻的价值共鸣。

只有培育出以人性的光辉、人道的力量和人文的精神为底色的品牌内涵，才可以"帮助星巴克判断公司各项决策的正确性"，才能让星巴克咖啡拥有强大的核心竞争力和持续发展力，才能为星巴克在具有高度可复制性的咖啡赛道上筑起一道难以跨越的竞争壁垒和品牌护城河，最终为企业赢得高附加值、可持续的长远发展。

对此，霍华德·舒尔茨曾斩钉截铁地说："如果大家对此不能达成共识，要想取得成果是不可能的！"

对于这个"成果"的取得，霍华德·舒尔茨从一开始就充满信心："我们要将老规矩搁在一边，抓住看似不可能抓住的机遇，攀登难以达到的巅峰。总有一天会走向公众生活，顾客将会非常尊重我们的品牌，'来一杯星巴克'将会成为他们挂在嘴边的话。"

机会判定对了，市场界定好了，方向就明确了，路径就清晰了。星巴克从此"从头开始""将心注入""一路向前"，与身边的所有人，一起朝着终点砥砺前行。

正如霍华德·舒尔茨所言："从那以后，我和星巴克都变了。"

第十章

形象/传播：感性形象传递下的场景传播

"在这个不断变化的世界上，最强大、最持久的品牌是建立在人们心里的——这才是真正可持久发展的品牌。"

——霍华德·舒尔茨

在价值与利益以及心智与关系这个品牌逻辑与关联的链条中，中间有一个要素，就是品牌形象。品牌通过"形象"来传递品牌的价值及利益的内涵，连接并影响消费者的心智，进而与消费者建立起亲密的关系。因此可以说，"形象"是品牌与消费者之间认识与认知的媒介，是品牌与消费者之间认同与认可的前提。

下面我们就从品牌视觉识别（VI）系统、理念识别（MI）系统、行为识别（BI）系统、环境识别（EI）系统四个维度来介绍和解读星巴克的品牌形象识别系统（CI）。

VI——打造属于星巴克的绿色世界

星巴克VI体系建设是极具特色的，因此也给广大消费者留下了深刻的印象。我们先从"星巴克"这个名字开始讲起。

"星巴克"这个名字源于有着"美国的莎士比亚"之称的著名小说家赫尔曼·梅尔维尔所著的《白鲸记》中一艘名为"裴廓德号"的轮船上一位爱喝咖啡且处事极其冷静、极具人格魅力的大副的名字，以此来寓意早期咖啡经销商远洋和航海的浪漫情怀，而这也在冥冥之中为后面的星巴克大力激发咖啡所蕴含的浪漫气息，并将其弘扬至全世界埋下了伏笔。

既然定下了"海"与"浪漫"这两个主题，那么标识也要延续这个调性。后来，一幅16世纪的斯堪的纳维亚木刻画激发了他们的灵感，画上刻着一条双尾"美人鱼"，那姿态恰好符合星巴克"海之浪漫"的情调，象征着咖啡对人的吸引与诱惑。

在霍华德·舒尔茨入主星巴克的1987年，以及后面的1992年和2011年，星巴克的标识一共经历了三次重大改进，目的就是通过不断优化标识的专业调性和品牌调性两个方面，使其外在的观感和内在的含义都能得到进一步完善与提升。

在设计调性上，星巴克的标识先是脱离了最初的版画风格，后来又效仿苹果与耐克等品牌的无字标识模式，将原本环绕圆形"美人鱼"图像的外圈，连同位于内圈和外圈之间的"STARBUCKSCOFFEE"字样全部拿掉，只保留了进行放大处理的"美人鱼"图像，宛如这条"美人鱼"的大特写。

在品牌调性上，先是将原先裸露的胸遮盖起来，后来又将"美人鱼"如双腿般的完整鱼尾改为显示一半，使"美人鱼"变得更为端庄淑雅。如此，一方面顺应了星巴克品牌日益朝着高端、大气的方向发展的趋势，同时赋予了该标识在原始与现代双重维度上的全新含义。

将旧标识中被圆圈围住的"美人鱼"移至圆圈之外，其用意就在于，使其符合"秉持多元化是我们企业经营的重要原则"这一方针，预示着星巴克的未来发展将具有更高的自由度和灵活性，经营思维也将跳出咖啡以外，会开拓出更为多元化的业务，最终将传统的咖啡带进现代，带向未来。

至此，今天呈现在我们眼前的是一个对称的、有序的，富有节奏和韵律的视觉传达，勾画出一个深刻又含蓄、简洁而流畅、平和且宁静的，横跨欧亚、覆盖全球的王者形象。这样的品牌标识更加符合简约、高雅的审美趋势，易于设计在不同的产品上，具有很强的辨识性、传播性和记忆性。

不要小看品牌标识的作用，星巴克就有顾客因为对当时的标识有看法，曾经"扬言"："你们若是不做修改，我就再也不买你们的咖啡。"那是一位女权主义者的母亲,对于"双腿般的鱼鳍舒展开来,并高高举起"的"美人鱼"形象,她怒不可遏地打电话质问:"我家的孩子问我,为什么她那两条腿是那样的姿势。"

尽管修改后的"美人鱼"在设计师赫克勒的眼里更像是"带着烘焙手套的皇后",但是顾客似乎满心喜欢。一位名叫加娜·奥本海默的星巴克员工回忆道:"后来,有越来越多的顾客对我们所说的第一句话就是'能给我一个你们的标识吗?'"

需要特别强调的是,在品牌系统性建设的体系中,品牌形象设计的首要任务是表现和传递品牌的市场定位与价值主张,只有将这项任务与设计观感完美地结合在一起才是一个品牌标识最佳的呈现。

曾任星巴克首席创意官的阿瑟·鲁宾菲尔德(原来,这位曾带领星巴克叱咤房地产市场的先生,还有这么一个跨界头衔)就一再强调:"不管怎样,实体设计都需要准确无误地传达品牌定位。"在他看来,零售店设计最困难的就是要把公司的整体形象、使命、文化与实体设计方案联系在一起。因此,他指出:"判断一个门店的设计是否成功的标准就是,如果你今晚拿掉了门店前面的招牌和商标,明天来到门店前的顾客是否还会知道这是一家星巴克咖啡店。"

这与星巴克全球创意工作室包装部的创意总监迈克·佩克"所见略同"。他曾介绍说:"虽然商标上的'咖啡'字样不是重新设计的主要原因,但它确实容易让顾客在体验时感到困惑,因为我们还有其他很多不含咖啡的饮品销往国内外。例如,我们有香草口味、巧克力口味以及草莓口味的冰淇淋,它们不含任何咖啡因。"

"因此,基于'简洁和纯粹'的设计原则,在最新版的标识设计中才将周围的一圈文字和环形去掉,去除了星巴克固有的'咖啡'标签,让'美人鱼'成了唯一的主角,简化了顾客的视觉识别的过程。"迈克·佩克介绍说。

除了"美人鱼"之外,星巴克给人们留下最深印象的便是它的那"一抹绿",无疑,在品牌色彩构建中,星巴克是以绿色为锚点的,再藉此梳理和定调每一次或是每一类的视觉应用。因此可以说,色彩也始终是星巴克视觉识别体系中非常重要的元素。

首先,从商标、用具、菜单、制作物、食品包装到社交平台上的营销素材,再到店内服务员的围裙等一系列的应用场景中,星巴克都在依循"绿色"这个主轴强化视觉诉求,使设计风格的呈现保有高度的一致性和有序性。最终让星巴克的那一抹"绿"成为顾客对品牌从认识到辨别的初始的起点,以及对品牌从记忆到联想的持久的支点。正如星巴克另一位创意总监Ben Nelson所说的:"从星巴克经典的美人鱼LOGO(商标或徽标)及店员的围裙出发,我们打造了属于星巴克的绿色世界。"

其次,为了实现延续主视觉,强化人们对色彩的认知与记忆,同时又能丰富星巴克的色彩世界的目的,星巴克的绿色会根据不同的季节,以及不同的产品运营和营销活动场景而呈现出一致但不一样的表达,不断从新推出的饮品中提取灵感,挑选出流行色调来为包括海报、包装等视觉形象展开或延伸出一系列的创意设计。特别是在包装设计上,星巴克始终追求色彩、材质和艺术三者之间的完美融合,在立意中体现不变,又在创意中表现变化。

再次,星巴克的设计团队还从咖啡制作的四大阶段中"提取灵感",分别以绿色代表"栽种",以深红色和暗褐色代表"烘焙",以蓝色和褐色分别演绎制作阶段的水和咖啡"滤泡",以浅黄色和白色诠释咖啡的"香气"。这一系列视觉形象的设计,非常符合星巴克品牌的特征与调性,各种颜色所表达的视觉形象毫无违和之感。

最后,在字体的选用上,星巴克采用的是实用主义风格,没有选择一般的咖啡店比较喜欢但在阅读上不易辨识的手写体,而是选用了耐看易读的字体Sodo Sans、Lander、Trade Gothic LT。其中，Sodo Sans中规中矩，是星巴克运用最为广泛的一种字体，常见于文案内容；Lander是衬线字体，主要用于情绪感染和渲染的表达场景；而轮廓利落的Trade Gothic LT一般作为标题使用。

如果我们来为星巴克的视觉识别体系做一个总结的话，那么在我们看来，星巴克所追求的是基于功能性之上的实用性，以及基于感染力之上的传播力。之所以得出这样的结论，是因为我们不难看出，星巴克对于品牌形象的视觉设计，始终强调在经营功能和品牌调性上的双重性评价，以期实现在具备很强的感染力的前提下，还能拥有较强的功能性服务价值。最终，通过艺术的呈现将品牌与产品，乃至与人联结起来。

正如Ben Nelson所言："尽管，每件视觉设计作品都有属于自己的位置，但最终还是取决于被设计的物件是以怎样的面貌与消费者接触、沟通的。"

MI——因为以人为本，所以将心注入

关于星巴克的理念识别体系，我们需要从一个人和一本书谈起。

这个人就是我们在前面多次提及的，曾经担任星巴克销售部和运营部执行副总裁、国际部总裁、北美区总裁的霍华德·毕哈。他出版过一本有关星巴克的书，只是书的名字有些出人意料：《星巴克，一切与咖啡无关》。那么，在像霍华德·毕哈这样的星巴克人的眼里，"与咖啡无关"的星巴克究竟与什么相关呢？

霍华德·毕哈加盟星巴克后指出的第一个问题便是：为什么星巴克手册翻到第三页还看不到"人"这个词呢？随即，他又诘问道："难道

不应该把'人'放在优先的位置吗？"因为在他看来，一切都与人有关，与所有人有关。"如果没有了人，我们将一无所有！"他一再强调，星巴克经营理念的精髓就在于："没有人，就没有咖啡。"

从此，星巴克从上至下都将自己定位为"不是在经营那种卖咖啡给客人的生意，我们是在经营一项提供咖啡的人的事业"。对此，霍华德·舒尔茨将这种共识的达成视为霍华德·毕哈对星巴克最重要的贡献。由此，星巴克便坚定不移地走上了"人本主义＋关系法则"双轮驱动的发展之路。正因如此，霍华德·舒尔茨才为《星巴克，一切与咖啡无关》一书写下了这样的推荐语："这本书激动人心且颇具指导意义，它讨论的主题正是'人'。"

在人本主义的指引下，星巴克以《星巴克使命宣言》为核心，逐渐归纳出以顾客为中心的品牌理念体系。

【品牌愿景】将星巴克建成全球极品咖啡的翘楚，成为世界上知名度最高、最受尊重的品牌。

【核心价值观】以星巴克的伙伴、咖啡和顾客为核心，营造一种温暖而有归属感的文化，欣然接纳和欢迎每一个人；积极行动，用于挑战现状、打破陈规，以创新方式实现公司与伙伴的共同成长；在每个连接彼此的当下，星巴克专注投入，开诚布公，互尊互敬；对于每一件事，星巴克都竭尽所能做到最好，敢于担当；从人文视角出发，星巴克追求卓越业绩。

【品牌使命】激发及孕育人文精神——每个人，每一杯，每个社区。

【品牌主张】这不仅仅是咖啡而已，还包括有关咖啡的浪漫气氛和温暖的感觉。

【品牌承诺】提供完善的工作环境，并创造相互尊重和相互信任的工作氛围；采用最高标准进行采购烘焙，并提供最新鲜的咖啡；以高度的热忱满足顾客的需求；积极贡献社区和环境。

【经营理念】秉持多元化是我们企业经营的重要原则；认识到盈利是我们未来成功的基础；真诚地致力于发展顾客，绝不在道德标准上做任何妥协或者完全向利润看齐。

值得一提的是，2008年金融危机爆发后，重回CEO岗位的霍华德·舒尔茨着手重新构建公司未来时，先是由伙伴组成大大小小的团队，然后共同对公司的价值观和业务重点进行反复讨论，最终有两项重要的成果由此诞生，其中第一项便是重新阐述星巴克的指导原则的新的《星巴克使命宣言》。

将星巴克建成全球极品咖啡的翘楚，同时在公司不断成长的过程中，始终坚持自己一贯的原则。
- 提供完善的工作环境，并创造相互尊重和相互信任的工作氛围。
- 秉持多元化是我们企业经营的重要原则。
- 采用最高标准进行采购烘焙，并提供最新鲜的咖啡。
- 以高度热忱满足顾客的需求。
- 积极贡献社区和环境。
- 认识到盈利是我们未来成功的基础。

随后，星巴克的伙伴在一张放大的《星巴克使命宣言》上郑重地签上了自己的名字。《星巴克使命宣言》的开头便是一行大字——激发和孕育人文精神。

BI——人本主义指引下的关系法则

在"理念识别"之后,我们从"行为识别"的角度再看看星巴克到底是怎么做的。如果说人本主义是星巴克的理念识别体系的底层逻辑,那么关系法则则是星巴克行为识别体系的顶层设计。前者是认识论,后者是方法论。

对此,霍华德·毕哈在《星巴克,一切与咖啡无关》的引言中指出,星巴克之所以将自己的生存法则归结为"关系法则",是因为他们坚信,你用心培养起来的与其他人之间的关系会帮助你拓展生意。"一切只是这么简单,但这才是重中之重。"霍华德·毕哈不容置疑地说。

理念之下便是行动,正如曾任星巴克国际营销主管的马丁所说:"我们必须保护和建设品牌,每个人的一举一动都会给它带来影响。"因此,面对顾客,星巴克的小伙伴在不断地实践"one cup at time(一步一步地,扎扎实实地)"的准则,透过每一次和顾客在店里相遇的机会与瞬间,实现"用自己的智力、心力和劳力,热情地解决问题,而且绝不争功诿过"的承诺。

对此,霍华德·舒尔茨曾深情地说:"是那些围着绿色围裙的伙伴,他们才是真正的公司形象,他们才真正代表星巴克的品牌。"

在员工实际的行为识别系统中,对具体产品操作和服务流程都有着规范的管理。例如,要充分保证咖啡豆烘焙的时间,以确保占原有重量20%的水分被烘干掉,使得烘焙后的咖啡中咖啡因含量较低,咖啡豆风味更加醇正扎实,哪怕这样做在很大程度上会影响经济效益也在所不惜。

在烹煮时,要做到只煮顾客那一杯咖啡。星巴克最初的标准是,咖啡机要在18~24秒冲出一杯咖啡,而这杯咖啡必须要在10秒以内送到顾客手上。如果没有达到这个标准，星巴克允许员工将做好的咖啡倒掉，并将其计入营业成本。门店的咖啡豆如果在7天内没有用完，也必须要倒掉或捐赠掉。

就连参观星巴克的烘焙厂房都有着严格的行为规定：鞋跟高度必须低于一英寸，不准穿露脚趾或脚踝的鞋子；身上佩戴的饰品必须收起来；禁止喷洒香水或古龙水，不准使用含有香气的乳液，禁止吸烟和嚼食口香糖，以确保不让其他的气味掺杂进来，对咖啡的原始味道产生不良的影响。

在服务上，也同样有着规范性行为对应的标准流程，甚至是对于员工的表情都有着专业化的管理。

R（点单）："您好，不好意思，让您久等了。"然后推荐饮料，推荐点心，对吧台咖啡师进行饮料传呼，和顾客聊天并致谢，指明取饮料的位置。

B（吧台）：正确回呼饮料、标示饮料、制作饮料。"不好意思，让您久等了，您的×××好了。"可以适当聊天，并指明调味吧台的位置。

C（外场）：保持露面整洁，注意到每个顾客的需求，并且可以和顾客聊聊天。

F：在高峰时段，为正在点单的顾客后面的顾客点单，标示杯子给吧台。

在这些动作和语言的传递中，服务人员的表情至关重要。因此，星巴克具有全球化标准化的服务人员表情，同一个表情细节可能会重复上万次。

顾客进店的瞬间，员工的目光在10秒钟内一定要与其相视，让顾客一开始就有被关注、被关心的感受。如果有顾客不小心弄翻了杯子，不要急着去收拾，而应该先安慰顾客，告诉他你也曾将杯子里的咖啡打翻过，不必介意，然后再去收拾残局。

正是这些伙伴规范的动作、诚挚的语言和善意的表情，才赋予星巴克人本主义价值观以"更有激情、决心和坚持不懈的精神"；才会让"一切都与人有关"这句话并不是一个空洞的概念，而是一种切实的行动；才让星巴克的伙伴能够在对星巴克关系法则的不断践行中"发现很多美妙的东西"；才会让星巴克对其所服务的所有人所做的一切令人耳目一新而又富有内涵；才会让星巴克以"能培育并激励'人'的精神而闻名于世"。

EI——星巴克"第三空间"的环境识别

与其他企业不同的是，环境识别对于星巴克来说更是至关重要。与其他食品连锁品牌相比，星巴克对于门店的设计始终坚持"以不变应万变"的设计理念和策略。

所谓"不变"，是门店环境设计的四大内核不变：符合"第三空间"的内涵，满足人们社交的需求，迎合人们既能独处又不孤独的需求，同时还要体现出星巴克独有的环境调性，让人们身处其中便能感受到星巴克的理念与韵味。

因此，在灯光上，要用暗红色与橘黄色的色调来营造出静谧而不幽闭、温馨而不阴暗的环境氛围；在装修上，要用深色及厚重的饰材与家具来传递富有质感和稳重的感觉；在装潢方面，以展现咖啡内容的墙画以及抽象派绘画作品为主体，表现星巴克的品牌属性与艺术审美；再有，以精美的饰品和时尚类期刊来凸显时代与时尚的潮流……

此外,环境的统一性还体现在从视觉到触觉、从听觉到嗅觉,直至味觉的系统性设计,这是星巴克所独有的环境识别之道。让每一位顾客都能获得温馨的视觉体验、醇香的嗅觉体验、舒缓的听觉体验、质感的触觉体验,最终是浓烈的味觉体验。就这样,星巴克将典型美式文化逐步分解成可以感受和体验的环境元素。

在"不变"之上也有"万变"。所谓的"万变"就是基于门店所处的不同国家或地点以及原有建筑的不同风格等特征,在因地制宜的原则下,融合当地的文化属性和艺术风格以及原有的特色,设计出既保留原汁原味的建筑元素,又具有统一风格的方案,让每家门店都有与众不同的建筑观感和内涵一致的设计风格。

在环境识别上,星巴克依然强调功能性与感染力的结合,将其与用户体验紧密且适宜地融合在一起。正如吴汉中在《美学CEO》里所提到的,星巴克的设计并不是一成不变的,而是在规范与使用者体验之间取得一个平衡。这种"平衡"是在门店的空间、商品、服务与顾客的消费、滞留、走动、观赏等方面的平衡,是一种在合理中实现和谐的平衡。

星巴克门店所采用的"横式布局"就是为了让顾客能够沿着展示柜、点单区、操作台、取单区、自助区有序移动——顾客既可以及时拿到饮品,又不会交叉拥堵;各种自取物被单独安置在顾客前往座位的必经之路上。一路走下来,既可以完成一次购买和自助服务,又可以增强亲近感,见证星巴克咖啡是如何诞生的。

兼顾"感染力"和"功能性"两大考量因素,星巴克的设计师必须要在第一线的门店里工作,然后通过设计将店面环境与顾客和咖啡师的需求结合起来,让店面环境既有美学的感染力,又具备能满足消费与服务的功能性。

正如约瑟夫·米歇利教授所评价的,在《财富》500强企业中,只有极少数公司能够深入这一步,来保证关键的构想和规划能够贴近顾客的需求。因此,人们常说,星巴克并不只是在卖"咖啡",也在贩售"咖啡感受"。这使得环境识别下的基于情景消费的感性形象传递就成为星巴克主打的整合传播营销策略。最终,消费者买的不只是咖啡,而是连同空气和气氛一起买单。

从视觉识别到理念识别,从行为识别到环境识别,星巴克对品牌形象识别系统的打造强有力地美化了顾客对品牌形象的感受,极大地优化了顾客对品牌内涵的体验,进而提升了星巴克品牌从认知转化到市场转化的水平,为企业赢得了更为广泛的信任度和更为深化的美誉度。

在品牌形象体系之后便是品牌传播体系。如前所述,品牌的本质与规律就是价值、利益、心智与关系。品牌传播的职责就定位在心智这个维度上。品牌传播是企业与消费者接触的开始,开启了品牌与消费者沟通、交流和互动的进程。

其目的就是通过向消费者传递理念、表明态度、告知价值、做出承诺,以及向消费者推广产品、介绍功效、分享体验、答疑解惑,最终通过实现消费者对品牌从认识到认知、从认同到认可,直至认定的心智改变,从而提升品牌的知名度和信任度。

霍华德·舒尔茨常说,星巴克以一种商业教科书上没教过的方式创立了自己的品牌。正如他在全球品牌网站上所说的:"星巴克的成功充分显示,我们深深地打动了顾客的心。我们每天直接和顾客接触、互动,这是我们相对于其他经典咖啡品牌的竞争优势。"他进一步说:"我们的品牌不像汽水那样摆在超市的架子上。我的伙伴会记住你爱喝的饮料、你的名字,甚至你小孩的名字。"

因此,约瑟夫·米歇利教授指出:"其实,星巴克伙伴自动自发地投入才是他们和顾客建立紧密关系的主要功臣。公司领导只是帮助伙伴掌握机会,让顾客的生活变得更加美好。"

"而在这样做的同时，星巴克的品牌也随之建立起来。"约瑟夫·米歇利教授强调道。

的确，星巴克并没有采取其他品牌经常采用的广而告之的形式进行品牌传播，而更多是采用直接面对消费者（Direct To Customer，DTC）营销的方式，充分利用"第三空间"直接面对终端消费者进行品牌传播。与传统媒体如电视广告等的传播方式相比，这种营销方式更接近消费者，更注重对消费行为的研究，更重视对消费者生活形态的把握。

正是通过这种直接对话的方式，再加上足够的耐心和经验，星巴克很快就将一个地方性品牌提升为一个全国性乃至全球性的品牌。接下来，我们就从品牌系统性建设应用体系中品牌传播的"五要素"模型出发，来解读星巴克与众不同却又极富实效的品牌传播体系的构建。

为何传——目的：树立星巴克"咖啡+人文"的品牌形象

品牌传播一定不能为了传播而传播，一定要具有清晰的目的性。换言之，传播只是手段，它要为树立和弘扬品牌形象服务。因此，在整个传播逻辑中，目的是第一性的，是导向性的。毋庸置疑，品牌传播的首要目的一定是围绕品牌内涵（价值主张和利益承诺）来传播品牌的主体形象，因为这才是吸引关注、引发共鸣、建立信任的最为重要的驱动因素。

霍华德·舒尔茨一再强调："星巴克所涉足的领域远不止咖啡，但是，没有顶级咖啡，我们就失去了一切。""我们不是在经营那种卖咖啡给客人的生意，我们是在经营一项提供咖啡的人的事业。"由此可见，高品质的咖啡及其与之相关的"人"正是星巴克的品牌内涵的核心所在。

因此我们说，"咖啡+人文"代表了星巴克品牌内涵的底层逻辑。在此基础之上的顶层设计就是：以"高品质咖啡"这个价值主张为始，以"向所有与之相关的人输送完美的品牌体验"这个利益承诺为终。也正因为如此，传递和弘扬咖啡激情与人文精神就成为星巴克品牌传播的目的。前者代表了星巴克品牌的高品质，后者代表了星巴克品牌的高品位，二者合一便代表了星巴克"全球极品咖啡的翘楚"的品牌形象与行业地位。

正如霍华德·舒尔茨所期望的："我希望我们的品牌能以咖啡的品质以及所包含的价值理念而闻名于世。这些价值理念就是共享、联系、尊重、幽默、人文关怀和责任。因此，确保全世界通过这些价值理念注意到我们才是我们的使命所在。"

其实，这也是品牌传播的使命所在！

对谁传——受众：已经或努力实现"星巴克自由"的人

明确了"为何传"之后，下一个环节就是"对谁传"。传播的受众一定要与品牌的目标客群相吻合，然后根据不同发展时期的需求逐渐拓宽受众范围，以期为品牌赢取更多人的心智。

星巴克的品牌传播要担负传递咖啡激情和弘扬人文精神的使命，同时要基于咖啡与"第三空间"的属性和特质，这使得它的目标客户群首先集中在那些受过良好教育且收入较高的中上阶层，其次为咖啡爱好者以及随机消费者。其中，是以那些追求品质与品位、潮流与时尚的社会精英为主体。

这些人注重身心的感受与体验，享受品牌所带来的文化内涵与象征意义。他们个性鲜明且主动，喜欢交际且凸显自我风格，乐于领风气之先且崇尚价值创造。与此同时，他们大多是咖啡爱好者，对咖啡品质有较高的要求，并乐于了解咖啡知识和文化。其中，还有那些对咖啡馆情有独钟的人，他们喜欢咖啡馆的氛围甚至超过咖啡本身，他们的消费动机更多是出于休闲或社交的需要。

无论怎样，他们都情愿为品质与品位、为环境与氛围、为情怀与情调、为与众不同的工作和生活方式、为优质的服务与完美的体验而超常支付。

传什么——内容：有关咖啡体验与人文关怀的故事

品牌传播的目的导向决定了传播内容的导向，即以品牌内涵为首要。然后，藉此来撬动和推动人们对星巴克形成广泛而深入的认知转化，进而提升品牌的知名度和信任度，赢得更多的人的品牌心智。星巴克在全球的连锁式扩张正是得益于星巴克为自己注入普适且深刻的品牌内涵，并将其转化为独特的企业文化，演绎成为消费者能够感受和体验到的品牌故事。

因此，无论是"LOGO的深邃含义"，还是"装修细节的韵味"；无论是"CEO供伙伴上大学"，还是"隐藏菜单的奥秘"；无论是"自带杯子免费喝，倡导环保"，还是"顾客在店内的完美体验"……无时无刻、随时随地都在传递和彰显着星巴克品牌的企业精神与集体人格。

一篇题为《与星巴克的初识》的长文案将星巴克的咖啡与人的美、环境与气氛的美、桌椅与杯子的美、自己与生活的美描绘得令人心动和神往。

初识，那个下午，因为避雨，慌乱中，冲进了这家店。

迎面的咖啡香让我心醉，店内是明亮温暖的色调，咖啡生脸上亲切熟稔的微笑，似有若无的背景音乐。

我要了一杯焦糖玛奇朵，白底绿纹的咖啡杯，印有双尾绿色"美人鱼"标识的木质桌椅，当喝下第一口的时候，世界的门仿佛重新打开了。

身边的声音、色彩都变得明亮起来，雨天的阴霾也被驱散了。

我突然觉得自己找到了一种归属感，微笑着望向窗外，又看向手中白底绿纹的咖啡杯……

初识之后就是相守。我们再看一看另一篇文案。

不在星巴克就在去星巴克的路上。
无论窗外春夏秋冬的季节如何变化,
屋内不变的是伙伴亲切的感谢与问候;
无论窗外是阳光普照或是阴雨连绵,
屋内不变的是顾客感觉到的宾至如归的温馨。

此外,还有两大部分内容不得不提,它们是星巴克品牌传播内容体系中极具特色且富有效应的重要组成部分:一个是星巴克创始人霍华德·舒尔茨的书作,另一个是广大顾客有关产品与服务的体验推荐。

从《将心注入》到《一路向前》,再到《从头开始》,霍华德·舒尔茨在书中将星巴克的传奇历史、百折不挠的坚持、与众不同的价值观、极致的品质追求、温馨的人文关怀、匠心独运的"第三空间"打造,以及对企业社会责任广泛而深入的履行,乃至自己苦难童年的经历娓娓道来,让人们全面而细致地了解了星巴克,理解了星巴克,乃至喜欢上了星巴克。犹如笔者,一个跟咖啡很不亲密,对星巴克不甚了解的人,通过这些书真正读懂了星巴克,开始倾心于星巴克。

对于消费者,从《星巴克的英文术语》到《买星巴克?不懂这些黑话可不行!》,从《什么在星巴克里坐一天也没人赶:经营如做人,讲得太有理!》到《这样喝星巴克超便宜,史上最强的省钱攻略!99%的人都不知道!》,等等,这些更多是源于顾客的切身体验和切实感受,它们犹如涓涓细流一般汇聚在一起,成为最真实、最生动、最具感染力和说服力的"星巴克故事大全",为星巴克的品牌传播贡献出滔滔不绝的"民间力量"。

在哪传——媒介:所在即媒介,所做即传播

《战略管理:概念与案例》一书中有这样一段话:"星巴克的管理人

员将每间咖啡店都视为公司的一块广告牌，事关公司的整体品牌和形象。"的确，对于星巴克的品牌传播，遍布全球的门店就是它最具传播力的自属媒介资源。此外，产品包装、提袋、杯子及出版的书籍，乃至公益活动的现场都是它用于品牌传播的媒介资源。在对这些资源的利用上，星巴克可谓独具匠心。

在门店里，无论是墙上的绘画，还是柜台上的宣传材料，无论是店员与顾客的交流和沟通，还是产品及服务所产生的良好体验，都已经成为星巴克用作品牌传播的媒介。值得一提的是，在星巴克的门店外，星巴克标识也成为一种传播媒介，大而明亮的星巴克标识被悬挂在与店门垂直的位置上，以便从门店两侧过往的人们都能够轻易而清晰地看到它。

我们重点来说说星巴克的"杯子传播"。

显而易见，杯子已然成为星巴克覆盖广泛且形式独特的，能够与顾客面对面、零距离触达的媒介形式。星巴克不仅用杯子传播品牌视觉形象，还用杯子传递公益理念。例如，在杯子上印制"团结起来""种族团结"的口号。在2016年11月美国总统大选期间，星巴克推出一款被称为"团结的符号"的绿色咖啡杯。在杯身上，设计师一笔勾画出132位拥有不同文化背景、不同种族的人物形象，藉此来宣传星巴克的主张：团结起来。在发起"Mondays can be great（周一可以很棒）"活动时，鼓励人们在周一使用随身花园纸杯来宣传环保公益活动。

值得一提的是，源于其自带流量的"热搜特质"，星巴克的杯子每年都能在社交网络上引发"病毒式"传播。猫爪杯就曾在微博和抖音等平台上引发疯狂的热议，并迅速撬动杯子的销售，从品牌的认知转化瞬间实现了市场转化。从1997年推出的"圣诞红杯"到2018年推出的"中秋兔子杯"，再到2019年的"猫爪杯"，都是一"杯"难求。

再有，杯子还被用来进行联名传播，"Alice+Olivia（爱丽丝＋奥利维亚）"创始人班戴就将自己"黑发红唇配墨镜"的自画像印在了星巴克的马克杯上。由此可见，杯子的确是星巴克品牌传播的一道别致而独特的风景线。

"咖啡教室"是星巴克另外一个独特且独有的媒介资源。星巴克定期举办"咖啡教室"的聚会活动。在那里，顾客可以学到咖啡的基础知识和调制美味咖啡的技术，可以亲自研磨咖啡豆并制作咖啡，有机会品尝到各种口味的咖啡饮品，甚至还可以得到原装的咖啡样品。正如一则有关"星巴克咖啡文化节"的宣传海报中所刊登的内容。

感受咖啡，让你了解更多咖啡知识。
- 咖啡的品尝。
- 浓缩咖啡之旅。
- 煮一杯好咖啡的关键。
- 咖啡与咖啡豆。
- 咖啡世界。

星巴克正是通过这种载体，向顾客分享企业的发展历史，传递产品理念及价值，加深顾客对产品品质与品牌文化的认识和认可，及时了解顾客的需求以及对产品体验的反馈，最终达到了用少量的经费获得很好的传播效果的目的。

怎么传——形式：不打广告的传播，胜于广告的效果

众所周知，星巴克是很少打广告的，这是因为对于星巴克的品牌传播来说，门店即媒介，创意是伙伴，体验为内容。星巴克最大的广告"媒介"就是它的遍布全球的门店，最独特的广告"创意"则源于那些穿着绿围裙的伙伴每天与顾客之间的沟通和连接，最生动的广告"内容"就是在门店中每天所产生的顾客体验和品牌故事。

每一个营业场景都是自己的广告资源，每一刻的营业时间都是自己的广告时段，每一位员工都是自己的广告演员，每一位顾客都是自己的广告代言。正所谓"我的地盘我做主"。难怪霍华德·舒尔茨在《将心注入》一书中感叹道："这要比广告有效得多！"

　　这是因为霍华德·舒尔茨始终坚信：建立品牌的最佳方式，就是面对每一个顾客，每一次都能给予其最为诚挚的服务，每一次都能与之搭建起最为亲密的心智连接。就像他引用的萨缪尔·科勒里奇·泰勒在《桌边漫谈》中的一句话："从心里来，必往心里去。"这不正是我们中国人常说的"人心换人心"吗？因为，人心都是肉长的！

　　这一切都取决于那些穿着绿围裙的星巴克伙伴。因为，有了好的"创意"，再质朴的"内容"也能打动人心；而没有好的"内容"，再好的"媒介"人们也会熟视无睹。星巴克深明此理、深谙此道。正是因为能够充分意识到员工在品牌传播中的重要性和必要性，星巴克才会将本来用于广告的支出用于增加员工的福利和培训，开创了自己与众不同的品牌传播体系。

　　这种体系与其他同类公司大相径庭，甚至背道而驰。通过聘用和训练那些对咖啡充满热情的员工，使之成为将激情贯注于行动的典范，用他们的知识和热情引发顾客的共鸣，进而连接顾客的心智，亲密与顾客的关系。将广告花费转化为对员工的激励与奖励，最终使他们都成为星巴克的品牌使者。这就是被霍华德·舒尔茨视为的星巴克品牌的强大秘密。

　　对此，他在《将心注入》一书中强调："这倒并非因为我们不相信广告，也不是我们负担不起广告费用，而是因为，我们这个企业的驱动力在于产品，在于价值观，在于人本身。"对于所有的品牌，又何尝不是如此！

　　星巴克与其他同类品牌相比，其优势在于其深邃的品牌内涵，而不仅是产品层面上的性价比。正是缘于这种深邃的品牌内涵,才特别容易引发消费者的共识、共鸣、共情和共振。下面我们通过两个小例子,来看一看星巴克的伙伴是如何将这种深邃的品牌内涵转化为日常的工作行为,为顾客带来不一样的品牌体验的。有一次,顾客戴里克·罗吉里想要一大杯白巧克力摩卡咖啡,可服务员告诉他,白巧克力已经用光了。戴里克·罗吉里便改要一杯普通摩卡咖啡。令他完全没有想到的是,这杯摩卡咖啡是免费的,而原因竟然如此简单,就是因为没能让顾客喝到想喝的咖啡。

"这种顾客服务太好了!"原本得不到这杯免费的饮品也无所谓的戴里克·罗吉里反而因此获得了意外的欢喜。"星巴克的这种做法让我感动,于是他们就得到了我这样一个为他们说好话的常客。"戴里克·罗吉里由衷地说。

艾拉·沙尔是一位来自马萨诸塞州雪莉小镇的顾客,她也非常享受星巴克与众不同的品牌传播。她后来回忆道:"有一天,我在星巴克想点一份早餐咖啡。排到柜台前时,一位留着山羊胡子的年轻小伙子问我:'周末过得怎么样?'我本来以为咖啡师会问一个普通的问题,而不是这种问候语,它就像两个熟人见面时的开场白。我感动、震惊,因为我觉得,现在这个社会,端庄和礼貌正逐渐从我们的生活中消失。"

随后,他们两人就聊了起来,从住在何处聊到假期里一直在做什么。用艾拉·沙尔的话说:"我们聊得很愉快!"后来,又有一位女士加入了他们的聊天,咖啡师开始热心地介绍在西雅图该怎么观光游览。"我想,日后可能再也见不着他们了,但是,这次短暂的接触让我感到一种莫名的快乐。"艾拉·沙尔真心地说道。

这种快乐正是无数顾客对星巴克产生好感和赞誉的源泉。这也正是霍华德·舒尔茨会对他的伙伴说"品牌不在完美,就在你们中间"的缘由所在。

如果星巴克以硬广告投放为主进行品牌传播的话，势必会陷入"以推销产品为目的的商业广告很难表达品牌'深邃的文化内涵'"的陷阱；特别是与其他品牌在同样的媒介、以类似的形式进行广告宣传时，势必会降低星巴克与其他品牌的形象差异，同时会被淹没在广告的此起彼伏的声浪中，看似声势浩大，实则悄无声息。

于是，星巴克采取了一种"将消费者带入一个相对封闭的场景，避免自己与其他品牌的直接对比，然后再将自己的品牌文化与故事娓娓道来"的传播方式。这是一种高效的传播方式，其根本在于，顾客进入的品牌场景是已经设计和打造好的：场景里面传递的信息是被设定好并呈现出来的，所能感受到的场景氛围也是营造和烘托好的。于是，当顾客进入这样的场景，被里面的信息所包围，被其中的氛围所笼罩时，所获得的认知与感受是任何广告都无法比拟的。就好比人们读到以"生活美学"为主题的文章，会不知不觉地沉浸在"咖啡美学""社交美学"的气氛中，此时自然不会去关注所谓的"性价比"之类的信息，更不会想到与肯德基、可口可乐这些类似的品牌去对照和比较了。

曾任星巴克总裁的吉姆·艾琳在为《星巴克模式》一书写的序中道出了其中的真谛："我们就是平常穿着绿围裙、四处打扫收拾的那群家伙——如果你把书摆在桌上忘了带走，我们会帮你找到；每天早上，当你来点'双层低脂摩卡，底下加一点香草口味（你知道我平常喝什么）'的时候，站在柜台里对你微笑的就是我们；在跟你聊小孩怎么样、最近天气怎样恶劣时，不忘弯腰将人行道上的口香糖包装或可乐罐捡起来的也是我们——那些'你丢我捡'的人物。"

在做了如此的"自我介绍"之后，吉姆·艾琳特别告诉读者："当我每次谈到公司与内部的文化时，通常都会以这么一段作为开场白。"这就是星巴克独特而高效的品牌传播方式，成千上万的伙伴与他们的总裁一样，用一杯杯咖啡和一次次服务来为星巴克代言，为星巴克作证，让传播不止于场面，而最终能抵达心灵。

如果非要说广告，星巴克倒也不是绝对不打广告，并且打得还非常有创意。星巴克曾与出租车司机合作，将一个常规尺寸的磁性咖啡杯吸附在车顶上，使它看起来就像是偶然放在上面的。当有人提醒出租车司机车顶上有个咖啡杯时，这位乘客就可以得到星巴克的礼物卡。这个广告创意让星巴克与那些愿意善意提醒别人的好心乘客产生了互动。

正如霍华德·舒尔茨所言："星巴克的成功证明了，一个耗资数百万元的广告并不是创立一个全国性品牌的先决条件（对于星巴克这样的一个全球性品牌，这个论断应该也是成立的），充足的财力也同样不是创造名牌产品的唯一前提。"在他看来，品牌是可以循序渐进地一个顾客、一家门店、一个市场这样去做。这或许是获得顾客的认知共识、价值共鸣、情感共情、行为共振的最佳方式，也是星巴克独到的智慧所在！

至此，我们要说，星巴克宛如缪斯女神，将塞壬海妖变成了"美人鱼"，只是这条"美人鱼"不再是用歌声带给航海者以致命的诱惑，而是通过咖啡为无数的人带去美好和希望。

第十一章

营销/资产："绿围裙"营造星巴克体验

"这并不是指我们为你准备了一切，而是说我们向你敞开心扉，只要你说出你的需求并与我们交流。"

——莉安·梅萨

在品牌系统性建设体系中，在品牌传播为品牌实现了从知名度到信任度的认知转化，进而实现了从认知转化到初次的市场转化之后，便进入了品牌营销的环节。品牌营销的核心是持续优化包括产品体验、消费体验、服务体验和文化体验在内的品牌体验水平，其任务为不断提升品牌美誉度和忠诚度，最终则是以提升品牌资产的水平作为品牌营销，乃至整个品牌系统建设的终极目的。

如果说福特代表了大规模生产时代，麦当劳代表了商业的便捷时代，而星巴克恰恰是代表了体验经济的时代。正如雅斯培·昆德在《公司宗教》一节中指出："星巴克的成功在于，以消费者需求为中心，由产品转向服务，再由服务转向体验的时代，星巴克成功地创立了一种以创造'星巴克体验'为特点的'咖啡宗教'。"本章我们就从产品、消费、服务和文化四个部分，来解读一下星巴克体验营销的魅力和效力所在。

产品体验：定制化、个性化深度满足顾客需求

在星巴克的经营理念中，有这样一条被反复强调："你可能今天面对的是第100位客人，可对客人来说，喝到的却是第一杯咖啡——他对星巴克的认识就是从这杯咖啡开始的。"因此，在霍华德·舒尔茨看来，虽然星巴克不止是咖啡，但没有高品质的咖啡，星巴克就什么都不是。由此可见，星巴克将顾客对产品的体验视为公司的核心竞争力之一。

在星巴克的咖啡产品品质方面，在前面的章节里我们已经阐述了很多。例如：以"煮好每一杯咖啡"为产品体验的标准，如果不满意可以

重新制作一杯；为了让顾客喝上最好的咖啡，宁可增加成本也要选用最优质的咖啡豆，采用重烘焙的方法。再如，星巴克咖啡有着严苛的制作标准：每杯浓缩咖啡要煮18~23秒（超过37秒，咖啡因的析出就会呈直线上升，口味就会受到很大的影响）；意式咖啡的牛奶至少要加热到华氏150度，但是绝不能超过170度；各种牛奶和甜点的保存不能超过24小时；浓缩咖啡冲泡后保存10秒；糖浆保存30天；等等。

为了进一步保持新鲜的口感，无论是普通的咖啡还是不含咖啡因的咖啡，都要首选鲜煮咖啡，365天始终如一。因此，星巴克取消了在工厂研磨咖啡豆，并将其放在密封袋里送往各门店的做法，所有为鲜煮咖啡准备的咖啡豆都将被完完整整地送到咖啡师面前。

星巴克对产品体验的打造有两大特征：一是以顾客需求为导向，二是以员工意见为依据。虽然他们也走过以"我"为中心的"咖啡纯粹主义"的弯路，但很快回归到以顾客期望与市场竞争为评价要素的产品研发的正途，最终不断向着个性化和定制化的产品体验的方向迈进。

以星巴克的明星产品星冰乐为例。星冰乐的推出首先是源于顾客的需求。在夏季，星巴克伙伴发现，那种具有调和味道、加糖加冰的饮品经常会被顾客问及。当被告知没有时，他们扭头就去了星巴克竞争对手的门店，于是伙伴建议星巴克也推出类似的产品。最初，这一建议当然没有得到霍华德·舒尔茨的支持，他担心这种饮品会影响到星巴克正宗咖啡的底蕴和形象，甚至是尊严。

星巴克伙伴并没有放弃。经过不断地尝试，星冰乐最终横空出世，在当年的夏季销售中占了11%的份额。随着利润的上升，星巴克的股价也创下了新高。很快，许多老顾客就开始向朋友推荐这款新产品，而女性顾客更喜欢它的低脂配方，因而经常会在跑步或是下班后来上一杯星冰乐。

"这样做是否有损星巴克的尊严？一个纯粹的咖啡主义者也许会这么

想，但最重要的是，我们的顾客不这么想。"至此，霍华德·舒尔茨被事实征服了："我错了，可我对此感到高兴。在我犯过的错误中，星冰乐一事的结局是最好的。"对此，他兴奋地形容道，就像是"击出一个漂亮的本垒打"。

此外，星巴克还推出季节性产品，将产品与季节的特点以及消费者相应的需求结合在一起。例如：在韩国就有春季限定的产品，如黑白色极简包装的、有巧克力和牛奶两种口味的杯装布丁；在加拿大，有冬季限定的太妃摩卡；在中国，还有像月饼和粽子这样的节庆性产品；等等。

"只要您得到的那杯咖啡不适合您，那么，星巴克就算销售了数百万杯或数亿杯的咖啡也都不重要了。我们每次都要把适合您口味的饮料递给您。"从星巴克负责文化与开发的高级副总裁戴夫·奥尔逊的这段话中，我们深刻感受到了星巴克"每一杯、每一次、每一人"的服务理念。

在星巴克的MSI（我的星巴克点子）网站上曾有这样一条信息："我们更喜欢椰奶，希望能用椰奶替换传统乳制饮品。"这条建议得到了很多顾客的拥护，在该网站热门建议排行中位居第二名。很快，从2014年10月到2015年年初，星巴克从部分门店开始，展开对椰奶饮品的推广，直至覆盖全美所有的门店。其中的原料取自印度尼西亚苏门答腊岛的天然椰子，并通过了素食食物认证。此举受到了广大顾客的欢迎，并在MSI网站上得到了极高的评价。

在星巴克的门店里，定制意味着满足每个顾客的特定期望，为顾客提供更多的产品选择。例如，浓缩咖啡就有低咖啡因、半脱咖啡因及增加浓度等多种选择，糖浆的备选项有香草、焦糖、杏仁、榛果、覆盆莓、原味、无蔗糖等，就连牛奶也可以选择全脂牛奶、低脂牛奶、豆奶、椰奶，顾客还可以选择改变原料的用量和热度，等等。有人计算过，将星巴克所有可能的创意搭配方法计算在内，再加上咖啡豆品种等因素，每一位顾客至少会有8万种选择。

在影片《爱就是这么奇妙》中，有着"白头笑星"之称的好莱坞演员史蒂夫·马丁饰演的天气报告员来到一家呆瓜咖啡馆，提出了一个令服务生感到为难的要求：给他上一杯"一半普通咖啡加低咖咖啡，加一半双份去咖啡因咖啡，还要配上柠檬的饮料"。如今看来，这种搭配完全可以实现，也就谈不上是顾客挑剔的闹剧了，而这更多地是要感谢星巴克的努力与坚持。

在星巴克咖啡杯的左侧有显示温度、香味剂和糖含量的刻度，或是为牛奶、咖啡和冰块准备的标线，这些都一目了然。员工在调制咖啡时可以根据顾客的不同需求精确调整各种配料的比例。因此，在星巴克的门店里经常会听到诸如"来杯特级浓缩拿铁咖啡，加一点香草精，加一又四分之一的无糖榛子"，或是"加上四分之一的豆奶、一半的脱脂牛奶、四分之一的有机牛奶，热一点，外加三块冰块和搅拌棍"这样的个性化要求。

在我国台湾，星巴克发现有大量的喜爱豆浆风味或低咖啡因口味以及有减肥需求的顾客，因此就开发了一款"豆浆草莓奶霜星冰乐"饮品，向中国台湾市场推广。同时，还将原有的经典星冰乐调整为可以自选咖啡浓度、糖浆、鲜奶油、牛奶的"个性化星冰乐"。这样一来，就让顾客有了超过两万种选择的个性化选择空间。

然而，要想持续满足顾客需求，就要不断地去了解他们。虽然星巴克烘焙的黑咖啡和原味混合咖啡赢得了大批的忠实拥趸，并且一直在不停地变换研磨的品种，以期让顾客可以体验到更多口味的咖啡；但是，随着星巴克在世界各地的不断落地以及顾客群体的不断扩大，顾客对于咖啡口味的偏好也逐渐呈现出多样化的趋势。

有一件事值得一提，就是在2007年《消费者报道》所做的一次口味测试中，星巴克的咖啡排在了麦当劳之后，这让包括霍华德·舒尔茨在内的许多人为之感到"震惊"。

随即，星巴克咖啡制作部门和销售部门的伙伴走出去亲自进行口味测试。结果依然出乎他们的意料：很多顾客选择了口味清淡的咖啡，而不是星巴克传统的那种口感醇厚的烘焙咖啡。面对是不是需要改变这个问题，许多的星巴克伙伴担心，如果出售口感温和的烘焙品种，是不是就等于是向竞争对手妥协，这会不会削弱星巴克的品牌影响力。

最终，星巴克还是决定抛开竞争导向，坚守顾客导向。随即，专门组织咖啡和烘焙专家，潜心开发一种更符合大众口味的混合咖啡。经过反复试验，他们将在近30种配方中没有被淘汰的几种产品交给消费者进行口味测试，最终一款口感丝滑与醇厚兼有、味道甜美且稳定的咖啡样品脱颖而出。在随后的3个月内，星巴克针对这款样品进行了一遍又一遍的改进，终于研制出一种既具有全新口味，又没有违背星巴克的烘焙理念，同时也能满足人们对均衡口感需求的更为大众化的新产品。

随着星巴克在世界各地的纷纷落地，产品的个性化体验也会体现在与当地消费者饮食习惯的相互融合上。例如：在亚洲，有红豆星冰乐和抹茶星冰乐，特别是在中国，还有辣意椒香摩卡、星冰粽、中秋月饼、茶拿铁、芒果鸡肉卷和豆腐蔬菜卷；在法国，有地道的油酥点心，如新月形面包、巧克力面包和葡萄干面包等，并且由当地的面包师负责烤制；等等。

星巴克为了让北美地区的顾客也能品尝到抹茶类产品，在经过艰辛的努力之后，研发出了一种新的抹茶产品以及与之配套的煮茶机器。这种产品可以将抹茶茶叶和瓜果汁加在一起，这样一来既能符合亚裔顾客的抹茶喜好，又能满足北美顾客的口味需求，还能满足加与不加瓜果汁两便的个性化需求。

为了满足不同顾客的需求，星巴克不断推出个性化的咖啡定制服务，这不仅成为星巴克的特色，更成为它的品牌优势。值得一提的是，顾客还可以通过线上平台来表达自己的需求和想法，乃至与星巴克一起"共创、共建"新的产品。其中就包括像抹茶、可可碎片、星冰乐、南瓜丝绒拿铁这样的已经成功变现的明星单品。

星巴克发言人莉萨·帕斯透露，如果用上所有的核心成分，再辅以各种调料，星巴克一共可以得出8.7万多种咖啡组合；再加上其他种类，星巴克的饮品口味已有17万种之多，仅一款星冰乐产品就有40多种不同的口味款别。对此，加利福尼亚州文图拉市的区域经理莉安·梅萨道出了其中的真谛："这并不代表我们为你准备了一切，而是说我们向你敞开了心扉，只要你说出你的需求并与我们交流。"

消费体验：便捷、周到、融洽

星巴克北美区前任总裁保罗·戴维斯曾经指出，除去部分顾客有对"第三空间"的体验需求外，人们在星巴克消费时一般都会关注三个方面的内容，即整洁度、订单的准确度、快捷程度。

在整洁度方面，星巴克对清洁和消毒管理标准的严格程度往往会令初来乍到的新员工咂舌不已，甚至颇感"吃力"。例如：每天门店打烊后，员工都有1个小时的时间打扫卫生；特别是对于新员工，每天都要做扫地、拖地以及用吸尘器处理地毯的清洁工作；对于咖啡机、烤箱、冰箱，从里到外每一个角落，不管顾客能否看到都要清洁得干净彻底，不能留下一点糖浆的痕迹；洗碗机、制冰机更是要每周做一次深度清理。

再如，清洗时所使用的抹布，必须要用一次换一块，不能连续使用不干净的抹布，并且在每一次使用后，都要在规定时间内浸泡在有严格比例要求的消毒液之中。抹布还分为不同的颜色，如红布用于擦蒸奶棒，绿布和蓝布用于擦其他机器，绝对不能混用。

在订单准确度方面，其一，星巴克通过不断改善后台供应链来加强库存管理，以避免出现因为缺少某种原料而无法为顾客调配出想要的咖啡的情况。此外，员工会将当天的咖啡口味写在小黑板上，供口味相对固定的熟客选择。对于新顾客，则可以将自己的口味偏好告诉咖啡师，他们会藉此推荐一款最适合顾客的饮品；同时，为了清晰传达顾客需求，门店的饮品及食品都标有特殊的编号，让咖啡师和顾客能突破交流的障碍，精准、轻松地完成点单。

在订单与制作环节，为加强其精准性，初期的员工在接到顾客的订单后，就会在咖啡师的身边将咖啡杯摆成特定的形态，以表示不同的饮品。例如，将杯子倒置，标志朝向左前方，就代表是"脱脂去咖啡因卡布奇诺"。 后来，他们又改用标签笔进行标识，使得制作饮品的流程更为准确、高效。再后来，星巴克通过优化门店的销售系统，最大限度地提高下单的准确率。

服务的效率更为重要，其快捷程度曾被星巴克北美区前任总裁保罗·戴维斯视为"最重要的一点"。这是因为，根据星巴克的顾问、"零售领域的人类学家"帕科·昂德希尔的观点，通常情况下人们可以接受的排队等候时间约为90秒。在此之后，人们对自己等候的实际时间的感受就会出现偏差，排队两分钟的人会觉得自己已经等了3分钟，以此类推。

为此，星巴克首先要求员工在接触到顾客的瞬间要以眼神相迎视，要以微笑相迎接。有时，店员还会跟顾客聊上两句，让顾客在愉悦的聊天中度过等候的时间，在一定程度上缓解顾客排队等候而产生的无聊和焦急的心理。对此，就连有着迥然不同的消费习性的法国顾客也"欣然接受了这种特别的人际关系"（星巴克法国营销部主管奥蒂莉亚·爱拉盟·古宾语），他们也同样发出这样的感慨："与咖啡师进行这样的个人互动，是一种多么美好的体验！"

其二，基于横向排队的方式，将作业吧台设计成横向的流水线，让吧台内部呈现为一个横向排列的工作流程。如此，在保证接单、制作和送递三个工位都有相对宽敞的活动空间的前提下，有效提升服务效率，避免顾客因长时间排队或拥挤而产生焦急或焦虑的心理，影响他们的消费体验，同时还可以促进咖啡师与顾客、顾客与顾客之间的沟通和交流，这也是星巴克关系法则的一种体现。

其三，开设汽车餐厅。这个建议也是那位因参与开发星冰乐调制饮料而得到表彰的洛杉矶市区域经理蒂娜·坎皮恩提出的。她总是听到有女性顾客提出"如果能够直接驱车过来拿他们的饮料该多好"的期望，因为她们当中的许多人都是带着孩子一起来消费的，所以她们往往只能让孩子坐在车上，等候她们进到店里取走咖啡，这对于她们来说既无法安心也耽搁时间，于是公司听取蒂娜·坎皮恩的建议，开通了直通车通道。

1994年，星巴克的第一家汽车餐厅在华盛顿州温哥华市开业，此后便一直通过制定统一标准、简化流程、明确职责、提供统一服务等措施，来不断提升汽车餐厅服务的一致性和效率的水平。例如：通过对头戴式耳机和其他设备进行全面升级，来确保咖啡师能够有效地和顾客进行沟通；通过安装计时器来提醒咖啡师注意服务时间；通过引进二维码扫描仪，让顾客无论是在天气不好或者晚上光线不充足的情况下，也无论顾客的车是高是低，都可以顺利地直接扫描，完成付费。

其四，通过标准化咖啡制作流程，让顾客从点单到取走咖啡仅需要不到10分钟的等待时间。再有就是对全自动意式浓缩咖啡机的使用，只需要轻轻按下按钮即可完成研磨、夯实、注入一份浓缩咖啡的全过程，最快的只需要十几秒时间；就连打奶泡的时间也能够严格控制，即通过蒸汽喷嘴上的温度感应器，让机器在最理想的时刻停止操作，这使得制作一杯拿铁的时间从以往的1分钟缩短到36秒。有意思的是，在星巴克还有一种专门设计的"定量铲"，用来将"咖啡师需要从冰柜里取两次冰块才能制成一份超大杯的星冰乐"的制作时间缩短为14秒，以最大限度地缩短顾客的等候时间。

星巴克的这种"争分夺秒的游戏"，最终形成了一套极富创新性且行之有效的办法。这让《华尔街日报》通过神秘顾客的实地体验得出了这样的结论：星巴克制作拿铁的速度世界第一，以至于英国国民健康中心都在其门诊处直接采用了星巴克的连锁式排队系统。

"咖啡关系"咖啡馆的老板乔治·豪威尔先生，被业界誉为以COE（卓越杯）赛事系统和浅度烘焙为标志的、精品咖啡3.0时代的权威人物。虽然他始终坚持认为，深度烘焙的咖啡豆会让咖啡"充斥着焦炭味"，只有浅度烘焙的咖啡豆才能真正释放出咖啡中那"令人兴奋的水果花香"风味，并因此与星巴克大唱反调；但在服务效率上，他对星巴克佩服得五体投地，他说："星巴克在大幅缩短顾客等候时间方面的做法，可以说是闻名遐迩，堪称典范。"

在消费体验中，价格也是非常重要的组成部分。价格折扣也许会受到绝大多数消费者的欢迎，但对于品牌来说，是一把"双刃剑"。一方面会压缩企业的利润空间，另一方面会影响到品牌的自身形象。因此，星巴克将"打折"拒之门外（在韩国，持有"现代卡"的顾客可以打九折，但是这个折扣并不是星巴克给的，而是由现代公司为自己的客户代为支付的），而是通过其他形式的价格策略来为顾客带来不一样的价格体验，同时为顾客带来实惠。

星巴克的价格定位是"多数人承担得起的奢侈品"。基于"轻奢消费"的价格定位，星巴克让那些具有较强的高端、自我和轻度挑剔属性的消费群体，既能够满足其追求高品质生活的需要，又能将消费控制在自身经济实力的承受范围内，最终为他们带去与众不同的品牌体验。

在星巴克，每天的"今日咖啡"特别受顾客欢迎，每天都有很多为之专门等候的顾客。其主要的原因就是，能够以相对便宜的价格品尝到不同口味的咖啡。所谓的"今日咖啡"就是，每天用不同的咖啡豆当场研磨调制而成的咖啡。每天用哪一种咖啡豆制作是由店长自行决定的，因此"今日咖啡"不仅价格实惠，还能让顾客充满期待："今天会是什么咖啡呢？"

此外，星巴克的价格体验还体现在星享卡上。星享卡使得顾客不仅可以获得首杯免费、3张"买一赠一"邀请券、早餐邀请券、升杯券等优惠以及持续性折扣享受以外，还可以免费阅读《纽约时报》新闻，免费使用音乐App，等等。星巴克正是通过"少量多次"和"间接优惠"的会员福利措施来提升顾客的价格体验，构建忠实的顾客群体的。

当然，还有消费退货的问题。无论是在星巴克门店还是网站的显著位置，都展示了星巴克对顾客做出的直接承诺："我们希望你能够完全满意。不管出于何种原因，如果你对购买的商品不满意，你都可以进行退换。"一般来讲，承诺从来都是说出来容易，做起来难，然而如果哪位消费者对此承诺有所质疑，完全可以自行到星巴克门店去证实。

据《星巴克领先之道》一书中介绍，一位名叫约翰·哈格雷夫的幽默网站创始人也曾对此提出过质疑：星巴克真的会退换任何东西吗？为了弄清楚这一点，他决定购买菜单上最贵的饮品，然后将其在车库里放上几个星期后再去退换，而结果令他从此对星巴克的这一承诺深信不疑。

服务体验：人本、主动、细心、超常

约瑟夫·米歇利教授在《星巴克体验》一书中指出，星巴克通过让伙伴真心为顾客服务，希望自己的付出能够超出顾客的期望，藉此创造出"传奇式"的服务水平,并让这种卓越的体验在星巴克反复上演。这一切的实现,都源于霍华德·舒尔茨那个坚定的信念:"超越员工的期待,从而让他们超越顾客的期待。"

在我们看来,品牌的构建过程就是人性与人心的博弈过程,企业方面追求利润最大化,消费者方面追求利益最大化。在这种博弈中,根本是将谁看作品牌的"主体"。只有那些将消费者视为品牌"主体"的企业,才能在博弈的过程中坚持以消费者为导向,采取"己所不欲,勿施于人"的原则,给消费者以"超乎寻常"甚至是"超出常理"的服务,为其带来"超越期望"的惊喜,使其形成印象深刻、感受独特的品牌体验。

顾客贝丝·琼斯在接受采访时说道:"我最喜爱星巴克的一件事情是休闲的氛围。如果你在那里超过半个小时,没有人会叫你离开或给你白眼。"吉姆·罗蒙斯克曾经是著名的传媒业新闻博客的站长,他每天都在芝加哥地区的星巴克店里工作。他常常点一杯咖啡,就坐上5个小时。他说,没有人会暗示我需要离开,也没人来找我的麻烦。"正因如此,吉姆·罗蒙斯克为他的博客起了另一个名字——星巴克闲话。

经常有媒体会针对这个问题采访星巴克,而回答这个问题在星巴克看来一点儿都不难。这个问题一点也不会让公司伤脑筋,答案只有一个"随顾客去吧"。

由此可见,在很多情况下,员工没有及时或主动地服务好顾客,是因为他们没有获知明确的原则,也没有得到相应的处置权。在星巴克似乎并不存在这个问题,就像弗朗辛·布罗德所言:"我们得到充分的授权,要使每个顾客的光顾都有价值。""这使我感到自豪。"他最后强调。

这说明,这样的"超常服务"所带来的结果让顾客和伙伴都感到满意。可想而知,"当一个公司能够使人们之间交往的优先权与其产品和服务质量的优先权相称的时候,将会获得什么样的益处。"因此,约瑟夫·米歇利教授断言："当人们遵照这个原则去工作时，好运似乎随人同行。"

我们在前面的章节中介绍过，有一位顾客对星巴克咖啡师说，他不喜欢刚刚买的那种饮品，想换一份新的。听罢，咖啡师先是为其退了款，然后又为他重新冲煮了一份新的饮品。其实，如果按照规定，咖啡师仅向顾客道歉并为其重做一份饮品就可以，并没有规定要为顾客退款。

对于这种"超常规"行为，霍华德·毕哈却为其"点了赞"。在他看来这种解决方式显然要比其他任何方式都好，其根本原因就在于，这种方式能够最大限度地获得顾客的满意和欢心。他说："其实一切就是这么简单。"更令他感到高兴的是，这位咖啡师真正懂得了"自己为什么要来这里"。

主动去洞察和发现顾客的问题与需求，是对服务最大的驱动，也是服务最好的表现，就像《牵手》中所唱道的："因为爱着你的爱，因为梦着你的梦，所以悲伤着你的悲伤，幸福着你的幸福。"

当一家星巴克门店附近的图书馆要搬家时，门店经理会主动将咖啡送过去，免费请那些既是图书馆的员工，又是星巴克原来的常客的朋友喝他们喜爱的咖啡，然后又主动找到新馆址附近的星巴克门店，将这些图书馆馆员引见给该店的咖啡师。

星巴克的冰淇淋一般都在超市里，而非门店中销售。为了让门店的顾客也能品尝到星巴克的冰淇淋，星巴克主动在6000家门店推出了"冰淇淋社交日"活动，将免费供应的100万杯冰淇淋通过联邦快递送达每个门店。

一位顾客在星巴克购买的法式压滤咖啡壶出了故障，希望可以购买到所需要的配件。一名咖啡师在检查后觉得这个咖啡壶无法维修了，但是，他没有就此对顾客说"不"，而是主动找到经理，为顾客争取到了免费更换一台新的咖啡壶的机会。当听到这个结果后，那位顾客反复在问：

"这是真的吗？""他的表情让我难以忘怀。"这位咖啡师感慨地说。

霍华德·舒尔茨常说："零售业就是关注细节。"约瑟夫·米歇利教授甚至认为，在商业世界里，没有无价值的细节。在星巴克，无论是店面空间不受限制，还是令人感兴趣的菜单告示牌；无论是柜台的外形，还是干净整洁的地板……都不是"没有价值的细节"。从餐巾和咖啡袋到门店设计和窗边的座位，从桌面和商品的陈列到保温饮料瓶和咖啡豆包装袋的处理，以至于像贴包装标签之类的"小事"，也都有明确的规定。

例如，星巴克规定在装好1磅的咖啡豆后，标签一定要贴在星巴克标志上方约3.81厘米（1英寸半）的地方。这样既能确保包装的规范性和美观性，同时也使顾客能够便捷、清楚地了解到标签上的内容。

对细节的关注源于员工的细心，就像星巴克的每一位伙伴时刻都在柜台的后面观察着顾客消费中的每个细节。星巴克鼓励伙伴对顾客要"察颜观色"，特别是要注意寻找顾客的非语言线索。这样做的目的是使伙伴能够及时地了解到顾客的情绪状态与变化，以便在顾客提出要求之前就预判好他们的诉求。

如前所述，每当有顾客不小心弄洒饮品的事情发生，总是会有细心观察的星巴克伙伴走上前来，先是安慰顾客说"没关系，这是经常会发生的事情"，然后帮助顾客清理干净，最后再送上一杯新的饮品。

一名入职仅3天时间的星巴克员工为一对情侣顾客同时制作了两杯星冰乐。令他没有想到的是，站在一旁的一位咖啡大师毫不犹豫地将这两杯饮品倒进了水槽，原来按照规定，不同顾客的同款饮品必须一杯一杯地制作，否则就会影响饮品的品质和口味。这就是星巴克一直强调的："只为那一位顾客烹煮咖啡。"这让这位新员工感到非常震惊，没想到星巴克对饮品制作的细节要求得如此严苛。

在犹太人居住的匹兹堡松鼠山丘地区，每当公司总部为搞节庆活动而寄来带有绿色和红色彩带的节日花篮时，当地门店的伙伴都会将其更换为蓝色和银白色的彩带，这是源于对当地宗教习俗的关注与尊重。

正如《战略管理：概念与案例》一书的作者希特所言："星巴克关注细节达到了极端的程度，诸如店内的固定装置、商品的陈列、色彩、艺术品、横匾、音乐、香气等，所有这一切都融合在一起。"

从以人为本到主动关怀、关注细节，直至超常服务，所有这些都是为了实现一个终极目标："我知道，星巴克最关注的是传奇式服务，不只是出色，而是传奇！"一位星巴克咖啡师这样说。

文化体验：关怀、包容、尊重、尊严

有一名星巴克伙伴正在店里工作，他朝窗外看了一下，无意中发现一名老顾客正站在她的车旁边，显得心烦意乱。那名伙伴就走出去，上前询问那位顾客有什么需要帮助的，原来那名顾客的钥匙被锁在了车里。伙伴转身回到店里，等他再出来的时候，手里拿着一部无绳电话和一本电话簿，连同这位顾客平常喜欢喝的饮料。然后，他安慰顾客说："事情会处理好的。"

另外一个顾客叫迈克尔·凯奇。有一天他加班到凌晨5点，突然非常想喝一杯他最喜爱的星巴克咖啡。于是，他驱车来到附近的星巴克门店。当他走到了店门口时，才意识到还没到营业的时间。无奈，他又回到了车上，准备等上一个小时。没想到，一位熟悉的咖啡师走了出来，问他："想要喝点什么？"

说起来，前一位顾客连星巴克门店都没有进，遇到的困难也与星巴克服务无关，而后一位顾客，自己没有意识到营业时间的问题，并且星巴克的确还没到营业的时间；但是，星巴克的伙伴一旦发现了顾客出现状况或是需要帮助，都会立刻走出门店，第一时间主动为顾客提供帮助。于是，前一位顾客送来了表扬卡，后一位顾客说："星巴克'懂得我的心意'。"

彼得·尼克尔斯博士是英国一名细胞与分子生物学教授。有一次，在暴风雨中奔跑的他摔倒在了吉隆坡的一家星巴克门店前。门店经理和两名女咖啡师刚好看到了这一幕。他们立刻冲了出来，迅速叫了一辆出租车，将彼得送到一家诊所，并一直陪着他，为他代付治疗费和购买药品。其中有一位伙伴原本已经到了下班时间，但也毫不犹豫地加入了救助行列。

正如约瑟夫·米歇利教授所认为的，所有这一切没有花费星巴克一分钱，却得到了全部——一个又一个的终身顾客。这一切都源于星巴克企业文化对伙伴的熏陶和影响，将与人为善的文化理念深深地植入了员工的心中，使之成为一种行为自觉。

这种"自觉"呈现给顾客的是——只要有需求，就会有人来满足它。只是这些助人为乐的"意外"事件，都是自然而然发生的，而不是矫揉造作或勉强为之的，最终使顾客对星巴克以人为本、顾客至上的品牌文化有了强烈的感受和深刻的体会。

星巴克的这种"激发培育人文精神"的品牌文化不仅感染和带动了自己的伙伴，就连顾客也一样被感染、被带动。

咖啡师丹尼尔讲过这样一件事：有一次直通服务车道上的一位顾客对他说，他想要为下一名顾客的饮料买单。后者在惊喜之余，也决定为后一辆车的车主买单。就这样，一共有11辆车，他们都决定这样做。"每个人都被打动了，我本人也感动得热泪盈眶。"丹尼尔后来说道。这个充满温情的纪录后来被"有33辆车接连不断地互相传递惊喜"而打破了。

培训专家大卫·马丁所体验到的则是星巴克的另一种文化，就是约瑟夫·米歇利教授笔下的"包容阻力"。有一次，他在一家知名网站上刊发了一篇文章，在文中对星巴克提出了详尽的、不留情面的批评，他形容星巴克是"它的盔甲上也会显现裂痕"。

随后，星巴克的新兴产业部高级副总裁格雷格·约翰逊与大卫·马丁取得了联系，相约通过电话讨论此事。对此，大卫·马丁说，他有点畏缩，因为在他看来，许多职业经理人在此时都会表现出极强的自卫心理。因此，他做好了要进行一场不愉快谈话的心理准备。

在通话后，当他听到对方诚挚的谢意，以及针对"未能提供星巴克为之奋斗和顾客所期望的那种体验"而做出的道歉时，大卫·马丁的感受便完全不同了。"在10秒的时间里，他就将这次通话变成了一次愉悦的谈话。"不仅如此，格雷格·约翰逊还将大卫·马丁的那篇文章作为特许店伙伴的培训教材。

"星巴克拥有的竞争优势是企业文化，即公司的行为。我们以尊重和尊严相待，我们也以同样的方式对待顾客。"霍华德·舒尔茨如是说。

在品牌系统性建设体系中，始终强调是以规划为始，以资产为终。换言之，在品牌建设的"八大体系"中，其中的七个体系都是手段，唯独资产体系是目的所在，所有的要素体系都是为持续提升品牌资产水平而不断打造的。

品牌资产水平的提升体现在两个层面上：一个是有形资产，另一个是无形资产。前者体现在市场溢价上，即获得较高的利润率；后者则体现在品牌的市值上，即获得较高的市盈率，吸引更多的投资。为此，星巴克从一开始就非常明确地表明了盈利对企业发展的重要性，并将其体现在《星巴克使命宣言》之中："利润的增长是公司不断发展的动力和源泉，要认识到盈利是我们未来成功的基础。"这说明，星巴克将盈利，乃至高利润率视为能够保证企业行稳致远的必要条件，也是能够不断提升企业经营水平的重要原则。

1993年7月，即将步入不惑之年的霍华德·舒尔茨荣登《财富》杂志封面，他为什么会获得如此青睐呢？封面那行醒目的标题告诉了我们答案："星巴克掌门人霍华德·舒尔茨从咖啡豆里磨出了金子。"那么，霍华德·舒尔茨又是凭借什么让已经习惯于消费一般意义上咖啡的顾客接受新的咖啡体验，并且为之多付出6~8倍的钱的呢？是不是像许多曾经的质疑者所嘲讽的那样，一杯咖啡能卖3美元的想法，就是一个"西海岸嬉皮士的时尚"？

的确，对于星巴克，如何将一杯没有更多的科技含量、没有更高的竞争壁垒、没有更多的附加价值、没有更高的盈利空间的咖啡卖出如此之高的利润率，并藉此承担因给予员工的高标准福利、给予顾客的高品质服务所带来的成本压力呢？又是如何满足全球化的高速扩张的发展所需的呢？这的确是一个难以获解的命题。

这也是许多投资者曾经感到困惑和质疑的地方，以至于霍华德·舒尔茨在最初的筹资过程中遭遇了——他和242个人谈过话，其中有217人对他说"不"，有那么多的人对他说"你的机会不值得投资"的窘况。对此，霍华德·舒尔茨曾无奈地说道："你会多么伤心……那是一段让人感到非常低贱的日子。"

后来的星巴克终于给出了一个终极的答案：人本主义与关系法则。这是因为，无论是市场的溢价还是品牌的市值，都与顾客与星巴克之间的关系密不可分。星巴克只有在人本主义的指引下，更好、更新、更快、更多地满足人们的人性需求，与顾客建立起长期且亲密的信赖与依赖的关系，才会拥有很好的品牌美誉度和忠诚度，才能为企业带来高附加值、可持续的长远发展，最终才会强力拉升品牌资产的水平。

其中，品牌的忠诚度至关重要。在品牌系统性建设的体系中，品牌的忠诚度体现在四个已经被"固化"的层面，包括消费习惯、心理依赖、生活方式、文化审美。只有顾客与品牌之间已经形成了常态的消费习惯和强烈的心理依赖，并将其固化为一种自己喜爱的生活方式，升华为一种独特的审美，才会形成品牌的忠诚度，乃至品牌信仰，最终才能与品牌建立起长期购买，乃至超常购买的关系，才会为企业带来超乎寻常且可持续的利润。

从消费习惯养成来看，星巴克从咖啡馆到休憩地，从"第三空间"到社区的"大客厅"，正是通过持续坚持和不断优化的品牌体验，为顾客营造了一个可以预期的温馨而舒适的消费环境，编织出一条能够维系顾客亲密关系的纽带，使频繁的访客变成常客，使许多常客最后成为终身顾客，即最终与越来越多的顾客建立起从初次购买到重复购买，再到长期购买，直至超常购买的忠诚关系。

从生活方式上来看，在《星巴克攻略：全球第一咖啡连锁店的行业创新与体验营销》一书中有这样一段描述："在中国，已有一群患有惯常性'星巴克上瘾症'的人——每个月不造访个十几次星巴克就无法心安的'死党'顾客。他们青睐星巴克是因为星巴克营造了一种生活体验或是生活方式，乃至一种生活态度，甚至有些人将实现'星巴克自由'当作自己生活中的一个'小目标'。"

牧师托德·鲍尔丁的描述则很能说明问题："随便哪一天下午来到星巴克，您都会发现，年轻人围着桌子挤在一起一聊就是好几个小时。当然，还有商业会面，朋友们一块儿喝星冰乐。柜台后面的服务员会过来了解我们的名字，甚至把名字写在我们的杯子上。"对此，他不得不承认："这种祥和的、朴素的、私人化的体验，从某种意义上来说，已经成了例行习惯，似乎在一遍又一遍地把我们往回'拽'。"

正如星巴克前首席执行官奥林·史密斯在接受美国《财富》杂志采访时所言："我们彻头彻尾改变了人们的生活方式。想想人们早晨起床后要做什么，他们想要小小地犒赏自己时又要做什么，人们平时又是在哪里见面的？"

其实，一个"拽"字就将顾客对星巴克的心理依赖形容得淋漓尽致。的确如此！是星巴克让美国人以10倍的支出买回原本"不那么值钱"的咖啡，是星巴克在无数的城市中每隔几个街区就开设若干家星巴克门店，是星巴克在所到之处让消费者趋之若鹜，甚至排起长队……顾客对星巴克所形成的如此程度的心理依赖，在《星巴克：关于咖啡、商业和文化的传奇》的作者泰勒·克拉克眼里，已经到了"甚至可以使得有罪之人皈依上帝"的地步。

无疑，在品牌的心理依赖中，对品牌的"信仰"是至高的境界。用霍华德·舒尔茨的话来说："如果人们认为他们与某公司有着相同的价值理念，那么他们一定忠于该公司的品牌。"星巴克正是通过让那些具有大致相同的人生情调和社会身份的人组成一个价值理念的共同体，从而创造出这样一种《公司宗教》中所称的星巴克的"咖啡宗教"。

有意思的是，在《星巴克攻略：全球第一咖啡连锁店的行业创新与体验营销》一书中，作者将星巴克公司形容为"咖啡宗教"，星巴克咖啡店则是分布在各处的"教堂"，星巴克的合伙人就是这种"宗教"的"神职人员"。在经过严格的教育和价值熏陶后，他们把一套知识和格调传达给他们的"教民"——常常到咖啡店来做"晨祷"和"晚祷"的顾客。

其实，这位作者还遗漏了"教父"霍华德·舒尔茨。正如《纽约客》杂志的评价所言："他改变了我们对于咖啡的想象力。"

正如泰勒·克拉克的评价，"在这种宗教般狂热的推动下，星巴克的市场之大几乎无人能敌"，以至于让星巴克的合伙人戴夫·奥尔森产生了这样的看法："一旦哪一天我们关张歇业，人们将无法理解和接受我们为何会做出这样的选择。"锡拉丘兹大学流行文化教授罗伯特·汤鲁森更是认为，对星巴克的狂热占据了"极客神殿"的显要位置，因此你会经常听到人们这样说："那里没有星巴克，你们的日子该怎么过？"

的确，无论是像意大利这样的有着悠久咖啡历史的国度，还是像中国这样的在20年前对咖啡饮品相对陌生的国家，星巴克都能很快地将自己融入当地人的生活之中，成为他们工作、生活中既不可或缺又无可替代的一部分。

在文化审美方面，星巴克已成为潮流与时尚中不可分割的一部分。就像一个十几岁的女孩子曾对《西雅图时报》所说的那样："手棒一杯咖啡，可以使得形象更完美。一条紧身裤、一双人字拖，再搭配一杯咖啡，而且要是有硬纸套的那种，这就是绝对时尚的装扮及成熟的标志。"

在中国，星巴克甚至成为许多年轻人为之而努力的一种成功的向往与象征——星巴克自由。一份《星巴克完全装×指南》让许多人感到好像已被"美人鱼"塞壬附体；一篇《我奋斗了18年才和你坐在一起喝咖啡》不知让多少"北漂""沪漂"一族，在其中找到了情感的共鸣。

在《星巴克的感性营销》一书中，作者也为我们呈现出一幅韩国的"星巴克景象"：在街头，常常可以见到身穿西服和褪色牛仔裤的40岁左右的男人，一手拿着《福布斯》杂志，一手握着外卖咖啡——散发着高雅的气息的他们体现出自己独有的风格与品位，吸引着许多憧憬这种生活的年轻一族羡慕的目光。

更有甚者，在世界各地有许多人走在大街上时，还要特意将手中星巴克杯子上的标志转向外侧，就像老北京人将猪油涂在嘴上一样。只是，前者彰显的是品位，后者展现的是富有。

这难道不正是我们常说的关于品牌资产的那种至高境界吗？

在提高顾客忠诚度方面，"星享卡"也是功不可没。顾客购卡后在相关网站完成简单注册即可成为"星享俱乐部"会员。顾客持"星享卡"在门店内的每一笔消费都会被记录下来。随着消费金额的累积，顾客将能升为代表更高级别的"玉星级"和"金星级"会员，以获得更多的奖励回馈体验，如免费咖啡赠饮、专属的咖啡教室、新产品体验会等。

星巴克通过My Starbucks Rewards（我的星巴克奖励）项目，给予了那些长期顾客更多的利益回报。据统计，全球星巴克忠诚会员的消费次数是其他消费者的3倍。美国财经网站市场观察机构（Market Watch）的数据显示，星巴克会员在当时的账户里的金额已经超过了美国某些金融机构的存款，高达12亿美元。（数据来源：《咖啡新零售》）

会员储值卡的推广也给星巴克带来了更多的销售收益。根据《华尔街日报》的报道，星巴克卡的交易额高于任何同类充值卡。据星巴克公司网站上独立于其财务报表的详细数据显示，截至2011年9月的一年中，星巴克卡总计充值金额为22亿美元，较2006年同期增长了151%，其中通过星巴克卡进行的消费占公司收入的18%。

正是缘于全球范围内的追捧者的美誉与忠诚，使得星巴克基于品牌价值的市场溢价已经超过了产品总体价格（单价的总合）的一半。以《星巴克特许加盟手册》的资料介绍为例，在一杯卡布奇诺咖啡的32元售价中，品牌溢价为16.56元，占比51.75%。在我们查阅的多篇有关星巴克利润率的文章中更多将星巴克的利润率定格在10%~18%。

特别是在中国，星巴克的市场溢价更是创造了一个世界"第一"。据2013年10月20日央视报道，星巴克在中国的售价不仅高于美、英发达国家，甚至比发展中国家印度也高出一倍。

以一杯354毫升的中杯拿铁为例，在美国芝加哥售价19.98元，在英国售价24.25元，在印度售价15元，在中国价格却是27元（以上均按人民币换算）。根据星巴克公司2013年第二财季的报表，中国及亚太地区利润率为32%，高居全球之首。（新浪财经，2013年10月21日，《一杯星巴克到底该卖多少钱？》）

即便我们采用《到底谁才能击败星巴克？》一文中所介绍的"星巴

克在2018年的利润率是15.9%"的数据，星巴克也比那些尚挣扎在盈利边缘的同行要高出许多。其中的奥秘就在于，"多数人承担得起的奢侈"。

星巴克在定价时，正是锚定了那部分追求品质、品位以及与众不同的消费人群的心理，然后借助自己的品牌魅力，将价格定于这些人可接受的最高限域之内。因此，尽管星巴克咖啡的价格看上去高出很多同行约20%，但还是赢得了众多心甘情愿前来消费的顾客，不仅大大降低了顾客对价格的敏感度，还通过高品质的产品、高品位的环境以及人性化和个性化的服务让顾客感到自己的消费物有所值。

来自法国《费加罗报》和《人民日报》报社的两位记者共同采访了时任星巴克CEO的奥林·史密斯："在印度尼西亚，一杯星巴克咖啡的价格为多少？那里人均每周的收入为多少？"当得知两者之间的差额较美国而言非常接近时，他们不住地表示惊叹，而这恰恰说明了星巴克在世界各地都已经代表着一种高品质的生活追求。因此，人们愿意花费较高的价格来购买这种自身承受能力之内的奢侈与享受，而这种支付得起的奢侈与享受远远不仅是一杯咖啡这么简单。

如此一来，星巴克的"第三空间"这个基于"咖啡+社交"双重体验的品牌附加值，为星巴克贡献了非常可观的盈利。这一点，我们从星巴克的财务收入构成中便可见一斑。从星巴克近几年的"财报"来看，在店消费饮品和食品、袋装饮品、杯子以及咖啡机这几项业务，对星巴克的营业收入的贡献较为稳定，占比基本分别维持在73%、20%、3%和4%。由此可见，在店出售现磨咖啡的收入是星巴克收入中占比最大的。

这是源于星巴克顾客的忠诚度——有将近20%的"铁粉"顾客每个月至少光顾门店16次。据星巴克北美地区零售高级副总裁吉姆·艾琳介绍，星巴克最忠诚的顾客通常一个月要光顾门店18次之多。这个数据源于美国的一项调查结果：经常光顾星巴克的顾客一般每个月要去18次，而去购物中心则只有3.7次。

由此可见，拥有顾客的数量多少只是问题的一个方面，高消费层次顾客的频繁光顾才是决定门店销售额的关键，而这正是品牌美誉度和忠诚度的直接体现，更是消费者与品牌之间关系的因果反映。正如《品牌关键：探寻品牌的价值本原与规律》一书中所指出的，品牌营销的任务就是不断深化消费者关系：从初次购买到重复购买，从长期购买到超常购买。

要想实现这个目的，就要不断优化品牌体验，让顾客形成对品牌的发自内心的满意和喜爱、信赖和依赖。如此一来，在为品牌贡献可观的品牌溢价的同时，也会转化为对企业股票的投资信心。咖啡师梅雷迪思·科特斯曾经遇到这样一位顾客。这位顾客不小心将手上的双份意大利浓缩咖啡掉到了地上，梅雷迪思·科特斯一边帮他将杯子捡起来，一边对他说："我再给你煮一杯吧。"

这位顾客不好意思道："不用麻烦了，我都快喝完了。"梅雷迪思·科特斯还是坚持为他煮了一杯新鲜咖啡，并告知他是免费的。这位顾客在感动之余说道："我之所以购买星巴克股票，就是因为你们具备这样良好的待客行为。"

在新墨西哥州的一个小镇上，有一家咖啡馆广受当地居民的欢迎，其店主也倍受尊敬。当星巴克要进驻这里的时候，很多人告知他们："这个镇可能不适合你们。"区域经理谢莉·泰勒和她的领导并没有因此而放弃。他们通过与社区的反复沟通，传递星巴克的价值观和经营理念，告诉人们星巴克会给社区带来新的餐饮文化和经营业态，会提升当地的消费水平和市场规模。

最终，包括那位店主在内的居民都改变了看法。正如当地报纸在报道这个事件时所引用的那位店主所说的话："这对我们的城镇是极好的事情，我欢迎他们来这里。"不仅如此，这位店主最终还成为星巴克股票的投资者。

值得一提的是,星巴克在品牌资产管理上采取宁可吸纳入股或卖股票也绝不举债的模式。这是因为,霍华德·舒尔茨坚持认为,举债创办公司并非最佳方式,最好的方式是以经营绩效来取悦各大股东,哪怕自己的份额在50%以下也毫无关系,这比背上沉重债务的风险要小得多。霍华德·舒尔茨始终认为,大肆举债势必会限制公司未来发展的可持续性以及持续创新的可能性。

因此,星巴克并没有像其他资金密集型零售企业一样,而是采用了入股或卖股票的筹资方式,为投资者提供股份、期权乃至董事会席位,直至1992年上市。在高速发展中成功避开了举债扩张、争吵不休,直至分裂的致命"暗礁"。"每筹募一次资金,我的股权就被稀释一次,"舒尔茨后来不无骄傲地表示,"今天我仍保有领导头衔,并非我握有高比例的股票,而是靠着我的理念和承诺,不断为股东创造利润。"

约瑟夫·米歇利教授在《星巴克体验》一书中曾提供了这样一组数据:如果1992年在纳斯达克星巴克公司的IPO(首次公开募股)上投资1万美元的话,那么在2007年其价值就增至65万美元;而另一组数据则是,在这段时间里,S&P(标准普尔公司)的股价增长了200%,道琼斯公司的股票增长了230%,纳斯达克的股票平均增长了280%,星巴克的股票增长率则高达5000%!截至2019年,在27年内上涨了470多倍(大体估算,未考虑分红),年化回报率约25.6%,星巴克可谓一只不折不扣的大牛股。

在英国品牌评估机构Brand Finance公布的《2018全球最有价值25个餐厅品牌》中,星巴克以324.21亿美元的品牌价值稳居第一位。在2019年的此项榜单中,星巴克的品牌价值依然位列第一,只是其价值上升到了392.68亿美元。到了2023年,星巴克连续7年成为最具价值餐饮品牌,品牌价值增长了17%,达到534亿美元。不仅巩固了其作为全球最具价值餐饮品牌的地位,还拥有31亿美元的最高可持续发展感知价值。

2021年7月28日,星巴克公布了其2021财年第三季度(对应的是2021自然年Q2)的报告:全球收入创新高,达到75亿美元,市场预期为72.9亿美元,同比增长78%。在美国以外,星巴克的平均同店销售额增长了41%,顾客流量增长了55%;美洲地区的营业收入为54亿美元,同比增长92%;美洲以外地区营业收入达到16.58亿美元,同比增长75%。截至该季度末,星巴克在全球共有33 295家门店。

综上所述,无论是常年维持在50%~60%的毛利率,还是常年远高于15%的高净资产收益率;无论是每年约30亿美元的运营现金流,还是通过各种手段始终具有高复购率的产品和服务;无论是基于全球领先所拥有的一定程度上的定价权,还是基于品牌影响力以及市场溢价能力所带来的具有宽广持久特性的经营"护城河",乃至高出行业5倍之多的利润;等等,星巴克无疑属于非常优良的品牌资产。

记得,约瑟夫·米歇利教授在《星巴克体验》中写道:从一开始,业界就将星巴克模式视为霍华德·舒尔茨"碰巧发现了一个即将失败的短命花招而已";而如今,"星巴克的故事在各种意义上都印证了'想象'的力量。"考拉·丹尼尔斯在《财富》杂志的文章中指出。约瑟夫·米歇利教授对此得出了非常肯定的结论:他必定行进在正确的轨道上,因为世界上的很多地方都欣然接受了他的观念。

综上所述,无论是品牌的知名度和信任度还是品牌的美誉度和忠诚度,乃至品牌的信仰度、品牌资产的转化度,星巴克都曾登临难以企及的高度,直至以几美元一杯的咖啡构筑起一个拥有32 938家门店、1200亿美元的市值、成长逾800倍的咖啡"帝国"(截至2021年3月)。这个"帝国"还将继续壮大下去。"至2025年,星巴克中国门店总数量将达到9000家(平均每9小时开一家新店),伙伴(员工)将新增3.5万人,达到9.5万多人,并实现净收入翻倍、营业利润为当前四倍的增长目标。"2022年9月美通社头条是这样报道的。

星巴克前市场总监斯科特·柏德贝利曾坦言："谁都可以和星巴克竞争，这生意花不了什么钱，买上一台意式浓缩咖啡机，再有800平方英尺的面积就足够了，但并不是谁都能和沃尔玛一决高下。"至于为什么会这样，以霍华德·毕哈的一段话作为答案再合适不过了：在拓展生意的时候，太过看重策略和技巧，往往忽略了"人"才是真正应该着力经营的事业。

对于人，霍华德·舒尔茨不断地去感悟。2023年，在一场"围炉夜话，对话北大学生"的访谈中，已近古稀之年的他深有感悟："'人和人的相似之处远大于不同之处。'在今天，这句话对于我而言比我一生中的任何时候都重要。人们向往一样的事物：人文联结、善意和爱。"

正是因为坚持这一价值观，"我们再也不会陷在自己那片狭小的天地里，再也不会纠缠于自己的利益得失"，霍华德·毕哈对此也深有感触。也正因为如此，霍华德·舒尔茨才坚信："星巴克品牌的资产不是从外部建立的，它首先源自内部。"在参加"2023星巴克中国伙伴论坛"时，面对现场约1000名来自全国各地的伙伴，以及约1.2万名线上伙伴，他深情地说："星巴克更重要的品牌资产来源于人，而这些重要的人就是今天在座的各位。"这也正是星巴克"一杯只需价值3美分的咖啡为什么能卖到3美元"的奥妙所在。

第十二章

支撑/管理：全位、全程、全员、全心

管理品牌是一项终身的事业。星巴克的成功不是一次性授予的封号和爵位，它必须以每一天的努力来保持和维护。

——霍华德·舒尔茨

在品牌系统性建设体系中，还有在当下这个市场竞争的大环境中越来越重要的两个维度，即品牌的支撑体系和管理体系，因为品牌建设已经不再仅仅是市场部或品牌部这些与外部市场环境密切相关的部门的职责，而是一个从战略到研发、从生产到管理、从营销到服务的全程贯通、全方位覆盖、全员参与、全心对待的系统性工程。

这其中任何一个环节出现问题，都会使品牌的价值出现缺陷，都会使品牌的形象受到损害，进而影响到消费者的品牌体验，最终让品牌在激烈的市场竞争中败下阵来，从消费者的心智中消失。正如霍华德·舒尔茨所警示的那样，品牌，其实是很脆弱的！

咖啡豆产业链支撑体系

也许我们还不知道，从一粒咖啡种子到一杯醇正香浓的咖啡，其间要经过34双手、4634英里的传递。从种植到加工，再到研磨，哪一个环节处理不当都会对咖啡最终的口感造成非常大的影响。

对此，星巴克通过建立咖啡种植者支持中心，在整个流程、资源和技术上向咖啡农提供综合性的服务；同时促进专业化的农艺学家与咖啡农之间的直接且紧密的合作，配备专业的质量团队对咖啡的品质和供应链进行有效的监督与管理。通过上述机制，确保咖啡农对咖啡品质和星巴克需求有更加全面的认识，让更加环保的种植方式和加工方式得以推广，改变当地在进行去皮时采用的发酵手段，构建起符合国际标准的水物理脱皮装置，防止发酵过程对咖啡品质产生损害，提高效率并减少生态足迹,确保每一颗咖啡豆都符合星巴克的严苛标准。

例如:在选种的环节,不仅要考虑咖啡的品质,还要兼顾与种植当地的气候等条件相适应,以及在种植过程中的间种问题,以解决病虫害的威胁;在种植环节,要充分考虑种植的间距、品种间的套种、梯田式种植(防止水土流失)以及在不采伐树木的情况下合理的空间布局等多方面的因素,藉此实现咖啡健康成长和保持当地生态环境两个方面的完美融合;在发酵环节,通过推广符合国际标准的水物理脱皮装置,来改变当地在种子去皮时采用的发酵手段,防止发酵过程对咖啡品质的损害;在日常管理环节,要对当地的降水、风力、土壤等一系列数据进行深度分析挖掘,制定一套完善的施肥方案,以促进咖啡豆的茁壮成长,提高效率并降低生态足迹,确保每一颗咖啡豆都符合星巴克的严苛标准。

星巴克通过2004年开始推行的"咖啡和种植者公平规范",向咖啡农输出一套整体的指导准则,包括产品质量、经济责任、社会责任和环境保护四个核心领域的内容,以确保咖啡农在产品质量的高标准,经济责任上的公开与合规,社会责任上的安全、公平及人道的工作环境,环境保护上的生态友好和无公害等方面严守底线,不逾红线。

2021年8月,随着星巴克宣布在巴西最大的咖啡产区米纳斯吉拉斯州建设咖啡种植者支持中心,至此,星巴克已经在全球范围内建立起10个咖啡种植者支持中心。

支持中心:运营支撑体系

星巴克将自己在美国的总部打造为面向全球的运营支持中心,为世界各地的门店及员工提供经营所需要的工具、资源和创意。

据一位实习生网友介绍，星巴克总部一共有9层楼，大概有三层都是技术部门的，剩下的还有人力资源部门、法律部门、供应链部门、金融部门等。其中，还有一个实验室是专门用来进行产品创新的，比如用虚拟现实做出门店的装潢演示，调配一些新的神奇饮品，等等。

这位网友还说，在这里工作可以培养全球化的思维方式，因为我们思考的是全球30万伙伴和数不清的用户，要为全球3万家门店提供支持，这也是为什么总部叫作Starbucks Support Center（星巴克支持中心）。我很喜欢这个公司，大家拧成一股绳往前走。

在星巴克的连锁式全球扩张中，一直坚持总部直接管理、统一领导的模式，并且将门店之外的其他公司和部门统称为"星巴克支持中心"（例如，星巴克中国的总部被称之为"上海支持中心"）。星巴克支持中心一般设置有门店开发及设计部、市场推广及产品部、公共对外事务工作部、伙伴人力资源部、研发与质量管理物流部、供应链部等。

每家星巴克门店的咖啡制作设备和材料都要从总公司直接配送，员工的管理和培训也全部由总部负责统筹。其目的是，严格控制产品和服务的品质，确保员工对星巴克价值观的理解与认同，并能将其转化成顾客能够感知和感受到的品牌文化，最终确保每家门店都能保有百分之百的星巴克血统。

在新品研发方面，以星冰乐为例，对于每年春天公布的新夏星冰乐的风味，总部研发厨房首先要考虑来年的流行色趋势，以力争实现两者之间的相得益彰，确保人们在拿到这款产品时能够获得时尚靓丽的感觉。例如，星巴克在2002年推出香草椰子奶油星冰乐时就准确预见了白色的流行。

星巴克总部还设有"秘密实验室"或称为"隐形实验室"。之所以要秘密，要隐形，就是要撤去任何品牌的烙印，在不影响消费者客观评价的前提下对产品新创意进行测试。

为了保证每一杯咖啡在口感和气味上均保持最佳水准,总部还建有气味实验室。每天早上7时30分,星巴克咖啡专家就会在气味实验室里对不同口味的咖啡进行细心品鉴(星巴克要求这项工作必须在清晨进行,因为人的嗅觉与味觉在清晨时最为灵敏)。

在品鉴过程中,专家先将少许咖啡豆放在一台样品烘焙机上进行烘焙,再进行精确的调制。随后专家会舀起一勺调制好的咖啡仔细嗅闻它的气味,再用味蕾感知咖啡的味道。这个品尝过程必须非常迅速,要用不到两秒的时间完成对一种咖啡的品鉴,然后吐掉、漱口,再进入对另一种咖啡的品鉴流程中。如此重复进行,一般要在3个小时的时间内详细品鉴6~8种咖啡并写出报告,作为星巴克咖啡采购或烘焙的重要依据。

门店开发支撑体系

在星巴克的品牌价值构成中,作为"第三空间"的咖啡门店承担着不可替代的营销重任,是星巴克传递品牌理念、彰显品牌价值、输送品牌利益的"桥头堡",是星巴克与消费者之间建立品牌关系的纽带。因此,"第三空间"的选址与设计对于"第三空间"价值体系的构建就显得尤为重要。

鉴于此,星巴克组建了一支由房地产经纪人、设计师和艺术家等相关领域的权威人士组成的专业团队。他们在商圈划分、地址选择及店铺设计等方面对在全球范围内的门店选址和设计提供专业支持,藉此在经营盈利和顾客体验双要素上完成科学的规划和完美的呈现。

首先是选址。在星巴克如此强大的扩张能力的背后,离不开其多年积累的开店能力，特别是独特的选址策略。这是因为，店址的选择一旦出现问题就直接关乎这家门店的生死存亡。

在既定的战略布局之外，星巴克还有一套数据建模选址系统（Geographic Information System，GIS），作为公司在选址方面的专业支撑。通过该系统可以对选址目标进行多方面的评测，按照数据统计与分析的结果确定最终的选择。除一般地理位置的数据外，数据统计还包括商圈人口（年龄层、学历）、商圈购买力（收入等）、商圈的竞争力（哈夫模型）、人流量、人流动线、认知性和建筑物构造等数据，最终通过以上（甚至更多）大数据调研预估门店销售额，完成选址确定。

在数据建模选址系统的支持下，星巴克制定了六项选址原则作为门店营销的基础性保障。

（1）人流量原则。根据大数据测算出该商圈的人流量，预估出人流的日常生活行为的路线，确认聚客点，选择聚客点周边的位置作为门店地址；

（2）锁定目标人群原则。追求品味、时尚的中高收入人群，年龄段在16~45岁。

（3）可见性原则。门店位置可见性要高，一楼露天位置为首选。品牌展示空间要广，门店采光要好，格局要通透。

（4）交通便利性原则。商圈的停车位离地铁站、公交站的距离等都是重要参数。

（5）经济性原则。有利于对经营成本和物流成本的控制。

（6）稳定性原则。稳定性又可以说是前瞻性，即判断选址所在的商圈是否成熟稳定，如周边住宅区是否稳定，周边会不会有大的城市规划改造。

星巴克正是凭借实行科学巧妙的置店策略，与竞争对手展开无情的对决，最终使得顾客别无选择，只能走入星巴克。

门店设计支撑体系

选址之后，接下来便是对店面的设计。星巴克有自己专属的设计团队，目前在全球已经拥有18家设计工作室。星巴克中国于2011年组建了自己的设计团队，这支45人的设计团队包含了建筑师、室内设计师、平面设计师和工业设计师，他们除了负责中国新开门店的设计工作以外，还负责对原有门店的改造升级。

据说，在西雅图总部的支持中心有一处高层空间，几乎不对任何来访者开放，就连很多星巴克伙伴也不知道这个地方的存在。就在这个神秘的地方，驻扎着一支博采众长的特殊团队。在他们当中有平面设计师、室内设计师、建筑师，甚至还有诗人（为什么还有诗人？因为他们在"感觉"方面更有感觉）——他们就是西雅图支持中心的设计团队。他们的职责就是，通过特殊的极富想象力的效果来形成星巴克独有的设计风格。

在每年初始，由店面设计团队、创意小组和公司其他高级管理人员共同确定下一年度的设计概念及主题。首先，是吸纳消费者的意见；其次，是结合当年的设计趋势；再次，是参考每一家新店开张前传过来的原址照片；最后，是将初步方案交由一线伙伴，广泛征求反馈意见，甚至让他们亲自参与设计工作……所有这些都是为了能够让星巴克风格最大限度地贴近当地文化和顾客审美，最终设计出既有明确的品牌识别度，又与当地环境和氛围高度融合、和谐统一的最佳方案。

设计团队编辑了一套指南性质的规范化图册，其中包括在门店中使用各种单独元素的图样。各种组件都存储在加利福尼亚州和新泽西州的仓库中，当有新店需要开始投入建设时就成套运往当地。对于当地的服务商而言，这就像是收到一套巨大的飞机组装模型：只需要按照要求将各部分连接拼装在一起即可。如此一来，就大大加快了整体流程，使得整个门店的建设时间能从以往的24周缩短至8周，单位成本也能从平均35万美元降至29万美元。

星巴克还有一个设计资源中心网站，可以为世界各地的设计师提供一站式服务。在这个网站上，设计师可以参考设计指南，借鉴适合当地风格的设计元素，激发自身的设计灵感。此外，设计团队还编辑了一套具有指南性质的规范化图册，其中包括在门店设计中所使用的各种单独元素的图样，供世界各地的星巴克设计师参考应用。

正是这种强大的支撑体系，才使得特种咖啡专家唐纳德·萧霍做出了这样的评价："很显然，当别人还在使用胶合木和老式的木板时，星巴克已经在利用专业建筑师来打造咖啡店。陡然间，让所有其他咖啡店都成了业余水平。"

人力资源支撑体系

对于品牌，真可谓是"百年大计，人才第一"。特别是对于星巴克这样的以"人本"为品牌主义，以伙伴为营销主体的企业，人才更是重中之重。以星巴克中国为例，每年的员工招聘为6000~7000人。如此庞大的人类资源系统，没有一个有力的支撑体系是无法满足星巴克的发展需要的。

星巴克新员工招聘的渠道大致有三种，即在校园招聘的管理培训生，以及社会招聘和内部员工推荐。相比招聘外部人员，星巴克在营运管理人员招聘方面更倾向于任用从基层做起的员工。对员工自身而言，对公司的一线经营业务的了解也有助于其未来职业的发展。

在选人方面，星巴克坚持以下四项基本原则。

其一，要能够与他人开展良好合作。这是因为，星巴克柜台后面就是一个从咖啡制作到售出的流水线，因此员工的工作情绪和合作技巧，无论是于伙伴之间还是对顾客，其重要意义都是显而易见的。

其二，要能够做到顾客至上。顾客在接触其产品之前首先接触的是员工，员工的服务态度会直接影响顾客对于公司品牌的印象。

其三，要具备优秀的学习能力。也许是从一位门店的咖啡师做起，但只要具备优秀的学习能力，所有的人都会有更好的发展机会。

其四，要具备影响他人的能力。尤其是当员工有成为团队领导者的志向时，必须要具备用自己的智慧、意志和人格去影响和带动伙伴的能力。

在员工职业发展路径方面，一般来讲，星巴克员工有以下三种职业发展路径。

其一，门店垂直晋升路径。在星巴克，每两个垂直职位间并没有严格的晋升时间间隔，员工能否快速升职主要看其在业务能力、知识储备方面能否获得较快的成长。据介绍，每年大约有20%的员工获得各类升职。

其二，跨部门发展路径。任何级别的员工都有机会或进入支持中心或进入门店，得到跨部门、换岗位的机会。在通过跨部门应聘面试后，公司将根据员工的具体能力，再结合公司需求为其安排相应职位。例如，每年有20%的员工从零售门店进入支持中心。

其三，如果拥有"咖啡大师"和"咖啡公使"的荣誉头衔，员工就有资格申请除所在职位以外的公司兼职，比如可以申请"星巴克（中国）大学"的讲师职位。

个人能力是否达到升迁标准、在原有职位做得好不好是决定员工能否实现职业发展的前提。例如，业务知识（也包括咖啡知识）积累是否达到标准要求。在条件不成熟时，员工可以申请相关的培训以弥补弱势。之后，只要出现职位空缺，就有机会成功升职和跨部门任职。

在员工培训方面，所有新加入员工除相关部门的业务培训之外，还必须要参加一段时间的门店见习和考核，同时接受咖啡知识的培训。培训内容一般包括以下几点。

（1）门店经营培训。所有新员工在入职之初均要在门店实习。即使是进入支持中心的新员工，也要接受2~3周的门店培训和实操训练，主要涉及零售课程、岗位锻炼、门店负责人辅导等内容。

（2）咖啡知识培训。主要涉及咖啡豆产地分布、烘焙方式等基础知识。在完成基本的培训之后，员工还可以借助公司内部的资料发放、员工分享活动等来了解更多的咖啡知识。

（3）"星巴克（中国）大学"。这是星巴克中国在2012年11月推出的一个面向员工的企业大学培训平台。员工除了接受入职的相关培训之外，还可以报名入学，接受更加系统的培训，为今后进一步提升做好知识技能储备。

在员工福利待遇方面，星巴克强调对每一个员工的关注，希望它的福利政策能够尽可能地公平和人性化；同时，巧妙地将员工的利益和企业的利益结合在一起，对长期为公司服务并做出相应成绩的员工予以承诺与奖励，增强员工对企业的归属感、认同感，并进一步满足其自我实现的需要，最终实现调动员工主观能动性、激发其工作热情、提升其创造能力、增强其成就感与乐趣的目的。

（1）咖啡豆股票。每一位星巴克的员工都能拥有公司的股票，包括那些在星巴克做兼职的员工。其中包括股票期权制度，即兼职员工只要每个星期在星巴克工作超过20个小时，一年做满360个小时，就可以拥有当年的咖啡豆股票，第二年这个股票就能够兑现。

（2）股票投资计划。在每个申购季开始之前，凡是被星巴克连续雇佣90天以上，且每周的工作时间不少于20个小时的员工，都有机会以抵扣部分薪资的方式或以折扣价格购买公司的股票。

（3）"咖啡豆期权计划"。规定自每年4月1日起至财政年度结束，或者自每个财政年度开始至次年的3月31日，或者自4月1日开始至该计划当年被正式执行之前，连续被星巴克雇佣且被支付了不少于500个小时的工资的员工，都有权利享受该计划。

（4）股票期权奖励。在综合考虑公司年度业绩的基础上，公司董事会每年会考虑给予符合条件的人员一定的股票期权作为奖励。公司的股票期权等待期为5年，任何满足条件的合伙人都可以按照股票购买计划购买股票，合伙人购买股票时可以通过薪资折扣获得15%的优惠，这样只要股票价格上涨，股票期权就会越来越值钱。

（5）保险。除了国家规定的员工保险以外，公司还为包括门店兼职员工在内的所有员工购买了补充的医疗保险和意外险以及为员工父母提供重大疾病医疗保险。

（6）星基金。这是星巴克员工自动发起的一个互助计划，公司还会定期向该基金中投入资金。假如员工遇到意外，他们能够向委员会提出申请，并且有机会获得帮助。星基金同样向兼职员工开放。

每一年星巴克总部都会向不同市场投放不同数量的股票，员工可以根据绩效、表现、薪资水平得到属于自己的那份股票。公司每年投放的股票比例保持在10%以上。这样做，虽然在初期投入的资本较大，但是产品及服务品质的一致性和恒定性、员工的专业素质的持续提高，都非常有助于咖啡教育的推广、与顾客亲密关系的发展，进而有利于建立起相较于同业公司更为专业的品牌形象，让星巴克品牌的扩张更加坚定有力。

顾客沟通互动支撑体系

在星巴克的多种顾客沟通渠道与方式中，"我的星巴克点子（My Starbucks Idea，简称MSI）"的作用非常突出，在与顾客建立亲密关系方面功不可没。

星巴克在2008年3月19日推出了公司的第一个社会化媒体网站——我的星巴克点子。这个网站就像一个巨大的客户意见箱，用于接受来自全球各地的星巴克客户的意见、建议和反馈。这个网站从结构上来看，可以分为"分享区""投票区""讨论区""处理区"。

在"分享区"，无论是正面或负面的评价，或是涉及产品、服务、经营管理各个方面的问题，如咖啡口感、店铺环境、付款方式等，顾客都可以自由地提出自己的意见和建议。此后，顾客可以在"投票区"和"讨论区"即时看到其他顾客和星巴克员工给自己提出的意见和建议所做的投票反馈以及在线互动讨论。最后，还可以让顾客清楚地看到星巴克是否采纳了自己的建议，是否接受了自己的意见。

为了能在第一时间收集和分析这些意见和建议，星巴克从公司产品部门、运营部门、管理部门中精挑细选出几十名专业人士，在通过沟通能力测试后代表公司在线听取顾客意见，并回答顾客提出的问题。截至2013年，MSI 网站已经收到超过15万条的建议，网站登记用户的投票高达200万票之多，其中277条建议被星巴克采纳。

通过MSI平台，星巴克可以及时、畅通地获知顾客的意见和建议，甚至是一些很有价值的设想和创意。这对于星巴克不断完善自身工作系统，提升工作质量，开发新的产品，改善服务体验，及时发现并圆满处理不良舆情，更加密切与顾客之间的关系，最终提高公司的整体经营状况，都具有非常重要的积极作用。

"星享会"会员支撑体系

星巴克"星享会"会员制度自从2008年在美国推出之后，就成为星巴克最重要的营销工具之一，并在2010年被引入中国市场。

星巴克的会员制度非常简单易懂，概括起来就是"一星，二卡，三等级"。

所谓"一星"是指被称之为"积星"的星巴克会员的积分或积币。"积星"既将品牌标识中的"星"体现了出来，又代表了不同的"星级"；既强化了品牌特性，又提升了品牌的认知度，在很大程度上提高了品牌和顾客的沟通与转化效率。

因此我们说，星巴克的"积星"体系融合了心理学和行为认知学的设计，它不仅仅是一套会员体系，也是一种沟通的方式以及品牌传播的媒介，更是一种随时可以实施的营销手段。

顾客：请帮我点一大杯拿铁。

店员：先生，如果您经常喝咖啡，可以考虑加入我们星巴克的会员！

顾客：加入会员有什么好处呢？具体规则是什么呢？

店员：非常简单，分为3个等级，也就是银星级、玉星级、金星级。银星会员是免费注册的，一旦您升级到玉星会员，我们会赠送您3张免费咖啡券。

顾客：那么，如何升级到玉星会员呢？

店员：您只需要积够4颗星星就可以成为玉星会员了，每消费50元可以累积1颗星星。

这套"积星"玩法最大的特点是简单易懂，容易获得顾客的认可。这就使员工在顾客点杯咖啡的时间（不超过1分钟）里能够将更多的顾客转化为会员。

星巴克的"积星"制采用了"小数"法则，这里的"小数"是指，不管是升级为"玉星"会员所要求的4颗星，还是升级为"金星"会员所要求的16颗星，都不会超过"20"这个数字。这样既便于会员记忆，也有助于顾客清晰地管理自己的消费预期，同时也具有便于传播的优点，甚至可以当作一种谈资广而告之。

所谓"二卡"，是指会员体系下的两张付费卡：一张是"星礼包"，另一张是消费充值卡。这两张卡在星巴克的会员成长体系中起到了强劲的助推作用。首先是"一星"礼包，其中包含6张优惠券：2张饮品"买一赠一"券，3张"早餐半价"券，1张30元商品优惠券。

消费充值卡就是"星享卡"，它分为三个级别：①银星级，包括3张亲友邀请券（买一赠一）、1张早餐咖啡邀请券和1张升杯邀请券；②玉星级，包括1张生日邀请券、1张咖啡邀请券（买三赠一）；③金星级，包括1张生日邀请券、1张周年庆邀请券和1张咖啡邀请券。

所谓"三等级"就是如上所述的银星级,免费注册获得;玉星级,累计4颗星星;金星级,再累计16颗星星。整个等级只有扁平的3层结构,如果将零门槛的银星级去掉的话,其实只有两个层级,非常简单易懂。

需要指出的是,在互联网经济大潮的冲击下,星巴克原有的以线下运营为主体的"第三空间"的概念遇到很大的挑战。为此,星巴克通过各种举措将会员引导到App上。首先,任何一个消费者只要下载星巴克App就可以免费注册为银星会员,这大大降低了星巴克会员的准入门槛。

会员如果要想快速升级为玉星会员或金星会员,获得更多的优惠和好处,必须通过购买星礼卡绑定App来完成支付。这样只需要支付40元就可积累一颗星星,比其他支付方式速度提高了25%。

上述两者的目的就是高效地将线下流量导入线上,推动"星专送"和"咖快线"的线上业务发展,拓展出一个全新的星巴克"第四空间"。

对于星巴克这样一个庞大的咖啡商业帝国,在品牌管理方面每时每刻都面临着巨大的压力与挑战。品牌管理体系与品牌支撑体系一样,都是一个全位、全程、全员、全心的过程。在前面的章节中,无论是对于供应链的规范化管理,还是对于品牌形象的一致化管理;无论是对于人力资源的人性化管理,还是对于顾客关系的系统化管理;等等,我们都已在不同程度上进行了解读。

在品牌形象的管理上,有两个事例能够反映出星巴克对自身品牌形象的审慎与呵护。在20世纪90年代,星巴克收到大量的好莱坞剧本,希望与其展开品牌形象方面的合作。对此,星巴克秉持的原则就是,必须要对品牌产生正面的、积极的而非负面的、消极的作用。

即使是导演大卫·芬奇亲自带着《搏击俱乐部》(Fight Club)的

剧本主动找上门来，星巴克也断然拒绝了。这是因为，按照片方的设计，主演布拉德·皮特要在影片中用和球一样大小的金属地球仪砸毁一家星巴克店，这无疑会对星巴克的形象造成损害。

电视剧《甜心俏佳人》（Ally McBeal）伸过来的橄榄枝却获得了星巴克的热烈欢迎，因为当女主角艾莉和联袂主演的演员一起神情舒缓地饮下她们当天的第一口咖啡时，被认为是艾莉和她的朋友在与星巴克的咖啡杯表示亲密。

有一天，一位有线电视台的高级管理人员来到星巴克，递给霍华德·舒尔茨一张空白支票，他希望每天在星巴克的门店里能播放几小时的电视节目。霍华德·舒尔茨并没有接过那张支票，因为星巴克要想成为顾客摆脱纷繁世界和慰藉内心的"避风港"，门店内"不会被打扰"的环境氛围就显得比什么都重要。

下面我们着重了解一下星巴克的品牌危机管理体系。在星巴克长达几十年的发展历程中，不可避免地出现了许多次品牌危机，涉及产品质量、价格体系、社会责任、公共关系等多个层面，有的甚至到了非常严重的地步。

我们看到，这些危机都没有对星巴克造成致命的伤害，其中一定有值得我们研析和参鉴的智慧、策略和技巧。在我们看来，星巴克在对待和处理各种品牌危机的时候，始终坚持以下基本原则：坚持以价值观为导向，以《星巴克使命宣言》为准绳，以人的关系为依据，以诚实诚恳为底色。

咖啡豆危机：坚守"提供最佳咖啡"的宗旨

星巴克历史上的第一次重大危机发生在1994年6月，因巴西遭遇霜害侵袭，导致咖啡生豆价格危机。在当时，咖啡豆现货市场报价每磅上升了0.54美元，比星巴克当年年初80美分的进价高出一倍以上。这对于当时已有350家门店的星巴克来说，后果是非常严重的。更为严峻的是，随着"豆价"的上升，星巴克的"股价"却在应声下挫，很快就跌到近3个月来的新低。

当"灾难"突然降临的时候，霍华德·舒尔茨正在享受他"10年以来的第一次假期"。那一天是1994年6月21日，穿着运动鞋和宽松衬衫、刚刚与儿子玩了投篮的霍华德·舒尔茨，按照多年养成的习惯给公司打去电话，了解公司近期的经营情况。在随后的5分钟通话中，"我就知道自己的假期结束了"，"我们必须要共同应对这个问题"。于是，霍华德·舒尔茨紧急搭乘下一班飞机赶回西雅图。

那么，又该怎样应对呢？有两条应对路径可以选择：一是像其他公司一样采取压低成本的方式来渡过危机。例如，在高级咖啡豆中掺杂低价咖啡豆，或是采购低品质和低价格的"罗布斯塔"咖啡豆。二是坚持采购最好的咖啡豆，并且要大量采购，以确保星巴克始终能够以最高端的咖啡豆来保障产品的品质，而因此造成的损失团队可以通过其他方法来弥补。

最终，星巴克选择了后者。他们没有以提价来冲抵各项成本，更没有将原料涨价带来的损失一股脑地转嫁到顾客身上。尽管这样的做法让星巴克的高级管理人员"痛苦不堪"。"巨大的恐惧、困惑和忧虑笼罩在我们大家的心头。"看得出来，霍华德·舒尔茨在《将心注入》一书中回忆这段经历时依然心有余悸。

他同时写道："直至最后我也没有对负责咖啡采购的伙伴说：'好吧，是时候了，我们必须控制成本以保护边际利润。因此，你们得采购低质咖啡豆了。'"因为霍华德·舒尔茨清楚，将优劣混杂的咖啡豆推向市场，然后抬高价格，虽然可以为公司省下几百万美元，但那样一来，就会因此亲手制造出另一场危机。

至此，霍华德·舒尔茨可以无比自豪地在书中写道："对我来说，最难忘的是我们在六、七月间这段非常时期所做的决定，从来就没有背离过我们'提供最佳咖啡'的宗旨。"

经营危机：不忘初心，牢记使命，精诚与共

星巴克遭遇的第二次重大危机，其主要影响因素并不是源自外部环境，更多是因为在高速发展中初心被遗忘，使命被忽视，公司发展的速度超出了其能力的边界，最终使其陷入"欲速则不达"的发展陷阱。这一切在2007年终于犹如冰山一样浮出水面，并且来势汹汹。到了2008年年初，星巴克的股价竟直接下跌了50%，缩水到5年前的水平。

无奈之下，霍华德·舒尔茨重返CEO岗位，着手应对这场关乎企业生死的危机。摆在他面前的同样是两条路：一条是公司的一位高级管理人员"提醒"他的，星巴克每年烘焙4亿磅咖啡，仅仅降低其中5%的品质不会影响大局；另一条就是带领星巴克重新回到"坚持贩卖最高品质"的初心与使命上来。

如前文所述，霍华德·舒尔茨做出了一个非比寻常的决定：在2008年2月的某个下午，美国的7000多家直营门店同时停业。目的是让咖啡师参加3个小时的浓缩咖啡培训——以牺牲3小时巨额利润的代价来挽回之前丢失的顾客的信任与喜爱。

在宁缺毋滥、聚焦核心的原则下，星巴克以超出董事会心理预期3倍以上的数量关闭了疯狂扩张时期盲目增加的2300家门店中无法扭亏为盈的600家门店，并砍掉了与主业无关的那些"花哨"产品。

面对来自方方面面的各式各样的反对，甚至是抗议，霍华德·舒尔茨并没有动摇，坚持"让星巴克人重新找回自己的价值观"。这是因为，他很清楚，如果屈从于那些人，就会令星巴克在错误的道路上越走越远，甚至可能会抹杀掉星巴克千辛万苦换来的品牌和商誉，因此他必须要顶住一切压力，坚持到底。

到了2008年9月，按照惯例要召开公司高层会议。有人建议霍华

德·舒尔茨取消这次会议，以免让更多的星巴克经理了解公司正在遭受经营危机的现状，以防出现令他尴尬或难堪的局面。

舒尔茨拒绝了这一建议。在会议期间，他仍然邀请了所有北美地区的区域经理和门店经理有近1万人前来参加这场两年一度的大型会议。在会议上，霍华德·舒尔茨以诚恳的态度将公司面临的严峻形势通报给了大家；同时，他向伙伴真诚地表达了感激之情。更为重要的是，他要让伙伴们重新领悟星巴克建立在最高品质基础上的使命、制度和价值，并藉此号召通过星巴克全体员工的共同努力让公司走出困境。

这一次，霍华德·舒尔茨用坚守和诚恳让星巴克再一次化危机为转机，迎来了长达10年的发展高峰期。

价格风波：以诚恳为姿态，以事实为依据

以诚恳的态度和诚实的言行来应对危机，已经成为星巴克在品牌危机管理中最有力的"法宝"。这同样让2013年发生在中国市场的一次"价格歧视"风波得到了圆满的解决。

这场风波源自一则关于"星巴克同样的一款咖啡，在英国伦敦售价3.81美元，到了中国北京，价格却提升了26%，达到了4.81美元"的报道。在当时，北京人均可支配收入远远低于伦敦，星巴克2013财年第二财季报告似乎也证明了星巴克在中国和亚太地区的营业利润率远高于欧美地区，甚至是欧洲等区域的16.8倍。

这则报道迅即引起了社会各界人士的关注，不少人说星巴克是在中国大陆肆无忌惮地"宰客"，甚至对星巴克的价格定位发出了质疑之声。面对指责，星巴克在第一时间做出回应，一连发出了三份声明向社会阐释事实、表明态度。

首先要讲明的是，星巴克的咖啡价格是根据不同产品和市场的具体

情况，以及各种运营成本的动态变化综合考虑、评估和制定的，地区的不同只是导致价格差异的因素之一。与美国市场相比，中国市场还处在发展的早期阶段，需要大量投入基础设施建设，而且中国市场星巴克门店的数量比美国市场要少很多，使得原料设备、物流运输、仓储等成本都会相应地升高。同时，在中国这样的咖啡新兴市场，员工和顾客对于咖啡的认识不足，也需要星巴克付出大量成本做好员工培训、顾客教育等工作，这无疑也是一笔巨额投资。

诸多的因素决定了星巴克在中国市场的运营成本大大高出了美国本土市场。在这种情况下，即使有相对较高的定价，星巴克也并没有从中谋取暴利。这种以诚恳为姿态、以事实为依据快速反应、积极应对的处理方式，很快就得到了消费者的理解和认可，星巴克也因此而赢得了消费者更大的信任，甚至让许多尚不熟悉星巴克的人也开始关注到这个品牌，这使得星巴克在2013年第三季度的营业收入同比不降反增。

"9·11"风波：直面错误，勇于负责

在星巴克经历的品牌危机事件中，有的并不是源自外界的误会，而的确是源于自身的错误。对此，快速与诚恳更是平息风波、消除影响的应对之道。迅速承担全部责任，这样才能维持社会的信任。

在2001年9月11日，这个令全世界的人感到震惊的日子，星巴克却因为一名店员和三箱水"蹭"了一把热度，并因此背负上骂名。原来，恐怖袭击发生后，一位救援者想为受到惊吓的受害者提供一些饮水，以缓解他们的身心损伤。

随后，他来到了附近的星巴克门店，一名店员却坚持要收取三箱水的钱款。最后，这位救援者从自己的兜里掏出130美元付给了那名店员。后来，这位救援者的侄子将这件事以邮件的形式予以曝光："……我像其

他人一样爱喝星冰乐,但是如果任何一个公司想要从这样一个危机中发灾难财,那么它就不应当得到……公众的血汗钱。"

获悉此事后,星巴克迅速让当时的总裁兼CEO亲自出面,将一张130美元的支票交给救护车公司,并委托一名代表进行道歉。美国纽约世界贸易中心附近的星巴克分店也立即加班加点,为救援人员与志愿者提供免费的饮料和食品。

就像约瑟夫·米歇利教授所说的,大多数人终会原谅这种人为的失误。人们所不能容忍的,是对错误不负责任或不愿意去解决问题的态度。星巴克在这次事件中并没有寻找替罪羊或是将责任归咎于那位伙伴,而是由公司最高级别的领导亲自出面,及时承认错误,积极解决问题。通过这种方式向公众表明星巴克的态度:当你做错了,就要勇于承认,解决问题,并在那里坚持到底。

"这样的话,你就会得到积极的、截然不同的结果。"约瑟夫·米歇利教授如是说。

这个"截然不同的结果"就出现在一家报社的记者斯蒂法妮·索尔特身上,而她正是当时星巴克最激烈的批评者之一。她曾在《特雷霍特论坛之星报》撰文,表明对星巴克的看法,而文中某些最刻薄的评论都是针对星巴克的:"从那时的西雅图咖啡连锁店巨人面市时起……我就对它的每件事不留情面地取笑。""可是,我内心逐渐感到……我需要收回自己的话……这家公司注重工人权利拥护者的意见和建议,并开始在全球提供经过公平贸易认证的咖啡,这是一个受人欢迎的姿态……这样的一种姿态要走长长的路才能得到完全积极的肯定。"

成功的领导人并不逃避艰难的挑战,而是在处理那些复杂而有争议的问题时,愿意倾听和采纳来自评论者和对手的诉求或看法,并依此采取一系列行动。这样不仅能很快、很好地平息批评,还能将批评者转变为拥护者。

我们愿意相信，这种转变并不只是发生在斯蒂法妮·索尔特一个人的身上，还会有包括前文所提及的大卫·马丁先生在内的许多人。这是因为，一个伟大的企业注定是在"对各种各样的阻力的不断包容"中砥砺前行的。正如德国诗人因里希·海涅所说的："唯有重视批评，才能从赞美中受益。"

费城事件：坦诚，坦诚，再坦诚

2018年4月，星巴克历史上最为严重的一场品牌危机爆发了。

4月12日，两名非裔男子在费城的一家星巴克等候朋友时想借用洗手间而遭到拒绝，门店经理发现两人未在店内消费又不肯离开，随后选择报警，警察赶到后将两人用手铐带走。

事情的经过被一位黑人女性顾客录下来，并发布到网上，结果视频被疯狂转发。观看的人数很快就达到了1100多万人次，引发了社交媒体上大量的愤怒评论，很多人呼吁抵制星巴克。

"仿佛看着自己信任和爱的人做下了卑劣之事"，对于这个事件，霍华德·舒尔茨在书中写道："我看到这段视频时，满心的迷惑和失望，心如刀绞一般。"他的第一反应便是："我非常想向那两位男士道歉，向他们的那位朋友（在他到达星巴克时却目睹自己的朋友被戴上手铐后被警察带走）道歉，向每一位看到这段视频的人道歉，向星巴克的每一位顾客和伙伴道歉。"

在霍华德·舒尔茨看来，这件事反映了警察和星巴克对顾客公然的歧视。他没有躲闪，也没有逃避。正如他在参加CBS（哥伦比亚广播公司）电视台《今晨》节目直播访谈时所表明的："我认为，毫无疑问，门店经理之所以报警，是因为那两个人是非裔美国人。"对此，他在《从头开始》一书中写道："我感到羞耻，并认为自己也有责任。"

其心情不可谓不沉重，其态度不可谓不坦诚。霍华德·舒尔茨强烈地感受到这是对"多年来一直努力促成积极改变"的星巴克的沉重一击，同时他又在提醒自己："我们要沉住气，以妥当的方式、带着同情和理智做出回应。"这种回应恰恰取决于"星巴克以往的经历与初衷"，霍华德·舒尔茨如是说。

于是，在事件发生后的第二天上午，时任星巴克CEO的凯文·约翰逊就给星巴克伙伴和顾客发出一封公开信。在信中，他与霍华德·舒尔茨一样立场鲜明地表示"此次事件应该受到谴责"，并再次表明星巴克坚决反对歧视和为种族形象定性的行为，同时做出承诺：保证杜绝再犯。

在信的最后，凯文·约翰逊非常坦诚地说："大家要对我们有更高的要求，也应该对我们有更高的要求。我们将吸取教训，变得更好。"随后，他特别拍了一段视频亲自向两位年轻人道歉，并希望能够去费城向他们当面致歉，依然是坦诚有加。

的确，"费城事件"让星巴克的形象跌到了谷底，因此星巴克的每个人都想快速且明智地行动，使该事件得到妥善的解决；但越是如此，越不能走捷径，用最简单省事的办法去解决——仅仅"回应"是远远不够的。

4月16日的早晨，凯文·约翰逊在做完《早安美国》的直播访谈后，便迅速赶往费城，与费城市长、警察局长、市议会的议员代表会面。会谈中，他没有辩解，依然表示要为公司自身的缺陷承担责任。

与此同时，100多位抗议示威者集结在费城斯普鲁斯大街和十八大街十字路口上的星巴克门店中。整个上午，各个民权团体的活动家都聚集在一起，扩音器还在抗议者中间不停地传递，场面喧嚣而混乱；但是，星巴克没有逃避，继续让这家门店开门营业，以便使那些持怀疑态度的顾客能够与公司的管理者面对面交流。

随后，凯文·约翰逊和罗莎琳德·布鲁尔，一位是星巴克的首席执行官，另一位是首席运营官，亲自与两位非裔小伙子见面，向他表示深深的歉意，并认真听取了他们对此次事件的看法。当天上午，双方就此达成一致意见，同意调解。5月2日，双方签署了保密的和解协议。据媒体介绍，星巴克将为两人提供免费大学教育，他们可以在亚利桑那州立大学完成学业。

值得一提的是，在这次事件发生后，来自星巴克内部的反应折射出这样一个观念：一直以来，星巴克的价值观在绝大多数员工心中已经深深地扎下了根。正如霍华德·舒尔茨所言："这是一次不代表公司历史和初衷的行为。"

期间，在霍华德·舒尔茨参加的伙伴公开讨论会上，1000多位员工迫切希望公司能妥善处理此次事件，好让自己能够从失望、尴尬、迷惑和难受的感受中解脱出来，乃至可以就此发起积极的改变。

伙伴的心愿和期待引发了霍华德·舒尔茨的进一步思考，最终他促使公司做出决定，在5月29日下午关闭全美国约8000家直营店面，对17万名员工进行4个小时的"反种族歧视"的相关培训。

通过培训让包括霍华德·舒尔茨在内的伙伴更清楚地了解了自己该如何处理生活中的交流，如何看待自己的过往，以及人们是如何受制于自己无意识的偏见的，人的尊严是如何被排斥和侵蚀的。这次反对种族偏见的培训内容被传到网上，任何人都能看到。随后，星巴克着手制作了一套12节的课程，并定期更新培训材料。

在这次事件的处理过程中，星巴克担负了约5000万美元的支出和损失。这也算是对自己的一种特别的"惩治"，一场用坦诚换来的自我救赎，乃至一次涅槃重生。

一个月后，霍华德·舒尔茨走出星巴克总部，面对3000名身穿绿围裙的伙伴，宛如置身于一片绿色的海洋。那一刻，他的眼睛湿润了。就在那一天，霍德华·舒尔茨离开了星巴克。不知道，36年的奋斗是否已经让他曾经的"大梦"得以实现。

他只是在书中告诉所有的人:"我走得心安。"

望着他的"背影",我们仿佛听到了那来自几千年前的回声:"道之所在,虽千万人吾往矣。"

第四篇　启迪与参鉴：
星巴克告诉我们什么

我们说，做企业也好，做品牌也罢，其实都是一场人性与人心的博弈。一方追求利润的最大化，另一方则追求利益的最大化。那么，在这场博弈中，是通过利己来利他，还是先利己后利他？这既是对人性的拷问，也是对企业家灵魂的拷问；既是对企业核心价值观的拷问，更是对一个品牌底层逻辑的拷问。

对此，霍华德·舒尔茨给出的答案是："不是每一个商业决定都是出于经济利益的考量。"他深知，商业的本质就是交换。这种交换的底层逻辑就是以人本交换人性需求，以价值交换利益诉求，顶层设计则是以利他交换顾客心智，以心智交换品牌关系；而品牌的内在本质正是价值与利益的交换，品牌的外在关联正是心智与关系的互建。

前者需要路遥知马力，后者需要日久见人心。

如果商业的本质是交换，那么市场的本质则是竞争。面对竞争，霍华德·舒尔茨深知：市场的竞争首先是基于价值的竞争，以更为独特而富有优势的价值为顾客输送更大的利益，赢得更具信任感的顾客心智，构建起更为亲密的顾客关系。

在独特价值方面的竞争，星巴克采取的应对之道是：刚柔并济。

星巴克以超乎寻常的勇气和霸气，乃至"杀气"，一路"杀"将过来，完全到了"走别人的路，让别人无路可走"的地步。这是因为，星巴克无论是在环境氛围、消费体验方面，还是在咖啡豆或烘焙技术方面，均无绝对的专利可言，所有这些均可以被对手复制。因此，真正的竞争更多是反映在区位优势这样的地产资源上。

对此，星巴克绝不犹豫，快如闪电，也从不手软，厉如霹雳。正如特种咖啡界泰斗级人物唐纳德·萧霍所形容的："就像是转瞬间，随着一声'宝贝，我们来了'，它就出现在我们面前。"

在"刚"之上是经营策略的"柔"。正所谓,策略飙升价值。在星巴克的门店开发策略中,根据面对的不同的市场、不同的对手,它不只有"强攻",或迂回,或佯攻,或虚张声势,或化敌为友,一样会有"智取",一样会有"组合拳"。

在营销方式上,星巴克则是"十八般武艺样样精通":从普适的体验营销到独特的杯子营销,从新兴的社交营销到好玩的跨界营销,从走心的话题营销到暖心的公益营销,从"高大上"的文化营销到"接地气"的本土化营销,从抵达心灵的情感营销到充满质感的科技营销……

星巴克将传播与营销共同设置在一个场景之下,将市场经营"玩"得风生水起,一呼百应。在时刻把握人性特征的基础上,呈现出"传播销售化、销售传播化"的时代特征。

还有拥有"亲情伟力"的星巴克,还有一直"体育缘深"的星巴克,还有令人捧腹的"趣闻逸事"星巴克……

总之,是道不尽的星巴克,是欲休还说的星巴克,是追求正确的星巴克,是令人充满期待的星巴克。

第十三章

"倒行逆施"星巴克

"反者道之动，弱者道之用。"可以说是《道德经》理之最深、悟之最切的所在。其中蕴含的都是对立统一的人生大智慧及二元辨证的大境界。其中，"反者"是法则，"弱者"是守则，这便是老子眼中的"玄德"——世间大玄机，人生大智慧。

那么，我们又该如何简单明了地来理解浓缩在这短短的10个字里面的至深、至彻的人生大智慧呢？其实很简单，正所谓"大道至简"。就以"舍得"为例，大家都知道，舍为得之反，亏是福之反，但又是得与福的获得之道，这就是我们常说的"有舍才有得""吃亏是福"。

在上学时，老师经常教导我们一句话："谦虚使人进步，骄傲使人落后。"谦虚就是将自己放在一个"弱"的角色之上，反而会让"进步"之道在我们的身上发挥作用，正所谓以弱化实现强大。大海为何能纳百川？是因为它是在一个更低的地方。因此，我们说"上善若水"——总是往低处流的水，却是世间的"上善"。

的确，世上之事都是反者为动，弱者为用。高才是真正的低，慢才是真正的快，小才是真正的大，难才是真正的易……因此，才会有"满招损，谦受益""欲速则不达""以小博大""最难的事也是最容易的事""失败是成功之母"这样的对立统一的辨证观点。

对于这一世间哲理，中外先哲可谓是"智者所见略同"。在《西升经·柔弱章第二十八》中说："大柔之生刚，弱之生强，而天下莫能知其根本所从生者乎？"这与孟子的"出乎尔者，反乎尔者也"如出一辙。曾仕强教授也说："老实人才是真正的聪明人。"

西方哲学家尼采则认为，人跟树是一样的，越是向往高处的阳光，他的根就越要深植于黑暗的地底。正所谓根深才能叶茂，只有敢于直面黑暗，才能最终迎来光明，就像顾城的那句诗所说的："黑夜给了我黑色的眼睛，我却用它寻找光明。"

世间事物的对立统一性同样会反映到人性之上。一方面，人总是本能地趋利避害，这是人性"私"的一面；而另一方面，人们又希望别人能够对自己以慈善相待，且以天下为公。正因为人性中有"私"的一面，人们才推崇"善"，也正因如此，善才具有普适性的价值和意义。人都是以逐利为导向的，因此处世之道首先是要"利他"，而非"利己"。

人性是不变的，变的是人心。我们常说："人对了，世界就错不了。"那么，我们如何去改变人心，又如何让自己"对"呢？老子告诉我们："生而不有，为而不恃，长而不宰。"对于世间万物，我们要做到"不有、不恃、不宰"，而最终"非以其无私邪，故能成其私"——以不占有而达到占有的目的，以无私而成就其私。

孔子告诉我们："己所不欲，勿施于人。"也就是说，"己所欲，施予人"或是"人之所欲，先施于人"。这是因为，真正的赢家，都是通过先利他而后利己才笑到最后的；真正的高手，都是将"让别人舒服"当作自己的生存法则的。如果一个人能做到的话，那么这个人就已经到达了至高的人生境界。

做人须如此，做企业、做品牌也是如此。

在《史记·货殖列传》中，司马迁有句名言："天下熙熙，皆为利来；天下攘攘，皆为利往。"那么，我们又该如何对待利呢？早在两千多年前墨子就在《商之道》中告诉我们："我有利，客无利，则客不存；我利大，客利小，则客不久；客有利，我无利，皮之不存，毛将安附？客我利相当，则客久存，我则久利！"

因此，曾国藩才说："久利之事勿为，众争之地勿往。利可共而不可独。"如果一件事情，可以给你带来长久的利益，我们就应该"知止"；如果一件事情，大家都在你争我抢，我们就应该避开它；如果一件事情，能给你带来利益，就应该与相关的人共享而非独占。

尽管这些都是"反"人性的，但它又是"顺"人心的。让我们以此来反观星巴克。

做企业也好，做品牌也罢，其实都是一场人性与人心的博弈。一方追求利润的最大化，而另一方又追求利益的最大化，这似乎是一个"死结"，因为它是由人性所决定的。那么，如何能够解开这个人性之"结"，让生意得以顺畅，让企业得以生存，让品牌得以长久？

我们来看看星巴克是怎样做的。

首先是消费者利益与企业利润之间的"博弈"。在1994年，前后两次遭遇巴西霜灾，原材料价格一路狂飙，经营成本陡增的经营困境下，星巴克毅然决定以极高的价格买进数千袋"哥伦比亚"咖啡豆，总价高达数百万美元，以确保星巴克始终能够以高端的咖啡豆来保障产品的品质，以践行他们的承诺：我们一直追求品质，并将永远如此。

2008年，为了实现更大的销售增长，星巴克快速扩建门店，以至于选到不合适的地理位置，并且没有对新聘请的咖啡师进行充分培训，最终造成饮品质量大规模持续下滑。当顾客对品牌的依恋和信任被肆意破坏之后，巨大的经营危机也随之而来。

霍华德·舒尔茨的应对之策是，让7100家星巴克全部关门停业，在接下来的3个小时里，13.5万名咖啡师重新接受了一次培训。这次培训的目的只有一个——重返高标准，去完善那些顾客看不见但体验得到的环节。虽然这对于星巴克来说意味着需要付出600万美元的代价，意味着会有来自媒体、竞争对手等各个方面的质疑和压力，但对此，霍华德·舒尔茨义无反顾。

再来看成本与员工利益之间的"博弈"。

作为星巴克"三驾马车"之一的霍华德·毕哈在《星巴克，一切与咖啡无关》一书中介绍说："我们对薪酬问题的处理方式并不符合一般商业机构的操作模式。任何一家零售或者餐饮服务的老牌商家都会告诉你，最应该做的就是尽量降低你的人力成本。"

在星巴克，"我们在有目的地尽力提高我们的人力成本"，为什么要做这样的一名"叛逆者"？霍华德·毕哈的回答是："因为我们觉得这么做才是正确的，我们也应该这样做。我们相信对企业而言，这才是最重要的长远利益，尽管这项工作做起来很难。"

1991年9月，星巴克推出了"咖啡豆股票"，每位员工都可以拥有公司的股权，都能成为"合伙人"。对此，霍华德·舒尔茨不得不使出浑身解数去说服那些心有疑虑的投资者与伙伴分享成功果实。

1988年，星巴克开始向所有全职和兼职员工提供完备的医疗健康保险，是美国最早给全体员工提供医疗保险的公司之一。

1991年，星巴克推出"咖啡豆股票计划"，成为美国第一家向全体员工提供股份计划的私有制企业，其中还包括每周兼职工作20个小时以上的星巴克员工，星巴克所有符合条件的伙伴都有机会持有星巴克的咖啡豆股票（Bean Stock），并享受一系列员工薪酬福利项目。

即使是在2008年星巴克遭遇危机和亏损的时候，公司依然坚持不削减员工的医疗保险福利。

2017年4月，星巴克宣布自当年6月1日起，所有在星巴克中国自营市场工作满两年，且父母年龄低于75周岁的全职伙伴，都将享受到一项全新的"父母关爱计划"，即由公司全资提供的父母重大疾病保险。

对此，约瑟夫·米歇利教授不禁感叹道："当许多CEO腰缠万贯却置其无力偿付养老金的员工于不顾的时候，星巴克领导的达观让人耳目一新。"这种"耳目一新"正是源于霍华德·舒尔茨和星巴克的"人所欲必施之"的反其道而行之。

正如约瑟夫·米歇利教授在其另一本有关星巴克的书《星巴克领先之道》中所指出的："一些企业的领导者可能会说，他们没有资金创立一个像咖啡豆股票一样的项目；但我想知道，是否正是因为他们无法给那些为企业创造更多利益的人提供奖励，才导致他们公司的利润不高呢？"

这既是对人性的拷问，也是对企业家灵魂的拷问；既是对企业核心价值观的拷问，更是对一个品牌底层逻辑的拷问。对此，霍华德·舒尔茨给出的答案是："不是每一个商业决定都是出于经济利益的考量，所以对于星巴克这样一家公司而言，当我们听到了伙伴发出的请求，我们是无法拒绝的，这是我们迈出的里程碑式的一步。"

曾是星巴克员工，现在创意沙箱顾问公司供职的保罗·威廉斯说："星巴克是讲究人性的公司，在星巴克的故事里，人和咖啡占有同等重要的位置。"也正因如此，霍华德·舒尔茨才会在《将心注入》一书中自豪地说："很多人认为星巴克是一家市场营销做得很好的公司，其实我们是基于门店体验而打造的品牌，靠的是我们的伙伴和顾客之间通过服务的情感连接所带来的体验。身穿绿围裙的伙伴才是星巴克营销的核心。"

还是那句话，反的是人性，顺的是人心。难怪一位企业家在参加星巴克中国的活动时发出这样的感慨："我看了很多公司的笑都是培训出来的，但是感觉星巴克的笑不是培训出来的，是发自内心的。"

这一切，又的确是一场实实在在的"博弈"。

就像苏联作家高尔基在《三人》中所说的："所有的人好像总是带有两重性的。在他们的胸腔里仿佛有一副天平，他们的心就好像天平的指针，在称其重量时，指针一会儿倾向这一边，一会儿倾向那一边。"

来自加拿大安大略省的咖啡师弗朗辛·布罗德曾经介绍说，他们经常会遇到顾客不小心将饮料弄洒的情况。在这种情况下，咖啡师都会为顾客再点一杯同样的饮料，然后告诉他们："这一杯由我们来付账。"这种做法貌似"不可思议"，但对于星巴克的伙伴来说，道理很简单——我们并不希望顾客为没有尽情享受的饮料而付款。

难道，这不是在增加公司的成本吗？普通店员有这种权利来做出这样的决定吗？为此，在星巴克内部就出现了两个"指针"：一个代表公司利润,另一个代表顾客利益。于是,双方展开激烈的讨论,甚至是争论。最终大家达成了共识:对于第一个问题,一切都以给顾客带来快乐为最高原则;对于第二个问题,按照星巴克的规定,只要是为了满足前述原则,员工可以去做自认为正确的事情。

从此以后,就像弗朗辛·布罗德所言:"我们得到充分的授权,要使每个顾客的光顾都有价值。""这使我感到自豪。"他最后强调道。每当有媒体针对这个问题进行采访时,星巴克人都会肯定地回答:"这个问题一点也不会让公司伤脑筋,答案只有一个:随顾客去吧。"

"博弈"依然在继续。

如前所述,霍华德·毕哈的团队虽然一直在尽最大的努力去完成符合星巴克价值观的薪酬调整工作,但当发现这笔支出比预期计算的额度高出一倍时,他们也确实感受到了问题的严重性,用他自己的话来说:"这个差值太大了,这个问题可以说是相当严重。因为我们从没想过会是这种情况。"

尽管如此,"我们从没想过将薪酬压低到正常标准",因为在霍华德·毕哈看来,他们的价值观比金钱更重要。对此,他在书中这样写道:"如果不能按照既定的标准执行下去,在走廊里漫步的时候,我们就不会相互致意,也不会亲切地互相勉励说'别怕,有我呢'。"他最后强调道:"我们从来都没有忘记过自己的核心价值观——要关心人,当然是'要关心所有的人'。"

在霍华德·毕哈的心中,这项工作最终成为"星巴克最耀眼的成功之一"。

对于霍华德·毕哈的老板霍华德·舒尔茨也是如此。

在星巴克2008年遭遇的那场市场危机中,面对股东要求"砍掉或缩减伙伴的医疗保险金"的要求,霍德华·舒尔茨认为这是一件对于星巴克数千名伙伴及其家人来说极不公平的事,他甚至用了"残忍"这个词语。因此，他坚定地说："尽管我们迫切需要盈利，但我们所做的决策并非只盯着钱。"

在星巴克的历史上，有一段时间他们与自己一直追求的核心价值渐行渐远。在那段时间，星巴克上上下下的所有员工都将工作重心放在了同店销售额增长（同一家门店同比增长的销售额）上，而星巴克门店自身的价值和消费者的利益则被忽略了。

好在，霍华德·舒尔茨很快就认识到了问题的重要性和严重性。他将"同店销售额"这个看起来能够为企业带来更多效益的东西视为"在公司变革的战斗中，是一个非常危险的敌人"。他清醒地意识到："虽然在连续200多个月的时间里，星巴克的销售额激增，零售业呈现出前所未有的发展势头，但在同时我们也做出了很多错误的决定，偏离了我们的核心价值观。"

有一次，当他走进一家星巴克门店时，映入他眼帘的却是一堆毛绒玩具。他不解地问："为什么会有这些？"门店经理回答："这些有助于提高门店的销售额，而且利润空间大。"如此的景象和如此的回答，让霍华德·舒尔茨惊心——同店销售额效应已经"得到了普遍的认可，但这又是非常危险的"。

正如霍华德·舒尔茨在一份内部备忘录中所指出的：在过去的10年里，星巴克店由1000家近乎疯狂地扩张到1.6万多家，由此导致了"星巴克体验"的平淡化和"品牌价值"的商品化，极大地削弱了星巴克的品牌竞争力。

所有这一切也许顺应了趋利的人性，符合企业盈利的属性，却也悖逆了消费者的人心，也由此而背离了处世之道、经商之道，乃至品牌之道，背离了霍华德·舒尔茨最初的信念：当我们创造持久的关系和亲密的个人联系时，星巴克就会处于最佳状态。

这种"最佳状态"的达成，不是源于不断地索取，而是基于不断地给予。

由此，霍华德·舒尔茨做出如下决定：让7100家星巴克门店全部关门停业，在停业的3个小时里，13.5万名咖啡师将重新接受培训。

尽管这对于星巴克来说，意味着需要付出巨大的营收损失，但霍华德·舒尔茨义无反顾。在他看来，人们可以复制你的产品，模仿你的服务，但是他们很难复制你与消费者之间基于"压抑自己，满足别人"而建立起来的心智关系。

这种亲密而持久的关系，同样是源于"反其道而行之"的博弈。作为一家快速消费品公司，星巴克一反常态，并没有采用常规的铺天盖地的广告和促销活动，摈弃了这种似乎已经被无数品牌的成功所印证过的营销方式。在星巴克创立后的10年间，所花费的广告费用也不过区区1000万美元，平均一年仅有100万美元。此后，还将广告投入控制在销售额的1%的范围内。

对于顾客，星巴克却比对待"广告"要大方得多。

众所周知，翻台率成为衡量一家餐厅经营业绩好坏的黄金标准。也正因如此，在中餐馆如果客人不点餐而只是占有座位，是要被店家视为"无理"而被"驱赶"的。当然，客人也不好意思这样做。因此，"不消费不进门"是客商双方共识的一个既合理又合情的商业规则。

对此，星巴克不会不知、不懂。面对那些白白占用经营场地的，或是以很少的花费长时间占用座位的，严重影响所谓"翻台率"的顾客，星巴克的理念和做法依然是"逆人性，顺人心"。即使顾客不点饮品坐在星巴克里，也不会被赶走；如果饮料碰翻了可以免费换一杯新的；此外还会提供免费的白开水；等等。这是因为他们懂得，"人"才是商业底层的逻辑所在：有人来，生意自然来；有人在，生意自然在。也许，这正是"人财两旺"的另一种正确解读。

"正"的东西能够"加深"，只有"反"的东西才能"颠覆"；而在人类心智的演变与递进中,"颠覆"往往要比"加深"来得更深刻、更强烈。

正如霍华德·舒尔茨所说的:"在星巴克,我们一直在证明,一项伟大的事业必须要具备良心。"尽管这种良心有时会与自身的利益相违背。正是这份与自身利益看似背离的"良心"却让消费者强烈地感受到了星巴克的"好心"。

在星巴克,基于这种好心的"倒行逆施"则体现在方方面面。

星巴克的会计师曾建议,将门店卫生间的两层卫生纸换成一层的,以节约成本,但最终还是被星巴克否决了。

星巴克的冰淇淋一般都在超市里,而非门店中销售。为了让门店的顾客也能品尝到星巴克的冰淇淋,星巴克主动在6000家门店推出了"冰淇淋社交日"活动,通过联邦快递将冰淇淋产品送达每个门店。为顾客免费供应100万杯冰淇淋。

当一家星巴克门店附近的一座图书馆要搬家时,门店经理就主动将咖啡送到图书馆的馆址,免费请那些既是图书馆的员工,又是星巴克原来常客们喝他们喜爱的咖啡。

星巴克的"好心"不仅感染和带动了自己的伙伴,也感染和带动了顾客。如前所述,在星巴克就发生过这样的"奇闻":从第一位"为下一名顾客的饮料买单"的好心顾客开始,竟然有33辆车的车主用同样的方式,将星巴克式的"好心"一个接一个地传递下去。

星巴克正是因为矢志不渝地践行"一切为了让顾客感受到价值"的品牌主张,给予消费者"超乎寻常",甚至是"超出常理"的服务,才为顾客带来了"超越期望"的惊喜,形成印象深刻、感受独特的品牌体验。对于这一切,霍华德·毕哈的话给出了一个最佳的解读:"我们再也不会陷在自己那片狭小的天地里,再也不会纠缠于自己的个人利益得失,因为我们要为企业的宏大目标努力奋斗,要力争满足客人和我们自己的真正需求。"

第十三章　第四篇
"倒行逆施"星巴克　启迪与参鉴

这正是星巴克在商战之中、在人性与人性的博弈之中，能够"倒行逆施"到永远的真谛所在，智慧所在！

一篇刊发在"社交新零售评论"上的文章《三次进军线下，让星巴克紧张的三顿半如何从"网红"走向"长红"?》，其中有两个观点引人深思。

（1）三次进军线下，让星巴克紧张的三顿半如何从"网红"走向"长红"?

（2）品牌的护城河在哪里，还有什么能够支撑三顿半走好品牌建设的下半场，这都是三顿半需要思考与回答的问题。

为此，笔者撰写了一篇题为《这么快就让星巴克"紧张"，这么早就到了"下半场"?》的文章，针对以上两个问题抒一己之见。

第一个问题：一个刚刚成立六年的品牌如何能让一个走过近半个世纪的品牌这么快就"紧张"了呢?

在品牌系统性建设体系的认识论中，品牌的自身逻辑是围绕人性需求的价值—利益、心智—关系而构建的。我们先从价值与利益说起。一个品牌之所以有意义是缘于它针对消费者的某个痛点问题而创建的，并且在某个刚性需求的满足上具备了高新、独特和长远的价值，藉此来输出优质的，让消费者感到更便捷、更实惠、更美好的利益。

从《三次进军线下，让星巴克紧张的三顿半如何从"网红"走向"长红"?》提供的数据中我们可以看到，中国饮用咖啡的消费者人数已达到3.3亿人，咖啡消费量在12年间增长了近500%，预计2025年中国咖啡市场规模将达到1万亿元。按照这组数据来判断，这个万亿元规模的咖啡市场的确是未来的一个相当有发展潜力的战略机会。

按照品牌系统性建设的方法论中品牌规划体系的模式，在判定好战略机会之后，接下来我们需要界定市场空间，就是看一看在咖啡市场中属于自己的那个空间在哪里。从《三次进军线下，让星巴克紧张的三顿半如何从"网红"走向"长红"？》中我们可以看到，三顿半为自己界定的市场空间是速溶咖啡市场。那么，三顿半又为什么要为自己界定这样一个市场空间呢？根据该文的介绍，三顿半是基于以下三个认识来界定自身市场空间的：一是"针对传统速溶咖啡风味不佳、品质有限以及现磨咖啡耗时耗财的不足"，二是星巴克为客户构建了"第三空间"，三是瑞幸让咖啡价格平民化。

由此我们可以看出，三顿半要挑战的并不是星巴克的"第三空间"模式，也并非瑞幸咖啡的价格优势，而是将自己定位在"风味佳、品质高，也不耗时、不耗财"的速溶咖啡这个赛道之上。如果三顿半以此作为自身优势的话，那么从市场竞争的差异化角度来看，它是想在介于星巴克与瑞幸之间的价格空间内，以及于星巴克的"第三空间"和瑞幸线下门店之外的应用场景上界定自己的市场空间。

在判定好战略机会、界定好市场空间后，品牌规划体系的最后一个任务便是确定价值共鸣。从该文中，我们也可以体会到，三顿半所解决的是消费者在喝咖啡方面会受到场景限制的问题，满足的是消费者能够随时随地喝上咖啡的需求。

由此，我们从《三次进军线下，让星巴克紧张的三顿半如何从"网红"走向"长红"？》的原文中"提取"出三顿半的品牌价值：打破了场景的束缚，让人们可以随时随地喝上咖啡——这个基于人性中对"方便快捷"和"随心所欲"的需求的价值定位。

那么，问题来了。所有这一切与星巴克有什么关联呢？星巴克怎么就为之而"紧张"起来了呢？

从品牌价值—利益上看，星巴克打造的是基于顶级品质的咖啡体验以及基于社交文化的"第三空间"的品牌价值，这与三顿半的品牌定位似乎不存在很大的重叠度。从目标人群上来看，星巴克的客群更多是那些对独到的意式浓缩咖啡和独特的社交氛围情有独钟的人。

也许，他们在像乘坐飞机这样的特殊场景下会退而求其次地选择速溶咖啡，但这些消费者绝对无法真正转变为速溶咖啡的拥趸。就像当年瑞幸"挑战"星巴克一样，那些对价格敏感且对社交没有需求的消费者，在很大程度上都不是星巴克的核心客群。因此，"挑战"的结果就是路归路，桥归桥，并不会对星巴克产生根本上的动摇。

由此，我们可以思考一个问题，对于三顿半，它的理论上的目标客群应该是哪些人呢？

第一部分，不喝咖啡的人。对于这部分人，要想让他们成为自己的消费者，三顿半需要从喝咖啡的需求开始引导，直至他们养成习惯；而那些被引导成功的消费者，最终会被星巴克或瑞幸分流多少，我们不得而知。对于三顿半，这部分市场引导与导入的成本能不能承受得起，也是一个未知数。

第二部分，喝咖啡但习惯于在"第三空间"里喝意式浓缩咖啡的消费者。对于这部分客群，除非在某些特殊的情况和场景下，他们基本上不会轻易改变长期的消费习惯以及消弭深度的心理依赖，还有生活方式和品牌审美，等等，都是不会轻易改弦易辙的。

第三部分，喝咖啡，但对价格敏感，对喝什么咖啡没要求，且对咖啡社交没有需求的人，这部分目标客群当中又有一些与瑞幸咖啡的目标人群有某种程度上的重叠。

第四部分，就是居家场景和差旅场景下的咖啡需求人群。在特定场景下无法喝到现磨咖啡，又无法通过外卖的渠道获得咖啡，消费者会因此选择速溶咖啡，而这部分目标客群中，又会与雀巢咖啡产生部分重叠。

至此，我们可以得出这样的结论：无论是在品牌价值的定位上，还是对应的目标客群上，三顿半在很大程度上都是与星巴克"南辕北辙"的，因此我们很难理解三顿半究竟凭什么能让星巴克感到紧张，况且三顿半还是尚处于品牌导入期的一个年轻品牌。

这不禁又让我们想起那个曾经也想让星巴克"紧张"的瑞幸。

毋庸置疑，瑞幸也好，三顿半也罢，这些新生代品牌与星巴克之间，区别点不仅仅在上述"差异"上，更为重要的是，它们之间的区别还体现在其价值—利益、心智—关系上的巨大差距上。

我们说，对于一个品牌，无论是在产品品质的打造上还是在运营模式的打磨上——竞争力，无论是在消费者心智的影响上还是在消费者关系的亲密与持续上——影响力，都不会是一朝一夕的速成，更不会是一蹴而就的逆袭。

在价值共生与利益共振上，需要路遥知马力；在心智共鸣与关系共情上，需要日久见人心。没有经过岁月的积累和时光的磨砺，就不可能成为一个可以为企业带来高附加值、可持续发展的品牌。

因此，我们自然会想到第二个问题，刚刚成立六年的三顿半怎么这么早就进入品牌建设的"下半场"了呢？从品牌外部成长历程上来看，一个品牌要历经市场导入期、成长期、成熟期和衰退期。品牌的成长至少要进入成长期后才能说进入了品牌建设的"下半场"。

从品牌内部逻辑演变上来看，无论是从具有普适性、必要性、独特性和持续性价值的打造上，还是从基于包括产品、消费、服务和文化在内的品牌体验而输送的消费者利益上；无论是从形成广泛认知和深度信任的消费者心智影响上，还是从与消费者建立起亲密且长期的品牌关系上，六年的时间无论如何都不能说在品牌的竞争力与影响力上已经具有很好的基础和成果。

特别是在这个产品丰富化、品牌多元化，消费者面临太多选择的时代，无疑，像三顿半这样的新消费品牌，在品牌建设的道路上还有很长的路要走，还有很多的事情要经历。其实，我们从上述那篇文章中就可以找到依据。

很多人在谈到咖啡的时候，都会说起写字楼里流传着的这么一条"鄙视链"："喝浓缩美式的瞧不起喝摩卡拿铁的，喝现磨手冲的瞧不起喝袋装速溶的，而办公室茶水间的简陋咖啡机，只能留给'社畜'最后一点清醒的尊严感。"

从上述内容中我们可以看出，速溶咖啡在很长一段时间里是处于消费者心智链末端的，而心智的建立与改变并不是一个轻易而速变的过程。

这个"鄙视链"恐怕就要迎来新的排序。疫情期间，由于线下门店停止经营，曾经被嫌弃的速溶咖啡销量大幅增长，又回到了不少人咖啡消费的选择菜单中。

一个"回"字客观反映了中国消费者对于咖啡的认知和需求的过程。中国消费者认识和接受咖啡是从雀巢咖啡开始的，一句"味道好极了"让许多许多的中国人开始体验咖啡。

当中国人越来越多地与国际"接轨"，对消费品质的追求日益提升，特别是当星巴克进入中国之后，如前文所述，人们开始"嫌弃"速溶咖啡，那条"鄙视链"开始逐渐形成。如今的"回"，也并不是因为人们更多地转而喜欢速溶咖啡了，而只是"疫情期间，由于线下门店停止经营"的无奈之举。

那么，疫情结束了呢？因此，要想最大限度地"留下"这些因疫情而退而求其次喝速溶咖啡的顾客，同样需要三顿半做出长期的努力。即使顾客留了下来，除了老牌雀巢以外，还有像永璞的即溶咖啡、隅田川一分钟即饮咖啡这样的一干新锐品牌在"虎视眈眈"。

说完了心智，我们再说关系。在各品牌之间对目标客群的竞争的背后，其实是品牌体验的竞争。众所周知，三顿半的产品"颜值"是其重要的竞争优势之一，目的就是"使消费者产生因包装入手三顿半产品的消费冲动"。

一个品牌之所以被称之为"品牌"，是因为它能够与消费者建立起从初次购买到重复购买，从重复购买到长期购买，再到超常购买的关系。其中，让消费者能够获得不断优化的品牌体验是关键所在。

首先是产品体验。毕竟咖啡的消费者花钱是来喝咖啡的，而不仅仅是为了"把玩"包装。众所周知，咖啡的品质首先取决于原材料，低品质的咖啡豆哪怕后期的加工技术再先进，也一样不会有太好的产品体验。为此特意在百度上查询三顿半的咖啡豆信息，但一无所获。

按理说这是不应该的，因为三顿半的品牌价值定位就是"好＋快"，即走精品咖啡的路线。如此重要的核心价值竟然没有足够的信息传递给消费者，难道不会因此而让人们认为所谓的"精品咖啡"仅仅是一个概念么？从上述文章中我们还捕捉到另一个信息：2019年，三顿半在长沙开设样板店，售卖咖啡和面包；但在当时就有探店博主发表观点称"感觉咖啡师不是特别专业，影响了咖啡的口感和质量"。

这就反映出消费者在产品体验上出现了问题。那么，我们来看看三顿半对此做出的回应：2020年"双十一"，三顿半联合同样诞生于湖南的

"网红"新茶饮品牌"茶颜悦色",推出了联名活动,从线上的联名套盒延伸到了线下联名店铺,这次的活动反响有了明显好转。

从上述内容中我们没有看到三顿半在咖啡"口感和质量"上有什么改进举措,仅仅是推出联名款产品。那么,联名款产品与咖啡品质之间到底有什么关系呢?又怎么就让消费者的"反响有了明显的好转"呢?

除了产品体验,还有消费体验。其中,价格是非常重要的因素。据刊发在新浪财经上的《速溶咖啡鄙视链:喝三顿半的看不起冲雀巢的》一文介绍,三顿半咖啡的售价高于袋装雀巢咖啡4~7倍,能买2/3杯平价现制咖啡。

这似乎与三顿半的价值主张出现了偏差:让更多的新人(定位于年轻群体及"白领"群体,主要处于25岁到30岁之间,其中"90后"占比超过70%)可以轻松简单地进入咖啡的世界,希望精品咖啡可以成为一种日常的生活方式,变得更触手可及。

这样的价格是否能让那些年轻人轻松地进入三顿半的咖啡世界,是否能使其成为一种日常的生活方式?在我们看来,这并非一件"触手可及"的事情。"三顿半们"面临两个问题:速溶咖啡走高端路线,是伪需求还是真概念?精品速溶咖啡的核心竞争力又在哪里?

《速溶咖啡鄙视链:喝三顿半的看不起冲雀巢的》一文基于上述认识指出:"贵"不一定就是高端。这个所谓的"高端"通常是指品质的高端和品牌的高端,在与雀巢咖啡的对标中,这两个维度的"高端"还需要我们拭目以待,此时言"贵"似乎还不太合乎情理。

因此,《速溶咖啡鄙视链:喝三顿半的看不起冲雀巢的》的作者尖锐地指出,要如何提升顾客的忠诚度?这是三顿半与永璞、时萃、鹰集等同类品牌共同面临的难题。此外,还有一个同样重要的问题,就是上述两篇文章不约而同地提出的技术的竞争壁垒问题。

这是因为，在咖啡领域内有一句话：工艺决定产品上限。脱离工艺驱动下的咖啡很难有质的提升，三顿半赖以出圈的冻干咖啡粉技术的门槛其实并不高，注定会不断被后来者模仿、借鉴，甚至是超越。

为此，《速溶咖啡鄙视链：喝三顿半的看不起冲雀巢的》的作者在文末强调：对三顿半等新锐品牌来说，融资、破圈、吸引更多人注意都只是第一步，未来之路是否顺畅还要以产品力与性价比说话。《三次进军线下，让星巴克紧张的三顿半如何从"网红"走向"长红"？》也同样告诫说："短时间内红火并不能代表什么，能从网红走到长红才是最厉害的。"

的确，三顿半的品牌建设之路还很漫长，最好先不要急于进入"下半场"，也没有必要让星巴克这么早就"紧张"起来。

还是那句话，如果你只能做到"正"，你也许只能做到优秀，而只有能做到"反"，你才能够实现超越，乃至颠覆——与所有在新国潮中涌现出来的"新品牌们"共勉！

最后，让我们再回到星巴克。当谈及人本主义和关系法则对于星巴克具有怎样的意义时，约瑟夫·米歇利教授认为："当一个公司使人们之间交往的优先权与其产品和服务质量的优先权相称的时候，将会获得什么样的益处？"他还因此断言："当人们遵照这个原则去工作时，好运似乎随人同行。"

只不过，不是"似乎"，应该是"肯定"，因为我们始终应该坚信和坚定一条人生之信念——天道定会酬勤，天道定会酬善！

第十四章

刚柔并济星巴克

在人本主义和关系法则的指引下，无论是对自己的伙伴，还是对顾客；无论是对咖啡农、供应商，还是对社区中形形色色的人，星巴克都倡导面向"每个人，每杯咖啡，每个社区"要激发和培育人文精神。唯独有一种人是被"排除"在外的，那就是竞争者。

正所谓商场如战场，是竞争就有你进我退、你生我灭。深谙此中利害的星巴克，在竞争对手面前一改慈眉善目、和蔼可亲、彬彬有礼、关爱有加的模样，有人说面对竞争时的星巴克显得霸气十足。单单"霸气"一词还无法将星巴克的另一面形容得入木三分、淋漓尽致，甚至可以说是"杀气腾腾"。

这与星巴克的灵魂人物霍华德·舒尔茨极为相似。一方面，面对员工、顾客和社区，他极富慈悲心与正义感；面对身患艾滋病的老员工，他会与之相拥而泣；面对那些"机会青年"，他可以奋力为他们争取就业与发展的机会；面对咖啡农，他可以以"道德采购"的方式给予他们溢价回报；等等。另一方面，他又是一个争强好胜、不服输、不退让的狠角色。他从小喜欢竞技体育，在贫困的少儿时期，唯有在球场上打败对手才令他充满自信和快乐，因此也就造就了一个从骨子里就具有强烈的竞争意识的霍华德·舒尔茨。在创建星巴克的历程中，面对残酷的市场竞争，他以超乎寻常的勇气和霸气，一路"杀"将过来，甚至到了"走别人的路，让别人无路可走"的地步。

霍华德·舒尔茨强烈的竞争意识从一件事可见一斑。

事情源于一场被霍华德·舒尔茨视为"星巴克历史上最大的一次激辩"的决策争论——要不要应顾客的要求，为他们提供无脂牛奶。最初，霍华德·舒尔茨对此置之不理，因为星巴克从不供应无脂牛奶。包括霍华德·舒尔茨在内的许多人都认为："如果这么做就不是我们的风格了。"

因此，一直以来，在星巴克提起无脂牛奶甚至就意味着背叛。

后来，霍华德·舒尔茨亲自到一家门店去做"调研"。当他看到一位刚刚结束晨跑的年轻女顾客在被告知没有无脂牛奶之后，转脸去了星巴克的竞争对手那里，他立刻改变了主意。

在竞争面前，对那些不以消费者利益为导向的所谓价值的固守，其实就是一种固执，一种必将自毁长城的偏执。就像霍华德·舒尔茨所说："在一个外部观察者来说，我们的发展似乎毫不费力，而事实上，这里没有一帆风顺的。"无疑，在市场面前，星巴克同样是从一场场"血雨腥风"中拼杀出来的，而与众不同的是，它表现出来的是"出手即高手"的豪迈，是一骑绝尘之后寸草不生的"狰狞"。

克劳和库苏马诺在《快速成长的三个战略》中指出，企业快速成长有三种方式：①递加——将拿手好戏演到最好；②复制——在新区域重复商业模式；③粒化——选择特定业务单元发展。这正好契合了星巴克的竞争策略：高品质的咖啡体验和高品位的社交体验是其拿手好戏，并将其演绎到极致；不断将其标准化地复制在新的地区，以扩大市场占有的规模；以"浓缩咖啡+'第三空间'"作为特定的业务单元，持续地予以深化和优化。

其中竞争最为惨烈的是对"高性价比店址"资源的抢占。2002年，霍华德·舒尔茨在接受《商业周刊》的采访时说："美国的房产生意是个非常严酷的战场，胆小者莫入。"由此可见，在星巴克所面临的各种竞争中，店面的竞争最为激烈，甚至是惨烈的。这是因为，在每一个城市，优质的商圈地产资源都是稀缺的、排他的——你有我就无，我有你就无。

对于像星巴克这样的零售服务业态，区位优势无疑是一种决定性的资源，是其一切商业价值的基础，是生死攸关的核心要素。因此，在针对这部分资源的争夺中，只能胜，不能败，胜则决胜千里，败则一败涂地。看看星巴克所占有的特种咖啡店市场73%的份额，再看看前后左右那些同行们的境况，便可知其中利害。

首先，星巴克有一套既定的门店扩张战略布局路线图，以及极具科学性和缜密性的选址管理体系——数据建模选址系统（Geographic Information System，GIS）及其六大选址原则和几十项统计数据模型；同时还拥有一支由专业的房地产经纪人、设计师和艺术家等相关领域的专家组成的专业团队，作为科学选址和精准选址的多重保障。以多年负责星巴克房地产开发部的阿瑟·鲁宾菲尔德的话来说："我们打造了一台极富成效的房产机器。"

的确，星巴克的门店开发就像军事行动一样要经过周密的计划。有意思的是，他们先将目标城市的重点区域按照"超大杯""中杯""小杯"这样的类别来划分市场级别，它们分别对应的是可容纳超过25家、10~25家和不足10家的门店规模。

首先，星巴克将目光聚焦在城市主要街道的"两条主路的交叉路口"上，目的就是让星巴克就像人们日常生活中必经之路上无法绕过的障碍一样"赫然入目"，呈现出最高的可见度，同时又不改变他们平素已经习惯的生活轨迹。

阿瑟·鲁宾菲尔德曾经说过，星巴克对街角的位置简直就是如痴如狂。他们锁定了全美国每个主要市场的交叉路口后，便持续地进行跟踪和关注。"等着哪家商铺到期，我们立刻将之拿下。"阿瑟·鲁宾菲尔德不容置疑地说。

所谓的"立刻"，是指星巴克不会小心翼翼地在一座城市试水，等待其他竞争对手做出反应，而是一旦进入新的市场，便以迅雷不及掩耳之势拿下这座城市中那些最显眼的位置，然后用短短六周的时间建好一家新店，这让所有的竞争对手都来不及反应，在恍惚之中便失去了对阵的机会。

从霍华德·舒尔茨的《将心注入》一书中我们仿佛能够闻到这个战

场上的"硝烟"。

1994年3月，我们对纽约进行了第一次'突袭'，在87街和百老汇的街角，开设了星巴克咖啡店。

我们以'光速'多方出击，到1994年年底，星巴克已进入明尼阿波利斯和亚特兰大地区，还有达拉斯、沃斯堡和休斯敦。

1995年，我们在费城、拉斯维加斯、奥斯汀、圣安东尼、辛辛那提和匹兹堡都开了店。速度之快令人眩晕。

此外，1996年1月，星巴克开始向加拿大多伦多发起"猛攻"：先是在一天之内同时开了5家门店，随后在第二个月的同一天内又有5家门店同时开张。对此，阿瑟·鲁宾菲尔德毫不掩饰地说："这与满足顾客需求无关，就是为了给对手以震慑。"

的确，面对几十家咖啡公司的竞相扩张，星巴克只有如此，别无选择。结果正如星巴克房产部负责人伊夫·米兹拉希所说："在美国，人人都喜欢街角的位置，但最后总是我们得手。"故而，在曼哈顿一个并不宽敞的街角，同时出现几家星巴克就不足为奇了。

随后，他们会采用"轮毂和车辐式"的扩张模式，即先瞄准一个大城市作为"中心"，在"中心"最繁华的地块修建一所造价不菲的旗舰店，派去专业的团队精心打理，并以此作为"轮毂"。然后，围绕着"轮毂"按照事先确定的市场级别开始划分势力范围，并以既定的速度打造几十个"车辐"，目的就是将门店"注满"（星巴克将这种饱和式的策略称为"注满"）整个城市——不仅要确保星巴克绝对的主导地位，还要藉此发挥出规模经济效应。最后，再以此为根据地逐渐辐射开去，进入周边市场，即附近的中小城市，以及与顾客人口测算值相近的有代表性的郊区。

以2006年为例，星巴克宣布将于2011年在芝加哥开设250家新店，从而使这座城市拥有的星巴克门店数量达到580家。对此泰勒·克拉克在《星巴克：关于咖啡、商业和文化的传奇》一书中用了"令人瞠目"一词来形容。这种"注满"就是要形成饱和式的占领，而饱和式的占领是为了对竞争者实现最大限度的挤压，迫使他们只能到下一级，甚至再下一级的市场去开店；而待星巴克完成上一级市场的布局后，便又会对下一级市场发起降维打击。

不只是在美国，星巴克在维也纳的店也设于市中心老区，隔邻即为闻名全国的歌剧院；在东京则设于最繁华热闹的银座区，现在该区已有14家店；在我国上海只要是最繁华的地段都能看到星巴克的影子；在澳大利亚也是如此……曾经担任星巴克顾问的美国达特茅斯学院商学院教授卡文·凯勒曾表示："在澳大利亚，他们采用的策略跟在美国如出一辙，而且十分成功，也就是在市区精华地段密集展店，直至让竞争者毫无介入空间。"

至此，有人不禁要问，既然星巴克会在一座城市里不断地开店，那么，星巴克的门店之间会不会形成顾客分流的现象？各个门店的生意会不会因此而受到影响？

答案是肯定的。至少在一段时间里一定会出现这样的"内卷"问题；但是，星巴克不为所动。在他们的竞争策略里，不把市场份额留给别人是最大的前提。自家之间再怎么分流，也是殊途同归，不是进左口袋，就是进右口袋。重中之重是不能给对手留有栖息之地，不能给对手留有喘息之机。

我们常说，策略飙升价值。在星巴克的门店开发策略中，不只有"强攻"，也会有智取，一样也会有"组合拳"，这要看具体面对的是怎样的市场、怎样的对手。

在1991年星巴克进军加利福尼亚市场的时候，面对当地天气炎热不宜卖咖啡，当地人只开车不走路等不利因素，星巴克采取了迂回战术。在选择美国流行文化的发祥地好莱坞的所在城市洛杉矶作为切入点后，先是在这里赢得"时尚弄潮儿"的青睐，特别是影视明星的口碑，为攻克整个加利福尼亚州奠定基础。事实证明，此举果然有效。

1994年，星巴克高调宣布要向纽约进发，摆出了一副要浩浩荡荡开进纽约城的姿态。在这种"高压"态势下，当地的竞争对手坐不住了，随即展开了"抢攻"——以高昂的代价在城市中心开店。

星巴克却在虚晃一枪之后将矛头转向了纽约市北边的韦斯特切斯特郡和费尔菲尔德县。星巴克一边看着曼哈顿的竞争对手因急于开店而筋疲力尽，入不敷出；一边让人们对星巴克的期望日益升级。

在吊足了人们的胃口之后，星巴克才亮出其真正的"撒手锏"——在曼哈顿超豪华的拥有4000平方英尺越大规模的亚斯特坊广场开设门店。这些门店都配备了"精兵强将"，以满足纽约顾客对咖啡的苛刻需求。很快，竞争对手便纷纷溃退。在这家星巴克门店开张之日"吸引了大量的顾客前来，以至于公司不得不专门安排人员在门口维持秩序"（引自《星巴克：关于咖啡、商业和文化的传奇》）。

对此，阿瑟·鲁宾菲尔德曾得意地表示："这是个相当精彩的策略，完全就是在打心理战，这些内容完全可以放到书里面。"

在波士顿，星巴克采取了一种"因地制宜"的策略。用霍华德·舒尔茨的话说，这是一个"前所未有的举动，或者说开了一个先例"。那么，到底是一个怎样的策略，能够让霍华德·舒尔茨后来将其评价为"对于星巴克的品牌建设和零售策略都是一个大跨越"？就是"化敌为友"。

在当地，星巴克有一个强劲的对手，就是乔治·霍维尔于1975年创办的咖啡联谊公司。霍华德·舒尔茨说："这家公司跟我们在别处遇到的对手都不一样。"它已经在当地有了15家店铺，在哈佛广场和苏妮伊尔大厅都有门店，凭借口碑也拥有了一个忠实的顾客群体。考虑到成本与难度问题，星巴克并没有与之打阵地战，而是以股权置换的方式收购了这家公司。如此一来，星巴克转瞬之间就在波士顿占据了领先地位，并且立刻将那些咖啡"熟客"的核心群体纳入自己麾下。

在做好了攻城略地这个"事"之后，星巴克就开始做"势"，就是要让门店开业的声势浩大无比，一是为营造出巨大的舆论声量，二是给竞争对手以气势上的第二次打击。

在每个城市的旗舰店开张前夕，星巴克的策划小组都会着手设计一些能够彰显该城市特性的创意图案。例如：为纽约市绘制了一幅自由女神喝咖啡图；为亚特兰大市绘制了一幅桃形咖啡杯图案；为明尼苏达州双子城绘制了孪生咖啡杯图案……然后将这些图案印在马克杯、衬衫和邀请卡上，为开业烘托气氛，大造其势。

此外，星巴克还经常借助媒体的力量。1991年，在准备进军崇尚美食的洛杉矶市场时，星巴克事先进行了周详的规划。例如，在星巴克开业前《洛杉矶时报》就开始大篇幅报道星巴克，甚至赞誉其为"全美国最佳咖啡"。于是，洛杉矶似乎在一夜之间就迷上了星巴克。

2004年，星巴克在宾夕法尼亚州哈里斯堡举行新店开张仪式，宏大的场面吸引了4家当地电视台前来采访，还有上百位市民围观。

星巴克还会与开店仪式相结合，举办声势浩大的慈善义卖和公益活动。星巴克会将当天新店的销售收入按照一个固定的比例用于慈善。一方面，星巴克藉此向这座城市表达善意，在毗邻的居民心目中树立起良好的品牌形象；另一方面，可以与慈善机构一起，吸引更多的关注和参与，并由此形成强大的二次口碑传播。例如，在进军波士顿和亚特兰大市场的前夕，星巴克就请出美国著名的萨克斯演奏家肯尼·基，举办了一场大型慈善演奏会，当地名流均被邀请出席。

最有意思的是，星巴克连"亲情的力量"也不放过。在新店开张之际，会请伙伴列出他们住在该城市的亲朋好友的名单，邀请他们担任星巴克大使，恭请他们出席慈善活动和开业仪式；同时，还邀请当地媒体记者、美食评论家、知名主厨和各大餐厅老板，带着他们的家人来参加特别举办的咖啡品尝大会。

如此一来，其效应和效果可想而知。

在星巴克的美国竞争对手中，一家名叫"驯鹿咖啡"的公司做得还相对不错。它的创始人迈克尔·科尔斯当初正是因为"看到星巴克的强大，却看不到第二名是谁"而投身于咖啡零售这个战场中。尽管如此，实际上的情况也让他大惊失色："我简直不敢相信，仅有150家门店就能成为行业第二。"由此可见，星巴克将竞争对手挤压，甚至碾压到了一个多么狭小的地带。

在美国曾经流传开这样一则笑话：星巴克能够在一家门店的厕所里开辟另一家新门店。"就是这样的一台'机器'至今还没有设置关闭的按钮，"《星巴克：关于咖啡、商业和文化的传奇》一书的作者泰勒·克拉克如是说，"就连医院里、火车上都有了星巴克咖啡店。"

2004年，星巴克在上海市东方医院开设了中国的第一家医院门店；2013年，星巴克在瑞士联邦的火车上的两节双层车厢里开设了咖啡店。

面对星巴克的这种不让竞争对手得到片刻"养息"，甚至连"喘息"的机会都不给的竞争态势，西雅图贝斯特咖啡的前任高级管理人员汤姆·达诺夫斯基这样说道："我们完全是身处不同的阵营，无论是从规模上还是从形象地位上而言，都是如此。"因此，他发出了这样的感叹："与他们竞争简直就是开玩笑。"

无论在哪里，咖啡同业者都无法摆脱星巴克的影响。如果他们发现还有一个小地方尚未被"绿围裙"包围，那也不过是个时间问题。也许，当他们当中的一位刚刚看上了一个原本是银行的地方，没过多久，"塞壬女妖"就会迎面向他投以会心的微笑。

在这儿"插播"一件有趣的事。泰勒·克拉克在着手写《星巴克：关于咖啡、商业和文化的传奇》一书的时候，为了找到一个受星巴克影响最小的城市，曾经借助一家运营互动式美国地图的网站进行查询，其中可以显示几十家公司的零售区域，当然也包括星巴克。答案很快找到了：位于蒙大拿州北部的一个名叫"特纳"的农业社，仅有298人，这里距离最近的星巴克咖啡店也有整整201英里。

5个月之后，当泰勒·克拉克准备披露这一信息时，"剧情"已然有了根本性的逆转，这座小镇附近不仅新开了星巴克店，而且是两家。就连他最初的两个"备选"预案——距离最近的星巴克还有198英里的内华达州中部山区的尤里卡镇（人口为974人），以及位于内布拉斯加州的科扎德镇，竟然也无一"幸免"。

"你想到哪里，星巴克就会开到哪里，这就是'星巴克魔咒'。"泰勒·克拉克在他的书中写道。

前文提及的"泰利咖啡"曾经制定这样一种竞争策略，即尽量将门店选在靠近星巴克的地方，这样就能"接收"到星巴克容不下的顾客，并能与星巴克共同分享房产红利。

星巴克真的愿意将这份"红利"分给竞争对手吗？我们从他们那种令无数人瞠目结舌的"对面开店"模式中便能看出端倪。在星巴克门店选址竞争策略中，有一个问题必须要提及，那就是"双店模式"。在业界的普遍认知中，在一条街的对面开双店，无异于"自杀"，至少是"自残"。就连麦当劳这样的巨无霸企业，如果这样做也会被认为是愚蠢至极。

然而，这是星巴克的常态。甚至，在泰勒·克拉克看来，霍华德·舒尔茨永远不会对在一条街的两侧各开一家星巴克门店的做法表示厌倦。

那又是为什么呢？

首先，是要"剥夺"对手进入顶级资源圈层的资格，"根除"他们与星巴克唱"对台戏"、打"擂台赛"的机会，从竞争源头上最大限度地压缩对方发展壮大的任何可能性，杜绝养虎为患的潜在威胁。

其次，是追求一种"侵略式"扩张下的持续曝光和强大辐射。人们早上出门看到一家咖啡馆，出了地铁又看到同样品牌的咖啡馆，来到公司楼下还是这家咖啡馆。如此便能不断强化消费者对星巴克的品牌记忆，以及"咖啡就是星巴克"的品牌联想，从而最大限度地将竞争对手从消费者的心智中"挤走"。这与前文所述的不惜一切代价抢占优质房产资源的策略如出一辙。

再次，让消费者只要是想找个地方坐坐，星巴克就会浮现在他们的脑海里，最大限度地从竞争对手那里分流出客源，进而形成在市场占有率上的主导地位与话语权。这就像是"恋爱7次法则"——当你想与一个女孩确立恋爱关系时，在第七次约会时表白成功率最高。

最后，像星巴克这样的原材料主要由一些甜品、鲜奶构成的商家，对于冷链运输有着很严格的要求，物流成本通常会很高。如果多家店面在同一地区，就能相应地减少仓储和物流的成本，使得单个店面能够赚取更多的利润。

必须要指出的是，万事之上还是以人为核心。星巴克之所以能够在门店开发的激烈竞争中立于不败之地，除去上述因素之外，最为重要的还是它拥有一支特别能战斗的团队。正如霍华德·舒尔茨曾说过的："一下子在那么多地区铺开店面，看上去有点儿冒险；我们已建立了一支成熟的管理团队，在每一个地区都能有效地控制进程。"

他又进一步解释道："事情得以顺利推进，也是由于我们吸纳了众多的人才。"对此，"泰利咖啡"的负责人汤姆·奥基夫无奈地说："星巴克房产部门的员工比我们全体员工都多。"

当然，远远不仅是人数多这么简单。

霍华德·舒尔茨正是这个团队中最早的成员。"保证新开张的每一家店都坐落在有利的地段"是他从1987年就树立起的一个坚定的理念。在后来的5年里,霍华德·舒尔茨亲自从一座座市中心的写字楼、一个个既人口密集又靠近超市的住宅区中,为星巴克确定了100多家门店的店址。

为最大限度地降低因此而导致的成本上升,每一次的选址过程都因小心翼翼而大费周章。在霍华德·舒尔茨看来,星巴克承受不起一点儿的差错,因为一个店址的错误就可能意味着账面上租赁权增益价值降低35万美元(还不包括租金开支),同时还意味着在股份上缩减了50万美元(还不包括用这笔钱投资他处而产生的效益)。

其中,团队的专业和敬业令其他竞争对手是望而兴叹。我们在前文中多次提到的阿瑟·鲁宾菲尔德就是一个极具实力的专业人才。他运用自己开发的一套严谨的系统性方法,从几十项统计数据中判定门店的最佳选址,犹如机器一般精准。因此,他曾经放出豪言:"在星巴克这台机器面前无人可以靠近,这台机器势不可当。"

此外,阿瑟·鲁宾菲尔德还创建性地提出对建筑和设计进行统一要求的完整设想,以避免因有不同的意见而互相扯皮。他联合各个部门组建了统一的店面开发机构,最终使得星巴克的每一家门店不仅都能如期开张,而且在后面的经营中显现出近乎百分之百的成功率(在新开发的1000家门店中,仅有两家店关张歇业)。这个骄人的成绩在他供职的10年间一直被延续。在他离开时,星巴克的门店数量已经是他接手这份工作时的40倍之多。

1996年,星巴克更新了后台系统,开发了新的软件,实现了标准化的设备配置,更好地解决了店内固定设施以及与设计有关的成本估算问题。通过对规模优势的有效利用,对施工作业与设计关系的高效协调,大大缩短了开店的工程建设时间,从曾经的24个星期缩短到18个星期,大幅削减了开店的平均成本,使得星巴克能够将更多的资源转移到更有成效的项目上。

在敬业方面，星巴克的伙伴与霍华德·舒尔茨有一个共同点，就是一样地"痛恨"失败。极富竞争精神的阿瑟·鲁宾菲尔德就是其中的代表，他奉行的信条是"永远不能止步，永远不能满足"。他倡导的理念是"让蚂蚁来搬糖，并让其永不回头"。

还有一位名叫特蕾西·康奈尔的星巴克房产交易人，她曾这样形容自己："我就是喜欢签单，这令我兴奋异常。"在十余年的职业生涯中，她为星巴克总共签了900家门店的单，在业界享有"生意场上的匈奴王阿提拉"之美誉。西雅图房地产经纪人阿特·沃尔曾这样形容特蕾西·康奈尔："为了拿下星巴克的选址，她甚至不惜凿墙穿壁。"

当年，特蕾西·康奈尔在旧金山为星巴克寻找门店地址，一个理想的零售空间进入她的"法眼"；但是，房东不喜欢星巴克，一直对她拒之千里。特蕾西·康奈尔很快就打听到此人是一名内科医生，所以就佯装病人去房东的办公室约见他，而最后的结果不言而喻。"当天晚上我就拿下了那个单子！"特蕾西·康奈尔带着几分骄傲地说。

在星巴克的团队中，像特蕾西·康奈尔这样的员工还有很多。例如，新墨西哥州的区域经理谢莉·泰勒就是其中一员。在她的辖区内曾有一个小镇是星巴克准备进驻的目标，但是小镇中已经有一家深受当地人欢迎的咖啡馆，成为社区的重要组成部分，该店老板也备受尊教。因此，从一开始，谢莉·泰勒就被"提醒"：这个镇可能不适合星巴克，特别是那位颇具影响力的咖啡馆老板肯定会反对星巴克。

对此，谢莉·泰勒坦承："明明知道不受欢迎却还要进入别人的商业地盘，我必须承认，这确实令人恐慌。"她并没有因此而退缩，和一位同事一起挨家挨户拜访镇里的每家咖啡馆，做自我介绍，和大家交谈，倾听他们的担忧，并向他们保证，将来虽然会有竞争，但星巴克会努力创造双赢的局面，为大家共同的商业环境增加价值。

通过谢莉·泰勒和同事的深入沟通，当地居民对星巴克产生了好感，最终对星巴克的进驻表示欢迎。就是那位倍受尊敬的咖啡馆老板也表示："这对我们小镇是一件极好的事情。"

当然，除了能力与团队，不可否认的是还有运气。霍华德·舒尔茨曾说："我们对其他的特种咖啡竞争者也曾有过担忧，特别是那几家在自己的地盘上名声颇佳的咖啡店铺，如果其中哪一家有意向全美国发展，并能得到相应的资本，就有可能对我们形成很大的威胁。可是他们居然没有一家打算扩展。等到他们想扩展时，也为时已晚了。"

仔细想来，在运气的背后，其实是命运，而命运的背后是使命。所有那些在不同的领域能够"称霸世界"的人，都是肩负着某种使命，野心也好，雄心也罢，便随之而来。

当然，在"听天命"之前，首先还是要"尽人事"。正如霍华德·舒尔茨所言："显然，星巴克并没有做得很完美，但是，在我们这一行的竞争对手身上，你可以看到所有我们没有犯过的那些错误。"

结果就是，在1987年霍华德·舒尔茨刚刚接手星巴克时，曾面向员工许下了"五年时间要开150家店"的承诺，而在不到十年的时间里，星巴克在美国就拥有了1000家门店的庞大规模。

霍华德·舒尔茨曾公开表示，在美国，他将密集开店当作公司起步的一种策略，并且希望同样的模式也能在中国复制。在中国，500米之内开三四家星巴克门店的城市也不在少数。例如，在上海1号线的陕西南路站，出了地铁口不到500米的距离内相继开了3家星巴克。在郑州的二七广场商圈，一家星巴克门店位于大卫城负一楼，很多人在这里点一杯星冰乐，坐着谈天说地；一家位于华联商厦，这里的人忙于谈论各种业务；金博大店和万象城臻选店，更是潮人和时尚达人的聚集地，而这四家店都是开在方圆500米之内。

曾有一篇名为《星巴克的布局逻辑，甩了地产商几条街》的文章提供了这样的一组数据：在中国的县域市场上，星巴克已经进驻69个，而优衣库仅仅布局13个。在这组数据的背后，我们更应该深入地去领会星巴克在中国市场扩张的逻辑，以及逻辑背后的不同凡响的策略。

举个小例子来说，可能大多数中国人都不知道常山县，甚至连这个小县所在的衢州市都会让许多人一脸困惑。也难怪，常山县的国内生产总值（GDP）在很多时候连同在一个省的慈溪市（县级市）的十分之一都不到。

然而，我要告诉你，在那里就有星巴克。这是为什么？众所周知，星巴克的门店审批是由美国西雅图总部直接管辖的。那么，一个连中国人自己都不太熟悉的县，远在地球另一端的美国人是怎么判定和决策的呢？当然，他们自会有一整套机制来确认常山县的商业价值。

或许有人会问：星巴克是跟随万达广场、银泰城或吾悦广场去的吗？其实不是。星巴克的门店是开在当地房地产商开发的购物中心，不是那些标准意义上的全国连锁购物中心。因此，我们如果还是以传统的思维模式来探寻星巴克的开店逻辑的话，那就未免有些小看这"独角兽"了。

正如《星巴克的布局逻辑，甩了地产商几条街》一文的作者所指出的，今天的中国已经发生了巨变，原来那些用来分析城市的经济学模型大都已经过时和失灵了。对此，星巴克有着超前且清晰的认识与预判，能够兼顾长期与短期发展。

星巴克在上海市最初选择新天地店和滨江店的店址时，并没有固执于周围是不是一个成熟的商圈，而是看重前者所具备的独特的娱乐业态，以及后者所拥有的临江观景的地理优势。后来，这两家门店果然逐渐摆脱了刚开始的"冷清"境况，成为上海星巴克主要的利润点。

在南京市初建旗舰店则是一个星巴克对于远期与近期效益兼顾的案例。当时星巴克有两个选择：一个是在客流密集、商场聚集的新街口商圈。目标就是经营高档商品的东方商厦。因为这里的消费者的层次与星巴克类似，且消费水准稳定。另一个是北极阁地区，这里与上海市的滨江店一样以景色见长，不仅风景优美，环境也不嘈杂，还是省市政府机关的工作区域，正在修建的地铁就途经那里。

最终，星巴克采取了两处兼顾的策略，即第一家门店开在东方商厦，第二家门店开在北极阁。前者看中的是营业额的快速提升与稳定，后者则是着眼于几年之后因地铁开通所带来的效益增长，以及因景致而带来的独特且持久的联动效应。

不仅如此，星巴克还抢先一步领会到现时期中国县域的独特消费逻辑。我们从下面的数据中便能窥见一二：在星巴克布局的69个县域中，有56个分布在江浙两省，占比超过了80%。由此可见，星巴克是基于省域的市场水平来判断其辖下县域的商业价值，这是星巴克在门店开发和管理半径方面，以及城市价值判断模型上最为重要的部分。在这个逻辑指导下，星巴克在中国分别是在强省强县（如江苏省昆山市）、强省弱县（浙江省常山县）以及弱省强县（如云南省安宁市）这三个维度的资源上与竞争对手展开争夺的。

原来，这真的是有门道的！正如星巴克门店东进发展项目副总裁罗布·索普所指出的：星巴克店址的选择通常是艺术与科学的结合，是战略与机遇的交锋。如此，我们对时任星巴克资深行销副总裁的史考特·贝德立，在1996年接受《财星》杂志采访时所表现出的霸气就不足为奇了："如果我们是可口可乐，那根本不存在百事可乐。"

无论如何，在历经2008年的经营危机后，星巴克的开店策略更加谨慎，特别是对于那些复杂性和不可控性很强的地区。尽管早在2007年约瑟夫·米歇利教授在印度演讲时就被问及"星巴克什么时候来印度开店？"最终还是等到四年之后，星巴克才在印度开设了第一家门店。

原本印度的年轻人多达12亿，并且在当地他们已经接触到咖啡文化，这里一直是一个非常有吸引力的市场，但是星巴克还是对在此开店持审慎的态度。在一次访谈中，霍华德·舒尔茨道出了其中原委："印度市场非常复杂。我们曾经一度认为自己可以单独在这里开店，但我们低估了这里的复杂性。"

直至找到了可以做到资源互补，能够给其带来长期的成长和发展，以及最大限度地降低风险、收回投资的合作伙伴——印度塔塔集团，星巴克才加快了在印度的扩张步伐，在孟买开了第一家门店后的一周后，便又连开了三家门店。

的确，任何事情都有两面性，就像任何生意都是利益与风险同在一样。在这方面，星巴克也有着沉痛的教训。如前所述，在业内星巴克一直以选址苛刻著称；但是，在高速发展的"驱动"下，在不断成功的"蛊惑"下，星巴克开店在很大程度上已经演变成一种"盲目"的，甚至是"疯狂"的行为。这种状况很快便蔓延至星巴克的整个市场体系。正如曾在星巴克工作了18年的克莱格·斯维泽所说："近年来他们改变了这一做法（严苛开店标准），只为在全球范围迅速扩张。""一开始只是少数人赞成这种不谨慎的做法，但后来所有人都这么做了。"

让我们将目光回望到2006年2月，当被问及"星巴克一年在美国本土新开门店1300家是否过快"时，霍华德·舒尔茨的回答是："一点儿也不。在过去20年里，我们的业绩持续增长，并且我们的增长总是有预见性的。"

在随后的一段时间里，星巴克开足马力，力争用最短的时间达到计划中所设定的增长目标。于是，星巴克的开店就进入了"失控"的状态，借用当时负责星巴克在拉斯维加斯的业务的马特·道夫齐的话来说："那阵子开店简直开疯了。"

为了竞争而开店，为了业绩而开店，直至为了开店而开店，这种情况最终在两年后成为2008年星巴克经营危机爆发的主要原因之一。好在重掌帅印的霍华德·舒尔茨很快便踩住了"刹车",提出关闭600家店面的计划,并解雇1.2万名专职和兼职员工。尽管此项计划在提出时曾让霍华德·舒尔茨"呆若木鸡",也曾被他认为"这是25年以来我所做的最痛苦的决定",但好在带来的结果是正向的。正如摩根士丹利分析师约翰·格拉斯曾对记者所表示的:"此举措将使星巴克在美国的营运利润率提高至少一个百分点。"

"好在,在那个万分危急的时刻,星巴克没有输给任何一个竞争对手。"霍华德·舒尔茨在《一路向前》一书中庆幸道。

说到竞争对手,在星巴克历史上所遇到的一个真正的竞争对手却是一家位于大洋彼岸的中国企业,它的名字就叫作"瑞幸(luckin)"。

2017年10月,这个叫"瑞幸"的咖啡品牌在北京银河SOHO正式开张。一经亮相,便志向远大,将竞争目标直指行业领军者星巴克。

针对星巴克的咖啡文化、高溢价和社交空间三大"法宝",瑞幸咖啡提出这样的品牌主张:让每一个顾客轻松享受一杯喝得到、喝得值的好咖啡,并一再向业界传递"消费者只不过是想喝上一杯好喝的咖啡而已"的信息,剑指星巴克所谓的品牌附加值。

特别是在《瑞幸咖啡宣言》中,瑞幸更是毫不掩饰。

(1)好的咖啡,其实不贵。
(2)国外的街头饮品,何必要卖成国内的奢侈品?
(3)你喝的是咖啡,还是咖啡馆?
(4)好咖啡的味道,喝久了你就会知道。

一眼看过去,司马昭之心,"世人"皆知。最后,这种"怼"竟然被演绎到了"司法"的高度。2018年5月,瑞幸咖啡将星巴克告上法庭,指责星巴克涉嫌商业垄断,但后来这场诉讼又以瑞幸撤诉而告终。

面对强大的对手，瑞幸也只知道哪些方面应该划清界限，哪些方面应该"效仿"，毕竟相同的业态不会有不同的本质与规律。因此，尽管瑞幸一再彰显自己与"决斗"对象的"格格不入"，但依然要朝着星巴克早已划好的"法门"一路狂奔而别无选择，一如星巴克曾经的轻狂。

从2017年的第一家店到2020年的4507家直营门店，仅用了不到三年的时间，瑞幸就以一飞冲天的速度一度成为中国最大的咖啡连锁品牌。在资本的鼓动和催动下，气势不可谓不盛，来势不能说不猛。大把大把的"钞票"随之漫天散落，为人们幻化出一道绚丽的景象，这让许多人为星巴克捏了一把汗。

然而，这场新老品牌之间的"战争"最终以"瑞幸股市爆雷"而落下帷幕，这多少有些出乎人们的意料，但也的确印证了很多人的"意料"。其实很简单，赢利是企业的内在本质，同时也是放之四海而皆准的规律，不会因时代而变。在这个"道之所在"的面前，一个"瑞"字是无法改变命运的，所有的逆行者都会从"瑞幸"走向"不幸"。

你以为星巴克就简单地只要把店开够数就万事大吉了吗？你以为消费者就简单到只靠那杯咖啡就能迷倒全世界吗？你以为天下的投资者都待你如亲人吗？你以为所有的团队都是你叫他们一声"伙伴"，他们就都愿意为你鞠躬尽瘁吗？

除了有"疯投"资本荷尔蒙般的催动，加上仅以价格取悦为理念的消费驱动，再加上东施效颦般的开店模式，还有如潮水般涨落的流量，瑞幸实在看不出有什么高品质的产品创新、高品位的价值体验、高品格的企业文化。如此的"升维"挑战，失败又怎么不会是注定的呢？

曾几何时，瑞幸咖啡也被业界奉为一个近乎完美的"挑战者"，对包括供应链、门店设置、组织管理、运营协调在内的零售的方方面面都进行了数字逻辑重组：重构咖啡供应链的价值，重构咖啡店的成本价值，重构咖啡连锁产业的价值……

这一切都属于"自身价值"的范畴，要想最终赢得消费者的心智，获得长远的发展，仅有价值是不够的。须知，消费者忠于的不是价值，而是他们自身的利益。一家企业如果无法为消费者带来更高的利益，那如何获得高附加值的利润？又如何为自己换来可持续的发展？

如果价值无法更好地转化成利益，那么这些价值无论如何地光鲜亮丽，如何地绚烂夺目，都是自说自话的伪价值，都是自娱自乐的无效的价值。那些曾被许多人誉为"令行业耳目一新，看上去完美无缺"的资本布局、团队架构、赛道选择、单店模型、品牌传播、用户运营、商业模式等都将是过眼云烟。哪怕你布下的是资本"天局"，打造的是豪华团队，踏上的是千亿赛道，迎来的是百亿市值，哪怕你创造了短短两年登陆纳斯达克的举世"传奇"，最终也无法超越品牌发展的本质与规律：高附加值和可持续。

作为星巴克铁三角之一的奥林·史密斯曾多次提醒霍华德·舒尔茨："一个成功的企业不能只是依赖令人兴奋的创意行事。许多企业之所以失败，是因为不能务实地实现梦想。"其中，让企业能够快速地盈利，便是所有"务实"中的重中之重。"巨人"史玉柱认为企业不能盈利是"可耻"的，而霍华德·舒尔茨也说："告诉他们（投资者）说，我们正在亏钱，你能再多投资点儿吗？这真是一种令人羞愧的经历。"

一杯杯售价低廉的咖啡又如何能支撑得起勇攀高峰的开店成本，一群只要能喝上一杯咖啡就行的低净值人群，又如何抵销得了与日俱增的营销费用。店开得越多，亏损越多，资金缺口就越大，企业风险也就越大。瑞幸就只能通过融资，融资，再融资来维持经营，但融资不可能是无止境的，总有一天会中断，一旦融资中断，这种高投入与高估值的模式就不可持续，企业很快就会原形毕露。在无法通过经营获得正常的现金流的窘况下，瑞幸的创始人与早期投资人陷入不可能通过企业盈利、分红来获得财务收益的困境中，唯一的退出方式就是按照做大规模、做高企业估值的逻辑将"泡沫"吹到极致。然后，在估值"泡沫"破灭之前，尽量通过编织一个更大的故事，或者通过财务数据造假维持住这个"泡沫"，最终到资本市场上进行变现，实现胜利"大逃亡"。

原来，他们的初心并不是真正想为消费者带来一杯"喝得起"的咖啡，在他们的眼里，咖啡只是他们为自己谋利的载体，那些所谓的"新模式"无非是赢得资本市场青睐的一个个"媚眼"。不然，怎么会不等到企业"难以为继"的时候，反而是在其"高光"的时刻便迫不及待地通过各种手段进行变现。

从品牌系统性建设的理论体系上来看，瑞幸是处在市场的导入期，品牌的知名度和信任度还有待建立；而星巴克则早已处在了市场的成熟期，无论是品牌的美誉度，还是忠诚度都已经具有很坚实的基础。

以品牌忠诚度的"五维度"模型为例，无论是对于咖啡爱好者，还是时尚白领，或者是商务精英，"咖啡就是星巴克"早已成为一种心智的烙印；"到星巴克去"不仅已经成为他们的一种消费习惯，更成为他们的一种工作与生活的方式；在闲暇时间里，到星巴克去感受一下独处但不会孤单，融入却不被打扰的"第三空间"体验，已经成为许多人的心理依赖；星巴克的味道、韵味、气质、格调也都已经成为他们被固化的文化审美。

难道不是这样吗？没有融科技、人文与艺术完美统一的智能手机，乔布斯那追求极致的独特魅力以及"与众不同"的品牌文化，当年的苹果公司能让诺基亚公司、摩托罗拉公司、爱立信公司等一干移动通信的"巨人"轰然倒塌吗？

那么，瑞幸又凭什么去充当星巴克和霍华德·舒尔茨的挑战者呢？其实，无论是昨天、今天还是明天，环伺在星巴克周围的挑战者一直都在，都会虎视眈眈地盯着那个令人垂涎的霸主地位，只是在"宣战"之前这些挑战者要好好将星巴克这个"巨无霸"研究透，毕竟它已叱咤咖啡市场几十年，毕竟它已做了行业领军者很多年，其背后所含的深厚底蕴，不是浪得虚名的。

早在2000多年前，中国的先哲荀子就告诫过我们："天行有常，不为尧存，不为桀亡。应之以治则吉，应之以乱则凶。"意大利科学巨匠伽利略也在1638年启迪过我们：世间万事万物通常都不能按照简单的线性比例缩放。因此，我们要谨记，所谓的"大"并不只是"小"的放大版，而是代表着一种更复杂、更为系统的生态。

正如笔者在《企业管理》杂志上刊发的《多元化困局的启示》一文中所阐述的：规模的陡增势必会对企业在资金的优化能力、资源的整合能力、专业化的支撑能力，以及对市场风险的管控能力等诸多方面提出更高的要求；而所有这些对于刚刚孵化几年的瑞幸来说，无疑是缺乏积淀和难以驾驭的。

我们常说，钱不是万能的，但没有钱是万万不能的。令人遗憾的是，人们往往只将此句的后半部分的意思作为这句话的主旨而铭记在心。其实，我们越来越意识到，更为重要的是此句的前半部分。这是因为，"钱不是万能的"所代表的是世界观，是价值观，而"没有钱是万万不能的"所代表的仅仅是方法论而已。

毕竟，方向对了头，速度才会有意义。钱可以加速过程，但无法完控结果。就像钱可以借着风口，将一头猪送到天上，但最终也无法让它肋生双翅而鹏程万里。

瑞幸只有回归用户与产品，回归消费场景与体验，才是迷途知返，才能未来可期。让我们拭目以待。

早在"天天咖啡"的时代，当霍华德·舒尔茨在来自方方面面的质疑声中与他的同事杰克·罗杰斯穿过芝加哥拥挤的街道去考察店址时，他就预言道："杰克从现在开始再过5年，从这儿走过的每一个人都会端起星巴克的咖啡杯。"

听罢此言,杰克·罗杰斯看了看自己的老板,笑着说出了三个字:"你疯了。"

面对今天的星巴克,不知他还会对他的老板说些什么;霍华德·舒尔茨要说的却是:"每一次我们在一个新地方开店,总有人预言我们会失败,但到目前为止,他们都错了。"

那未来呢?

第十五章

步步为"营"星巴克

众所周知，星巴克不打广告，但并不代表它玩不转品牌传播与营销。星巴克在追求极致的咖啡与"第三空间"体验的基础上，一是通过口碑传播来扩大和深化自身的品牌影响力，同时利用五花八门的营销"组合拳"演绎出了令人眼花缭乱的品牌营销经典案例，将再简单不过的咖啡、杯子和会员卡玩转得花样百出，令人目不暇接，情不自禁身陷其中，为品牌的认知转化和市场转化赢得了消费者心智，密切了消费者关系，提升了销量，创造了利润。

在这个过程中，星巴克还不断打开自己的营销边界，一方面为品牌营销注入更多、更新的元素，另一方面为自己赢得更加多元的收入。正如它在《星巴克使命宣言》中特别指出的，秉持多元化是企业经营的重要原则。下面，我们从体验营销、杯子营销、社交营销、跨界营销、话题营销、公益营销、文化营销、本土化营销、情感营销、科技营销10个方面来了解和解读一下星巴克整合传播营销的策略与成果，以便从中汲取更多的启发与参鉴。

体验营销

星巴克的品牌价值主要体现在高品质的咖啡体验和高品位的空间体验之上。因此，体验是星巴克基于品牌核心价值的最为主要的营销方式，也是星巴克赢得消费者心智、亲密消费者关系最为重要的经营手段。它面向各类人群，不断利用各种场景的品牌体验来强化人们对产品和服务的感知、感受，提升品牌的知名度、信任度、美誉度和忠诚度，从而最大限度地将潜在顾客揽入怀中，促进从品牌的认知转化向市场转化的转变。

霍华德·舒尔茨希望自己的产品和服务能够成为富足的象征，因此

"打折"这个词也许永远会被排除在星巴克的营销词典之外,有的只有"赠饮"。当我们翻开《星巴克体验》这本书,可以从中找到许多有关星巴克免费赠饮的内容;而赠饮的最直接的目的,就是让越来越多的人能够体验到星巴克的品质与品位。

星巴克的赠饮常常会植入各式各样的活动之中。一位名叫娜瑞达·赫南德斯的门店经理介绍说,她跟伙伴一起在社区举办了一场名为"麦克风之夜"的活动,同时将免费提供试吃饮料样品和食品这个环节也植入了其中,这项活动因此而大受欢迎,许多顾客要求每月至少要举办一次。

在某一年的夏天,为了庆祝全国冰淇淋月,星巴克在全美国6000家门店举办"冰淇淋社交日"活动,为顾客免费供应100万杯冰淇淋。一位名叫玛塔·罗斯的顾客说:"我从来没有指望过在星巴克的咖啡店里吃到这种冰淇淋,它实在太美妙了,可能是我吃过的最好的冰淇淋。那天我的运气真是太好了。"

那一天的活动把原本没打算去星巴克的人成功地吸引了过来。一位自家的咖啡店就在这家星巴克门店对面的名叫吉尔·戴维斯的顾客坦率地承认:"事实上,那天我正要下班回家,我看到一个星巴克店员在门外向过路人发放冰淇淋,于是,我在回家的路上就享用了一份,这是多么美妙啊!"

顾客莫拉·史蒂文森谈了他在星巴克的一次特殊感受:"一天下午,我和最好的朋友在附近的星巴克店会面,谈论最近上演的戏剧。就当我们喝完拿铁咖啡准备离去的时候,有一名星巴克员工端着一个装满冰冻饮料杯子的盘子在店里四处走动。原来,星巴克刚刚推出一种新口味的星冰乐,他们正在分发样品让顾客免费试饮。我们欣然接受了样品。当我们环顾四周时,发现这间星巴克瞬间变成一个小型'鸡尾酒会'。顾客开始热闹起来,互相寒暄交谈,谈论有关这款新饮料的共同的话题。"

"您看,一种新产品的推出竟然变成了一场小型活动,这不但没有使顾客产生强迫感，反而鼓励他们去尝试新鲜事物。这种感觉多美妙啊！"莫拉·史蒂文森由衷地说。

此外，星巴克也经常借助像纪念日这样的主题来举办免费赠饮活动。例如，2021年4月22日的"世界地球日"，"从上午11点到中午12点，带上您的星巴克咖啡杯或马克杯到店，星巴克会为您的环保行动回馈一杯刚煮好的咖啡"。其实，每年的"世界地球日"，星巴克都会举办这样的免费咖啡赠饮活动。

星巴克的伙伴还经常在所在城市举办被称之为"全市咖啡休息餐"的免费品尝活动。他们甚至来到火车站，摆上一张桌子，然后给所有乘客免费发放咖啡，无论是就要上车的乘客还是刚刚下车的乘客，都能得到免费的咖啡。这样的活动不仅为那些管理学大师彼得·德鲁克称之为"非顾客"的人带来意外的惊喜，也让更多的人了解星巴克，体验星巴克。

星巴克的每个伙伴在工作满一定时间后，每个月就会获得10张免费咖啡券。实际上，他们在上班时间内是可以免费喝到星巴克饮料的。那么，这10张咖啡券到哪里去了呢？无疑，大部分都会送给同学或朋友。星巴克的兼职伙伴多来自大学校园，因此大量的免费咖啡券正是流向了那些尚未养成喝咖啡的习惯或正在培养喝咖啡的习惯的"非顾客"学生。他们也许原本会因为一杯三十几元的饮料而被挡在星巴克门外，但这种"免费券"可以让他们没有压力地体验不同口味的星巴克饮品，从此在他们心中埋下星巴克的种子。

在韩国，三成站附近公司密集，但当星巴克门店开业以后顾客寥寥，主要的原因是该店所处的位置有些偏僻。于是，该店的员工开始收集附近公司员工的名片，然后去拜访他们并当场研磨调制咖啡，供他们免费品尝。一开始有些顾客会觉得反感，但是没过多久他们就被美味的咖啡吸引住了，其中的很多人后来都成为星巴克三成店的常客。

联名饮品就向Lady Gaga的Born this way（生来如此）基金会捐出25美分。

其七，与咖啡销售相结合。星巴克的咖啡杯不仅被赋予许多象征意义，甚至还成为人们购买咖啡的理由。不少顾客走进门店，不只是为了喝咖啡，更重要的是给杯子拍个照，然后传到社交媒体上"秀一秀"——手捧一杯圣诞限定咖啡杯似乎成了一种独特的冬季时尚。

如今，星巴克的"杯子营销"已经突破咖啡杯的边界。例如，它曾为女孩子专门推出一款保温杯——粉嘟嘟的外表，高级复古感的气质，散发出一股甜美的迷人气息。令许多女孩子爱不释手："星巴克不愧是我的'星爸爸'，太懂少女心了。"

这种通过"杯子营销"来拉动咖啡销售的模式，使星巴克的财报呈现一个特征，即每一年第三季度的营业收入往往都是全年最高的。举个例子，2015年10—12月的营业收入为53.73亿美元，而随后的2016年1—3月的营业收入降为49.93亿美元。

这种看似不可思议的"销"，其实是源于充满策略的"营"；而"营"的核心便是"美貌+限量"。星巴克通过惊艳夺目的设计彰显"颜值即正义"所带来的共享性传播，以吸引更多年轻人的关注和追捧；同时将杯子"营造"成一种稀缺品或收藏品，赋予杯子更多的附加价值，以推动更大的市场转化。

值得一提的是，从2015年开始，星巴克就把圣诞杯的设计权交到了网友手中，让他们将自己的创意和设计体现出来，从"我的星巴克"演绎为"我的咖啡杯"，引发他们天然的喜爱和追捧。此外，星巴克还特意在Instagram（照片墙）上发起纸杯设计邀请函，并收到了来自13个国家的1200多个网友的作品。星巴克从中挑选出13款充满圣诞元素的红杯作为当季的限量纸杯，由此将星巴克的"杯子营销"演绎到了一个更高的境界。

社交营销

星巴克的社交营销有以下几种方式。

其一,"社交+促销"。早在2009年,为培养顾客到星巴克吃早餐的习惯,星巴克就在Facebook(脸书)上进行了第一次大型的社交网络营销:只要顾客在早上10:30之前去店里购买饮品,就可以得到一份免费的糕点作为早餐。据说当时有100万名顾客参与了这项活动。

在推出黄金烘焙浓缩咖啡的时候,星巴克在Facebook上告诉网友:只要来Facebook浏览这款新产品的整个介绍页面,就可以免费喝一杯黄金烘焙浓缩咖啡,还可以给朋友送一张电子礼品卡。这样不仅能通过免费品尝吸引大量的顾客,还能通过礼品卡的朋友推广实现二次传播,可谓是"一炮双响"。

其二,"社交+游戏"。星巴克在推出南瓜拿铁的时候,将产品推广、城市竞赛和社交游戏结合在一起,演绎出一场更为声势浩大的社交营销。星巴克在Facebook上宣称,"粉丝"可以通过shout-out(呼喊)、daily creation(每日创造)等形式为自己所在的城市拉票攒点数,点数最多的城市可以比其他地方提前一个星期喝到"南瓜拿铁"。于是,得到了美国和加拿大的星巴克"粉丝"的疯狂响应,最终芝加哥荣获了第一名,共攒集1060万点,而星巴克的老家西雅图屈居第二。

其三,"社交+金融"。2013年星巴克发起了一次"Tweet-a-Coffee"活动,用户将银行卡账户和Twitter(推特)账户绑定,就可以发送5美元的礼品卡给自己的朋友。在两个月的时间里,共有2.7万名用户参与了这项活动,其中34%的用户为多次参与,所有参与的用户总计消费了约18万美元。其营销价值在于,通过活动不仅发现了2.7万名忠实顾客,绑定了2.7万张银行卡,还获得了5.4万个潜在用户的Twitter账号。

其四,"社交+事件"。在2013年,美国东海岸出现了名叫"Nemo

(尼莫)"的暴风雪。随后，星巴克发了一张女孩子手捧咖啡的照片，还加上了"Nemo"和"blizzard（暴风雪）"两个标签。照片里的女孩身穿毛衣，沐浴在阳光之下。于是，星巴克就将这张弥漫着暖融融气氛的照片上传到了Facebook和Twitte之上，以此来缓解因暴风雪给人们带来的不良情绪。与此同时，那些关心暴风雪的网友，只要点击其中的任何一个标签，就会看到星巴克的咖啡图片广告。

其五，"社交+互动"。星巴克曾在Instagram上发起"转发顾客喝咖啡场景及星巴克幕后工作照片"的互动性活动。通过许多网友，特别是女性网友上传"鲜花+咖啡"的美图，来获得网友的喜欢和互动，以此来表明星巴克不仅仅是一个企业，也是你身边一个暖心的朋友。

其六，"社交+慈善"。星巴克在针对艾滋病发起的一场慈善活动中，将捐助与网友的互动结合在一起，只要网友在Foursquare（一家基于用户地理位置信息的手机服务网站）的App上到星巴克门店签到一次，星巴克就捐款1美元，而捐款的上限高达25万美元。藉此，星巴克演绎了一场深入人心的形象传播。

跨界营销

星巴克很早就通过跨界来提升品牌价值，助力品牌营销。如今，星巴克已经成为一个新的跨界平台。

其一，跨界纸媒。星巴克一直与传统纸媒体如《纽约时报》《华尔街日报》等紧密合作，不仅获得了这些媒体的许可，可以在店内出售报纸杂志，也为顾客提供了丰富的阅读体验。到了移动互联的时代，星巴克开始在自己的App上投放《纽约时报》，会员可以凭星享卡积分免费阅读。

其二，跨界交通。星巴克与美国排名第二的打车应用平台Lyft（来福车）展开合作，即Lyft的签约司机可以立刻升级为星巴克金牌会员，使用Lyft打车服务的乘客也可凭借打车记录积累星巴克会员积分，甚至可以利用星巴克会员卡为司机支付小费。这些极富创新的合作不仅将线上和线下的消费体验完美结合，还能产生共享互利的效果。

其三，跨界时尚。2013年，星巴克与"Alice+Olivia"开始在美国市场进行联名合作，推出了一款带着裙摆的马克杯和一只身着黑白裙子的小熊，收到了热烈的市场反应。2015年1月19日到2月25日，星巴克在中国及亚太地区的门店出售由"Alice+Olivia"品牌设计师Stacey Bendet（斯黛西·班戴）设计的限量合作套装，包括一款马克杯、一个环保袋和一张星礼卡，同样大受欢迎。虽然按计划是要销售至1月25日，但在许多城市发售首日的早上8点，就已经买不到这款杯子了。

这款标子的设计主要以Stacey Bendet的卡通自画像为主题。Stacey Bendet留着黑发，戴着时尚墨镜，并搭配大红唇——用黑红两色和可爱的形象将马克杯、环保袋及星享卡填满。Stacey Bendet在接受采访时说道："我们希望它们能将微笑带给全世界。"

其四，跨界彩妆。2019年5月7日，星巴克宣布：为了庆祝经典单品星冰乐的回归，与美妆品牌Kylie Cosmetics合作推出"S'mores Sip Kit"唇彩系列——四款以星巴克经典口味单品命名的唇彩。除了一款的色号为暗哑褐色以外，其他三款均为闪烁着迷人光泽的高光唇彩。在"她经济"的趋势下，星巴克瞄准了不断进行消费升级的新女性群体，试图通过"彩妆"这个大话题吸引她们的注意力。

其五，跨界AI（人工智能）。2019年9月6日，一张海报同时出现在@天猫精灵和@星巴克中国的官方微博之上，两个隔空互撩的神秘官方微博，充分勾起了年轻人的好奇心。"TA"是谁？天猫精灵找到的新兼职是什么？这场跨界营销一开始，就用设置悬念的方式在网络上掀起了一股讨论热潮。

随后，一些星巴克的核心"粉丝"拿到了一批带有神秘代码的外卖杯子，引发了各路网友的猜测和围观。在微博、知乎、豆瓣上，网友纷纷晒出神秘代码以及各种破解的谜底。最终，在网友对蛛丝马迹的追踪下，代码被成功破解，即"天猫精灵，来杯咖啡"。

在网友热议的不断发酵下，天猫精灵和星巴克终于联合官宣了"星巴克定制版天猫精灵"这一全新的跨界AI产品。在功能上，顾客只需语音点单，30分钟内就可以送货上门；同时，天猫精灵还可以播放星巴克专属歌单，帮助用户查询积分，让使用体验更加具有场景感、沉浸感。

这一次的跨界营销被认为是更具商业深度的联合定制。无论是在目标用户和品牌调性两者之间的高度融合上，还是在产品功效和应用体验两个维度的提升与优化上，都突破了星巴克在一般意义上的仅仅围绕外观定制或品牌联合的常规营销模式。

其六，跨界音频。星巴克通过与互联网音频分享平台喜马拉雅 App 合作，为其在中国推出的首款冷藏即饮饮品"星怡杯"造势。在2018年的夏天，约有300万杯"为此刻读诗"特别版"星怡杯"在全国各大便利店和精品超市上架，进行限时限量发售。通过扫描"星怡杯"杯身上的二维码，即可聆听由知名歌手演唱的流行歌曲，以及其他20位喜马拉雅优质主播朗诵的经典诗作。

其七，跨界金融。在2020年的一篇题为《14种免费喝星巴克的方法》的文章中，我们可以看到星巴克与多达10家的金融机构进行跨界合作，包括中信无线卡、中信银行9积分兑换；招商银行799积分兑换；中国银行1.5万积分兑换；交通银行积分兑换与返现；兴业银行6006积分兑换；平安银行500∶1积分兑换，平安万里通积分兑换，平安健康健步走达标兑换；上海浦东发展银行1.75万积分兑换；上海银行买一赠一；盛京银行U18信用卡兑换……以积分兑换的形式扩大自身的品牌影响力，深度挖掘潜在顾客。

其八，跨界户外。为迎合以"都市户外风"为核心的生活风潮，

2019年日本星巴克携手顶级户外品牌Snow Peak（雪峰），推出一系列露营专用的保温瓶及水杯，带来不同风格与设计的、兼具实用与美学价值的杯具组合。保温瓶以黑色为主色调，搭配3种不同的瓶盖，让人们在使用时更为便利。堆叠杯以幻彩色调为主色调，采用Snow Peak常见的钛金属材质，即使没有手把，也能够保证隔温以防止用户被热水烫到。

其九，跨界演艺。韩国星巴克首次与艺人合作推出联名系列，选定了在整个韩国社会有着良好影响力的BTS（防弹少年团），推出多种以防弹少年团金泰亨设计的"紫爱你"的紫色为基调的商品，包含1款饮料、5款甜点及6款商品。目的就是向韩国青少年传达"你本身就是一颗耀眼的星星"的共鸣与希望。

话题营销

星巴克的话题营销由来已久，每一次都能充分发挥它在品牌故事和话题性上的优势，让话题充满热度，从而引起广泛的关注。前段时间，"原来星巴克也有气氛组"以2.3亿次阅读量登上微博热搜话题榜单，而这一话题源于一个讨论：在星巴克拿个笔记本上网的人到底是什么职业？2020年12月21日，@星巴克中国官方微博稳稳接住了网友"热梗"，在评论区"坦白"小编也是气氛组成员，表示要去门店观察观察。

紧接着，经过深思熟虑的@星巴克中国官方微博发布回复：立即招募官方气氛组30人，任期一周，并在招募启事下附赠《带气氛秘籍》，包括打卡姿势、官方活动等。这波略显"不正经"的招募收到了网友的热烈回应。随后大量用户自发参与了晒图活动，考研组、论文组、作业组纷纷"应征上岗"。显然，星巴克利用"气氛组"又一次成功地引发一波社交话题，也为自己带来了新一轮与消费者的正面互动。

每年有上千万名学生参加的高考，是中国人最为关注的话题。因此，各大品牌都试图推出相关活动来表示对考生的支持，并借此机会进行品牌营销。那么,我们来看看星巴克在2021年是怎么做的。

首先是错开高考高峰期。因为在那个时候家长和学生的注意力还都在高考本身,无暇顾及其他信息,所以星巴克在高考结束后才推出相关活动——"只要你带着准考证来,我就请你吃瓜。"至于要带什么样的"准考证",请吃的是什么"瓜",如何去"吃"……星巴克都没有明确指出,因此而激发了考生的好奇心。于是,各种DIY准考证相继出现。最终,通过用户自发的参与,在话题传播方面形成了广泛的互动,并迅速蔓延,抢占了社会热点话题的制高点。结果是,微博话题"高考结束,星巴克请你吃瓜"阅读量高达3400多万,讨论数超过了4万条。

2020年8月初,星巴克发起了"你有故事我有咖啡"100件好事征集活动(星巴克邀请消费者发布自己身边的温馨小事,并请这些"好事贡献者"喝一杯咖啡)。活动启动不久就收集到了近千个故事,无论是故事的数量还是故事感人的程度都超乎想象。正如一名网友的评价:"不夸张地说,5万元月薪的高手可能也难以写出那么多优质文案,可是星巴克仅仅用了100杯咖啡的营销预算就搞定了!"

公益营销

星巴克也非常擅长将公益与营销完美地结合在一起,让公益与生意共生共荣,毫无违和感。2018年,星巴克和Lady Gaga联手推出了少女心满满的"善良杯"系列饮品。每卖出一杯联名饮料就向Born this way基金会捐出25美分。这个基金会关注年轻人的生活,帮助那些处于困境或遭受心理疾病困扰的年轻人。

在移动互联网技术的催动下,许多人都成为"低头一族"。在越来越多的时间里,人们都是埋头自处,从而忽略了人与人之间面对面的沟通与交流,忽视了与大自然及周围环境零距离的欣赏与互动。于是,星巴克通过在社交网络上发起"抬头行动",以公益广告的形式鼓励人们用一杯咖啡的时间，让自己停下来歇一小会儿，抬起头，欣赏眼前的风景；与伙伴和好友聊聊天，多多感受彼此。

在韩国，每年人均消耗掉338个咖啡冷饮塑胶杯，相当于每年制造3亿个垃圾。对此，星巴克韩国发起一个"星巴克杯DIY随身花园"行动——顾客只要在星巴克购买外带的咖啡，就随之赠送一包植物种子和混有咖啡渣的土壤。只要掌控好温度和湿度，就能轻松地种出自己的小花园。这项活动迅速席卷51个国家，共有上万个用户参与该活动并将其分享到Instgram（照片墙）、Pinterest（拼趣）等社交媒体。

在前文提及的"你有故事我有咖啡"100件好事征集活动中，星巴克选取了其中的部分故事，邀请作者出演《Good Good》MV中的"顺手捡跑团"的跑者。他们一边跑步健身，一边顺手捡起街道垃圾，以此倡导"爱护环境，守护城市健康"；而这部MV的主角是一位身穿蓝色衣服的王阿姨，她每次都经历来回6小时的路程，将流浪狗从遥远的救助基地送到上海举办领养活动的浦江，藉此来宣传那些为自己的城市献出爱心的人。

相比于单方面传递公益理念，星巴克更在意联合志同道合的商业合作伙伴，与他们携手并进，创造出更大的社会影响力。在推行植物食物的过程中，星巴克与瑞典植物奶品牌Oatly（噢麦力）及一线植物肉品牌Beyond Meat（别样肉客）、OmniPork（新膳肉）等品牌联动，共同传递自身善意，引发广大消费者共情。

杰里米·托尔曼是加利福尼亚州圣迭戈一家门店的顾客。他在参加一个在星巴克举办的非营利性活动的启动仪式时，与一家门店的经理凯特建立了联系。后来，凯特决定为这项活动提供免费的咖啡，以及咖啡吧所需的全部物品，还有6盒泰舒茶。此外，她还组装了一个装有一磅咖啡和两个杯子的星巴克礼盒，以此作为抽奖活动的奖品。

"一个大公司竟然如此慷慨，支持这么小的社区活动。"这在杰里米·托尔曼看来，简直超乎想象。星巴克正是通过在社区建设方面的各种机会，与顾客建立起特殊的品牌联系。也正是这些彰显星巴克核心价值观的公益营销，让星巴克摒弃了那些以流量为王、以经营为先的效果营销主义导向，以及本末倒置的短视行为，最终实现了品牌与顾客之间更加深入的心智渗透和关系构建。

文化营销

星巴克通过与各国及各个领域的艺术节的合作，将星巴克的品牌及其产品都打上文化和艺术的烙印，形成独有的品牌美学和产品美感，打破了人们对星巴克可能产生的审美疲劳，丰富了星巴克品牌的文化内涵与艺术呈现。

早在2011年，设计师和音乐人出身的藤原浩就受邀参与星巴克在东京表参道的门店设计。随后，以"城市繁忙生活的B面"为灵感的概念店B-SIDE，以内藏1.4万本图书为卖点的概念店"Starbucks Espresso Journey（星巴克咖啡之旅）"，以及拥有巨型货柜的外观，仿佛是一座"咖啡加油站"的星巴克公园店（Miyashita Park）便横空出世，美不胜收。

除了店面设计以外，星巴克还与藤原浩合作，几乎每年都会推出联名合作系列，涉及马克杯、保温杯（瓶）、储值卡、T恤等日常生活用品。

江户切子是日本独到的细致工艺文化的代表人物，星巴克曾与她合作，推出拥有最高等级工艺的限量版玻璃咖啡杯。这款玻璃杯带有专属的"星巴克绿"，搭配三个由江户切子设计的传统图形：象征无限幸运的七宝和由直线交错而成的八角笼目纹，以及位于杯底的冰雹纹路。这款宛如艺术品的咖啡玻璃杯，堪称独一无二的、具有极高收藏价值的稀世佳品。

当冷泡咖啡风靡全球的时候，星巴克选择与艺术家Steven Harrington

联手，在美国限量推出了一组充满波普风情的插画梅森瓶（Mason Jar）。值得一提的是，这款梅森瓶并非工业流水线所制作，瓶身上所有的图案均为艺术家手工绘制。这正好暗合了星巴克的匠心之美——慢速萃取，精研细作。

星巴克举办过名为"手绘白纸杯（WhiteCupContest）"的活动，鼓励网友在星巴克纸杯上发挥自己的艺术创作灵感。星巴克在Instagram、Pinterest及Twitter上都建立了相关的活动聚集地，网友可以将自己的作品@到主办方，最终评选出优胜者。由此，掀起了一股"在杯子上涂鸦"的风潮。美国的一位19岁的艺术家，用星巴克纸杯为名模画插画。在画面的构图中，巧妙地让星巴克店址与"美人鱼"LOGO形成互动。一位韩国的艺术家对星巴克的LOGO进行了艺术性的"二次创作"，效果非常好，将其制作成星巴克的会员卡也相当不错。

为了持续吸引消费者参与，星巴克还推出"自创杯Doodleit（漫不经心地画画）"活动。消费者可以任意地改变"杯身"上的涂鸦图案，并可以结合毕业季留言、宝宝绘画、办公室等生活场景，带动更多的人参与进来，将基于涂鸦艺术的营销进行到底。

在此项活动中，星巴克共收集到包括300多件高水平画作在内的4000件作品。这种以涂鸦为主体的艺术营销，不仅成就了一项有趣的活动，还让纸杯具有了个人的专属感，也让消费者顺便为品牌创造了许许多多的优秀原创内容。

本土化营销

霍华德·舒尔茨始终认为，作为一个消费品品牌，本土化是走向成功的必由之路，特别是对于像星巴克这样的全球性品牌。对于品牌本土化的必要性和重要性，霍华德·舒尔茨从创办"天天咖啡"的第一家门店开始就深有感触了。

在这家店里，霍华德·舒尔茨一门心思要全盘复制意大利风格的咖啡吧，因此店内的音乐只有意大利歌剧；咖啡师要身穿白衬衫，打上蝴蝶结；店里一个座位也没有，所有人都站着接受服务；墙上还挂起了报夹，放一些国内外的报纸；饮品单上全是意大利文，甚至连装饰布置也都是意大利风格的。随之而来的是顾客的各种报怨：播放的歌剧完全听不懂，菜单上的内容根本看不懂，蝴蝶结令人感到浮夸，那些不急于要走的顾客总想找把椅子坐下来……

这说明"许多细节并不适合西雅图"。也就是从那时开始，霍华德·舒尔茨强烈地意识到必须要满足本地顾客的需要。伴随着在全球的持续扩展，本土化愈加成为星巴克非常重要的营销策略之一。

首要的是星巴克在世界各地的门店设计。最初，星巴克采用统一的门店装修风格，以保证开建新店的高效率以及形象的一致性。后来，他们逐渐意识到，能够体现当地的文化特征与建筑风格，能够融入当地居民的审美之中，对于星巴克的全球化发展至关重要。

随后，他们逐渐放弃了统一的装修风格，重组了设计团队，将装修风格与当地文化相融合，并按当地消费者的喜好进行设计。从中国福州仿宋代露天庭院设计的花园式门店，到荷兰利用了再生材料及回收家具，既别有风味又充满了当地艺术元素的门店，再到日本京都用榻榻米做座位的门店，目的就是向当地的顾客传递一种信息——我和你（本地人）的生活是完美融合的！

说到门店，星巴克还根据不同地区的顾客消费特征来决定门店的面积。例如，韩国的消费者对大型商场情有独钟，认为这是好品质、高品位的大品牌象征。同时，韩国人喜欢在室内聚集聊天，真正将咖啡带到店外的顾客只有10%~20%。因此，韩国星巴克门店的面积一般会比美国星巴克门店100平方米的均值大2~3倍，以摆放下更多的座位，更好地满足韩国顾客的需求。

除了门店设计以外，还有产品的本土化。为世界各地的顾客提供具有最大接受公约数的产品体系对于星巴克的全球性营销至关重要。

在中国，为了与传统的节日相呼应，星巴克推出了月饼、"星冰粽"等产品。此外，还有彩椒蘑菇包、豆腐蔬菜卷等中国式新品。在2010年3月，星巴克在中国市场又推出了九款茶饮品，真可谓是将本土化进行到底。

在日本，有全球唯一的樱花白巧克力拿铁。樱花开放和飘落的时候，就是这款饮品热卖之际。人们通过这款饮品来更加充分地感受樱花的气息。此外，还有红豆抹茶星冰乐，也大受日本顾客的欢迎。

在韩国，星巴克在仁士洞咖啡店试卖过韩国人喜爱的南瓜粥、红豆粥、米酒、柿饼四种韩式食品。值得一提的是，仁士洞咖啡店还出售过一种其他店没有的，根据仁士洞的特点开发出来的特供产品——快餐饼，这是一种韩国美食街的饼和西式糕点相结合的食品。

此外，在英国，有肉桂和水果的香气相混合的热果香肉桂茶，是当地传统圣诞Mulled Wine（加香料的热饮酒）的改良版本；在印度，有酸奶烤鸡块（将鸡肉放在唐杜里烤箱里烤制）；在巴西，有迷你奶酪面包球（一种传统的奶酪面包）；在土耳其，有 Mozaik Past（一种在当地很受欢迎的巧克力面包）。

在北爱尔兰，根据顾客的需求，将培根三明治从作为早点销售变为全天供应；在法国，推出黄金烘焙纯饮意式浓缩咖啡，以满足女性顾客的清淡口味的需求，使得这种咖啡的销售迅速占据了法国咖啡市场的1/4，这被时任星巴克法国区总经理的罗布·内勒视为"重大突破"。

在英国和爱尔兰，为顾客特别提供添加双份意式浓缩咖啡的中杯拿铁，但无须支付额外的费用，这使得星巴克的拿铁和卡布奇诺在英国的销量大增。据伦敦《每日电讯报》在头版中介绍，即使是在顾客"囊中羞涩"的"困难时期"，星巴克的拿铁和卡布奇诺在英国的销量仍然增长了9%。

星巴克还会根据地区的不同,采用不一样的价格体系。首先,要看当地消费者对咖啡的偏好程度,主要依据是当地人均咖啡消耗量。偏好程度大的,市场需求就比较大,容易出现供不应求的情况,价格就会维持在一个相对较高的水平。

其次,要看消费者对咖啡豆种类的不同要求。不同的咖啡豆种类导致咖啡成本的不同,直至价格的不同,因而会引起价格的差异。比如,英国人喜欢的"阿拉比卡"咖啡豆要比法国人喜欢的"罗布斯塔"咖啡豆贵得多,故咖啡价格相应比较高。除此之外,当地房租、劳动力工资、物流、竞争对手数量等因素,也会影响到咖啡价格的制定。

因此,星巴克的价格策略不是"一刀切"的,而是根据当地的具体情况而因地制宜,既要符合当地顾客的消费能力,以保证拥有相当规模的顾客流量,又要保持在竞争中处于有利的状态,还要确保具有一定的利润率。

情感营销

在自由派社会评论家娜奥米·克莱恩看来,星巴克所追求的是成为"可以直视你的双眼,并与你息息相通的咖啡店"。这是星巴克情感营销的源泉。知乎上的一篇文章可以说是一个最好的"案例",真实、生动、感人而且满效。

一位2013年第一次接触星巴克,2014年注册了第一张星享卡,2015年4月收到了金卡的小伙子讲述了他在星巴克的一段情感之旅。

作为我和星巴克的故事,与其说是故事,倒不如说是一个个片段串连成的美好回忆。忘记从什么时候开始,这里的每个伙伴都认识我,即使有新人来,几天之后也就熟络了。每次他们看到我往这边走,隔着玻璃门就开始冲我微笑、打招呼。

这是一家繁忙的门店，很多时候只有在点单或者拿饮料时我才能和他们聊两句。有时，某个伙伴会在擦完桌子之后偷偷地塞给我一张伙伴券。我呢，星巴克每次出了新品肯定都会尝一尝，星冰粽和月饼也没落下，逢出必买。有一次，我下了班去到店里，一进去一个"黑围裙"小哥就说："正想给你打电话呢，今天有新品试吃活动。"我说："正好，我还没吃饭。"小哥打趣道："得嘞，吃不饱可不许走！"

后来，我开始习惯把工作带到店里来做。有时候在我对着电脑愁眉不展的时候，会从背后伸过来一个脑袋，冷不丁来一句："哎哟，看着就麻烦，想喝啥？先给你做一杯。"不忙工作的时候，我就拿本闲书坐在店里看，昏昏欲睡时不知道被谁弹了一下后脑勺，转头看时，那个瘦长的身影已经钻进后区了。

刚开春，天气还挺凉，我穿着七分裤，一大早就来到店里。小姐姐看到就说："来得真早，刚几月份你就穿短裤，不冷么？"休了一星期年假回来，正在操作的小姐姐看见我就问："从日本回来了？睡榻榻米了没？"

"没有。"我回答。

"那你白去了。"

这样的事情有太多太多，感觉就像朋友之间的打趣和问候，没有太多刻意，很温馨。

再后来，我因为无法适应日益增加的工作强度，一度要靠药物来辅助睡眠。正因如此，我来星巴克的次数越来越多，似乎只有这儿能带给我一点慰藉，我的杯子上，笑脸和心形图案变得多了起来。

最难熬的日子里，我在朋友圈写下这样一段话："太多人不理解我对星巴克近乎偏执的喜爱，但她一直在用她特有的方式温暖着我的世界。"

科技营销

正如星巴克全球数字营销副总裁亚历克斯·惠勒的介绍："星巴克的数字化旅程真正重要的时刻是在2009年。其标志便是建立了一个网络平台，专门用于新食物的专门推介（新款食物只在这里推出），举办免费糕点日活动。"开通当日，便有100万人走进了星巴克，发放了150万份的免费糕点，这给了星巴克更大的启发："我们已经证明，数字网络参与大大加强了直接销售和付费营销投资的回报。"亚历克斯·惠勒充满信心地说。

在游戏营销方面，星巴克在通过移动设备与顾客进行互动的过程中，鼓励加入游戏理论中的情感动力，增加趣味性和表演效果，给予更多的品牌激励。例如，在星巴克广受欢迎的"忠诚计划"中就已经包含了游戏设置和设计。通过多种奖励级别及一个进程跟踪程序，对那些经常参加星巴克营销活动的顾客进行奖励。同时，在星享卡移动应用程序中，根据进程跟踪程序，当顾客完成一定任务后，就会获得一颗金星作为奖励。

星巴克曾与美国著名流行歌手兼作曲人Lady Gaga合作，设计了一个为期两周共7轮的探宝游戏。在每一轮游戏中，参加游戏的顾客都必须去星巴克门店解码，使用手机二维码扫描，查看星巴克的数字化财产和博客。在游戏期间，当Lady Gaga发行了新专辑时，星巴克数字网站就会为她提供唯一的访问入口，每轮游戏的胜利者都会收到来自星巴克和Lady Gaga的奖励。

星巴克中国曾经与一家数据服务公司合作，通过户外广告牌、社会化媒体及定位服务（LBS）的结合演绎了一场圣诞促销活动，即顾客来到星巴克后会通过手机收到一个虚拟徽章，当发出的徽章数达到3万枚时，上海来福士广场上一个巨大的电子广告牌就会亮起来，上面写满圣诞祝福语。在星巴克的活动网页上,一棵圣诞树同时被点亮,参加活动的顾客都会免费获得饮品的升级。

这项活动通过科技手段将西方的圣诞文化与中国的家庭文化很好地结合在了一起,让许多顾客的朋友和亲人一起走进星巴克签到,共同为自己的社区点亮虚拟圣诞树。正如星巴克国际市场部经理冯宝(音译)所强调的:"在中国,我们实体店的'忠诚计划'活动的重点就是强调和朋友及家人分享体验,很少因个人单独购买而给予奖励。"

伴随AR(增强现实)技术的发展,星巴克开始尝试将这种技术应用到营销场景中,这种探索并不局限产品载体和单一效果。

早在2011年的圣诞节,星巴克的AR App就上线了。当顾客使用App扫描后,在包括圣诞主题杯在内的47款商品上就可以出现5个AR效果。在2012年七夕当天,星巴克使用该App推出情人节AR互动体验,扫描杯子后会有爱心飘落的粒子效果,给顾客带来了一种新奇的体验。

到了2016年,星巴克借助阿里巴巴的一款AR游戏"捉猫猫"开展营销,顾客扫描星巴克线下体验店的海报等标识,可以领取星巴克的红包券,这是基于"智慧门店"的最初的合作尝试。就在这一年,星巴克还尝试进行移动端实时AR特效营销,包括杯子识别、人脸特效等形式。到了2017年,星巴克的"智慧门店"实现升级。例如,在上海烘焙工坊设有15个识别点,顾客在店内使用AR技术扫描识别点后,就可以观看咖啡的制作过程,获得线上线下的无缝数字化体验。

从"智慧门店"到"智慧饮品",星巴克的AR营销一直在持续。2019年中国台湾星巴克在推出樱花季主题系列饮品、美食及杯子时,就将AR特效互动融入其中。在店内扫描海报上的二维码,即可开启AR识别功能,然后生成虚拟的AR樱花树以及樱花飘落的景致,将产品与景色融为一体,为顾客提供双重的别致体验。随后,星巴克又联动Instagram推出限量版假日杯,通过AR滤镜"Holiday"扫描限量杯体,即可体验

AR特效。

综上所述，星巴克无论是在与头部广告平台（如淘宝、视频图片社区〈Ins〉、社交相机〈Snap〉等）的合作上，还是在各类产品载体（淘宝电子商务、视频图片社区、社交相机）的表现上，以及在丰富的AR玩法上（杯子识别特效、AR滤镜、人脸特效），始终紧跟技术发展的步伐，应用最新技术与方法，将AR营销演绎得丰富多彩。

虽然前面所介绍的这些营销案例对于星巴克来说肯定是挂一漏万，我们也只能管中窥豹；但是，通过对上述星巴克十大营销策略的赏析，我们依然能充分感受到星巴克的营销魅力与价值所在。

首先，是以其品牌价值观作为底层逻辑的根源和顶层设计的原则。正如我们前文所提及的"感染力和功能性"双轮驱动。星巴克的营销不止于单纯的营销场面，而是追求抵达人心的价值共鸣；不是通过过度包装与花哨炒作来制造所谓的爆款"复制机"，只能让顾客用完即走，而是通过持续沉淀下来的以价值观共鸣为前提所形成的营销共振，最终实现社会效益与经济效益的"双丰收"。

此外，还有一点非常重要，就是星巴克的营销策略基本上都是以传播与营销的一体化为路径的。按照品牌系统性建设的逻辑，传播是解决品牌的认知转化问题的，而营销是解决品牌的市场转化问题的，二者之间又是互相衔接和促进的。只有完成了从品牌知名度到品牌信任度的认知转化，才能实现从品牌美誉度到品牌忠诚度的市场转化。

我们可以看到，星巴克的经营活动都是将传播与营销共同设置在一个场景之下，使得营销本身就带有极强的社交性和话题性，因此也就让营销具备了非同一般的传播力和影响力；在进行营销策划时，星巴克总是有意识地将产品巧妙地植入话题之中，使其成为话题中的一个角色，或是传播中的一个环节。藉此，积极有效地推动消费者形成产品体验或购买行为，避免消费者在转念之间将消费欲望化于无形。

如此，就像国家广告研究院与中国传媒大学广告学院联合发布的《2018新营销白皮书：营销一体化变革与趋势探索》报告中所指出的，传播和销售越来越同步进行、相互促进，呈现出"传播销售化、销售传播化"的特征。

有意思的是，据《星巴克：关于咖啡、商业和文化的传奇》一书中的介绍，前文提及的"星巴克闲话"的站长吉姆·罗蒙斯克曾"在某个难得的诚实时刻"听到星巴克的一名员工这样说："我们得想方设法把所有东西都卖给你。"对此，该书的作者泰勒·克拉克认为："星巴克的确具有令人难以置信的能力，可以让顾客将身上的每一分钱都'掏'出来。"

在我们看来，这位星巴克员工所言乃在情理之中，无可厚非，毕竟在商言商，而商业的本质就是实现交易最大化。对于泰勒·克拉克先生所言，后一句也许有些"夸大其词"，但对于前半句，的确是毋庸置疑的事实。正如他在书中说到的："仅有舒适的座椅和有关意式浓缩咖啡浪漫情怀的宣传语是不足以让星巴克无处不在的，是极具吸引力的设计和出色的营销在其中发挥着重要的作用。"

对于星巴克的营销能力，霍华德·舒尔茨谦逊地说："我们没有什么秘密武器，大家都能做到。"问题似乎又没那么简单，正如那位年仅45岁就成为美国通用电气历史上最年轻的董事长和CEO的杰克·韦尔奇的那句名言："你们知道了，而我做到了。"

由此我们要说的是，知道了还得做到了；也许是做到了，但未必是做好了，也未必是一直做下去了。这就是问题的根本所在。

第十六章

欲休还说星巴克

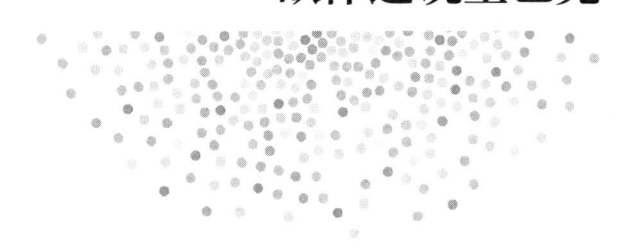

亲情伟力星巴克

毋庸置疑，一个企业往往会深深地烙刻上创始人或是领导者的个人烙印，因此老板文化在很大程度上就代表了企业的文化。那么，人们身上的"烙印"又是源于何处呢？无疑，一个是先天的性格，就是我们常说的"性格决定命运"；另一个是后天的家庭环境，正所谓"家庭是孩子的第一个课堂"。性格决定了人们看待事物的心理感应，左右着人们对事物的判断和选择；而家庭则为孩子奠定了人格的基调和价值观的导向。

对于霍华德·舒尔茨和他的星巴克，也是如此！

家庭和亲情对霍华德·舒尔茨的影响，从一开始就是刻骨铭心的，以至于无论是在《将心注入》《一路向前》，还是在《从头开始》中，霍华德·舒尔茨都以他的家庭和身世作为开篇与铺垫，并始终将其贯穿于内文中，夹叙夹议，作为重要的星巴克起缘与背景。

在《将心注入》一书的第一章开篇霍华德·舒尔茨就这样写道："那是1961年寒冷的1月，我父亲在工作时跌断了脚踝的骨头。"

父亲：给予霍华德·舒尔茨最初的动力

可以说，对于霍华德·舒尔茨来说，来自父亲的"动力"更多的是"反作用力"。为什么这样说呢？这是因为，在霍华德·舒尔茨的整个少儿时期，父亲都代表着无能、失败、暴躁和消沉——连高中都没毕业，干的全是"蓝领"的差事，一年从没赚到过2万美元，没有属于自己的房子。"住在政府提供的廉租公寓里，当我长大成一个青涩的少年时，我才明白，这是自己背负的一种耻辱。"霍华德·舒尔茨在自己的书中写道。

年少时的霍华德·舒尔茨将这种"耻辱"归罪于那个脚上裹着石膏，

歪在沙发上，不能出去工作，不能挣钱，被抛入社会底层的父亲。在《将心注入》一书里，他还这样写道："（这种形象）一直萦绕在我的脑海里。"正因如此，才使得他在成年之后时常与父亲发生冲突，为父亲的落魄潦倒和不负责任而深感痛苦，这种痛苦一直延续到父亲去世的那一天。

我站在父亲的病床前（60岁就患上了肺癌），悲伤与怨恨此起彼伏，这两种冲突的情绪，让我一时语塞……

我将手覆在他的手上，回忆起小学时跟他一起打棒球、扔橄榄球的情形，可痛苦的场景仍然不断掺杂进去……

父亲去世了，随着他的离去，我们俩修复关系的希望也就此破灭。

正是因为有这样一个一无是处的父亲，处在这样一个困顿不堪的家庭，才让霍华德·舒尔茨早早地就投入生存之战中。"作为三个孩子中的老大，我必须快快长大。"他这样告诉自己。他很小就开始挣钱：12岁时，干过骑车送报的差事；后来还在本地的餐馆打过工；16岁时，放学后就要到曼哈顿区的成衣区去拉拽动物的皮（这份可怕的工作使他的拇指留下了厚厚的老茧），在编织工厂里用蒸汽处理过纱线，还在一家运动鞋商店里度过了一个炎热而难熬的夏天……

尽管如此，他也总是将收入的一部分交给母亲。并不是出于母亲的要求，而是因为"我感到父母真是太艰难了"。尽管如此，他依然对弟弟和妹妹关爱有加，让自己成为他们在贫困生活中的一个守护者和安慰者，他说："这是我的父母所不能给予他们的。"也正因如此，才让他在还是一个孩子的时候就默默下定了决心：倘若我有出头的一天，我一定不让别人沦落到这种地步。"尽管我不知道自己最终会做什么，但我知道自己必须离开父母终日生活的那种环境。"他无数次对自己说。

在这种生活环境中，有一件事情曾让霍华德·舒尔茨痛苦不堪，以至于刻骨铭心，那就是家里所背负的无穷无尽的债务。最让他无法忍受的是，每当家里的电话铃声响起，母亲总是指使他去接听，因而他不得不一次次地撒谎搪塞电话另一端的讨债人，以帮助父母躲避讨债者，延缓还债时间。

这就是来自父亲和家庭的最初的"反作用力"，让霍华德·舒尔茨"萌发了积极拼搏的心态"，拥有了"一路向前"的志向与动力，锤炼了他坚忍的品格，构筑起坚持立足自我同时又不断挑战自我的精神，从此奠定了未来的星巴克"每一杯，每一人，每个社区"和"激发和孕育人文精神"这些核心价值观的根基，树立了"为员工和顾客创造归属感，为他们带来快乐体验和人生幸福"这样的初心与使命。

霍华德·舒尔茨在中学时曾在一家餐馆打工，尽管经常要面对一些总是出言不逊，对他吆来喝去的粗鲁顾客，但他依然尽自己最大的努力跑来跑去地讨他们欢心，以换取少得可怜的小费。那时，他就对自己说："如果我以后有钱能到这样的地方来度假，我要做一个大方的付小费者，我要做一个慷慨的人。"

如果说，后来的星巴克让每一位员工都拥有获得公司股票的权利，为每一位员工提供健康保险算是一种"小费"的话，那么霍华德·舒尔茨实现了自己曾经的期许——做一个慷慨的人。

他在《将心注入》一书中写道："奠定星巴克的许多价值观都可追溯到纽约布鲁克林那间拥挤的公寓房子里。"他甚至在《一路向前》一书里特别强调："我父亲一生的悲剧激励了年轻的我去追寻自己的梦想。"

除了信念之外，还有理念。正是因为以前举债度日的不堪经历，加之星巴克在新老更替阶段所发生的问题，让霍华德·舒尔茨始终坚持一个理念：绝不为公司经营而举债。因此，他不会为了换取全权掌控大局的感觉而向银行借钱。他坚信，维持掌控力的最好方式是以经营绩效来取悦各大股东，而自己的份额哪怕在50%以下也没关系。

"我没有从银行贷款,而是找人向我投资。有了投资人,我的股权就被稀释了,但这是拒绝身背债务的代价。"因为在他看来,选择以入股或卖股票的方式为星巴克筹措资金要比背上沉重的债务有利得多,大肆举债一定会限制公司的未来发展和创新的可能性。

正如他在《将心注入》一书中所强调的:"这两个策略在星巴克后面的成功中成为至关重要的因素。"

在《从头开始》一书中有这样一段内容,我们摘录于此,作为有关"父亲"这部分内容的注脚。

在得知父亲罹患肺癌之后,霍华德·舒尔茨急忙来到医院。他明显地意识到此时的母亲"很害怕",越来越依赖他,况且,在父亲最后几个月的痛苦时间里,他也有责任照料他;但是,他已经向星巴克老板保证了到岗的时间,加之自己的孩子也要出生了,还要为父母还房贷,买医疗保险……因此,他不能不去工作。

这一切,似乎都已在父母的眼中、心中,"去西雅图吧,你和雪莉在那边要开始新的生活。"父亲平静地说道。母亲也急忙附和:"你一定要去。"那一刻,霍华德·舒尔茨清楚地看到,母亲的脸通红而肿胀。

这就是父亲,这就是母亲。"父亲放我远飞,我得以奋发有为。不只是母亲,我的父母都希望儿子能过上好日子。"霍华德·舒尔茨后来写道。

过了很长的一段时间,"上帝"派来了一个"使者"——曾经是霍华德·舒尔茨的老邻居、"发小"的比利,他用一句话"点醒"了霍华德·舒尔茨:"要是你爸爸是个成功人士,或许你就不会有那么大的成果了。"

对此,霍华德·舒尔茨也坦承:"他的确影响了我的志向。"他在《从头开始》一书中写道:"童年的不幸经历,令我对当时困扰父母的贫困心怀恐惧。那些负面的情绪萌发了我积极拼搏的心态。在我这一辈子里，我一直给人提供机会，给他们我当初需要的东西，让他们发掘出全部的潜力，借此走出阴影。不论是出身贫困还是自力更生，或者二者兼有，我们都应该获得从黑暗走入光明的机遇。"

正如他在《将心注入》一书中所言："什么样的失败的可能性能够吓倒一个在廉租公寓里长大的孩子呢？"

犹太人有一个传统，在亲人去世的周年纪念日前夕，家属会点亮一支蜡烛，并让它持续燃烧24小时。霍华德·舒尔茨说，他每年都会点亮这支蜡烛，为了他的父亲。

他还说："我只是不想让蜡烛熄灭。"

母亲：给予霍华德·舒尔茨极大的信心

与父亲相反，母亲给予霍华德·舒尔茨的却始终是正能量。母亲，给予霍华德·舒尔茨极大的信心。

在《将心注入》一书中，霍华德·舒尔茨是这样介绍他的母亲的："她是个聪明、有见识、做事有条理的人，只是有点武断（具备前面三条优点的人往往都会有后面的"缺点"），她的为人处世方式给了我极大的信心，她一直是我的榜样。"

这"极大的信心"首先是来自不同一般的认知。"在20世纪50年代到60年代初，美国梦充满生机，我们所有人都认为自己有资格从中分一杯羹。我的母亲反复向我们灌输这种理想。"为此，霍华德·舒尔茨的母亲总是给儿子举出很多实例，就是为了印证这样一个道理：既然这些名人能成就一番事业，只要你尽心尽力做好一件事，也一定会取得成功。她终于让自己的儿子"相信了这件事"。"是她在我的脑海里烙下这样的信念：在美国，一切皆有可能。一个廉租房里长大的孩子也能出人头地。"这无疑在霍华德·舒尔茨幼小的心灵里点燃了一簇希望的火种。

这"极大的信心"是来自鼓励。"她鼓励我挑战自己,要敢于把自己放在具有挑战性的位置上,从而学会克服困难。"尽管霍华德·舒尔茨的母亲自己并不以此为生活准则,但她希望孩子们能够成功。尽管她自己连高中都没有毕业,但她深信大学学位能使孩子们更有见识,更富足,更幸福。因此,她一直在鼓励霍华德·舒尔茨,要"成为家族里第一个拿到大学文凭的人"。霍华德·舒尔茨说:"她最大的理想是让她的三个孩子都能受到大学教育"。

这"极大的信心"是来自她对平等的渴望与坚信。霍华德·舒尔茨永远不会忘记,在7岁那年他被母亲带领着,走了"似乎有几百个街区那么遥远"的路途,去聆听一个"充满魅力而自信"的声音:"我是约翰·肯尼迪。我不是说人人才智平等,我要说的是,每个人都应该有机会平等地施展才智。这是我们仅有的目标,也是每一个美国人仅有的要求。"

霍华德·舒尔茨还记得,她的母亲伸长了脖子,微笑着(这在霍华德·舒尔茨的印象中"并不常见")。"那天她热情洋溢。随着约翰·肯尼迪的每一个字,母亲都会紧握一下我的手。直到演讲结束,母亲才松开我的手,因为她要为给自己信念的人鼓掌。"霍华德·舒尔茨后来写道。

这"极大的信心"是来自母亲在她人生的最后阶段让霍华德·舒尔茨明白的一个道理:无能为力是改变的开始。面对家庭的困顿以及丈夫给家庭带来的影响,在无能为力中,她始终尽全力保持着家庭的稳定和希望。

她把家里拾掇得干干净净、整整齐齐;她总是让孩子们保持安静,以免激怒沉睡的父亲;她做得一手好饭,每天为孩子们装好午餐。她还特别给霍华德·舒尔茨做三明治(经常在午饭时间将做好的三明治从窗户直接扔下楼给霍华德·舒尔茨)好让她的儿子能在学校操场上争分夺秒,生龙活虎。

她让孩子们面向未来。小学时,她常在放学后跟霍华德·舒尔茨手牵手去一个移动的图书馆——"车轮上的图书馆",里面有满满的书架。在那里,她为儿子办了人生中第一张图书证。"为我打开五彩世界的大门。"对此,霍华德·舒尔茨充满了感激与感慨。

然而,当母亲罹患抑郁症躺在担架上,被救护车送去医院时,尽管当时的霍华德·舒尔茨还是一个孩子,但他也感到了"皮肤如针刺一般"的痛苦,以及内心的无助和愧疚。特别是在母亲出院后,父母从未对他提及母亲的病况,霍华德·舒尔茨的感受是:"这令我的愧疚感越发深刻。"这种愧疚是一种对"无能为力"的愧疚,也恰恰是这份愧疚成为霍华德·舒尔茨的人生发生改变的开始。

在此后的人生经历和职业生涯中,霍华德·舒尔茨一直在寻找那种世人皆有的"挺身而出保护所爱之物、救助所爱之人"的力量,并努力让这种力量"在别人的人生中产生有意义的影响"。这种信念的形成源于一个人对他的影响。这个人就是他儿时的好友迈克尔·纳德尔——一个被义父母领养的、很多人都不待见的混血儿。

两个人之所以成为好朋友,一是因为他们都喜欢运动,二是能够互相帮助。每次霍华德·舒尔茨及其伙伴跟其他孩子发生冲突时,迈克尔·纳德尔就是他们的保护神。每当迈克尔·纳德尔因闯祸而有家难归时,也都是霍华德·舒尔茨将他带到自己的家里过夜。"迈克尔是我们的后盾,我们也是他的后盾,"霍华德·舒尔茨说,"每次想起迈克尔,我总是带着深情。"

每当这个时候,即使是非常不喜欢儿子将朋友带到家里的父亲也不会将迈克尔·纳德尔拒之门外。他们更看重他的人品,而非他的出身。"他们一直教育我,要接受肤色和宗教信仰不同的人。"这一切不仅很早就为霍华德·舒尔茨奠定了种族平等的观念,也夯实了他在大是大非当前挺身而出的信念和勇气。

"电梯里的人,不论其祖籍何处,将来在何处,都应该和睦相处,任何种族的孩子都应受到家庭的欢迎。"霍华德·舒尔茨后来说道,"从小到大,(我的)这个信念从未动摇,哪怕现实与之相悖。"

"机会平等,皆有可能。"这份源于母亲而最终烙刻在霍华德·舒尔茨脑海里的、令他坚信"绝非虚言"的信念,在此后的岁月里,已然转化为一种"本能",让霍华德·舒尔茨在令他"爱之如家"的星巴克大家庭中,将这种信念和本能诠释和展现得淋漓尽致。

在霍华德·舒尔茨的人生中,母亲没能来参加他的大学毕业典礼无疑是他最大的遗憾。"真是太可惜了!""我的大学梦,很大一部分是源自母亲,不是为了她,却是因为她。"霍华德·舒尔茨一再说,"她比任何人都更应该亲眼看看——我今天成了家族里首个拿到大学文凭的人。"

的确,在我们的人生中,有许多事情都是这样:美好,但并不完美。

"只因有你,才有今日的我。"在2017年霍华德·舒尔茨面对亚利桑那州立大学的应届毕业生时,他让这些即将走向社会的大学生记住:"今天之所以能在这里,是因为某个人。或是父母,或是兄弟姐妹,或是老师,或是邻居,或是师父,是因为他们相信我们,就像我的母亲相信我一样。"

在母亲生前最后的一段时间里,时而清醒、时而糊涂的她总是在跟霍华德·舒尔茨说着一句话:"我已经尽力了。"对此,她的儿子直到她的葬礼时才发自心底地认同:"在那一刻,我明白他们已经尽力了。"

在母亲的葬礼上,霍华德·舒尔茨对着已经离他而去的父亲和母亲连声说:"对不起,非常对不起,我误解了你们。""我多么希望这些话能在他们生前就说出口。""随着每一锹土落坑的沉闷声,我的失望渐渐消失,心里渐渐装满懊悔与悲伤。"霍华德·舒尔茨后来在书中沉痛地写道。

其实,对于我们大多数人来说,又何尝不是如此。

妻子：给予霍华德·舒尔茨非凡的勇气

如果说，曾经来自他母亲的一句话，对于霍华德·舒尔茨，乃至对于星巴克，起到了决定性的作用的话，那么来自妻子雪莉的一句话同样关乎到上述两者之后的命运。

就是在父亲刚刚诊断出肺癌，而霍华德·舒尔茨也刚刚决定入职星巴克，并已经准备启程前往西雅图的重要时刻，是父亲和母亲并没有请求或执意让他留下来（"如果是那样的话，我会听从他们的话。"霍华德·舒尔茨语），而是祝他在西雅图的事业顺利——"父亲放我远飞，我得以奋发有为"，不然的话，就不可能有后面的星巴克与那位咖啡"教主"。

也是在一个特殊的时刻，霍华德·舒尔茨的妻子雪莉离生产仅有一个月的时间，也正是在那段时间里，霍华德·舒尔茨因痴迷于意式咖啡吧的梦想，从星巴克离职去创建自己的公司。一方面，自己在新的公司里还领不到薪水，只凭雪莉一个人的收入来养家；另一方面，在募集到种子资金后，后续融资便陷入困境，公司前途未卜。

终于有一天，雪莉的父亲在一次与霍华德·舒尔茨的散步中，忍不住道出了自己的担心和叮嘱："孩子，我们要面对现实。你得找份工作了，你得养家。"听了岳父的话，霍华德·舒尔茨的心中真可谓是五味杂陈。亲耳听到亲人说出了他们内心的恐惧——面对家庭的困难却不能尽自己的责任，这"简直令我崩溃"；而眼睁睁地看着自己心中的一个"明亮美丽"的泡泡"啪"的一声破了，又让他心有不甘。那一刻，霍华德·舒尔茨竟然忍不住哭了起来。

在当天很晚的时候，霍华德·舒尔茨将岳父与他的谈话转述给了雪莉，并且做好了"如果她也让我停止，让我去工作，甚至是重回星巴克，我也会同意"的心理准备。

霍华德·舒尔茨最终从妻子的口中听到的回答是："我们绝不能半途

而废！"斩钉截铁，掷地有声。

一个月后，霍华德·舒尔茨的儿子乔迪出生了，这同样预示着那个即将"涅槃"的星巴克也从此迎来了新生。此后，雪莉便成为霍华德·舒尔茨的星巴克事业的坚定不移的支持者。在获得成功的时候与他分享，在遇到挫折的时候给他以力量，在他痛苦时候给他以抚慰……

当霍华德·舒尔茨被星巴克"完全迷住"的那一刻，他迫不及待地给雪莉打电话："我在上帝的国度。我明白我应该在哪里生活了。"对于这份着迷，特别是面对亲人和朋友的不理解甚至是反对，霍华德·舒尔茨从未婚妻雪莉那里得到的感受却是"雪莉喜欢我的这个想法"。

因此，当霍华德·舒尔茨与星巴克原先的合伙人畅谈自己的愿景，进而认为"看起来他们被我的想法打动了……我身上的年轻人的热情和精力深深地吸引了他们"的时候，他在回旅馆的路上就迫不及待地打电话"叫醒"了雪莉，难掩兴奋地对她说："真是太妙了，我想一切都步入正轨了。"当他获知一切都是他自己的"误判"，而被那位合伙人拒绝时，他又将自己绝望的情绪全都倒给了雪莉……

对于这一切，雪莉都坦然接受，包括要离开纽约这个室内设计的世界中心。"当然，我们俩都明白，搬到西雅图对雪莉的职业来说是一种牺牲"，包括后面花费了整整一年的时间才完全适应了西雅图的新生活，她也无怨无悔，因为"她很了解冒险和追随梦想的价值"，而这，对于舍近求远和舍稳求变中的霍华德·舒尔茨是何等的重要啊！正如霍华德·舒尔茨后来一再强调的："这种持续的鼓励对于我一直至关重要。"

从霍华德·舒尔茨下面的一段话中，我们可以充分感受到雪莉，这个普普通通的女人心中的见识与格局。

"在她的意识深处，却一直有个想法，想着某一天要搬出纽约，因为，要让自己的孩子在不同的环境中成长。"即使是这样，也"很少有女人会情愿放弃光明的职业前景，只因为丈夫想去3000英里之外的一家小公司里工作，就搬到一个完全陌生的城市去，但她似乎没有犹豫，百分之百地支持我，一如既往。"

"我每天晚上都给雪莉打电话，告诉她我的所见所思。"正如霍华德·舒尔茨在书中介绍最初的那段"令他心驰神往、激动不已的意大利之行"的末尾写下的这段话一样，雪莉始终是丈夫事业的分享者、见证者、推动者，乃至激励者。

到后来，在霍华德·舒尔茨为"是否应离开星巴克去创建自己的公司"而犹豫不决时，雪莉也同样成为他下定决心的推动力之一："在我与斯考特和雪莉的不断交谈中，我越来越意识到我该做什么事了。"为此，雪莉愿意在生完孩子后就立刻返回工作岗位，以一己之力来支撑这个家庭，来给自己的丈夫以最大的支持。

我们可以从霍华德·舒尔茨后来在书中所写下的这段话中感受到这一切的重要性。"这就是我在1985年做的事，如果我不这么做，星巴克就不会有今天的样子。"实际上，还远不止于此，如果没有雪莉自始至终的理解和支持，星巴克同样不会成为今天的样子。

霍华德·舒尔茨从妻子那里得到的是一种怎样的理解和支持呢？他告诉我们："在'天天'时，我唯一可以倾诉的人是雪莉，我回到家经常是身心俱疲，所以当时的自己一定是很难相处的；但是，雪莉已知道我需要的是什么，也明白应该为我减轻压力。那段时间的许多事情都证明了雪莉在这方面的忍耐和智慧。"

这仅仅是一个开始，随着星巴克的快速发展，霍华德·舒尔茨的生活节奏也变得紧张起来。"有时，我的脑袋都要裂开了。"尽管他总会设法为家人安排出时间来，但是"在追求公司目标的同时不影响家庭生活是一桩难事"。的确，对于一个追求事业的人来说，"平衡工作和生活永远不可能是一件容易的事"。

以1994年6月的那次度假为例。那是霍华德·舒尔茨与家人十年来的第一次度假。在这之前"雪莉只得忍受我一次又一次地延宕和取消假期",而这一次,是在霍华德·舒尔茨"终于确信星巴克已经进入良好的运行状态"后才决定"放心地离开两个星期"。到了海边,"雪莉微笑着收拾东西,嘴里还哼着歌儿"。看到这些,霍华德·舒尔茨坦承:"这些年里,这是我见到的她最幸福的样子。"

然而,假期刚过了三天,巴西霜灾的消息便不期而至。霍华德·舒尔茨马上意识到了事情的严重性。"是星巴克历史上最糟糕的危急时刻。"他后来在书中写道。那一刻,霍华德·舒尔茨就知道自己的假期结束了,他必须尽快搭乘下一班飞机赶回西雅图。在呆呆地站了几秒钟后,他不得不对雪莉说:"我得回西雅图去。"

那一刻,他看见了雪莉关切之中强忍失望的痛苦神色。

好在,雪莉是一位好妻子。"雪莉能理解公司发展给我带来的压力,在我精神状态很糟糕的那段时间里,她依然尽力维持家庭的和谐。我不能想象,没有雪莉这样内心坚强,给我安全感的妻子,我怎么可能建立起星巴克,怎么可能在处理压力和冲突的同时,仍然能够保持良好的状态。"

更为难能可贵的是,我们在任何资料中都没有看到雪莉介入过公司经营;在霍华德·舒尔茨决定牺牲自身利益而为员工提供超常福利时,她也没有横加阻拦;就是在星巴克门店设计方面,她也没有凭借自身"老板娘+专业人士"的身份而指手画脚。她始终是霍华德·舒尔茨近旁的一株"木棉","作为树的形象"和他站在一起。"根,紧握在地下;叶,相触在云里。每一阵风过,他们都互相致意……"

除了霍华德·舒尔茨眼中的忍耐和智慧,雪莉的内心深处还藏有一份真正的善良。

雪莉很早就积极参加社区里的志愿者活动,在西雅图的街头做一名志愿者,与那些辍学、无家可归、无人看护或流浪街头的孩子并肩坐在马路边，认真聆听他们的话，为他们提供帮助，寻找出路，还成为"关爱青少年"非营利性组织的积极分子。

1996年，霍华德·舒尔茨与雪莉共同创立了一个家族基金，以强化他们的慈善义举，而雪莉始终是这个基金会的负责人和主心骨。除了直接捐款以外，她还经常深入街头巷尾，脚踏实地帮助那些处在困境中的孩子。

在2013年，雪莉与星巴克及其他公益组织共同发起一项名为"咖啡师培训及高中教育项目"的公益活动，向参与者提供到星巴克门店实习的机会，让他们拥有可以胜任任何一家咖啡馆的工作的能力。后来，该项目的发展已经超出了他们夫妻的能力，但他们始终没有放弃。

"雪莉怀里抱着一个婴儿轻晃着，流下泪来。"霍华德·舒尔茨目睹了妻子对那些因母亲吸毒而染上毒瘾的孩子们的怜爱。于是在2014年10月，"莉莉的家"开始创办，共有几百名婴儿在这里接受过为期两周到四周的戒断治疗。

后来，他们又一起关注退伍军人的生存问题，以基金会的名义投入3000万美元，用来解决退伍军人及其家人所面临的诸多问题。2015年，他们实施"100 000机遇方案"，致力于培训、招聘和留用"机会青年"。在一次由该项目举办的招聘会的现场，他们目睹了一个男孩跑到一个坐轮椅的老妇人（男孩的祖母）身前，高声地说道："我有工作了！"他的祖母喜极而泣，两人激动地拥抱在一起的情境。

因此，霍华德·舒尔茨在《从头开始》一书的扉页写下了这样一段话："谨以此书献给我的妻子雪莉，她教会了我何为'带着同情和爱心去生活'。"

儿女：给予霍华德·舒尔茨无限的"光明"

霍华德·舒尔茨曾说："我的'光明'是几十年来帮助我事业起步、

帮助我拯救事业、帮助我事业转型的陌生人和伙伴，重中之重是我的家人：妻子雪莉、儿子乔迪和女儿艾迪森。"

家庭和妻儿，在霍华德·舒尔茨的心中是不可或缺，也是无法替代的，是他"无比珍视的"。他总是尽力为家庭倾注温馨，同时也从家庭中获得慰藉，乃至智慧和力量。

正如他所说的："我尽量不出差，只要不出差，我们总是尽可能和家人一起在家里吃晚饭。虽然我们吃饭的时间总是要比一般的家庭迟一些，但孩子们都盼着这个时间。"这在全家人的心中是"神圣而不可侵犯的"。

他和儿子乔迪经常坐在一起聊天，开玩笑，一起看电影，一起度假，他还亲手教儿子驾驶，他们共同度过了一个又一个家庭的平凡时刻。养狗和打棒球是他们共同的爱好，成为父子情深的纽带。从儿子还不会走路的时候，霍华德·舒尔茨就经常带着他去看比赛，和儿子一起在球场里欢呼、呐喊、挥手。当儿子长大后也登场比赛时，霍华德·舒尔茨便开始陶醉于儿子天生的运动热情以及竞技的欢乐中。再到儿子成为一名体育记者时，他又从读儿子的报道、听儿子的播报中获得"无尽的骄傲和快乐"。

与女儿艾迪森，霍华德·舒尔茨说，他们曾经养成一种习惯，就是一起坐在他们家附近的星巴克门店外的长凳上聊天。一方面，父亲利用这段宝贵的时光给女儿传授一些人生智慧，女儿则"带给我快乐，教会我耐心以及何为潜移默化，鼓励我对人性更加宽容"。对此，霍华德·舒尔茨说："在雪莉和艾迪森的帮助下，我洞悉了自己内心的不安，急躁的情绪得以缓解，注意力也更为集中。"

"时至今日，我仍能从她身上学到很多。"霍华德·舒尔茨由衷地说。

在父亲的眼里，艾迪森是一个始终将尊重别人放在首位、坚强而又富有同情心的孩子。在上中学时，艾迪森就在食物赈济处和收容所当志愿者，在资金和人手短缺的小学当社工，为一些特殊群体的年轻人提供咨询服务；读研究生时还在一家旨在消除贫困的罗宾汉基金会工作……

这些离不开霍华德·舒尔茨与雪莉对儿女的正确教育与以身作则，特别是对于生长在富有家庭中的他们，如何对待财富，如何对待他人，则显得更为重要。他们经常向孩子讲述优越的经济条件所伴随的责任，强调融入社区的重要性；让他们理解家境较差的人所面临的困难，理解"与人为善"是做人的基本要求；鼓励他们根据爱好去选择学业和事业，通过自己的勤奋、事业和家庭获得满足感。

阅读霍华德·舒尔茨关于星巴克和他自己的书籍发现，许多重要章节都是以霍华德·舒尔茨与家庭或是亲人的经历作为开始和铺垫，作为缘起与根源。这似乎在告诉读者，他们才是星巴克的"缘于"和"源于"，包括志向与品格、信念与力量，甚至是一切的坚守与放弃，一切的成功与挫折……

体育缘深星巴克

如果说，除了咖啡和星巴克，还有哪些东西与霍华德·舒尔茨有着千丝万缕的关系，贯穿了他迄今为止的整个人生历程的话，那么，体育和运动无疑是其中不得不说的重要组成部分。这是因为，体育改变了他的命运，塑造了他的人格，赋予了他智慧和力量，甚至是运气和教训……

在《将心注入》一书中，霍华德·舒尔茨对布鲁克林道奇棒球队的总经理布兰奇·里基的一个观点表示了极大的认同："好运气只眷顾有规划的人。"对于霍华德·舒尔茨来说，好运气还特别眷顾"爱体育"的人。

第十六章　第四篇
欲休还说星巴克　启迪与参鉴

联结亲情，释放自己，共享快乐的源泉和纽带

对于亲人，霍华德·舒尔茨始终认为，母亲对他的成长有着巨大的影响，而父亲在他看来是一个悲剧人物。霍华德·舒尔茨对父亲的记忆更多是停留在诸如"暴躁""暴怒""暴打"这样的不堪回首的词语里。直到父亲弥留之际，霍华德·舒尔茨似乎才对父亲有了更为深刻的理解。就是这样的一个父亲，却传递给他一个重要的"基因"——热爱体育（霍华德·舒尔茨的弟弟后来成为一名名副其实的运动员）。

按照霍华德·舒尔茨的回忆，即使是在父亲为了"让家里的餐桌上能有食物"而要兼做三份工作的时候，也经常会在难得的周末休息时间里和孩子一起打球，因为他本身就是一个球迷。他非常喜欢从20世纪初开始就连续拿下三连冠、四连冠，在1949年至1953年之间更是拿下了前所未有的五连冠的洋基队（后来，道奇队离开纽约去了洛杉矶时令霍华德·舒尔茨的父亲伤透了心，以至于他表示，永远也不会原谅他们）。

在星巴克的发展迈上快车道以后，对于霍华德·舒尔茨来说，平衡工作和生活成为一件不太容易的事；但是，他总会设法为家人安排出时间，特别是尽可能和家人在一起吃晚饭，在他看来，这个时间是"神圣而不可侵犯的"。对于孩子，他们还有一段美好的共同时光，那就是一起看比赛。

在大儿子乔迪还不会走路时，霍华德·舒尔茨就常带他去看比赛，更多时候还是去西雅图国王球场看棒球比赛。乔迪继承了父亲热爱体育的基因，很小的时候就有了自己的偶像——西雅图水手队的外场手小肯恩·格里菲。在霍华德·舒尔茨看来，棒球已经成为父子情深的重要组成部分。

尽管乔迪在性格上与父亲不同，喜欢回家，喜欢带朋友到家里来玩，但乔迪从能拿起球棒、扔出球时起，就开始参加团队运动了，后来还成

为小联盟球队的队员，再后来就成了一名名副其实的狂热体育迷。霍华德·舒尔茨不仅特意在这个球队当了两年的跑垒指导，还和妻子雪莉尽可能地挤出时间去看儿子的比赛。他们有时是坐在日光灯下的学校体育馆的看台上，有时是在潮湿的天气里裹着雨衣坐在露天看台上，陶醉于乔迪天生的运动热情以及竞技的欢乐之中。

乔迪和他祖父一样，喜欢收集数据和钻研，喜欢观察和分析战术。他在大学里打了四年的篮球，毕业后当了一名体育记者，将对体育的热情一直延续下去。2018年，他成了ESPN（娱乐与体育电视节目网）的体育数据分析员，还担任了ESPN + The Boardroom节目的通信记者。"他非常热爱自己的工作，而读他的报道，听他的播报，都带给我无尽骄傲和快乐。"霍华德·舒尔茨由衷地说。

最值得一提的是父子二人一同观看的世界职业棒球大赛。那天晚上，霍华德·舒尔茨特意穿了一件红色帽衫，与25岁的儿子乔迪一起站在一垒垒线外，距本垒有一掷的距离。当圣路易斯红雀队的左场手艾伦·克雷格接到来球，让球队获得了队史上第十一个冠军时，那一刻成为"我们父子俩都无法忘记的经历"。直至后来，在《从头开始》一书中，当霍华德·舒尔茨写到那场比赛时还深情地说："到那时为止，我最感慨的是能跟儿子在一起看比赛。"

除此之外，体育让孩子更好地成长。霍华德·舒尔茨曾经带着儿子一起观看电影《篮球梦》，这是一部取材于真人真事的纪录片，表现了主人公不屈不饶地抓住一切获胜机会的决心。通过这部电影，霍华德·舒尔茨希望将那种乐观向上、积极进取的精神传递给下一代。

有一位棒球明星叫"小瑞普肯"，他打破了连续出场的纪录。霍华德·舒尔茨跟儿子一起含着眼泪在电视机前看他发表讲话，让儿子真切地感受，一个人的勤勉、谦和的品性是可以获得人们真诚的回应的。

对于自己，霍华德·舒尔茨每个星期日上午也会尽可能抽出时间去打一场篮球比赛,"来一场快速的、尽情跑动的、酣畅淋漓的比赛"。这在他看来,是"一种很好的释放方式"。因为在这两个半小时的时间里,能够让他"将全部的精神都集中在球上,把一切关于工作的事情都抛开"。

1987年,霍华德·舒尔茨的父亲肺癌恶化,他急忙飞回纽约,在父亲去世的前一晚来到他的病床前。坐在父亲的身边,他将自己的手覆在父亲的手上,脑海里浮现出小时候与父亲一起打棒球、扔橄榄球的画面……

有意思的是,霍华德·舒尔茨与妻子雪莉的相识也离不开体育这根"红线"。在他25岁那年的夏天,"我们几个人在沙滩上踢足球。近处有一群女青年,其中一位吸引了我的目光。她一头波浪金发,笑容灿烂,很漂亮,还很随和,很有幽默感。除此之外,我对她还有别的感觉……"

这就是霍华德·舒尔茨对雪莉最初的感觉,也是从未改变过的感觉。

塑造人格,树立竞争意识,孕育进取精神

运动和体育很早就成了霍华德·舒尔茨的一片广阔天地,这对于少年时的他有着非同一般的意义,因为只有在操场上,他才拥有与众不同的价值和成就。无论是棒球、篮球还是橄榄球,他都学得很快,并努力成为一把好手。

每个星期六和星期日的早上8点,学校的操场上会聚集许多孩子,因为大家都一样的穷困,所以需要树立另一种权威;尤其是在男孩儿之间,需要通过游戏或是体育竞技,甚至是"肉搏"来证明自身的价值。

要想一直拥有上场的资格,就必须要一直获胜。如果你所在的队伍输了,你就会一起被踢出局,沦落为别人的"替补",无聊且自叹无能地站在场外,而这些"都是我不可接受的结果"。"因此,你必须表现出色!因此,我总是抱着非赢不可的心态去拼。"也正因为如此,才让霍华德·舒尔茨从小就具有强烈的竞争意识和求胜欲望,渴望胜利、从不服

输的品格贯穿了他的整个人生。

要胜利就得有付出，甚至是牺牲。对此，霍华德·舒尔茨早就有了切身感受，也因此磨炼出坚强的意志。在当时，哪怕只是孩子间的非正式的比赛，霍华德·舒尔茨也用了"惨烈"这个词来形容。对于他，"惨烈"的代价竟然是一次次义无反顾地冲向粗粝的水泥地面，不惜刮蹭掉一层皮，竟然是一次鼻梁骨折，几次脑震荡，甚至是颈椎的发丝状裂缝……对于这一切，霍华德·舒尔茨毫不在意，以百倍的努力不断赢得留在场上打球的权利。

直至2011年，星巴克的财务状况再次恢复正常后，霍华德·舒尔茨才通过一次"拖延已久"的手术将这个颈部的发丝状骨裂彻底治愈。

对此，他曾笑言："手里有球的时候，我的感觉特别好。"这正"迎合"了他"任由自己在喜欢的事情上尽情投入感情"的个性。

体育从小就孕育了霍华德·舒尔茨的组织能力和团队意识。他经常会充当召集者，要挨家挨户地去"码"人组队，甚至会动员那些具备控球后卫或是接球手的潜质的人加入，以便组织起两支球队开赛。

在更多的情况下，霍华德·舒尔茨都是组织者，他将那些族群不同、肤色不同的孩子聚集在一起。"没人告诉我们要如何弥合种族差异，但我们就是那样生活在一起。"正是在这个过程中，霍华德·舒尔茨学会了该如何与各种各样的人相处，如何将大家组织在一起，为获得胜利而努力拼搏。

霍华德·舒尔茨曾说："在打球时，我不需要通过很多语言交流来获得队友间的'连线'。队友聚成一团时，或者是当我触地得分或从界外救回一个篮板球而得到队友扬扬下巴的赞赏时，我就有种无可匹敌的归属感，这是我在家里感受不到的。"

"我们并肩而坐，心里想的是同一个目标，一种亲密感油然而生，仿佛被罩在一张志同道合的大网之中……这就是我认知的首个'大集体'。"从那时起，霍华德·舒尔茨的伙伴意识、团队精神和平等观念开始生根。多年之后，无论是对于伙伴还是顾客，霍华德·舒尔茨反复强调归属感和赞扬的重要性，才有了今天星巴克的伙伴文化和关系法则。

多年后，他在自己的书中写道："记住，如果你独自一人冲过了终点线，你心里会感到空虚。只有当你作为团队的一员参加比赛时，你才会发现，共同努力得到的东西要比夺取锦标赛冠军的奖赏有价值得多。这是因为他坚信：如果胜利不只是来自一个人的努力，而是来自许多人的携手打拼，就变得更加富有意义了。"

从此，"让所有的人一起抵达终点"成为星巴克企业文化中极具代表性的愿景表达。

改变命运，跨过人生的第一道起跑线

从身世上来说，霍华德·舒尔茨不能说是幸运的。原本贫困的家庭又遭遇父亲的工伤，吵闹、困顿、无奈，始终与他的少年时期如影随形，以至于他经常要一个人待在公寓的电梯间里以求片刻的"解脱"；但是，上帝还是给他"打开了另一扇窗"，给予他一份运动员的禀赋。这在霍华德·舒尔茨看来是"非常幸运的"。

和父亲一样，霍华德·舒尔茨也是个不可救药的"洋基"迷，父亲曾经带着他们兄弟看了无数场该队的比赛。尽管每一次都买不起最好的球票，永远也坐不上好的位置，但这又有什么关系，因为对于他们来说，"只要在那儿就让人很兴奋"。不仅如此，每当在回家的路上听到从每一扇敞开的窗子里传出的一场场棒球比赛的解说时，霍华德·舒尔茨都觉得那是"令人激动的声音"。

霍华德·舒尔茨的兴奋点还来自那位名叫米奇·曼托的球星，那是他的偶像。在他的衬衫、球鞋以及每一样东西上都有偶像的号码——7号。从他最初练习棒球的时候就开始模仿米奇·曼托的姿势和打法。

在米奇·曼托即将退役时，霍华德·舒尔茨曾两次跟父亲一起去看这位球星的告别赛。看着人们对他表示敬意，还有其他队员向他道别，甚至听到了他的讲话，而这一切令霍华德·舒尔茨感到深深的痛惜。

后来，当这位曾经的偶像去世时，霍华德·舒尔茨竟然接到几十年杳无音讯的儿时伙伴打来的安慰电话，这足以说明这位偶像在他心目中占据着多么重要的位置；但不管怎样，从偶像退役的那一刻起，棒球对于他的意义就已经与之前大不相同了。

对于那时的霍华德·舒尔茨来说，体育可远远不会是追星那么简单。在他看来，就像电影《篮球梦》里的孩子一样，体育是那时的他及他的伙伴逃离现实的唯一的途径，是可以让他们过上好日子的"通行证"，以至于他在后来的《将心注入》一书中自嘲："那时的我基本上不做功课，除非没有办法才去做，是因为我觉得那些东西与我的理想无关。"

然而，这份幸运不会给所有的人，霍华德·舒尔茨最终成为那个幸运儿。在高中的时候，他成为一名正式的运动员，拥有了属于自己的字母——一个大大的蓝色的"C"。这虽然不能证明霍华德·舒尔茨将成为一个"有作为的运动员"，但它预示着在人类咖啡商业史上的第一个"C位"人物即将横空出世。

尽管当时他是"瞒"着母亲，从朋友那里借钱才让自己穿上这件象征荣誉的球衫的（为了不让母亲为难，他一直将球衫藏起来，不让父母看到，直到他们拿得出钱为止）。这件球衫让他成为橄榄球校队中的四分卫，让他在卡西纳高中的5700名学生中成了"名人"——这支连正规的球场都没有、打的所有的比赛都不像比赛、看上去很烂的球队中最出色那一个。

这件球衫的意义还远不止于此。后来，让霍华德·舒尔茨"简直乐疯了"的是，他收到了北密歇根大学的信函，居然被问到对成为该校橄榄球队球员是否感兴趣，这对于霍华德·舒尔茨来说，"就像是受邀参加全美橄榄球联赛一样兴奋"。命运的大门似乎一下子打开了，霍华德·舒尔茨还收到了学校提供的橄榄球奖学金，这是他得到的唯一一份奖学金。"没有它我都不知道要怎么去实现自己上大学的梦想。"霍华德·舒尔茨说。

当霍华德·舒尔茨跟着父母驾车穿过丛林密布的山区，驶过一片片广阔的田野，经过像海洋一样宽广的大湖，驶过1000千米到达密歇根上半岛的马奎特城时，他终于看到了那座只有在电影里才能见到的校园：抽芽的树木，欢笑的学生，草坪上的飞盘……巧合的是，正是在那一年，星巴克在西雅图诞生了。两位"有缘人"同时迈出了通往伟大的步伐，尽管西雅图对于那时的霍华德·舒尔茨来说还遥远得超乎想象。

尽管这个很快让霍华德·舒尔茨感到有些孤独、不合群却为他带来一片开放的空间的校园并没有让他成为一名优秀的橄榄球运动员（霍华德·舒尔茨要做兼职工和夏季工，甚至卖过血来负担自己的生活开销和助学贷款，以维持学业），但他的命运，毋庸置疑，就此发生了改变！

多少年之后当被问及"当时的事情究竟是怎样的呢"时，霍华德·舒尔茨的回答是："太阳照到了我，就是这么回事。"最终托起这轮照耀他一生的"太阳"的，无疑非体育莫属。正是因为球场上的一次次挑战和胜利，才让他从总是害怕失败的焦虑中走了出来，成为一个乐观而自信的人。这对于未来的他，又是多么的重要！

20年后，当他第一次回到家乡湾景，看到一群孩子像他小时候一样打着篮球时，不禁想："不知道这些孩子中有谁能打破命运的枷锁，实现自己的梦想……"

他想帮助他们，给他们一点力量。为了感恩，他也想成为照亮他人人生的那一缕"阳光"。于是，他在母校卡西纳高中门口停下来，又看到了曾经熟悉的蓝色球衫，听到了那曾在耳边无数次响起的哨声，见到了昔日并肩战斗的队友——如今的校队主教练迈克·卡马代斯。迈克·卡马代斯高兴地告诉他，球队终于有了属于自己的球场，还准备举行一个以他们过去的老教练弗兰克·莫罗基耶罗的名字为橄榄球场命名的仪式。

这让霍华德·舒尔茨感慨万分："如果没有这位老教练，我今天会在哪里？也许我能够给予母校的礼物就是像我当年一样，去激励队员超越自我，去争取某种无人敢想的成就。"他以一份赞助校队的五年计划向弗兰克·莫罗基耶罗致敬。

正是这位责任心极强的好教练，在当年总是把队员的比赛录下来，以供队员回看场上的表现。也正得益于此，霍华德·舒尔茨才有机会让助理教练帮他剪辑了他在比赛中表现最好的部分，做成一个集锦录像寄给好几所大学，让他的"体育奖学金计划"得以实施，最终获得了上大学的宝贵机会，从此改变了命运。

36年后，当霍德华·舒尔茨真正放下了星巴克这一重担的时候，他再次回到了湾景。在曾经就读的第272小学里，他问保安："我能看看体育馆吗？"当他问校长："学校现在有没有什么需要帮助的地方？"当他听到"体育馆需要翻新了，要是能换成加衬垫的木地板就太好了"时，他将自己的邮箱和手机号给了那位校长，并承诺要将这件事情做好。

给予力量，赋予智慧，朝着梦想不停奔跑

在几十年的发展历程中，体育成为霍华德·舒尔茨和他的星巴克的智慧与力量的源泉。当然，是"之一"。体育引发霍华德·舒尔茨思考，令他懂得了许多人生的道理，拥有了常人难以企及的力量，让他在人生和事业的赛道上始终朝着正确的方向前进，再前进。

对于这种力量,霍华德·舒尔茨是从体育的竞技中感受到的,甚至被他视为一种"魔力"。

"每次当我猛烈地击打棒球,让它飞过社区和沥青马路并滑向本垒板,或者竭尽全力地触地得分,打败那些比我高大、比我强壮、比我跑得快的男孩时,体育不仅让我拥有了荣耀,发掘出潜能,更为重要的是将一个道理深深地根植于我的心底——一切皆有可能!在不断提升的自信与求胜的欲望的推动下,我总是做出大胆的举动。除了全垒打,我什么都不要。"这就是让霍华德·舒尔茨强烈感受到的、能与咖啡相提并论的那种"魔力"。

正是这种"魔力",让他将那些不同族群、不同肤色的孩子组织起来,一起为胜利而战;让他开始懂得如何将各种各样人的力量汇聚在一起,朝着一个目标前行;让他能够在其他人都已经停下来休息了很久的时候,还在奔跑。这是因为,是体育让他懂得,要做一个"非常努力想要取胜的人",哪怕是去"追逐某种没人看得见的东西"也要做到拼尽全力。

除了棒球和篮球以外,霍华德·舒尔茨在一段时间里还喜欢上了国际象棋。他曾说:"对我而言,下棋取胜和设法提升棋艺同样重要。"渐渐地,他懂得了规则,知道了为什么"车"要走到那个格子里,怎么才能吃掉对方的"后",最让他惊讶的是国际象棋的错综复杂及所需的远见。

有一次,他与一位棋友下棋,在走了一步后,见那个人露出失望的表情,随后皱着眉头对他说:"孩子,下棋高手不仅要考虑对手的棋路,还要把整个棋盘统筹考虑。"随后又点拨他道:"跟对手下棋是单向的,但棋盘有很多角度。高手能把所有的角度都考虑在内,然后再落子。"这让霍华德·舒尔茨恍然大悟——下棋时思路要宽广!

据霍华德·舒尔茨说,自那之后他棋艺大增。他还特别强调:"这番真知灼见不仅提高了我的棋艺，还在我管理星巴克期间帮了大忙。在我再度担任CEO期间尤其如此，因为需要考虑的角度太多了。"

布兰奇·里基的那句话"好运气只眷顾有规划的人"，也让霍华德·舒尔茨感受颇深。他因此而更加清楚地认识到：坏运气的到来往往像晴天霹雳，说来就来，让你措手不及；而好运气更像是有意而为。就像他在意大利被咖啡杯中的浪漫风情所打动，而后经过三年的深思熟虑，将它介绍到美国，使之成为美国社会生活的一部分。

还有那位为星巴克"照看后院"的奥林·史密斯。正是这个让霍华德·舒尔茨"看起来比我本人更出色"的人，让他明白了一个对于公司发展至关重要的理念："事后看来，我意识到，后院才是真正得分的地方。""进攻得分，防守取胜。"这让霍华德·舒尔茨又想起了橄榄球赛场。

当面对"如何让已经习惯于消费一般意义上的咖啡的顾客接受新的咖啡体验，并且为之多付出6~8倍的价钱"这个来自四面八方的质疑时，霍华德·舒尔茨依然是通过"体育"为星巴克找到了方向和路径。就是——借鉴耐克。

霍华德·舒尔茨从耐克公司的发展中感悟到，以前的运动鞋只是一种纯粹的商品——便宜、普遍且实用，但总的来说不上档次。耐克公司的战略方针首先是设计出世界水平的跑步鞋，随后向消费者展示出一种有质感的运动人生，营造出一种妙趣横生的随心所欲之感。最后，广为宣扬这种运动精神，引发无数不经常运动的人也忙不迭地穿上耐克运动鞋。藉此，20世纪70年代一双不错的运动鞋的售价是20美元，而今提升至140美元。

参照耐克公司的发展模式，霍华德·舒尔茨更加坚定了心中的那幅蓝图：一方面，重新挖掘咖啡——这种传统的日常消费品，散发了几个世纪之久的迷人特质和神秘气息；另一方面，使其融入新的浪漫情怀，赋予其助力人际关系的特质。最终，让顾客对咖啡吧的气氛和风格以及它的知识着迷。

在星巴克品牌的打造上，霍华德·舒尔茨也从耐克的身上体会到了品牌的真谛：实打实的牌子才会天长地久。例如，耐克公司的老板菲尔·奈特一直"鄙视"广告，他所关注的是耐克鞋对提高运动成绩的价值所在。在跑步鞋成为一种时尚和街头休闲鞋后的很长一段时间内，耐克公司依然致力于技术和产品的领先。

对此，霍华德·舒尔茨深表认同，他因此而感悟到，在这个不断变化的世界上，最强大、最持久的品牌是建立在人们心里的那个真正可持久发展的品牌。这样的品牌基础坚实稳固，因为它们赋予人以精神力量，而不是全凭广告的狂轰滥炸。

几十年间，星巴克也发展成一家"不靠广告，靠体验"的实打实的品牌。

有意思的是，随着企业的发展，星巴克需要一位专门负责品牌事务的专家——一位已经成功地将一个品牌推向全美国乃至全世界的人。在这个岗位空置了18个月之久之后，一个叫斯科特·贝伯瑞的人出现了。在他与霍华德·舒尔茨第一次见面5分钟后，后者就将一张入职表格递给了他。

尽管当时的斯科特·贝伯瑞已经将自己的生活安排到了20年之后，但他还是接受了这个已经空置了一年半之久的职位。他，正是耐克公司的前任广告总监。

在随后的日子里，斯科特·贝伯瑞将星巴克打造成一个与耐克一样能够"将自己的商品转化成一种文化象征"的品牌。对于他的到来，霍华德·舒尔茨曾说："他带来了许多其他任何人难以望其项背的创意，他的想象力远比我们丰富。"

值得一提的是，在星巴克历经高速发展之后，又历经了多次挫折和艰险，是蕴藏在霍华德·舒尔茨内心的运动员思维（是他一直在公司里强调的）让他清醒地认识到，一旦达到某个高度，就必须重新思考。正因如此，星巴克才能够走出危机，才能不断地从胜利走向胜利。

其中，有好几家体育场"有幸"成为那段历史的一部分印记，甚至是"见证人"。第一个出现在这段历史中的体育场是纽约希叶露天体育场。发生在那里的一件事情给了霍华德·舒尔茨极大的启发，让他准确地找到了引发危机的问题根源。

那是在1965年夏天，著名的甲壳虫乐队在这里举办了一场规模浩大的现场演出。5.5万"粉丝"疯狂尖叫，让乐队成员甚至都无法听到自己的音乐，这似乎预示着乐队开始走向衰落。在霍华德·舒尔茨看来，这与当下的星巴克有着相似之处。于是，他在会议上以严肃的口吻，忧心忡忡地发出这样的"拷问"："我们什么时候开始听不到自己的'音乐'了呢？"他是在问：我们什么时候开始忘记自己的业务是围绕着顾客和我们深爱的咖啡的呢？

随后，他说："我们都承认星巴克已经迷失了方向。"这是因为，他们已经无法听到美妙的咖啡所奏响的、属于星巴克也属于顾客"自己的音乐"了。

第二个是新奥尔良体育馆——NBA黄蜂队的主场。在那里，霍华德·舒尔茨曾面对1万名伙伴，告诉他们星巴克哪里错了，要如何才能自我纠正。除了巨大的舞台之外，整个体育馆一片黑暗。当他走到一个写着"一路向前"的巨大浅绿色屏幕前时，全场鸦雀无声。

在那次半个多小时的讲话中，霍华德·舒尔茨告诉大家："我们不是一个完美的公司，尽管我们每天都在犯错，但我们始终将良心摆在第一位。我一直深信，我们要为我们观察到的问题负责，为我们体验到的和为我们学到的东西负责。"

说到体育场，还有一个必须要提，那就是圣路易斯的布什体育场。

2011年10月27日，霍华德·舒尔茨坐在这座体育场里，观看世界职业棒球大赛的第六场比赛，福克斯有线电视网络正在现场直播这场比赛。观看比赛期间，他向身边的福克斯体育的一位高层领导提到了星巴克的"为美国创造就业岗位"公益项目。

没想到这位先生竟然对霍华德·舒尔茨说："如果比赛能打到第七场，我们可以为你腾出一段广告时间。就在明晚，这是绝佳的宣传机会。"要知道，这是世界职业棒球大赛的决赛近十年来首次打到第七场而决出胜负，这是多么激动人心的时刻，这是一个绝佳的宣传机会，真是"天上掉馅饼"，机不可失。

当然，这还有一个前提，就是这一场比赛必须是圣路易斯红雀队获胜，否则就没有所谓的"第七场"比赛了；但是，就是这么天遂人愿，在比赛的第十一个回合，圣路易斯红雀队的大卫·佛里斯打出了一记"再见全垒打"，为自己的球队赢得了比赛。霍华德·舒尔茨在现场立即打电话给总部，布置广告发布工作：要在不到一天的时间内完成60秒的广告，以赶上第七场棒球赛。

最终，星巴克的"为美国创造就业岗位"的广告片，面向收看世界职业棒球大赛的2500万名观众播放。这支没有花里胡哨的设计，不要明星出演，而是以气势磅礴的小提琴乐曲开始的广告片，向人们传递出这样一种信息和信念：我们当中还有9.1%的人没有工作，大家携起手来，就能改变现状。在广告中，这行字被呈现在一张白色的美国版图上。

还有一个球场留给霍华德·舒尔茨这样的记忆：满是失望又有着无限的希望，无比喜悦又充满尴尬。

在1975年5月10日那一天，大约700名学生头戴北密歇根大学的绿色帽子、身穿长袍走进橄榄球场。霍华德·舒尔茨也是其中的一员。同学们都伸长了脖子，寻找看台上的父母、兄弟姐妹、祖父母或外祖父母，乃至其他亲友，唯独霍华德·舒尔茨没有翘首四顾。他的父母根本就没有来参加他的毕业典礼，因为他们没有钱支付这一路的花销。

"在这个重要的日子，却没有家人出席。"这让年轻的霍华德·舒尔茨尴尬又失望。毕竟，他为了将学业进行到这一天，甚至卖过血来筹集学费。也就是在那一天，他听到了未来的呼唤——必须从个人做起。我们这一代人在"危难之际掌握着美国的命运"，我们这一代的作为，将"决定美国此后数十年的方向"。

带来幸运，奇遇良缘有如神助，化作无形伟力

那段历史，我们都已了解。霍德华·舒尔茨从意大利兴致勃勃地回到西雅图，极力向原星巴克合伙人推荐新的理念和模式，以及更为远大的愿景，但无论怎样努力，最终他还是遭到了"拒绝"。此时此刻他已经被这种不确定的情形弄得几乎崩溃，似乎有两种情感要将他无情地撕成两半：一边是对星巴克的无限忠诚，另一边是对意式浓缩咖啡吧的无限信心。

就在这个重要的历史关头，一个人出现了。他为一连几个月徘徊在通往未来的"小禁区"里的霍华德·舒尔茨踢出了那决定他一生的"临门一脚"，最终将他"踢进"了已经向他敞开怀抱的人生之门。与这个人的相遇，也是体育做的"月老"，牵的"红线"。

在一个周末，霍华德·舒尔茨跟往常一样到位于闹市区的运动俱乐部打球，这一次他的搭档是斯考特·格林伯格。他不仅是一家大公司的律师，还是一名篮球高手。比赛结束后，两个人便天南海北地聊了起来。在得知斯考特·格林伯格喜欢星巴克的咖啡后，每次篮球比赛时，霍华德·舒尔茨都会为他带上一磅咖啡，甚至还会一起去喝上一杯啤酒。

当他得知霍华德·舒尔茨正考虑独立出来开一家意式浓缩咖啡馆时，他的第一反应竟然是"很有兴趣投资这样一家店铺"。在两人随后越来越深入的交谈中，霍华德·舒尔茨"越来越意识到我该做什么事了"，并愈

加清晰和坚定地认为"这是我的机会"。

在《将心注入》一书中，霍华德·舒尔茨一连用了好几个"如果"来说明这个机会对于他的重要性："如果，我抓不住这个机会；如果，我不走出这个舒适的安乐窝去承担风险；如果，我把太多的时间花在内耗上，我的机会就会过去。如果，这次不抓住机会，余生我都会不停地追问自己：如果，我做了会怎么样？为什么我没去做？如果，这是我的机会，哪怕做不好，我也得先试一下。"

最终，霍华德·舒尔茨下定决心离开曾令他心驰神往的星巴克，去创立自己的公司——天天咖啡，迈出了缔造自己的咖啡帝国的第一步。这是何等重要的一步啊！

先别急，这份机缘所带来的更大的幸运还在后面。

在霍华德·舒尔茨着手筹款准备收购星巴克的过程中，一位"天天咖啡"的投资者不仅强势介入，还鼓动其他投资者改变对"天天咖啡"的股权分配，甚至主张与星巴克合并。对此，按照霍华德·舒尔茨自己的话来说："起初我吓坏了。"他甚至告诉他的妻子雪莉："我们可能一无所有了。"

就在这个紧要关头，还是在打完一场篮球比赛后，还是那位球友斯考特·格林伯格向霍华德·舒尔茨伸出了援手，只是这一次他伸出的不是"橄榄枝"，而是一根"救命稻草"。"我带你去见见我们律所的高级合伙人吧。"

斯考特·格林伯格要带霍华德·舒尔茨去见的人，名叫老威廉H.盖茨。面对那位强势的、一个劲儿地向霍华德·舒尔茨大发淫威的投资者，这位老人义正言辞地斥责道："太卑鄙了，你这么高地位的人，竟然奸诈到要去偷孩子的梦想。"然后，他以不容置疑的口吻"命令"道："你，退出，由霍华德来筹钱收购星巴克。"最后，他还追加了一句："你听明白了吗？"

面对这一幕，当时的霍华德·舒尔茨竟然哭了，一半是因为对老人的感激，另一半是因为对筹款结果的担忧。这时，老人又发话了："霍华德，我给你投资，帮你筹款。"这个刚刚认识的人不仅维护了他，还承诺亲自为他的梦想投资，甚至帮助他筹齐其余的款项。霍华德·舒尔茨说："我简直不敢相信自己的耳朵。"

"正是这个正义又善良的老人改变了我的人生，也改变了无数人的人生。"霍华德·舒尔茨发自心底地感叹道。也正是这位了不起的老人，有一个更加了不起的儿子——威廉H.盖茨三世，也就是微软联合创始人比尔·盖茨。

后来，当斯考特·格林伯格和霍华德·舒尔茨一起走出签署收购星巴克文件的律师楼时，一起分享这个"你几乎不敢相信自己曾身历其中的时刻"（霍华德·舒尔茨语）时，斯考特·格林伯格在"天天咖啡"的第一家门店里，举起手里的咖啡，对着他的这位"球友"说："我们做到了。"

于是，霍华德·舒尔茨在《将心注入》一书中写下了这样一段话："我们俩都是30出头，几年前才在篮球场上相识，现在却在一起做着400万美元的大生意。"

霍华德·舒尔茨的另外一位"贵人"同样是因运动的机缘而结识的。那是在并购星巴克之后，当霍华德·舒尔茨"深深地感受到需要一个专业密友来帮助我"的时候，是"跑步"为他带来了一位这样的知音朋友。他叫史蒂夫·里特，是一位投资者，也曾创办一家零售公司。

他与霍华德·舒尔茨经常在每周三的早上五点半开始一起跑步。"史蒂夫·里特一边跑步，一边解答我所面临的任何问题。"这些解答被霍华德·舒尔茨视为"最好的良药"，而史蒂夫·里特也被霍华德·舒尔茨视为"一个难能可贵的指导者"。史蒂夫·里特完全支持并非常信任霍华德·舒尔茨。"我可以和他分享我的胜利，也可以向他诉说我的疑虑……

我们是亲密无间的朋友。"霍华德·舒尔茨曾经这样评价他们之间的情谊。

除此之外,体育还成为星巴克公益行为的载体和媒介,在星巴克践行《星巴克使命宣言》、履行企业社会责任的过程中发挥了独特的作用。

星巴克在1999年赛季与美国职业棒球大联盟的本垒打高手马克·马奎尔达成一项协议:马奎尔每击出一次本垒打,星巴克就为棒球场所在的当地社区文化组织捐赠5000美元。

与NBA球星魔术师约翰逊组建合资公司,创建了星巴克"都市咖啡机会店",以促进低收入社区的经济发展,坚持为生活在少数民族裔社区的人们提供与郊区居民相同质量的产品。

2016年,星巴克与优秀的摄影师兼电影制作人乔希·特鲁西略所在的拉吉夫团队合作,制作了一系列讲述美国人解决社区问题的故事的短片。霍华德·舒尔茨有时也会一起去进行采访。最后,合作双方精选了一些有关杰出人士的"美国人在帮助美国人"的故事,其中就有一位前NFL(美国职业橄榄球大联盟)的队员为截肢者开办一家健身房的故事。

当然,我们在有关星巴克的许多作品中还能找到很多与体育相关的描述,例如在《将心注入》一书中就有这样的描述。

到了8月份,我(霍华德·舒尔茨)感到好像是到了第12局(是棒球比赛中延长期的最后一局)。店铺开了4个月,生意很好,但我只筹到了我需要的一半的款项。我已经签下了租赁第二家店铺房子的协议,我不知道怎么来付这笔钱,我必须尽快胜利拿下一局。

就像教练激励他的球队准备开始他们人生中最大的一场比赛一样,此时此刻,我们只需诚实地面对自己的境况,乐观地相信我们会渡过难关。

当然，星巴克与体育"再续前缘"的步伐也不会停止。

星巴克向美国专利商标局申请了一项"在体育场或训练设施上使用其名称"的冠名权利。这意味着，星巴克将可以与FedEx（联邦快递）和Barclays Bank（巴克莱银行）等巨头公司一起，成为体育场或竞技场的企业赞助商。因此，有北美网友打趣地评论：以后是否能使用星巴克积分购买比赛门票了。

星巴克与耐克公司推出联乘系列——"咖啡"和"波鞋"终于在一起了。这款波鞋的设计相对比较低调，但不失创意。鞋身是深啡色的仿绒面，上面印有许多浅啡色的不规则条纹，鞋边和鞋底则以深绿色和白色点缀。难怪星巴克的"粉丝"说："这个配色的确相当Starbucks（星巴克）！"

星巴克与亚马逊合作制作和发行的一部关于足球的六部分纪录片系列《这就是足球》，在2019年8月2日作为亚马逊原创剧集在Amazon Prime（亚马逊购物订阅会员）平台首播，专门介绍世界上最受欢迎的体育项目背后的感人故事。

当然，任何事情都不可能是十全十美的，都有着正反交织的两面性，体育也是如此。

在通往体育乐园的道路上，有时也不得不"急停""转身"，将人生的"球"投向另一个"球场"。

当年，当霍华德·舒尔茨怀揣着令人无比向往和期待的"橄榄球梦"迫不可待地奔向北密歇根大学校园后，现实就跟他开了一个令他非常尴尬的玩笑。在最初的几天训练中,霍华德·舒尔茨就发现,面对那些身体健硕、动作敏捷的队友,他无论是在奔跑的速度上,还是在掷球的距离上,都还"不够优秀",甚至被教练安排从四分卫改打防守后卫。

在残酷的现实面前,霍华德·舒尔茨止步了。他安慰母亲说:"我或许会放弃橄榄球,但不会放弃上大学的机会,我会拿到学位的。"后来,霍华德·舒尔茨的大学生活过得还算不错。他蓄着胡子,留着蓬松长发,布鲁克林的口音也变了。他还加入了一个"兄弟会",里面的"兄弟"也都是运动高手,他们的夺旗橄榄球比赛一样激烈无比。

只是,失去橄榄球奖学金的他,注定要比那些中西部的家境条件优越的同学付出更多。他不停地打工,甚至还卖过血,但不管怎样,体育还是为这个困顿的年轻人打开了第一扇"人生之窗"。这一切总是让他在心里情不自禁地欢呼:"人生拥有首个自由的感觉真的很好!"

看来,"上帝"在一位不出色的橄榄球后卫和一位卓越的企业家中间,替霍华德·舒尔茨选择了后者。也许在"上帝"看来,一名优秀的橄榄球后卫好找,而一位能够改变无数人生活乃至命运的企业家实在难寻。错过了眼前这一位,往哪里再去找下一个更合适的人选呢?

笑谈归笑谈,但对于体育,星巴克也确实有些许的遗憾。例如,曾经就有两位巨星与星巴克擦肩而过:一位是"大鲨鱼"奥尼尔,另一位是"小巨人"姚明。

霍华德·舒尔茨曾经主动邀请奥尼尔在黑人社区开办星巴克连锁,但因奥尼尔的"黑人不会喝咖啡的"这一思维定式和固执己见,而最终没能走到一起。

对于姚明,霍华德·舒尔茨曾表示:"我们知道他钟情星巴克已经有一段时间了,我们将会认真策划这个让星巴克风靡中国的机会。"结果却因"如果一个球队老板所拥有的公司不管以什么方式雇用另一个球队球员时,都会增加互相行贿的概率"这样的考虑而变得有缘无分。

说起来，又不仅仅是遗憾这么简单。体育还曾经让霍华德·舒尔茨遭遇了人生中最大的名誉危机，而这次没有"之一"。

　　霍华德·舒尔茨曾在《从头开始》一书中写道："小时候，我从未想过将来会拥有一支职业球队。长大后，这成了我的一个梦想。"

　　这个梦想也曾经向他招过手——有机会拥有西雅图水手队的少数股权；但是，被他拒绝了。"我对此深为后悔。"他在书中写道。因此，当第二次机会——"NBA超音速队要对外转让了"来临时，他毫不犹豫地拥抱了它。

　　这次机会的到来，在他的眼里可谓"天时地利人和"——万事俱备。天时：2001年，他已经辞去星巴克CEO的工作，有了更多的时间和精力去关注其他的事务，他认为这是自己涉足体育界的好时机；地利：西雅图是星巴克的大本营，在这里拥有太多的资源和拥趸；人和：他对篮球的喜爱也一直没有中断过。从高中开始，他就曾整夜排队购买纽约尼克斯队的季后赛门票，后来每周都抽时间去打篮球。到了西雅图，他也一直在买超音速队的季票。

　　为此，霍华德·舒尔茨拉起了一支超过50多人的投资小组，共同投资买下了超音速队。作为最大的股东，他成为这支球队的代表；但是，当他涉足这个新的领域之后，很快就发现，许多问题并不是用钱就能解决的，反而最终会因钱的问题而放弃。

　　对于超音速队的盈利问题，霍德华·舒尔茨做过一番谋划：争得市政府和公众的支持，为球队换一个新的球馆，然后修改原来对球队不利的租赁合同，最终在各方需求之间谋得一个新的平衡；但是，人算不如天算，西雅图市政府刚刚出钱修建了新的棒球场和橄榄球场，对于要花费上千万美元修一座篮球馆已不再热心。于是，似乎一切都已超出了霍华德·舒尔茨的掌控。

　　球队持续亏损，迟迟得不到好转，甚至到了需要股东自掏腰包来维持球队的地步，不安的情绪开始在众人中蔓延。"运营这支球队令我在经济上和情感上都不堪重负。"霍华德·舒尔茨无奈地承认。于是，他想到了退出，但已很难再找到"下家"。

在霍华德·舒尔茨所有的努力和计策都已落空的情况下，球队在2006年终于被"卖"到了另一个城市——俄克拉荷马市，并改名为"雷霆"。至此，所有的问题都如"雷霆"般地爆发了。球迷的伤心又愤怒的情绪随之被点燃，霍华德·舒尔茨也瞬间从这个城市的英雄变成了罪人。

体育广播电台、当地报纸、街头巷尾，球迷的愤怒滚滚而来。
认识我的人对我高声喝骂，有时甚至当着我的孩子的面。
十年后人们仍在耿耿于怀，对我仍余恨未消。
…………

这段因爱及悔的经历成为霍华德·舒尔茨"犯的一个大错"，成为他人生中最大的遗憾，以至于每当他在路人中看到身穿超音速队的球衣或是戴着球帽的父子，他的心都会如刀绞一般。即使面对来自球迷延续十年的忿恨，他也"毫无怨言"。

"我无法弥补，对此，我抱憾终生。"霍华德·舒尔茨在14年后依然难以释怀。

正是这段痛苦的经历引发了霍华德·舒尔茨深刻的反思和反省：一方面，他对自身作为一个成功人士所具备的影响力、所承担的巨大责任有了更深刻的认识；另一方面，他认为做任何决策都不能只考虑钱，而是要坚守自己的使命，恪守自己的信条。

"我曾长时间反思，就是想从这次事件中吸取教训。"也许这是体育对霍华德·舒尔茨的另外一种眷顾。

毋庸置疑，"体育运动在我的生命中至关重要"，正如霍华德·舒尔茨在《从头开始》一书中所强调的："我在卡纳西的球场上挥洒青春，借体育特长逃离了廉租区，以前是跟父亲一起看球赛，后来又跟儿子一起看球赛……"

更为重要的是，是体育给予霍华德·舒尔茨深刻的人生感悟；是体育赋予星巴克人本主义和关系法则的智慧源泉。最后，将霍华德·舒尔茨书中的三段话摘录于此，作为星巴克与体育这份不解之缘的注脚，以及给我们大家带来的启迪吧。

当所有的参赛者都追随他们的内心前行，不只是为他们自己，还为一个高远的目标，他们将永远沉浸在生命的喜悦之中。

在抵达胜利的终点时，你的身边应该环绕着一群齐声欢呼的胜利者，而不只是观众朝你一个人欢呼。

与人共享成功是最甜美的事情。

感谢体育，和她赋予的一切！

附录

趣闻逸事星巴克

假亦真来真亦假

众所周知，首家星巴克开在了派克市场旁边破旧的港口大楼里，周遭镶嵌着木板，面积只有一个车位的车库大小。如今，这里已经成为一个旅游景点。许多游客慕名而来，纷纷在齐腰高的、写有"首家星巴克店，建于1971年"字样的纪念版黄铜海报前摄影留念。

门店里，蒸汽棒嗞嗞作响，研磨机隆隆轰鸣；头顶上，还有纸杯飞来飞去，而咖啡师气定神闲；木地板是暗色的，吧台微微凹陷，看上去年代感十足；天花板尚未装修，悬吊着一排排米色的工业用灯泡……

请你相信，这家店所体现的就是星巴克曾经的模样，但也请你别相信，这真的不是真正的星巴克首家店。

为什么呢?

门店墙上挂着的一张镶框报纸剪报告诉了我们答案：原来，真正的首家门店大约在1974年就已经被推倒了。随后，星巴克又在几个街区之外的公共市场对面开设了一家新店。与此同时，三位创始人又分别于1972年和1973年在华盛顿大学和国会山附近开设了新店，所以这样算来，现在所谓的首家星巴克店，其实是第四家店。

尽管各种标志都在宣扬这里是首家星巴克店，但这不是真的，不管你如何希望它是真的。

看到这儿，别急着离开，后面还有一个更大的"假的"呢。

女演员杰妮安·加罗法罗曾经在《搞笑时光》节目中高喊："他们就要把星巴克开进我家客厅里了。"的确，星巴克在全世界无孔不入，人们总是好奇地问："还会有哪些地方没有星巴克呢？"于是，有好事者罗列出几个选项，让大家猜一猜。

A.古巴的关塔那摩湾海军基地；

B.印第安纳州蒙斯特的一个基督教堂；

C.黎巴嫩贝鲁特；

D.华盛顿州的星巴克镇；

E.中国的长城。

据说，出题的人最终建议选D。理由是，这个答案"貌似不会冒犯任何人"。也是，说自己家门口没有星巴克，就不会让其他地方感到不公并因此而嗔怪了。君不见每年都有成百上千的"星粉"从各地赶来"朝圣"吗？事实是，这个"星巴克镇"真的是与星巴克公司的发祥地没有一丁点儿关系。

自摆乌龙"抢第一"

通过前面的内容，我们对星巴克在开店的规模和速度上已经有了初步的认识，可以用"席卷"这个词来形容。其速度之快，密度之大，真是令人目不暇接，连自家人都被搞得晕头转向。

话说在2003年，星巴克准备在圣迭戈郊外的卡莎德欧洛社区开设一家门店。随即公司便挂出条幅，打出"倒计时"字样，对外宣称这是圣迭戈县的第100家星巴克店；但是，新店开业后不久，这个说法就被"推翻"了。据《圣迭戈联合论坛报》报道："星巴克在中途岛地区昨天也有店开张营业，而且时间是在早上5:07，比这里还要提前9分钟。"如此，这家店就只能屈居第101家了。

当了两把"背锅侠"

还有一件令人感到匪夷所思的事情，"玩笑"开得更大。不过这一次，星巴克好像成了一个"背锅侠"。

话说1998年，马萨诸塞大学波士顿分校的两名研究人员对波士顿港口进行了全面的化学分析。一个完全出人意料的结果令人瞠目结舌，那里的水质含有大量咖啡因。好在"浓度不高"，水里的鱼还能活蹦乱跳地亮出鱼肚白。

科学家研究指出，这岂是一句"浓度不高"就能打发了的。是啊，咖啡因不是仅存在于几种陆地植物中吗？它怎么会跑到波士顿港的水里了呢？最终，专家给出了一个出乎所有人意料的结论——来源于人类的排泄物！当然，说法也是有的：因为人体仅能吸收95%的咖啡因，所以许许多多的"5%"汇聚在一起，就意味着每天波士顿市区都会排出上千磅纯咖啡因，相当于每周向港口倾倒上百万杯咖啡。

最后，美国的一位地质调查研究学者爱德华·弗朗为这种现象起了一个非常"不负责任"的名字——星巴克效应。

被冠以"星巴克效应"之称的事情，不止这一件。

根据美国运输部提供的数据显示，因为有越来越多的司机要在路口进进出出，导致在一段时间内早间开车上班族的短时间停车次数增长了近400%，由此导致大量的燃料浪费、更高的污染、更严重的交通阻塞；而这一交通"乱象"同样被一位名叫南希·麦卡金的交通分析专家称为"星巴克效应"。

任何事物都有它的两面性。当人们面临油价节节攀升所带来的压力时，又不得不减少饮用每杯4美元的星巴克咖啡，而选择口味相同但仅需1~2美元的其他咖啡。这个现象竟然也被美国和西欧等发达经济体的分析师称之为"星巴克效应"。

更有甚者，俄亥俄州查格林福尔斯当地报社的一名记者在2002年花了整整3周的时间来"监视"城中的星巴克。调查结果显示，在最繁忙的北大道上，每天早上平均有36人会横穿马路去光顾星巴克的咖啡店。

附录
趣闻逸事星巴克

除了"效应"还有"指数"

许多城市，特别是那些经济长期不景气的社区，都非常渴望星巴克入驻，以提升自身形象，拉动周边经济发展。美国佛罗里达州与星巴克交涉了两年才达成协议；马萨诸塞州的谈判则持续了5年才盼来了星巴克入驻；更有甚者，洛杉矶郊区的阿尔罕布拉支付给星巴克13.6万美元的公共重建基金，才"迎娶"到了这位"美人鱼"。当星巴克在密歇根州马斯基根城亮相时，当地商会的会长高喊："这象征着我们已经走向了未来。"

于是，有人推出一套所谓的"星巴克美人鱼指数"，即通过城市中每10万居民所拥有的星巴克店的数量就可以准确地判断该地居民的生活质量。例如，旧金山74.4万居民中有74家星巴克门店，获得相当高的分数，得99分；克利夫兰市47.8万人口仅有9家星巴克门店，得1.9分；再看底特律市，仅有0.4分。看到这一结果，估计底特律市市长要紧急致电西雅图的星巴克总部了。

被当作讨价还价的筹码

当星巴克有意在某个城市遴选门店房产时，有些房主会把星巴克作为讨价还价的筹码，甚至告诉别的咖啡公司或潜在租户说，"星巴克对这儿有兴趣了"，然后借此提高价码。于是，星巴克被指责是哄抬店租的罪魁祸首，又一次成了"背锅侠"。

甚至有房主直接打电话问星巴克："你们有兴趣来租我这个店吗？"其实，他的那个店已被别的咖啡店或是租户租下了。他们或许是想赶走原有的租户，或是还想再抬高租价。更为可气的是，一旦星巴克表示对此有兴趣，还没等公司来做调查，本地报纸就登出了"可怕"的消息："星巴克即将杀入本镇，他们使出抬高房租的撒手锏，无疑是要将其他商家都踢出市场。"

一场由草根阶层发起的针对星巴克的"抵制"运动便展开了；于是，就没有人再听这个"没有良心的全国性连锁公司"的任何解释了。这使得霍华德·舒尔茨后来在《将心注入》一书中还在如祥林嫂般地喃喃自语："其实，我们从来没有参与哄抬店租。"

星巴克还是一支"晴雨表"

其实，因开了一家星巴克而导致某个地区的房价明显上涨的现象的确存在。因此，一些房地产领域的专业人士据此总结出一套"在房产市场低迷时期，找到房产规律，达到升值空间的最优化"的新方法。

距离星巴克门店方圆约400英尺范围内的地区，其房地产升值空间最大，价值上升最显著。为了证明这一结论，他们还不知从哪儿找来了一组数据：在1997—2014年的17年间，星巴克400英尺范围内的房价上涨了96%，而此期间当地的平均房价仅上涨了65%，以至于位于芝加哥南端海德公园的房产经纪人特意将"与星巴克新店的距离"当作一项重要的参数列入房源清单中。最后，这些专家还特别强调，这里面既有规律，也有巧合。这所谓的"星巴克现象"，则是藏在巧合之下的某种"规律"。

请"神"容易送"神"难

毋庸置疑，在世界各地涌现出来的咖啡热潮的确是源于"星巴克效应"，这一点，星巴克是脱不了干系的。有越来越多的人追捧星巴克咖啡，这在《星巴克：关于咖啡、商业和文化的传奇》的作者泰勒·克拉克看来，"甚至可以让有罪之人皈依上帝"。

其实，对于那些已经"皈依上帝"的人也不例外。《星巴克：关于咖啡、商业和文化的传奇》一书中讲述过这样一段逸事：有一年，佛罗里达州库珀市浸信会牧师为了提高复活节礼拜的参与度，发邮件通知前来参加活动的新教友，每人都会得到一张价值10美元的星巴克礼券。

最终的结果大大超出了牧师的想象。在复活节那天，有8500名教友从四面八方蜂拥而至，几乎是往年参与人数的两倍。教堂工作人员刚刚还在为自己的好主意自鸣得意，很快又不得不到停车场，去"截住"那些纷至沓来的教友，苦口婆心、费劲巴拉地劝说大家离开。

难怪泰勒·克拉克说："显然，在21世纪的救赎路上，少不了一杯星冰乐。"

这句话一点儿都不假。一位名叫莫妮可·威利特的基督教友曾对《华盛顿邮报》讲："我们见到星巴克就得停下来……当然，价格是有点儿小贵，但我们是基督徒，又没有别的什么恶习，也就是喜欢咖啡了。"更有意思的是，在一些大教堂的座位旁甚至都安装了咖啡杯托。

泰勒·克拉克大胆地认为，若是以色列和巴勒斯坦的首脑愿意到离他们最近的星巴克，坐下来喝上几杯榛果拿铁，再沟通一下彼此的感受的话，那么，耗尽人类智慧的整个中东地区的问题也许就会在一个小时内得到圆满解决。按照霍华德·舒尔茨的一贯作风，完全是有可能不向他们收费的。

义务代言为哪般

说到明星代言，其实星巴克一直以来都有许多的明星为其"代言"，只不过是"义务"代言。

据网络媒体跟踪爆料，影星凯蒂·霍尔姆斯喜欢一半低咖一半普通的加大榛果拿铁；著名DJ（唱片骑师）伊利亚·伍德则青睐四份浓缩咖啡加冰；摔跤手胡克·霍根最爱的是超大杯焦糖星冰乐。对饮品非常苛刻的流行摇滚乐队狂野夏洛特的主唱乔尔·麦登最喜欢星巴克的脱脂无蔗糖香草珍果拿铁。这是他的助手亲口对美国《年轻人》杂志说的，也算是为这款产品贴了一次"小广告"。

不仅如此，你随便翻开一本娱乐杂志，都会看到某位明星戴着避人耳目的装备，手里还端着那熟悉的带有绿色商标的白色咖啡杯。据说，布兰妮和麦当娜更是到了杯不离手的地步。

影星本·阿弗莱克和詹妮弗·加纳，自2005年起就屡屡被拍到手持星巴克咖啡杯的身影，以至于让《纽约时报》产生了错觉，认为这对夫妇一定是和星巴克签了至少7位数的代言合同，才端着星巴克咖啡四处走动。当然，双方对此予以否认，尤其是这对明星夫妇，更是"无辜"得不得了。

对于这些名人对星巴克如此狂热而主动的"代言"，星巴克从来都是"照单全收"。毕竟，这相当于每年为自己免费做了价值数百万美元的广告。

有媒体专门列了一个星巴克狂热明星爱好者的前10的榜单。

第一位，如前文所述，非布兰妮莫属。她可是最狂热的星巴克爱好者。"我想我真的需要你，宝贝。每次我在梦中看到你，我看到你的脸庞，那让我多么心疼！我想我真的需要你，宝贝。"这歌中的"宝贝"一定也有星巴克的一席之地。

第二位，泰勒·斯威夫特。她的人和她的歌一样美。"Dreaming about the day when you wake up（梦想着有一天当你醒来），And find what you're looking for has been here the whole time（会发现你所找的东西其实一直在这里）。"很可能说的就是一杯热的星巴克美式拿铁。

第三位，安妮斯顿。岁月也许会带走所有人，唯独留下她在中央公园，在甜美、幽默的时光里绽放，连同一杯美妙的星冰乐。

第四位，《越狱》男主角的扮演者温特沃斯·米勒。据说，2008年他到访中国，知道他非常喜欢星巴克的媒体问道："'越狱'后想做的第一件事是喝上一杯星巴克吗？在全聚德吃烤鸭，要不要搭上一杯星巴克呀？"

第五位，休·杰克曼。"金刚狼"休·杰克曼是个咖啡狂，挚爱星巴克加豆奶的卡布奇诺和小杯美式。只有在星巴克，他才会展现出与"金刚狼"完全不同的一面。

第六位，艾玛·沃特森。无论是《哈利·波特》里美丽睿智的女孩，还是《壁花少年》里个性独特的少女，总之说到艾玛，太多美丽的词语都黯然失色，只有一杯星巴克才能与她相得益彰。

第七位，贾斯汀·比伯。几乎拿完所有奖的他，环顾左右问道："这里还有谁仍然相信爱情吗？""我知道你在这里，没有人能代替，我在全世界寻找，但是我没能发现。"他要寻找的，是星巴克吗？他是在哪里寻找啊！是在月球吗？

第八位，克林顿夫妇。大爱星巴克啊！不知道当年夫妇二人在面对舆论压力时，是不是就是靠着对星巴克的共同热爱才能将婚姻进行到底的。

第九位，一名中国演员。据说，她曾花12万元请"粉丝"喝星巴克，你们见过这个阵仗吗？

第十位，为读者留了一个"空缺"，可以将你心目中最喜爱的、在你看来能与星巴克做到"绝配"的那位名人的名字填上。

姚明与星巴克"有缘无分"

在西雅图的NBA比赛时，姚明就吸引了霍华德·舒尔茨的目光。于是，在一次比赛后，霍华德·舒尔茨就安排了与姚明的会面。他表示："我们知道他（姚明）钟情星巴克已经有一段时间了，我们将会认真策划这个让星巴克风靡中国的机会。"

尽管与上述内容相关的报道都被当事双方一一否认，姚明对星巴克的摩卡咖啡情有独钟却是千真万确的。姚明的室友派恩就曾经证实："这绝对是他对品位的选择，几乎每次我们路过星巴克，他都会进去喝一杯。"

有缘却未必有分。由于霍华德·舒尔茨当时还是西雅图超音速队的老板，并拥有超音速主场，这导致姚明与星巴克的谈判受到了不小的影响。这是因为，NBA要确保在相关协议中不会出现球队之间互相行贿的情况发生，而且不能违背联盟集体谈判的约定。

"一个球队老板所拥有的公司不管以什么方式雇用另一个球队球员，都会增加互相行贿的概率。"时任NBA法律事务执行副主席的立特文对此抱有担忧。

尽管有相关规定的限制，尽管姚明已经与佳得乐公司、VISA公司及苹果公司等公司签约，星巴克依然视姚明为最佳人选。如果姚明成功加盟的话，星巴克也将成为第一家能与其他球队的球员签约的NBA老板经营的公司。

尽管姚明的经纪人达菲在与NBA总裁斯特恩会面时也明确表示："姚明很喜欢星巴克，他希望能与他们合作。"尽管双方业已开始讨论适当的合作方式，尽管达菲也表示"如果是因为舒尔茨的身份阻碍了谈判进程的话，那将非常不幸。"

星巴克与姚明之间终究是有缘无分，也许正是达菲口中的那个"如果"最终成为现实。

什么事让奥尼尔懊悔万分

沙克·奥尼尔是百年一遇的篮球天才，也是一个商业奇才；但是，在生意上有一件事让"大鲨鱼"奥尼尔后悔不已："如果要说最后悔的事情，那就是没有和星巴克老板霍华德·舒尔茨合作吧。"

附录
趣闻逸事星巴克

有一天，奥尼尔的经纪人打电话说，霍华德·舒尔茨想和奥尼尔一起做点生意。奥尼尔当时的第一反应是，在黑人的家里，喝的通常是糖茶或者热巧克力，他从来没有看到过一个黑人喝咖啡。

霍华德·舒尔茨对此却是诚意满满："沙克，我想给你一个机会，让你跟我合作，在黑人社区开星巴克连锁店。"

奥尼尔恰恰是一个"如果我不相信一件事的话，我就不会做，我的个性一直是这样的。如果我不相信一件事，钱再多我也不会干"的人，而他又恰好不相信黑人会喝咖啡。

他盯着霍华德·舒尔茨的脸说："黑人不会喝咖啡的，先生。我不认为在黑人社区开咖啡店可行……不过，即使我们没有合作成功，我们现在仍然是好朋友。"奥尼尔说这话时，也一样充满了诚意。

最让人意想不到的忠实"粉丝"

大熊猫"兴兴"是在1972年4月被当作"中美友好使者"而漂洋过海来到美国的。到了1999年，这个"中美友好使者"也已经有28岁高龄了。这一年的春天，华盛顿国家动物园管理员注意到，兴兴对它每日的必备食物竹子和米粥不再感兴趣了。它身患关节炎，整日昏昏欲睡，毫无胃口。

为了唤起兴兴的食欲，同时通过食物将药品"夹带"进去，管理员想尽了办法，而兴兴都无动于衷，不理不睬。时间到了6月份，事情终于有了转机，而这一切都源于管理员手里的一块蛋糕。这块蛋糕来自号称"星巴克瘾君子"的布伦达·摩根，是星巴克的咖啡加蓝莓松糕。闻到蛋糕飘来的香味，兴兴表现出不同寻常的兴奋。

当兴兴乐不可支地接过布伦达·摩根递过来的一块松糕时，管理员也乐开了怀。后来，他们将药片藏到蓝莓松糕里，兴兴的身体很快好转起来。期间，管理员也尝试给兴兴喂食其他类松糕，但兴兴只对星巴克的蓝莓松糕情有独钟。

一位特殊的星巴克忠诚"顾客"就这么诞生了。

你知道几个与众不同的门店

首先,是开在荷兰阿姆斯特丹的"地下"门店。那怎么就开到"地下"了呢?原来,这本是一家银行的地下金库,因此这家店也被称为"银行"门店。星巴克的概念设计总监莉兹·马勒,是一位丹麦籍设计师,她与35名工匠和艺术家共同参与了这家门店的设计。虽然该店位于"地下",但依然遵循"地上"的标准:绿色建筑评价标准(LEED);所有展品、建筑材料和设计都源自瑞士;空间设计能够激发顾客之间,以及顾客和伙伴之间交流的渴望……所有这些,都被时任欧洲、中东与非洲地区高级副总裁的里奇·内尔森评价为:"咖啡、设计和社区的终极诠释。"

开在"车上"的两家门店是在瑞士联邦铁路火车上的两节双层车厢里。据星巴克瑞士和奥地利公司总经理弗兰克·维本介绍,他们是在2013年专门组成了一个项目团队,历经6个月的努力,才获得许可开设了这两家设备齐全的咖啡店。其中最重要的因素是,瑞士联邦铁路客运部门的领导一直是星巴克的忠实顾客,他们一心致力于改善顾客的火车旅途体验。

2012年4月,开在加利福尼亚州的第一家迪士尼乐园里的星巴克门店开张了,这家门店的名字是"Fiddler, Fifer & Practical Cafe"。门店是根据经典童话《三只小猪》中的角色命名的,这可能是星巴克第一家以人物的名字命名的门店。同时,在这家门店的咖啡师所穿戴的围裙和名牌上都带有迪士尼经典角色的标志,而且咖啡师的服装样式也都与20世纪20年代洛杉矶的流行款式一模一样。

需要提醒大家的是,在这家门店外是没有星巴克标识的,因此用按图索骥寻找"塞壬女妖"的方法很可能是找不到这家门店的。

还有一家店是建在工厂里的一辆卡车上,卡车外表被古老华丽的怀俄明州防雪栅栏包围着。虽然这家店面积很小,服务区只有500英尺大,只可以容纳5个咖啡师,是名副其实的"咖啡小屋";但里面设备齐全,可供应星巴克所有的食品和饮料。因为它是依照原物形状建成,不仅降低了成本,还可以升级扩展,可以说这是一个代表现代模块、符合节能和环保设计标准、可以实现可持续发展的建筑设计。

星巴克内部最大的一次咖啡体验有多少人参加

这次星巴克内部的咖啡品尝活动是在2012年10月举行的领导层会议期间举办的。所有的门店经理和其他领导者在时任全球业务部门高级副总裁杜布·海的带领下,举办了一次超大规模的咖啡品尝活动。来自休斯敦门店的200名伙伴为1万名来自世界各地的伙伴奉上了星巴克特制的感恩节混合咖啡。

即使是已经在星巴克工作10年而即将退休的杜布·海也从没见过如此大的阵仗,这让他感到从未有过的激动:"这可能是我在星巴克工作以来最大规模的一次咖啡品尝仪式,我无法告诉你们,站在这里,我心里有多么感激,我想象不出比这更美妙的事情了。"

有人说这样的活动毫无意义,但星巴克的领导者将其视为一种仪式,一种可以强化品牌精神的仪式。

星巴克的中国第一店竟是个"早产儿"

说到星巴克与中国的渊源,不能不提到它在北京开的第一家店——北京国际贸易中心店;而提到这家店,又不能不提一家名叫"北京市农工商联合总公司"的企业。也许大多数国人对这家公司都会感到陌生,但它家的"儿子"——"三元"乳品比这家公司更有名。

这家名不见经传的公司，其实有着巨大的能量。从国内角度来看，在不到一年的时间里，该公司就支持"三元"收购了内蒙古的两家乳品厂和广东广信麦当劳食品有限公司，而且收购资金是一举到账，绝无拖欠。从国际的角度来看，它是北京麦当劳食品有限公司的投资方及合作者，还参与了日本的丸红、丘比株氏会社，以及美国的菲利普·莫里斯和卡夫等国际品牌在中国的落地，是一家与国家饮食零售商的合作经验非常丰富的公司。

当星巴克要在北京的地盘上"混事由"时，恰恰是得到了这家公司的大力相助。这是因为两个"投"字——投缘和投机。正如时任北京市农工商联合总公司总经理所说："我非常敬佩星巴克的经营理念，他们所提供的零售环境和服务姿态完全不同于我国原来的主流咖啡店的模式。"

最后，一个令星巴克总部都感到惊讶的结果出现了：星巴克的中国第一店竟然比原计划"早产"了整整三个月。

两个对星巴克有"意见"的人

众所周知，星冰乐是星巴克旗下的一员"大将"，为星巴克的江山立下了赫赫战功。1995年，当星巴克这款新品在全美国亮相时，迅速引起轰动，特别是与百事公司联合推出的瓶装星冰乐，其销量高出预期10倍以上。后来，仅星冰乐一种产品每年就可以为星巴克创造10亿美元以上的营业收入。

据霍华德·霍尔茨在《将心注入》一书中介绍，对星冰乐的孕育首先源于一名叫蒂娜的星巴克员工，她提出并坚持开发一种调和味道的饮品，并得到了洛杉矶门店经理丹·摩尔的支持。随后，接力棒又传递给了在圣莫尼卡第三大街步行区门店的经理安妮·埃温格。随后，安妮·埃温格与她的助理格瑞格·罗杰斯对蒂娜版的新饮品进行了改进。在她们历经反复尝试和试验后，新一版的饮品又交到了星巴克食品顾问的手中，进行成分和工艺上的完善。

后来，所有为星冰乐做出贡献的伙伴每人获得了5000美元的奖励，以及一尊号称是"总统奖"的玻璃雕像。不知为何，一位名叫罗杰斯的伙伴对此怀有抱怨。于是，又为他补发了一块劳力士手表。这位伙伴还是因自己未获提升而感到愤愤不平，最终离开了星巴克。

在《将心注入》一书中，以罗杰斯的口吻写道："有一次，我在一个姑娘的旁边排队等着结账，她问我：'你有没有喝过这东西？味道好极了！'我回答：'其实，这东西是我发明的。'然而，她用那种看乡巴佬的眼神瞅着我，转身离开了。从那以后，我尽量不向别人提起这一话题。"

除了星冰乐，还有一员"大将"也为星巴克立下了不朽的功勋，甚至成为星巴克"专属"的一道亮丽的风景，这就是"第三空间"；但是，在这个方面，也有一个人对星巴克心怀成见，并且一样是心结难解，这个人就是美国都市社会学家雷·奥登伯格。

据《星巴克：关于咖啡、商业和文化的传奇》一书介绍，当年，为找到依据，进而体现出咖啡店重要的社会功能，并且能够创意出一条具有公众吸引力的完美标语，星巴克的营销高手哈里·罗伯茨一直在苦思冥想，遣词造句而不可得。烦闷中，他将这一心事告知妻子，他的妻子很快便去书店寻找思路和线索。没想到竟然与《绝好的地方》中的说法"所见略同"，而该书的作者就是那位雷·奥登伯格。

正是他，在书中首次提出了"第三空间"的概念。霍华德·舒尔茨见到这四个字简直如获至宝，甚至让他觉得"这事情好到让人不敢相信"。于是，星巴克就有了这样一句能够体现"博爱"的口号。

已经退休的雷·奥登伯格有话要说。在对星巴克重提他的"第三空间"的概念，并以此吸引人们的关注表示感谢之后，他还是对星巴克启用自己的概念表示了不满："他们事先并没有征求我的意见，我觉得这有些不妥。"

星冰乐的"身世"之谜

有意思的是,关于星冰乐这个产品创意的源头,似乎并不像我们在前文中介绍的那么简单。据《80%的人都不知道:关于星巴克的20个冷知识》一文介绍,星冰乐的创意是出自星巴克早期的一位名叫肯尼的投资者。据说,他在20世纪90年代建议当时的星巴克CEO模仿另一个咖啡品牌,推出混合饮料,才有了招牌饮料星冰乐。

《什么是"精品咖啡"文化?咖啡发展的三大阶段,各自有什么特点?》一文介绍说,星巴克出名的星冰乐就出自"咖啡关系"咖啡馆的老板、在精致咖啡界赫赫有名的乔治·豪威尔先生之手。

无论是从名字还是从身份上来看,这两个人似乎都不可能是同一个人。

据《星巴克:咖啡、商业和文化的传奇》一书介绍,星巴克在当年已经买下了乔治·豪威尔的"咖啡关系"咖啡馆,而这个名字(指星冰乐)就是来自这里。这个说法在霍华德·舒尔茨的《将心注入》一书中得到了印证,只是"咖啡关系"咖啡馆变成了"咖啡联谊公司",但这二者实为一家。在霍华德·舒尔茨的描述中,言称星冰乐只是"沿用了他们的一种用饮料机制作的覆盖着雪霜的冰饮的名字"。

此外,在《将心注入》一书中,霍华德·舒尔茨对星冰乐的研发过程有着非常详细的描述,并且将这部分内容列为一个单独的章节来介绍,还写下了这样一个小标题《星冰乐:我犯过的错误中结局最好的一个》。

星巴克的"右手准则"

在星巴克的门店中,那些利润空间最高的产品会被置于收银台的右侧,这是因为大多数人都习惯使用右手,这样一旦顾客对其中的某个商品感兴趣,便触手可及。

不仅如此,在遴选店址时,星巴克也同样遵循"右手准则"。在星巴克发展早期,无论是在美国的哪个大城市,如果你朝着市中心的方向驾车行进,就会发现,沿路经过的几乎所有星巴克店都是位于右手方向。这是为什么呢?原来,要想在拥堵的交通中,无论是进店前,左转停到星巴克门前,还是出店后,再次左转掉头回到原方向,都是一件费时费力的事情。这足以令早上匆匆忙忙的上班族对星巴克望而却步。

如果在右手边同时还有音像店或是干洗店就更理想了。这是因为,这样就可以吸引一定比例的、偶然经过的行人进入店中消费,而这又取决于门店与潜在顾客的接触面的大小。如果有音像店或干洗店的话,那么因这部分顾客都需要历经"放东西"和"取东西"两次的往返,因此会使他们与咖啡馆门店的接触面增加一倍。

第一个在杯子上写上顾客名字的门店是哪家

今天的星巴克"粉丝"早已熟悉了店员在咖啡杯上写上自己的名字这个做法。要知道,这个做法诞生于星巴克在西雅图的第一家店——派克市场分店。这个店的伙伴瑞克·梅斯介绍说,因为门店的人流量增加,店内人声鼎沸,加之两台咖啡研磨机嗡嗡作响,所以当饮料定单被传递给柜台时,柜台人员什么都听不清。后来,伙伴想到了一个解决方法,就是在顾客的杯子上面标注顾客的名字,然后从登记处直接投掷到蒸馏咖啡柜台,而不必走上25~26英尺的路程,从而提高了消费服务的效率,也为大家增添了些许乐趣。

23亿美元的免费广告是怎么来的

据网友透露,在诸如《北京遇上西雅图》《搏击俱乐部》《电子情缘》《不一样的爸爸》《穿普拉达的女王》等电影中都出现过星巴克的身影,但是有一次是以"穿帮"的样子出现的。

2019年5月7日,《权利的游戏》因为一个星巴克咖啡杯登上了各大媒体的热门搜索榜单。这是源于在《权力的游戏》第八季的第四集中有这么一幕场景:当琼恩·雪诺和托蒙德等人在为他们的胜利欢呼雀跃时,龙妈面前的桌子上摆着一个不应该出现的物品——一个现代的、看起来像星巴克外带咖啡杯的东西。

这一穿帮的画面出现在该剧第四集的16分35秒附近,在不将画面调亮的情况下不太容易发现。不清楚这是星巴克的广告还是剧组工作人员的失误。不过,剧组很快就发表声明,承认这是个穿帮镜头,并不是广告植入,并因此向全世界的观众道歉。

尽管如此,网友对在维斯特洛大陆上惊现星巴克咖啡杯这一严重失误仍不依不饶。美国社交新闻网站BuzzFeed就对此评论道:"粉丝"对这一不幸事件表示批评,尤其是考虑到《权力的游戏》第八季每集高达1500万美元的预算。

虽然这个镜头后来被删除了,尽管《权力的游戏》剧组也一直在努力解释这个纸杯并不是星巴克的,然而据专业人士估计,仅仅不到3天的时间,星巴克就"躺赚"了约23亿美元的免费广告收益。

这一次,星巴克是真憋屈了

当然,即使星巴克的运气再好,也不可能总是遇到这种"天上掉馅饼"的便宜事,偶尔也会有"倒霉"的事找上门来。

在美国,有一家名叫"泰利咖啡"的公司,虽然只开了110家店,并且还都没有盈利,但还是被星巴克当作一个不大不小的竞争者。有一次,星巴克承诺要提供"终身免费拿铁"作为一次慈善义拍的奖品,而这一次,命运对星巴克搞了一把"恶作剧"。您猜怎么着?获得这一殊荣的竟然是"泰利咖啡"的老板汤姆·奥基夫。

附录
趣闻逸事星巴克

据说，直到现在，霍华德·舒尔茨的助手还要按期给汤姆·奥基夫寄去100美元的星巴克礼品卡。有意思的是，这位老兄还不舍得用。他对许多人说："我这是花了5000美元买到的，但它估计会给我带回价值10万美元的广告效益。"

让星巴克火上浇油的是，他还经常会在星巴克举办的野餐会上亮相，甚至志愿做"水桶人靶"。在汤姆·奥基夫的心里，所有这些都是为了刺激一下老对手。按照汤姆·奥基夫的说法："这就是一种爱恨交加的关系。我爱他，他恨我。"

有一个人，让霍华德·舒尔茨怎么也没想到。

在2014年星巴克股东年度大会上，霍华德·舒尔茨先是讲述了他亲身经历的一件有趣的事。

在几年前，霍华德·舒尔茨到伦敦视察门店。工作结束后，他想独自在街上逛一逛。走着走着，就来到了一个租金非常高的地段，他发现在一条非常时髦的街道上有一家小店似乎与周围的气氛格格不入。店面宽不过15英尺，没有华丽的标牌，只是在门上写着一个词——奶酪。

霍华德·舒尔茨的好奇心就这样被勾了起来，加之他也有些饿了，于是就走了进去。进去之后竟然发现，仿佛时光倒流——墙皮脱落，地板老旧。空气中有股霉味，似乎掺杂了历史和蓝奶酪的味道。柜台后面站着的是一位没有胡子、身穿法兰绒衬衣、袖子卷到肘部的，至少有70岁的老人。

霍华德·舒尔茨一边跟老人交谈，一边试吃着不同风味的奶酪，听着对方专业而热情地介绍其酸度、醇味以及配酒时的味道。期间，一个疑问总是让霍华德·舒尔茨不吐不快。最终，还是这位老人的友好态度令霍华德·舒尔茨鼓起了勇气："你怎么付得起这条街的租金？"

只见这位老人微微一笑，眼皮都没抬地答道："我不用付租金，这栋楼是我的。"当霍华德·舒尔茨讲到这里，与会的星巴克伙伴哄然大笑。

星巴克就没有"小杯"吗

星巴克的杯型中只有特大杯、大杯、中杯这三种类型,只要是去过星巴克的人就都会知道。这似乎也没有什么特别的,毕竟大、中、小也只是一个认知上的概念,而不是一个度量衡的计量单位。多大算大,多小算小,在超市里看到的试饮、试吃的杯子算是小杯吗?这其实就是在商家与顾客之间的一个"约定俗成"罢了,大家彼此知道怎么回事也就两便了。

也有不少人总是对此纠结不止,甚至到了"自辱"的地步。据说,一个演说家在他执导的影视处女作中就出现了顾客在星巴克门店里自扇耳光的桥段,而这一举动的诱因就是主顾之间对杯型的认知差异。

在片方的角度,认为这是挑战星巴克的一种商业手段;在认同星巴克咖啡文化的人眼里,这位顾客却成了"小丑"。自扇耳光也好,说人家是"小丑"也罢,其实都大可不必。人家自己的儿子,是叫"狗蛋"还是叫"熊二",这与那些"漂"在大都市里的亲朋好友有关系吗?

也许大家有所不知,其实星巴克是有8盎司的小杯的,只是不在菜单上标注而已,因为这种杯型一般只用在小孩子喝的热巧克力上,当然一般顾客也可以单独要求这种尺寸的杯子。

都成"渣"了的饮品还能退换吗

这个问题源于一个"恶作剧"。一个幽默网站的创始人约翰·哈格雷夫为了证实星巴克的退货承诺,专门买了一份最贵的饮品,然后在车库里放上几个星期。当他拿着那杯只剩下残渣、不得不将其倒在一个塑料容器中的"饮品"去退货时,自己就被那东西熏得头昏脑胀了。

"能给我换一杯吗?我觉得这杯坏了。"客观上讲,接过这杯"饮品"的咖啡师有一刹那似乎是很迷惑的,但他立刻说道:"好的,先生。没问题。"他一边将那杯"饮品"扔进了垃圾桶,一边用手擦拭着从眼睛里被熏出的眼泪。

瞬间弥漫在整个咖啡店的刺鼻臭味,让旁边的另一位咖啡师一边干呕着,一边以迅雷不及掩耳之势将那垃圾桶拿到了店外;很快,咖啡师重新为约翰·哈格雷夫准备了一杯同样的饮品,甚至都没有索要购物小票,且自始至终都面带微笑。

后来,约翰·哈格雷夫将这段亲身经历写进了他的著作《约翰·哈格雷夫的恶作剧指南》中。

知道星巴克咖啡有多"牛"吗

一杯大杯的滴灌咖啡大约含有320毫克咖啡因;一瓶248毫升的红牛饮料,咖啡因含量只有约80毫克。因此,星巴克饮料的咖啡因含量大多会超过一罐红牛。够"牛"吧?

更"牛"的还在后面。在美国中央情报局(CIA)总部里竟然也有一家星巴克。只是这家位于CIA大楼内的星巴克被称为"秘密星巴克"或者"1号店",员工入职前都要接受严格审查。

其实,所谓的"秘密星巴克"也不止这一家。在星巴克的大本营西雅图就隐藏着一些星巴克的秘密门店。这些经过"伪装"的星巴克门店,看起来像是独立的咖啡店,不会出现"星巴克"的字样,但它们的确是属于星巴克,是公司用于新品试验的基地。

星巴克的"牛"还体现在饮品价格上。大家知道星巴克最贵的饮品单价是多少吗?在美国科技博客Business Insider上测试的一个配方——南瓜拿铁加101份浓缩咖啡,单价为93.58美元。当然,这款"牛"品是不会写在星巴克门店的菜单上的。

星巴克还有一"牛",它是第一家在Facebook上获得1000万个"赞"的品牌。这一壮举是在2010年完成的,而现在星巴克仅在Facebook上

"粉丝"就有3500多万了。此外，已经有超过1000万的用户在使用星巴克手机应用，从这个角度来讲，星巴克也是一家科技公司。

星巴克的"牛"还体现在让许多的"预言家"大跌眼镜。在星巴克创建初期，就有业界权威人士预言：一杯咖啡能卖3美元的想法就是一个"西海岸嬉皮士的时尚"。到了1995年，《福布斯》杂志的一位分析家预言：咖啡店的热潮将不会长久，"这一点没什么好讲，这种现象根本就不会维持太久"。同年，《华盛顿邮报》的一个记者这样写道："部分当地官员质疑，华盛顿特区有14家星巴克店，另有很多其他连锁机构的门店，这已经达到了上限。"到2014年，华盛顿特区就已经有200家星巴克店了。

足足增加了14倍还多啊，这真是大跌眼镜，以至于泰勒·克拉克在《星巴克：咖啡、商业和文化的传奇》一书中说："大多数权威人士若不想让自己出丑，都不敢对市场饱和问题再妄加评论了。"

一年之后的1996年，在美国国家公共广播电台的《全面考虑》栏目中，主持人诺厄·亚当这样说道："美国国家公共广播电台确认，星巴克计划斥资10亿美元修建一条管道，管道长几千英里，连接西雅图和东海岸地区……用于装运新鲜烘焙的咖啡豆。"

这个也很"牛"吧？要是知道了这期节目的播出时间，你就会恍然大悟——4月1日。

最后，考大家一个小问题：在全球的星巴克门店中，唯一一家挂有所在国家文字标识的门店在哪个国家？

答案是，在韩国的仁士洞。

后　记

已经记不清是在什么时候第一次走进星巴克，也记不清第一次的星巴克体验是怎样的感受，只是朦胧地感觉星巴克比它在中国的"前任"——那个"茶餐厅卡座"样式的咖啡馆更大气，更时尚，更有国际观感，完全是一种全新的感觉。

特别是对于那些在星巴克店里一边敲打着笔记本电脑，一边不时饮上一口咖啡的人，一种钦慕的感觉油然而生。这就跟最初看到在城际高铁上办公的人，或是在机场拉着旅行箱步履匆匆的人时的感觉一样。

渐渐地，光顾星巴克的机会越来越多，大部分是用来"消磨"等候儿子的课外班时间，这是绝大多数中国父母都经历过的既闲适又无聊的时间。当然，也有陪伴太太特意前往的，去享受几个小时的"小资"时光。

到这个时候才得以近距离感受星巴克，品味星巴克。尽管至今我还分不出拿铁和卡布奇诺，但对于这个"第三空间"的整体氛围，还是有着好感和不错的体验的，以至于后来无论是在国内还是在国外，每在一个地方遇到星巴克门店时，我都要拍上一张照片，领略那些多姿多彩的星巴克。

再后来，缘于着手《品牌系统性建设：沿循消费心理与行为的轨迹》的写作，在搜集案例的过程中，我开始接触乃至触摸到星巴克咖啡背后的故事，以及那个灵魂一样的人物——霍华德·舒尔茨。

我开始像个探宝者一样，一点点地走进星巴克这个品牌的"宝藏"，一点点地被它的价值观所触动，被它对价值观的坚守所打动，被它为伙伴乃至为所有人的付出而感动。

然后，就是冲动；接着，就是行动。

先是从马斯洛的"人类五层级基本需求"入手，从生理、安全、社交、尊重、自我实现的维度来解读星巴克的人本主义和关系法则，并以《星巴克：人本主义与关系法则》为题，撰写了4500字的文章，发表在《企业管理》杂志上。

再后来，随着开始撰写《品牌关键：探寻品牌的价值本原与规律》一书，我从品牌人性论的视角来重新审视星巴克时，就越发地体会到星巴克的"正确"与"伟大"。于是，便萌生了从人性与关系的二维角度，以及从品牌系统性建设的专业层面，对星巴克品牌进行更为全面而深入的剖析与解读。

正如我自己所总结的那样："心之所向，便是命运所指。"撰写《正确的星巴克：从人本主义到关系法则》正是缘于内心的那份触动、打动、感动、冲动，直至行动。

也许，这就是命运所指吧，冥冥之中让我与那个几乎毫无干系的星巴克有了这样的一种相识、相知与相交，宛如经历了一场不期而遇的异国之恋。

感应吾心，感应命运。欢心缘分，欢喜遇见。

当然，还要感谢星巴克。正是它为"一个核心、四个基本点"的品牌认识论提供了一份无可争辩的理论鉴证，为"以八大要素为体系"的品牌系统性建设方法论提供了难能可贵的实践样本。藉此，深化了我对品牌底层逻辑与顶层设计的认知和信念。

让我们更多的人走进星巴克的品牌世界，就像当年的霍华德·舒尔茨流连在米兰街头一样。

关　键
2023年12月

谨以此敬致霍华德·舒尔茨先生：
士不可以不弘毅，任重而道远。
仁以为己任，不亦重乎？
死而后已，不亦远乎？